全国法律专业学位研究生教育
文献汇编

1995-2017

全国法律专业学位研究生教育指导委员会 编

法律出版社 LAW PRESS · CHINA

编者说明

法律硕士专业学位是具有特定法律职业背景的专业性学位，主要培养立法、司法、行政执法、法律服务，以及国民经济各行业领域所需要的高层次的复合型应用型法律人才。1995年4月国务院学位委员会第13次会议设置法律专业硕士学位，2006年12月国务院学位委员会办公室决定法律硕士专业学位结束试点转入正式实施，法律硕士专业学位成为一项正式的以培养高层次的复合型应用型法律人才为主要任务的学位制度。

为使广大法律专业学位研究生培养单位、法学专业教师和有关法律实务工作者了解、学习和参考有关法律专业学位研究生教育的方针政策、规章制度和相关资料信息，更好地推进法律专业学位研究生教育事业的发展，全国法律专业学位研究生教育指导委员会秘书处组织编辑了《全国法律专业学位研究生教育文献汇编(1995－2017)》，内容包括八个部分。一是教育部和司法部领导关于法律专业学位研究生教育工作的重要讲话。二是关于法律专业学位设置的相关文件，包括各时期法律专业学位设置或申报法律专业学位授权点的基本条件、评审标准和评审办法，在职攻读法律专业学位研究生的政策依据，以及专业学位研究生教育指导委员会工作规程。三是有关法律专业学位研究生的招生管理制度。收录了1998年至2015年实施的相对独立的在职攻读法律专业学位研究生招生制度，期间，中央政法五部门(中央政法委、最高人民法院、最高人民检察院、公安部、司法部)依据学位管理部门的一般规定制订和发布在职法律专业学位研究生招生办法。2017年教育部发布的统筹全日制和非全日制研究生管理工作的规定。四是有关法律专业学位研究生的培养与学位管理的相关文件，记载着法律专业学位研究生培养发展完善过程。收录了1996年版培养方案(适用于各类本科专业背景)、1999年版培养方案(适用于非法学本科专业背景)、2006年版培养方案(适用于非法学本科专业背景)、2009年版培养方案(适用于法学本科专业背景)，2009年版在职攻读法律专业学位研究生和知识产权方向两个专门性的培养方案，以及现行的2017年法律专业学位研究生指导性培养方案(包括适用于非法学本科、法学本科两种)。此外，本部分还收录了全国法律专业学位研究生教育指导委员会制订的《法律专业学位研究生专业学位基本要求》及

“双千计划”和案例库建设的文件等。五是有关培养质量保证与监督方面的管理文件。2014 年,研究生教育质量评价体系建立,本部分收录了国务院学位委员会和教育部关于研究生教育质量保证体系建设基本规范、学位授权点合格评估办法、合格评估工作基本模式和开展方式、专项合格评估办法,还收录了关于专业学位水平评估、硕士学位论文抽查和学位论文作假行为处理的规定办法。六是有关法律专业学位研究生教育综合改革的相关文件。七是全国法律专业学位研究生教育指导委员会工作报告等文件。收录了自 1998 年以来历届全国法律专业学位研究生教育指导委员会的工作报告、法律硕士教育论坛会议纪要,以及 2004 年第二届全国法律专业学位研究生教育指导委员会的工作总结和工作安排,完整地反映了全国法律专业学位研究生教育指导委员会组织开展法律专业学位研究生教育工作情况。八是其他有关资料,包括四届全国法律专业学位研究生教育指导委员会的委员名单,2006 年和 2016 年两次评选出的全国优秀法律专业学位研究生教育工作者、优秀教学管理工作者、优秀学位论文名单,全国法律专业学位研究生培养单位获得学位授权的批次和数量统计信息,在职法律专业学位研究生招录情况统计表,以及三批入选全国法律专业学位研究生教育案例库的案例名单。

法律专业学位研究生教育,迄今已经历了 22 年的发展历程,记载其发展的资料种类庞杂、数量众多。本书仅选取了其中部分材料以及目前实施的指导培养单位应用执行的文件,选取注重文件资料的权威性、实用性和文献参考价值。除了法律专业学位研究生教育管理工作者和教师外,本书对高校管理者、高等教育研究者、政法实务部门专家和广大法学教育研究爱好者了解研究法律专业学位教育也具有参考意义。

全国法律专业学位研究生教育指导委员会秘书处

2017 年 12 月 18 日

目　录

一　重要讲话

二 法律专业学位设置制度

三　招生管理

四　培养与学位管理

五 质量保证与监督

七 工作报告与重要文件

八　有关资料

一、重要讲话

肖扬*同志在全国法律硕士专业学位教育指导委员会成立大会暨第一次委员会会议上的讲话

（1998年1月6日）

同志们：

新年伊始，国务院学位委员会、国家教委和司法部为进一步推动法律硕士专业学位教育试点工作的开展，加快培养高层次法律人才的步伐，在这里召开会议，成立法律硕士专业学位教育指导委员会，我表示热烈的祝贺，并向参加会议的同志们致以新年的问候！

刚刚过去的1997年，是我国各项事业取得重大成就的一年。我国经济稳步增长，政治十分稳定，社会文明进步，香港顺利回归，国际地位显著提高。尤其是党的十五大的胜利召开，对我们国家今后的改革与发展必将产生积极而深远的影响。党的十五大，高举邓小平理论的伟大旗帜，在总结过去五年工作的基础上，提出了在社会主义初级阶段，建设有中国特色的社会主义经济、政治、文化的基本目标和基本政策。特别是江泽民同志在报告中提出的"依法治国，建设社会主义法治国家"的治国方略，对我国的政治体制改革和民主法制建设有着重要意义。

依法治国，建设社会主义法治国家基本方略的确立，是我们党实践和运用邓小平民主法制理论的伟大成果，是我党几十年来对治国经验的科学总结和郑重结论，表明了我们党对建设有中国特色社会主义客观规律的深刻认识和成功驾驭，表明了以江泽民同志为核心的党中央的政治胆略和远见卓识，标志着我国民主法制建设进入了新的历史发展阶段，标志着我们党领导方式和执政方式的重大发展和完善。依法治国，建设社会主义法治国家，反映了历史发展的必然趋势和人类社会发展的客观规律，反映了全党全国人民的共同愿望，是发展社会主义市场经济，实现社会文明进步，保证国家长治久安的根本途径。

---

* 肖扬，时任司法部部长，全国法律硕士专业学位教育指导委员会（第一届，1997—2004年）主任委员。

江泽民同志在党的十五大报告中指出:“依法治国,就是广大人民在党的领导下,依照宪法和法律规定,通过各种途径和形式管理国家事务,管理经济文化事业,管理社会事务,保证国家各项工作都依法进行,逐步实现社会主义民主的制度化、法律化,使这种制度和法律不因领导人的改变而改变。不因领导人看法和注意力的改变而改变。”这一论述,高度概括了依法治国的基本含义,阐明了“法治”在国家政治、经济和社会生活中的地位和作用,内涵非常丰富,含义非常深刻。

依法治国,建设社会主义法治国家是一项规模宏大的社会系统工程,是一项长期艰巨的历史任务。实现依法治国的目标,有赖于各个方面的基础和条件。包括建立完备的法律体系,建立健全的民主制度和监督制度,保障严格的依法行政和公正的司法,建设高素质的执法队伍,提高全民族的法律意识等。所有这些,都同司法行政工作密切相关,都对法学教育和法学研究提出了新时更高要求。因此,司法行政机关要充分发挥法律保障、法律服务和法学教育的三大职能作用,为实践治国方略作出应有的贡献。

随着社会主义市场经济体制的逐步建立和完善、社会主义民主政治的不断发展和社会的全面进步,社会对法律人才的需要也越来越大,要求也越来越高。法律人才已不仅为立法、司法、行政执法、法律服务、法学研究和法律监督部门所急需,而且日益成为全社会的通用人才。因此,加快高层次、高素质急需法律人才的培养是依法治国的需要,也是未来时代的要求。人才是关键,教育是基础。在经济社会高速竞争发展的今天,人才资源已经成为一切资源中最为重要的资源。可以说,谁拥有了高素质的人才,谁就把握住了时代的脉搏,谁就把握了未来。

法学教育作为我国教育事业的重要组成部分,是依法治国的基础性和先导性工程。自 1978 年以来,我国的法学教育迅速恢复和发展,目前已基本形成了一个多层次、多形式、多规格的法学教育体系,为国家的民主法制建设培养了大批法律人才,取得了令人瞩目的成就。但是,目前我国法学教育在层次上和质量上与社会发展的需要还存在很大差距,高层次的应用型和复合型法律人才尤为缺乏,这与建立社会主义法治国家的目标很不相适应。正因为如此,国务院学位委员会和司法部为了适应社会主义市场经济的发展、民主政治建设和依法治国的要求,满足社会对高层次的应用型和复合型法律人才的急需,同时也基于政法队伍建设的迫切需要。从国家法制建设的大局出发,在充分论证并征求意见的基础上,从 1995 年起,经国务院学位委员会第十三次全体会议批准在我国设置并开始试办法律硕士专业学位教育,在培养高层次的应用型法律人才的改革方面取得了重大突破,开辟了一条加快培养高层次应用型法律人才的新渠道,使我国法科研究生教育的重点逐步向培养应用型、复合型人才转变。最近,国务院学位委员会和司法部又联合下发通知。开展在职攻读法律硕士专业学位教育的工作,探索新的培养模式,开辟了扩大在职人员攻读法律硕士专业学位的新途径,对加快政法干部和高层次管理人才的培养步伐,必将起着积极的作用。

法律硕士专业学位是具有特定法律职业背景的专业性学位,主要培养立法、司法、行政执法、法律服务与法律监督以及经济管理、行政管理等方面需要的高层次法律专业人才和管理人才。在培养目标上具有强调实务的特点,在教学、招生等方面都与现行的研究生教育有所不同。因此,在管理上也应有所区别,必须建立起与之相适应的管理模式。我们今天在这里成立法律硕士专业学位教育指导委员会,就是使教育部门与实际用人部门紧密合作,有助于研究解决法律硕士专业学位教育工作中出现的问题,指导此项工作的深入开展和健康发展,逐步建立起法律硕士专业学位教育新的管理模式。法律职业具有专业性、职业性很强的特点,法律硕士专业学位教育也是以此特定职业为背景的,涉及政法各部门和经济、行政、社会管理部门,所以法律硕士专业学位教育应当以用人部门的职业需求为导向,满足他们对本行业高层次人才提出的规格标准,用人部门也应努力配合教育部门做好人才培养工作。采用教育指导委员会的形式,把各用人部门吸收进来,参与办学、培养和管理,有利于充分调动各方面的积极性。从世界发达国家的管理模式上看,法律职业部门的介入参与,也是一项成功的经验。例如,美国的法学教育就是由全美律师公会和法学院联合会两个行业组织共同管理并指导的,全美律师公会设有法学教育部,批准法学院的设立,负责评估并向社会公布名次。“他山之石,可以攻玉”,我们应当借鉴发达国家的有效管理经验。办好中国的法学教育。

应当指出,在法律硕士专业学位教育试办之初,就成立了专家指导小组。专家指导小组在试点工作中做了大量工作,为此项工作的顺利发展奠定了良好的基础,也为我们今天成立指导委员会积累了有益的经验。我们认为,通过建立指导委员会的形式来进行管理和指导是可行的,也是十分必要的。

同志们,法律硕士专业学位教育工作的开展,适应了社会的需要。因此,受到了用人部门的欢迎,也得到了有关部门的关心和支持。司法部在试点之初,就予以了高度的重视和积极的配合,并将本专业学位教育与任职资格衔接起来,规定法律硕士专业学位的获得者从事专职律师工作的,到律师事务所实习 1 年,经考核合格即可获得律师资格。随后颁布的《法官法》《检察官法》也有相应的支持此项工作开展的规定。在大家的共同努力下,法律硕士专业学位教育试点工作开展以来,各项工作进展顺利,已经取得了初步的成绩。但是,面临的任务还十分艰巨,还有更多的工作需要去做,各部门还应当一如既往地关心和支持此项

工作。借此机会,提几点希望:

1. 希望政法各部门,按照党的十五大提出的"加强执法和司法队伍建设"的要求,将法律硕士专业学位教育作为政法队伍建设的重要途径,纳入队伍建设总体规划中,充分重视,切实抓好。司法部更要按照干部队伍建设"九五"规划和"五八八教育培训工程"的要求,加快高层次紧缺人才的培养。律师、公证员队伍要通过这一途径,力争实现大的突破,提高整体水平,造就一批符合建设社会主义法治国家要求的法律服务队伍。

2. 希望各政法部门的教育培训机构,积极配合,大力协助指导委员会的工作,主动参与培养工作和管理工作,充分发挥自身的优势和职能作用,在促进合作办学、宣传、管理等方面加大力度。

3. 希望各试点院校,继续发挥为政法部门和社会培养、输送高层次法律人才的主渠道作用,进一步解放思想,转变观念,深化改革,统筹规划。加强管理,保证质量,向管理要效益,以质量求发展。

参加试点的部属政法院校,要坚决克服"小而全"的弊端,按照有关要求统一组织和协调招生、培养和管理等项工作。学校各有关部门要根据职责,合理分工,各司其职,扬长避短,相互协作,发挥整体效能。

同时,司法部教育司要抽调精干人员,积极配合学位办做好工作,尤其是要根据指导委员会章程,抓紧制定有关的配套管理办法,逐步探索建立新型的法学教育宏观管理模式,使指导委员会和下属各专业组的工作在高效、有序的机制上运转。各地司法厅(局)要发挥法学教育的职能作用,主动配合试点院校和政法各部门做好开展政法在职人员攻读法律硕士专业学位教育的有关工作。

同志们,在人类社会正阔步走向 21 世纪的重要历史时刻,让我们在江泽民同志为核心的党中央领导下,高举邓小平理论伟大旗帜,抓住机遇,大胆开拓,共同努力,加快培养高层次法律人才的步伐,为依法治国,建设社会主义法治国家做出更大贡献。

周远清[*]同志在全国法律硕士专业学位教育指导委员会成立大会暨第一次委员会会议上的讲话

(1998年1月6日)

同志们：

首先，我代表国务院学位委员会、国家教育委员会对全国法律硕士专业学位教育指导委员会的成立表示热烈祝贺，对各位委员积极支持和参与我国法律学科学位与研究生教育改革和发展工作表示衷心的感谢。今天是指导委员会的成立大会，也是第一次委员会全体会议，我想借此机会就有关问题讲几点意见。

一、关于我国高等教育当前的形势和任务(提纲，供参考)

(一)关于学习、贯彻党的十五大精神，推进高等教育管理体制改革的问题

(二)关于转变教育观念的问题

二、关于进一步保证和提高我国研究生培养质量的问题

1995年，国家教委发出的《关于进一步改进和加强研究生工作的若干意见》，提出了今后一个时期我国研究生教育工作的"24字方针"，即立足国内、适度发展、优化结构、相对集中、推进改革、提高质量。这个方针对"九五"期间乃至未来十五年我国研究生教育的改革和发展具有重要的指导意义。其中，提高研究生培养质量是贯彻落实"24字方针"的着重点，是我国研究生教育改革和发展的核心。质量是研究生培养的生命线，也是学位制度建设的命线。岚清同志在1996年国务院学位委员会第十四次会议上就指出："提高高等学校人才培养的质量是世界各国面向21世纪高等教育改革共同思考的主题。研究生教育必须更加牢固地树立起'质量第一'的观念。要从现在起抓紧本世纪最后五年的关键时机，在提高研究生教育质量上下工夫。质量是关键。没有质量，再多的数量也代替不了质量"。

当前，我们考虑从以下几个方面来提高研究生的培养质量。

1. 转变观念，切实把工作重心转移到提高研究生培养质量上来。学位制度

---

* 周远清，时任国务院学位委员会副主任委员、国家教委副主任。

建立以来,我们比较多地注意学位授权体系和制度的建设,研究生培养单位也比较多的注重建立新学位授权点的工作。经过几十年的发展,我国的学位授权体系和研究生教育已初具规模,适时地把工作重点转移到提高研究生培养质量上来,把提高研究生培养质量放在更加突出的位置,已成为我国研究生教育事业发展的必然,同时也成为我国学位与研究生教育逐步走向成熟的标志。培养单位,以及从事研究生教育的专家、学者和管理人员,要转变研究生教育的办学观念和思路,在学位授权点建设中更加注重改善研究生培养条件和提高研究生培养质量。

加强学科建设是提高研究生培养质量的基础性工作。研究生培养质量取决于学科建设水平,同时也在很大程度上影响和制约着学科建设的发展。各培养单位要根据国家和地方经济、社会发展需要及自身条件,在推动学科建设过程中下大力气提高研究生培养质量,在加强研究生教育工作的基础上提高学科建设的水平。同时要处理好在研究生教育中统一管理和导师负责的关系,树立全校(院、所)办研究生教育的思想。通过有效的管理、指导教师的精心指导以及培养单位各有关部门的积极配合,把研究生培养的各个环节和过程有机地衔接起来,逐步形成有利于全面提高和保证研究生培养质量的管理体制。

2. 修订和完善培养方案,积极探索新的培养模式。完善研究生培养方案是提高研究生培养质量的基本环节。今年 6 月颁布实施的新的《授予博士、硕士学位和培养研究生的学科专业目录》,从适应我国经济和社会发展对高层次人才培养要求的高度,进一步优化了培养研究生教育的学科结构,为深化研究生教育改革,提高研究生培养质量奠定了新的基础。各培养单位应抓住机遇,根据新的专业目标,及时进行培养方案的修订,统筹安排研究生培养的教学、科研环节,合理设置研究生学位课程。

要进一步优化研究生课程设置,加强课程建设,注重研究生教材建设。

根据我国社会主义初级阶段经济、科技和教育发展的实际,根据当前人才培养的实际需要和人才培养的客观条件,硕士研究生层次仍将是我国研究生培养中的主要部分。

培养单位应大胆探索,随时注意总结经验,加大博士生培养的改革力度,使硕士生和博士生具有更加合理的知识结构、能力结构和综合素质。

3. 推进专业学位的改革和建设,保证专业学位的授予质量。在进一步提高科学型、学术型硕士培养质量的同时,要推进专业学位的改革和建设工作。专业学位教育是培养应用型高级专门人才的重要途径。

专业学位研究生的入学考试,在考查基础理论的同时,要注重考核专业技能和综合素质;要注意发挥有关行业主管部门的作用;论文选题要特别重视和强调应用和解决实际问题;要建立专业学位的质量评估指标体系,要特别注意防止降低质量和仍按学术型研究生模式培养两种倾向。

4. 加强学位与研究生教育评估工作。要进一步发挥质量评估对研究生培养工作的监控作用。各级研究生管理部门应建立各自职责范围内的规范的评估制度。自我评估应成为培养单位提高研究生培养质量的一项经常性的工作。

国家制订科学的、规范的学位和研究生教育评估条例,定期进行对学位授权点的质量检查和评估工作,并根据需要不定期地开展培养单位研究生教育水平和培养质量、专业学位研究生的培养质量或其他必要的单项评估工作。

充分利用评估结果,推进、激励培养单位研究生培养质量和管理水平的提高。

三、关于法律高层次人才培养如何适应新形势发展需要的问题

建立和完善社会主义市场经济体制是我国经济体制改革的目标,市场经济实质上是法治经济,党的十五大明确把依法治国确定为党领导人民治理国家的基本方略,并把依法治国、建设社会主义法治国家作为政治体制改革的一项重要内容。江泽民同志指出,高等教育应全面适应社会主义现代化建设对各类人才的需要,应全面提高质量和效益。这就为我国法律高层次人才培养提出了迫切的任务,提出了改革的目标。关于法律高层次人才培养应如何适应这种新形势发展的需要,我想谈几点看法:

1. 转变观念,大力培养高层次应用型法律专门人才。我国法学研究生教育同其他类型研究生教育一样,长期以培养教学、科研型研究生为主,法律实际部门需要的人才也是按教学、科研型研究生的模式在进行培养,专业面窄、重理论轻实务,尤其是所学知识与实际脱离太远,培养的人才分析问题解决问题的能力较弱,不能满足实际部门对高层次人才在知识结构、能力结构、来源结构等方面的需求,这种状况必须改变。在这一方面,我们已经采取了很多措施,如专业目录修订,按一级学科授权审核等、其中,如MBA、建筑学、临床医学等专业学位的建立和发展是今后我国学位与研究生教育制度改革的重要方面,也是培养应用型高层次人才的重要途径和有效措施。法律硕士专业学位经国务院学位委员会第13次会议决定,从1995年开始设置并试办,1996年正式招生,从各方面的情况看,反映很好,得到了中央、国家政法主管部门的欢迎和支持。法律硕士专业学位作为具有特定法律职业背景的专业性学位,主要培养立法、司法、行政执法、法律服务与法律监督以及经济管理、社会管理等方面需要的高层次法律专业人才和管理人才,这是法律高层次应用型人才培养改革与发展的方向,我们要不断加强这方面的工作,促进这一专业学位的健康、顺利发展。

2. 法律高层次应用型人才培养的重心在硕士层次,应加大硕士层次法律研究生的培养力度。法律作为一个特殊学科,对学生有更高的要求。国外的法学教育基本是研究生教育,没有本科和专科教育。美国的法学教育基本分为三种,即 LL. M,J. D,J. S. D。LL. M 相当于我们的法学硕士,J. S. D 是真正意义上的研究博士。J. D 主要是取得律师资格的博士,参加联邦或州的考试,即可取得从业资格。美国哈佛大学法学院,入学者必须首先取得一个学士学位,不管是文学士还是理学士或者工商管理等,学习法律者年龄较大,一般在 21 岁或 22 岁,如果服过兵役,年龄就更大了。这说明,学习法律必须要有一定的心智,即心理和生理的成熟程度,要具备一定的专业知识和社会经验。这就给我们很大的启示。80 年代,由于我国法学高等教育长期受到"左"的错误影响,尤其十年动乱中的破坏,造成法学高等教育办学困难,师资奇缺,而政法系统的干部就更是奇缺。因此,当时的主要任务是采取各种办法补充师资的不足,大力发展各种类型法律专科学校,设置法律有关专业,积极开展在职培训等措施,在很大程度上缓解了矛盾,适应了当时形势发展的需要。通过十余年的发展,我们这方面取得了很大成绩。但随着社会主义市场经济的建立和发展,随着法律工作的日益复杂化、专门化、国际化,法律部门对人才素质的要求就不断提高。借国外法学高层次人才培养的经验,结合我国国情和教育实际,在专科、本科、硕士三个层次之间进行结构调整的探索,逐步加大硕士层次法律研究生的培养是我国今后法律高层次应用型人才培养改革与发展的重要方向。

3. 加快法律硕士专业学位研究生的培养速度。由于历史的原因,我国的法学学科研究生教育发展一直比较缓慢,规模也很小,从 1985 年到 1990 年,每年招生规模大致是 400 多人,1991—1993 年共招生 1812 人。近几年略有增长。1996 年,法律硕士专业学位首次招生,仅招了 488 人。美国有 150 家左右的法律学校,每年仅 J. D 毕业生在四五万人,占硕士毕业生总数的 10% 以上。哈佛法学院是规模最大的法律学校,共有 1700 名在校生。相比之下,我国的法律高层次人才培养在规模上是太小了。如何加快法律硕士专业学位研究生的培养步伐,我们主要采取三种措施:

(1)要求各法律硕士专业学位试点单位要积极进行学科、专业结构调整,进行研究生招生结构的调整,从已有的研究生招生规模中调剂出一定比例用于专业学位研究生的培养,法律单科性学校更要逐渐加大这方面的比重,法律硕士层次人才培养以法律硕士专业学位为主。

(2)扩大一批法律硕士专业学位试点单位。今年批准了南京大学、中山大学、厦门大学、中南政法学院、西北政法学院为新增法律硕士专业学位试点单位,使试点单位达到了 13 个,目的就是加快法学学科学位与研究生教育改革的步伐。

(3)开展在职攻读法律硕士专业学位工作。国务院学位委员会与司法部已经联合进行了布置。开展在职攻读学位工作是我国今后专业学位发展的重要途径,这是在新形势下,探索符合我国国情和教育实际,加快应用型高层次人才培养的有效渠道。去年,我们和国家经贸委联合开展企业管理人员在职攻读MBA学位工作,反映非常好,各项工作进展顺利,估计录取在2500人左右,与1997年正式录取的MBA研究生在比例上达到1∶1,使MBA年招生量在5000人左右,这就形成了一定的培养规模。通过这条渠道,法律硕士专业学位在规模上也会有一个大的发展。当然,我们在发展过程中,要正确处理好数量与质量的关系,没有数量,是没有意义的,但没有质量的数量就更是有害的。我们一定要在数量不断扩大的同时,把培养质量抓上去。特别对专业学位,社会各方面更关注它的质量,所以质量是关系我国专业学位能否健康发展的重要因素。最后我对指导委员会的工作讲几点意见,供各位参考。

第一,全国法律硕士专业学位教育指导委员会是在国务院学位委员会、国家教育委员会和司法部指导下的全国法律硕士专业学位教育的专业性组织,其任务是:指导、协调全国法律硕士专业学位教育活动;加强高等院校与法律部门的联系;推动法律教育的国际交流与合作,探索适合中国国情的法律应用型高层次人才的培养途径,努力推进我国法律硕士专业学位教育水平的不断提高。

第二,指导委员会的组成层次高,涉及面广。肖扬部长亲自当主任委员,这本身就是对我们教育的极大支持,我在此表示十分感谢。委员中有中央、国家政法主管部门教育、培训方面的负责人,有法律服务公司和中华律协的负责人,有各高校的法学院院长和许多知名专家、学者,全国人大常委会法律委员会副主任委员,也是国务院学位委员会委员王叔文同志以及高铭暄教授当顾问,可谓阵容强大,集中了全国这个领域的权威。我衷心希望各位委员群策群力,集思广益,共同把我国法律高层次人才培养的事业办好,为依法治国战略实施,为培养大批合格的法律专门人才做出贡献。

第三,法律硕士专业学位在我国还刚刚起步,发展虽然很快,但还有许多问题需亟待解决,如教育思想、教学内容、教材、案例、师资等方面需要下大力气进行建设,这是有直接制约培养质量的关键因素,也是法律硕士专业学位能否健康、顺利发展的关键因素,我们的教育一定要以质量求生存,以质量求发展,这是我们办好教育的根本保证,希望各位委员在这些基础性工作建设方面上多开展研究,大量开展工作。

新年之际,借此机会也向各位拜个年,祝新年愉快,万事如意。

张福森[*]同志在第二届全国法律硕士专业学位教育指导委员会成立大会上的讲话

（2004 年 6 月 16 日）

同志们：

为了推动我国高层次法律人才教育的发展，国务院学位委员会、教育部、司法部于 1998 年 1 月批准成立了全国法律硕士专业学位教育指导委员会。六年来，全国法律硕士专业学位教育指导委员会在国务院学位委员会、教育部的正确领导下，在有关部门的大力支持下，在各院校的共同努力下，法律硕士专业学位教育工作经历了创办和探索的重要时期，已经发展成为具有相当社会影响的专业学位教育之一，为造就大量的合格法律人才做出了贡献。按照全国法律硕士专业学位教育指导委员会章程的规定，第一届指导委员会任期已经届满，根据实际工作的需要和各方面情况的变化，为了进一步推进法律硕士专业学位教育的发展，国务院学位委员会、教育部在各有关单位推荐的基础上，聘请有关人员组成了第二届全国法律硕士专业教育指导委员会。作为第二届指导委员会的主任委员，我代表新成立的指导委员会向第一届指导委员会肖扬主任委员以及各位委员致以崇高的敬意，对肖扬主任委员和各位委员所做的大量工作，表示衷心地感谢，对新任的各位副主任委员、委员表示热烈地祝贺。刚才曾宪义教授对上一届委员会的工作进行了总结，吴启迪副部长就开展专业学位教育工作讲了很好的意见，利用这个机会，我就三个问题谈一些想法：

一、要进一步提高对法律硕士专业学位教育工作重要性的认识

从党的十一届三中全会提出发展社会主义民主、加强社会主义法制到现在，我国的法学教育工作取得了令人瞩目的成就。法学教育已经具备了相对完善的体系，形成了一定的规模，培养了数十万的专门法律人才。应当说，二十多年来，

---

* 经国务院学位委员会、教育部批准，第二届全国法律硕士专业学位教育指导委员会（简称“法指委”）成立，并于 2004 年 6 月 15—16 日在北京召开了“第二届全国法律硕士专业学位教育指导委员会成立大会暨 JM 论坛”。本文是时任司法部长、第二届全国法律硕士专业学位教育指导委员会主任委员张福森在这次会议开幕式上的讲话。

我国的法学教育为国家法制建设的发展和完善做出了重要贡献。其中法律硕士专业学位教育工作，作为法学教育的组成部分，在促进司法队伍和法律服务队伍建设方面发挥了重要的作用。法律硕士专业学位教育以培养具有复合型知识结构的高级法律人才为目标，大量吸收非法律专业背景的人员参加，适应了新时期司法队伍和法律服务队伍建设对高层次法律人才发展的需求。随着具有多学科知识背景的法律硕士毕业生源源不断地进入司法队伍和法律服务队伍，司法和法律服务队伍的知识和能力结构在总体上将得到较大拓展，以法律专业知识为主，知识结构比较单一的队伍状况，已经得到了明显改善。

六年来，具有法律硕士学位授予权的学校已经从开始时的 8 所增加到目前的 39 所，共有 8848 人完成了学业，取得了法律硕士专业学位。2003 年法律硕士专业学位在读学生规模已经达到 23000 人。近年来，司法队伍和法律服务队伍中具有硕士学位人员的比重有所提高，主要得益于在职攻读法律硕士专业学位教育这一重要举措。发展地看，我们必须认识到，法律硕士专业学位教育工作面临新的形势。党的十六大提出全面建设小康社会的目标，要求社会主义民主更加完善，社会主义法制更加完备，依法治国基本方略得到全面落实，并将建设社会主义政治文明作为一项战略目标和任务提了出来。强调要更好地把坚持党的领导、人民当家做主和依法治国有机统一起来。这些治国的目标、理念和要求，一个突出的特点就是法律和法律的运用在国家政治、经济、文化和社会各方面管理活动中的地位和作用变得越来越重要。同时党的十六大提出，积极推进司法体制改革，在全社会实现公平和正义，要求造就一支政治坚定、业务精通、作风优良、执法公正的司法队伍。在今年初召开的全国司法厅(局)长会议上，罗干同志要求各级司法行政机关和律师协会要狠抓律师的职业道德和职业纪律建设，加强管理、从严要求、完善监管机制、规范律师与法官的交往，把律师队伍教育成为一支坚定信念、精通法律、维护正义、恪守诚信的队伍。今年春节期间，胡锦涛、吴邦国、温家宝、罗干等中央领导同志对律师队伍建设做出了重要批示，提出了明确要求。总体来看，目前无论是立法工作、执法工作、司法工作还是法律服务工作，都需要高素质的法律人才，这是我们实现依法治国基本方略的人才基础和重要环节。法律硕士专业学位教育是培养高素质法律人才的重要渠道，在实施依法治国方略中肩负着重大的责任。我们一定要认清形势，进一步增强做好工作的责任感和使命感，扎扎实实地做好法律硕士专业学位教育工作。

二、要进一步明确全国法律硕士专业学位教育指导委员会的工作目标和任务

新一届指导委员会的工作目标和主要任务是：以邓小平理论和“三个代表”重要思想为指导，坚持“依法治国”方略和“科教兴国”战略，创新培养模式，扩大培养规模，优化布局结构，完善指导机制，加强合作交流，推动法律硕士专业学位

教育工作不断向前发展。据此,新一届指导委员会要做好以下几方面的工作:

一是要把提高学员的职业道德素质作为培养法律硕士人才的首要的价值标准。从事司法工作和法律服务工作要有坚定的政治立场和崇高的法律职业道德,这是从事法律工作的根本,是实现社会正义的保证。科学的世界观、人生观和价值观教育,应当贯穿于法律硕士培养的全过程。法学院校要认真地研究、探索融于法学教育全过程的法律职业伦理教育及其训练体系,注重职业伦理道德的培养,使法律硕士都能成为敬业守范、品质高尚的法律职业工作者。

二是要高度重视学位教育的培养质量。培养质量始终是法律硕士专业学位教育工作的主题,是法律硕士专业学位教育工作发展的生命线。要通过招生改革,更多地招收具有从事法律职业潜质的优秀生源;开展和完善双导师制,保证师资力量的足够投入;注重总结经验,尊重复合型人才的培养和成长规律,形成更加科学的培养模式;抓紧指导教材建设,尽快出齐指导用书和参考资料;健全法律硕士的培养质量、评估体系和工作制度,建立奖优罚劣的激励机制;注重培养一支肯于钻研、擅长法律硕士专业学位教育的法学院校指导教师队伍,不断提高管理水平,向管理要质量。

三是要加强法律硕士培养院校与实际部门之间的联系、沟通。法律硕士专业学位是以法律职业为背景,以注重法律职业能力和法律职业素质培养为主要特点的高层次学位。设立法律硕士专业学位的目的就是为司法工作和法律服务工作培养高层次的法律人才。因此,法律硕士专业学位教育的培养院校与实际部门之间应当建立密切的联系。新一届指导委员会在开展工作中,要注重以不同的形式,采取有效的办法,加强法律硕士培养院校与实际部门之间的联系与沟通,促进培养院校与职业部门之间紧密联系。有关部门要一如既往地高度重视、支持这项工作的健康发展,继续将这项工作纳入队伍建设的总体规划中。各法律硕士培养院校要充分认识到,院校深入了解掌握法律职业部门和法律工作各方面的要求,有助于更好地实现法律硕士专业学位教育的培养目标,积极推进法律硕士培养和教学方式的进一步改进和完善,进行更有针对性的实施培养和教育,不断地提高培养质量。同时新一届指导委员会要从制度上积极地推动人才培养与人才使用的衔接,探索建立法律硕士培养与法律职业队伍人才补充之间更为密切和畅通的渠道,切实保障设立法律硕士专业学位目标和目的的实现。

我们国家建立统一的司法考试制度后,初任法官、初任检察官和律师执业,首先要通过国家统一司法考试。这个制度建立以来现在已经组织实施了两次司法考试。总的来说对于推动司法队伍的建设和法律服务队伍的建设还是起了相当大的作用。当然,这个制度的完善确实还需要一个过程。统一司法考试制度,考试只是其中的一个环节,不是它的全部。司法考试,两方面都有个衔接问题:

首先,有一个和法学教育的衔接问题,同时还有一个和职业衔接的问题,就是和用人部门的衔接问题。这三个方面都有进一步改进和完善的问题。就考试而言,我们这个统一司法考试跟很多大陆法系国家的司法考试还有比较大的差距,很重要的一点就是我们基本上还是笔试,大陆法系不少国家是笔试和面试相结合,是两次考试。第一次是笔试,笔试过后再面试。通过笔试后先要去实习,这个实习不是说当法官的就到法院实习,当检察官的就到检察院实习,它是全面的实习。要去律师事务所实习,也要去法院实习,通过一年的实习(日本是一年两个月),再进行面试,面试合格之后才可以去当法官、检察官、律师。中国要实行两次考试,恐怕不是当前的任务。我们参加考试的人第一次是36万人,去年是19万,过关的是10%,2万人左右,2万人搞面试困难确实很大。我们现在的司法考试,怎么真正根据法律职业的需要,法律实践的需要,设计一套考试制度,真正把高素质的人才选拔出来,还有大量的工作要做。这两年也做了一些改革和改进,一步一步地往前走。我们现在采取的办法还是一次笔试考试,但是在笔试的题目里面不断地加重主观题的份量。去年是第一次尝试,总的效果还是好的,今年可能主观题的份量要进一步加大,分数也从400分加到600分。司法考试和法学教育也有一个衔接问题。司法考试当然要考虑现实法学教育的实际,但是又要根据法律实践的需求、人才的需求引导法学教育,这两方面也有一个相互配合的问题。第一次司法考试,我们统计了一个数字,本科生通过的比例是多少,硕士生通过的比例是多少,博士生通过的比例是多少。当然总体上硕士通过的比例比本科高,博士生通过的比例比硕士生还高,但是相对来说比例还是偏低。这可能是两方面的问题,一个是我们考试本身是否需要改进,但是另一个是硕士培养教育需要改进。将来我们可以做两方面的分析,把硕士生答卷做一个分析,我们既对题目做分析也要对硕士生的培养教育做一些分析。如果培养了很多硕士通过不了国家统一司法考试,进不了司法队伍,就是个问题。当然还有另外一个问题就是司法考试与用人的衔接问题,我们国家用人制度上还有一些障碍,这也需要进一步去研究。总之,我们硕士的培养教育,需要跟各个有关部门共同来研究。

四是要不断地扩大和发展法律硕士的培养规模。当前仅就律师队伍而言,近11万名律师当中本科以上学历人员只接近一半,具有硕士学位人员仅有8000人左右,高层次具有复合型知识结构的人员极缺的状况近年来虽有所缓解,但队伍知识结构和水平总体上还没有太大变化。另外我们要关注国内如MBA、MPA等专业学位教育的发展,这些专业学位教育有许多带有共性的成功做法和经验值得我们借鉴。我们要以教育观念更新为先导,通过借鉴国外发达国家和国内其他专业学位教育的办学经验,通过不断地改革与总结,逐步形成较为完善、更加科学的中国特色高层次法律人才培养模式和发展道路。

三、要加强全国法律硕士专业指导委员会的自身建设

国务院学位委员会、教育部批准建立全国法律硕士专业学位教育指导委员会,体现了教育主管部门与实际部门相结合,以法律职业人才培养为需求的培养高层次复合型、实践型法律人才的综合协调与指导机制。实践说明,指导委员会能够有效地履行沟通、协调和指导的各种职能,在实际部门与培养院校之间发挥桥梁和纽带作用,今后要进一步发挥好这方面的作用。新一届指导委员会的职责已经明确,就是要指导和推动法律硕士专业学位教育工作的健康发展,培养更多高层次复合型法律专业人才。新一届指导委员会要充分认识到新形势对法律人才队伍建设和法学教育提出的新要求,认真总结上一届指导委员会的成功经验和做法,研究新问题、提出新思路,努力做好各项基础工作,为全面建设小康社会,加强民主与法制建设,培养一支高素质的法律职业人才做出我们新的贡献。指导委员会作为专业组织,要发挥各院校专家委员在指导工作中的作用,充分调动各方面的积极性和主动性,要重视规章制度建设,使招生、培养、学位管理、评估等各个环节都有章可循,逐步推进规范化培养,保证培养和学位教育的质量。

同志们,法律硕士专业学位教育工作非常重要,适应了社会对高素质人才的需要,有很大的发展潜力。让我们高举邓小平理论伟大旗帜,以"三个代表"重要思想为指导,抓住机遇,共同努力,开拓创新,加快培养高层次法律人才的步伐,为依法治国,建设社会主义法治国家,做出新的更大贡献。

吴启迪*同志在第二届全国法律硕士专业学位教育指导委员会成立大会上的讲话

（2004 年 6 月 16 日）

尊敬的张福森主任、尊敬的各位老委员、新委员：

刚才曾教授已经总结了上一届委员会的工作，应该讲我们的法律硕士专业硕士教育能够在比较短的时间里取得这样大的成绩是和专业指导委员会各位委员多年来的辛勤工作分不开的，所以在这里请允许我代表国务院学位委员会，也代表教育部对第一届全国法律硕士专业学位指导委员会的各位老委员表示衷心的感谢、诚挚的祝福。

今天新一届指导委员会成立了，我们非常高兴能够请到最高人民法院院长肖扬同志来担任新一届的指导委员会的顾问、请到司法部部长张福森担任主任委员。张福森同志曾经从事领域非常广阔的工作，从事过工程技术、经济管理和政府管理工作，并且又较长时间担任司法部门的领导工作，有着丰富的经验和阅历，对于我国的法制建设做出了重要的贡献，对法律和法制建设有着深入的研究，是我国法制建设和法律人才培养的专家，尽管张福森同志工作非常繁忙，但是仍然接受了我们请他参加第二届全国法律硕士专业学位教育指导委员会工作的请求，让我们以热烈的掌声对他表示衷心的感谢。

利用这个机会我想讲几点，主要是围绕专业学位以及为什么要设置这样的专业学位和专业学位在培养过程中的一些特点做一些简要的说明。

1. 大力调整学位和研究生教育的类型结构，要加快专业学位教育的发展，这是一个历史发展的要求。随着经济的快速发展和社会的全面进步，不仅高等院校和科研机构需要高层次人才，社会其他行业对应用型的、复合型的高层次人才的需求也在逐步增加，学位和研究生教育不仅要培养大批从事基础理论研究和高等学校教学工作的学术型人才，培养大批面向包括工矿企业和有关行业、部门

---

* 经国务院学位委员会、教育部批准，第二届全国法律硕士专业学位教育指导委员会成立，并于 2004 年 6 月 15—16 日在北京召开了“第二届全国法律硕士专业学位教育指导委员会成立大会暨 JM 论坛”。本文即时任教育部副部长吴启迪在这次会议开幕式上的讲话。

的这样一些应用型、复合型的高层次人才。

我们可以看一下在西方发达国家高等教育和学位制度,现代的学位制度和研究生教育实际上源自德国。最初只是为了培养科学家,强调学术研究。美国等其他西方国家的学位制度和研究生教育最初也受到德国大学这种模式的影响,在实施学位制度的早期,注重学术性人才的培养,但是在"二战"以后,由于受经济、军事发展的需要,西方发达国家开始重视应用型人才、复合型高层次人才的培养,这种培养规模在不断地扩大,美国和德国的工程学位教育就是从这个时期在政府的支持下快速发展起来的。在20世纪90年代,美国专业学位获得者的比例已经占到全部硕士学位获得者人数的55%以上,德国、英国、法国现在也非常重视复合型、应用型高层次人才的培养,德国工程师学位教育历史比较长,另外,像英国建筑师的培养等是非常典型的专业学位教育,而且许多行业的从业资格和专业学位是紧密相连的。这是一种历史的、世界的变化。作为我们国家来讲,学位制度建立之初我们的学位类型也比较单一,设置了学术性的学位,学位授予单位主要是为了培养教学和科研型的人才,为了拓宽人才培养的类型和规格,加快培养社会急需的应用型、复合型的高层次人才,国务院学位委员会从1991年开始先后批准设置了一些专业学位,法律硕士专业学位是其中一种,还设置了工商管理硕士(MBA)、建筑学的专业学位(建筑学学士和建筑学硕士)、法律硕士、教育硕士、工程硕士、临床医学专业学位,这个包括博士和硕士、公共管理硕士,即MPA、农业推广的硕士、兽医专业的学位,包括博士和硕士;另外,还有军事硕士和会计硕士,共13种,这是专业学位。一般的我们在大学里的是另外一种类型的学位,就是直接连着读的,从本科毕业后就接着读,当然也可以在职后再回来考的,那是另外一种学位,是比较偏学术性的。实践证明,在促进科技成果转化为生产力过程中,提高管理水平和效益在推进法制建设进程这些方面,专业学位人才发挥着不可替代的和学术性学位人才同等重要的作用。在促进全民学习、终身学习、构建学习型社会的过程当中,专业学位的教育具有不可或缺的、与学术性学位教育同等重要的地位,培养专业学位人才和学术性学位人才应该是高等院校同样的任务。尽管近年来在这个领域里有了很大的发展,但是,受到一些传统观念和各种因素的影响,专业学位教育的发展还是受到有一些限制,规模还比较小,而专业学位的教育规律还有待进一步探索,专业学位工作还有待进一步加强,我们应该按照刚才讲到的一个数据,就是美国专业学位实际上已经占到了一半以上这样一个事实来看专业学位的重要性。所以从中国来讲,我们也要不断地扩大专业学位的教育规模,既要增加举办专业学位的单位,扩大专业学位招生的规模,还要不断地研究和探讨新的专业学位种类的设置,这是从教育部的角度考虑这样一些问题,从法律硕士的专业学位来看,刚才实际上也提到了是1995年开始设立，1996年招生，1998年开始在在职人员里面招生。

从某种意义来说，现在的市场经济也是法制经济，因此在全面建设小康社会的进程中，法制建设是一个重要方面，是全面建设小康社会的重要保证，但是我们目前高层次的法律人才现状应该说是不容乐观的，以我国法官和检察官为例，根据有关部门2002年的统计，我国有法官近22万人，其中本科学历的只有5.47万人，研究生学历有2028人，不足1%，检察官的总人数和学历结构与法官大体相当，这也许是推定，不很准确，但说明了它的现状不容乐观。显然这样一种学历结构应该是不能满足我国法制建设需要的，因此，培养高层次法律人才的任务异常艰巨。另外，目前我国培养的多数法律方面的研究生是法学研究生，比较注重学术性，与法律实际部门和社会各行业对应用型高层次法律人才的要求还有差距。法律硕士是一种专业学位，其特点是高层次、应用型，是为目前我国建设法制社会所急需，因此法律硕士专业学位在我国经济建设和社会发展中占有极为重要的地位，法律硕士专业学位教育要为全面提升我国法制建设水平服务。随着市场经济的建立和不断发展，随着我国法律制度的日趋完善，我国法律硕士专业学位教育存在着巨大的人才市场需求和广阔的发展前景，这是它存在和发展的必要性。

2. 在加快专业学位教育发展的同时，要不断地探索其规律，办出它的特色、提高它的质量，也就是它的特点。我们根据各个领域的专业学位教育情况，总结了以下几点：

第一，我们在这里有一些教育的观念要改变，包括对质量的要求的一些观念，现在有一些同志认为对专业学位的教育质量的要求可以低一些，这种认识对专业学位教育的发展是极其有害的，必须予以纠正，专业学位和学术性学位只是在规格上的不同，没有层次上的差别，这就是说，我们在专业学位教育当中同样要强化质量意识，坚持质量标准，树立全面的质量观。既要强调业务水平，也要强调政治思想水平，既要强调专业知识的学习，更要强调实践能力的培养和综合素质的提高，也就是在这些方面它的侧重点有所不同，专业学位教育的培养目标是根据特定职业的需要培养从事实际工作的应用性、复合型的高层次人才，培养工作的突出特点是学术性和职业性的紧密结合，要避免用学术性学位的学术标准来衡量专业学位教育质量的做法，是否适应实际用人部门的需要是衡量专业学位教育质量的重要指标，也就是看用人单位的反映是很重要的，由于受到传统的教育观念、教育模式、教育内容、师资结构这些因素的影响，仍然有些单位沿用过去学术性学位教育的套路来举办专业学位，这个需要改变，要深化这方面的教育改革，办出自己的学位教育的特色。

第二,关于改革招生制度的问题。专业学位研究生招生考试的方式、考试的内容,应当和学术性学位的研究生有所不同,考虑到今后培养和就业所需要的实践能力、实践经验、实践潜力和专业学位教育的特点,我们希望能够减少死记硬背这样一些内容,加强对考生综合素质和能力特别是实践能力的考核,我们也可以增加面试在考试中的比例,录取研究生既要对笔试成绩有所要求,也要对面试成绩有所要求,同时还要参考考生在报名前接受教育、培训的经历、成绩以及工作经历所取得的业绩。

第三,关于它的课程体系和培养方案,应当优化,不断地更新教学内容,改进教学方法,在专业学位教育中应当根据学生的知识结构和专业学位的培养目标,有针对性地制定培养方案,设计课程体系,确定教学内容,因为我们也知道,攻读专业学位的学生特别是在职的学生,知识结构的差别是很大的,专业学位教育的培养目标是要求学生有较宽的知识面,较强的实践能力,因此在培养方案的制定、课程体系的设计和每门课程教学内容的取舍上要突出基础性、实践性,理论教学也要紧密联系实际,培养学生运用理论解决实际问题的能力,加强培养单位和行业主管部门的联系,根据行业任职资格的要求以及学科的发展和教学的要求,不断地更新教学内容,将新的理论、新的成果、新的案例及时地纳入教学之中,这也是我们这个指导委员会为什么和行业挂在一起的原因所在。当然,我们也应该加强教材的建设,要大胆地引进国外的先进教材,有条件的单位还要鼓励教师和学生使用国外的先进教材,当然这也是有所取舍,不是说所有的都全部引进,这可能对工程专业硕士方面来讲比较容易一些。教学的方法、方式要灵活多样,课堂教学要把讲授和讨论结合起来等。总而言之,我们应该用一些更加灵活的手段来进行这样一些教育。另外一个是案例教学,这点在我们法律专业教育中也很重要。

第四,对于学位论文的把握和要求,专业学位研究生是以课堂教学和实践训练为主。这和目前学术性学位研究生培养中要求课程和科研并重可能有点不一样,这个大家可以去考虑,因为各个领域有不同的要求,要避免用学术性的学位研究生学位论文的标准来衡量和要求专业学位研究生的学位论文,专业学位研究生的学位论文一是要力求能够反映学生综合运用所学知识分析问题和解决问题的能力,也就是说,要突出论文选题的实践性,理论研究也应当结合实际。二是要强调学位论文的实用性,也就是说,它确实能够解决一些实际问题,能够在实践中得到运用,这恐怕是我们要考虑到的。

第五,是要加强教师队伍的建设。对于专业学位来讲,需要有实际工作经验的教师队伍。由于专业学位教育起步比较晚,所以,一些教师的知识结构和实际工作经验方面距离专业学位的要求相差还比较大。我们现在假如依托了行业之后，就可以比较好地来解决这个问题，也就是说，我们希望在实际工作的同志来参与教学，来促进我们的教师研究和改进教学方法，从而建立一种教师评价的激励机制。总而言之，就是我们需要有实践经验的人才，这种人才就是既有学术水平，同时又有实际经验，由这样一些人来担任教师工作，或者这两种人的结合来培养我们专业硕士的人才。

第六，就是能够加强国际交流与合作。因为在法律教育方面国外应该说也有许多可以值得借鉴的地方，应该加强这方面的合作，这里当然包括教材，包括师资之间的交流，甚至是学生间的交流。举办一些论坛，这些都是加强国际交流的方法。

第七，要加强质量评估。我们一定不能认为这个专业学位是降低标准的意思，而实际上是另外一种规格的，实际上在某种程度上也有更高的地方的这样一种要求。质量确实是我们教育的一个核心问题，或者说是我们一个永恒的主题，假如我们把质量搞坏了，将来名声就很差，而且也不能坚持下去。所以我们在研究生教育这一方面在社会上也有对我们各种各样的评论，我们一定要坚持严格规范的质量评估，把学校工作的重心引导到信誉、创品牌上来，当然我们的专业指导委员会也承担了这样一些评估的任务，因为他们都是些专家，他们都可以来评估这个专业到底办得怎么样。

3. 关于法律硕士专业学位教育指导委员会的整个工作问题。法律硕士专业学位教育指导委员会的作用很大，它应当推动我国法律硕士专业学位教育的快速发展，应该说专业学位教育指导委员会在我国的专业学位教育发展当中具有非常重要的地位和作用，随着我国政府职能的转变，专业学位教育指导委员会的地位和作用也会进一步突出，我刚才讲到评估，将来很可能就从我们的政府部门要转到这样的机构，或者将来会有一些中介机构。现在这个专业指导委员会将来对我们建立这样一些机构也具有指导意义，所以我们要充分发挥专业学位指导委员会在学位标准的制定、教学改革、师资培训、国际交流与合作，加强与行业的协调，组织和参与评估，开展咨询和研究等方面的作用（也就是这些都是我们指导委员会的任务），进一步加强各专业学位教育指导委员会在制定行业自律规范和进行质量督方面的职能，这些都是我们指导委员会的工作。全国法律硕士专业指导委员会的秘书处设在司法部，这是唯一一个设在主管部门的专业学位教育秘书处，其他的 12 个都设在大学，这样的设置我们认为有利于加强行业主管部门和培养单位的联系，而且也利于协调，有利于把我们国家的政策和形势要求及时地体现在人才培养的过程中，因此我们也非常希望秘书处能够更好地加强这种联系，特别是加强和法律硕士培养单位和法律硕士专家的联系，按照教育指导委员会的要求，组织相关专家开展研究，承担指导委员会布置的各项工作,推动法律硕士专业学位教育的进一步深化,推动它更好地发展。应该说秘书处一般承担大量的事务性工作,它所在的单位要在人、财、物方面要有更大的付出,由于司法部的大力支持,我们这个指导委员会的秘书处开展了非常有效的工作,从现在开始要更加进一步地发挥这方面的作用,在这里我也想代表我们各个高校、代表国务院学位委员会、教育部对司法部这样的支持和设置秘书处这样一种有成效的工作表示感谢!我们现在的工作量还很大,因为现在的法律硕士试点单位已经有了39所,根据人才的需求情况,今后也可以进一步扩展,法律硕士教育已经累计招生有三万多人,在校生的规模达到了二万多人,已经授予法律硕士专业学位接近9000人,也就是说,这方面的工作量在日益扩大,由于我们在招生考试、规模录取、师资培训、教材和案例的建设、教学方法、论文要求、基地建设等方面已经制定了一些规范的要求(这也是我们上一届专业指导委员会的一些工作),从而保证了法律硕士专业学位教育的质量,使得我国法律硕士专业学位的教育走出了一条快速、健康的发展道路。我们相信今后还有很多改革的任务,刚才我们讨论了一个问题,就是如法律专业,在许多发达国家实际上已经没有了本科,它实际上就是招研究生的时候招的,那它也是从不同的领域招的,学生的背景可以是各种各样的,他可以是学医科的,他将来可以是法医这些方面的人才;也可能是学工科的,学环境的,因为有环境法等,或者学理科的甚至学数学的都有可能,这些人到了读研究生的时候,才去读法律。像这些情况将来该怎么做,在我们这个专业指导委员会里面也可以提出一些建设性意见。

我们相信在以张福森部长为主任委员的新一届指导委员会的带领下,我国的法律硕士专业学位教育一定会得到更大的发展。我们的专业学位教育正在积极地发展,深化改革,我们只有这样才能够满足我国经济发展对人才资源的需求。因为我们现在把科教兴国和人才强国战略作为我们中华民族伟大复兴的根本性战略,这也是时代对我们提出的挑战,也是我们学位和研究生教育所必须承担的历史使命,我们大家都应该为这个目标而共同努力。

赵大程[*]同志在法律硕士专业学位设立十周年纪念大会上的讲话

（2006年12月28日）

各位领导、各位来宾、各位代表：

今天我们隆重集会，纪念法律硕士专业学位设立十周年，目的是在总结回顾法律硕士教育发展历程和基本经验的基础上，以科学发展观为指导，共同促进法律硕士教育工作又好又快发展，为全面建设小康社会、加快构建社会主义和谐社会做出更大贡献。

十年前，为适应我国社会主义现代化建设和改革开放的需要，特别是适应建立社会主义市场经济体制和实行依法治国、建设社会主义法治国家基本方略的需要，加快培养国家急需的高层次法律专业人才，经过中央各有关部门、法学界专家学者论证，国务院学位委员会批准设立了法律专业硕士学位。十年来，法律硕士教育工作努力适应我国经济社会发展和民主法制建设的需要，树立为实施依法治国基本方略服务的目标，发挥研究生教育与在职攻读教育两个培养渠道的作用，使法律工作者队伍的知识结构得到优化；适应新时期政法队伍建设要求，建立专业学位发展与政法各部门队伍建设规划相结合的工作模式，为政法队伍建设提供了重要条件；更新观念，树立知识、能力和素质全面发展的人才培养观和质量观，激发广大法学教育工作者创新法学教育观念、改革法学教学方法的热情，形成我国复合型、实践型高层次法律人才培养模式；建立国家学位与教育主管部门主导，政法部门积极参与的管理与指导体制，形成了高等院校与用人部门相互协作的开放型办学机制。十年来，法律硕士教育工作取得了可喜成果，共有18102人获得法律硕士专业学位，为加强政法队伍建设，促进司法公正，推进民主法制建设发挥了重要作用。法律硕士专业学位教育，是我国法学教育的新生事物，是一项制度创新，十年的积极实践，使这项制度不断完善，工作水平不断提高，已经成为培养我国高层次法律工作者的重要途径。

---

* 赵大程，司法部副部长。

在此,请允许我代表司法部,向多年来辛勤工作在法学教育和法律硕士工作一线的广大教师和管理工作者,向支持并引导法律硕士工作发展的国务院学位委员会、教育部,向共同支持、推进法律硕士教育工作的中央各政法部门和全国法律硕士专业学位教育指导委员会表示热烈的祝贺！今天,杨玉良同志代表国务院学位委员会和教育部宣布法律硕士专业学位教育结束试点阶段转入正式实施,是对过去十年全国法律硕士教育工作的肯定,是对我们这次纪念大会送上的一份厚礼。借此机会,我建议让我们以热烈的掌声,对国务院学位委员会和教育部对法律硕士教育工作的大力支持表示衷心的感谢!

当前,全国各行各业都在认真学习贯彻党的十六届六中全会精神。党的十六届六中全会是我国改革发展关键时期召开的一次重要会议,作出了《中共中央关于构建社会主义和谐社会若干重大问题的决定》。新世纪新阶段,我们面临的发展机遇前所未有,面对的挑战也前所未有。构建社会主义和谐社会,是我们克服艰难险阻,顺利推进社会主义现代化建设的必然要求。胡锦涛总书记深刻指出:“我们所要建设的社会主义和谐社会,应该是民主法治、公平正义、诚信友爱、充满活力,安定有序、人与自然和谐相处的社会。”构建社会主义和谐社会的这些总要求,特别是其中关于民主法治、公平正义、安定有序的要求,与政法工作直接相关,与包括法律硕士教育在内的法学教育工作密切相关,做好法律硕士教育工作责任重大,我们应该把工作指导思想统一到党的十六届六中全会精神上来,把工作定位到促进和谐社会建设上来,更好更多地培养具有复合型知识能力结构的高层次法律人才。利用这个机会,我对法律硕士专业学位教育工作,谈几点想法和希望。

一、进一步增强在构建和谐社会新形势下做好法律硕士教育工作的责任感

在社会主义和谐社会建设各项工作全面推进,经济、政治、文化和社会各项事业进入蓬勃发展的新时期,依法治国基本方略将得到全面落实,法治建设将得到进一步加强。同时,面对科技进步日新月异,经济全球化发展趋势进一步加深的新形势,社会不但需要大量的法律人才,而且需要更多复合型知识能力结构的法律人才。知识产权领域、信息网络管理领域,以及行政管理、经济管理、金融管理等领域,与法学学科交叉融合的态势日益凸显,培养复合型法律人才的要求更加迫切。这种人才不仅要有扎实的法律知识,还要具备经济、管理、科技及外语等多方面的知识和能力。这就为法律硕士教育工作提出了新的更高要求,也开辟了法律硕士教育工作新的工作天地。按照党中央关于构建社会主义和谐社会的总体部署,根据新时期经济、政治、文化和社会发展以及对外开放新的形势、要求,我们应该认真研究明确法律硕士教育工作的总体思路,在对政法和其他社会法律人才需求科学预测并合理规划的基础上,进一步明确法律硕士专业学位教育的发展目标和功能定位，充分发挥法律硕士教育培养复合型、实践型高层次法律人才的功能作用，努力促进培养规模有较大增长，把法律硕士教育办成为培养政法队伍和社会其他高层次法律人才的重要途径。

二、坚持以科学发展观统领法律硕士教育工作

科学发展观是推进社会主义经济建设、政治建设、文化建设和社会建设全面发展必须始终坚持的根本指导方针。我们一定要认真学习领会胡锦涛总书记关于科学发展观的一系列重要讲话、重要论述，全面把握科学发展观的精神实质，切实把科学发展观贯彻落实到法律硕士教育工作的全过程。

坚持以科学发展观统领法律硕士教育发展，就是要深入研究高层次法律人才培养规律和成长规律，将以人为本的思想贯穿教书育人、管理育人、服务育人全过程；要研究我国新时期政法队伍建设的要求，研究论证法律职业队伍建设、司法考试制度与法学教育相互衔接、相互促进、协调发展的工作机制，实现法律硕士教育工作全面、协调、可持续发展。

培养什么人的问题，是教育的根本问题。根据胡锦涛总书记的指示，今年以来全国政法系统开展了以牢固树立依法治国、执法为民、公平正义、服务大局、党的领导为主要内容的社会主义法治理念教育，马克思主义在政法工作意识形态领域的指导地位得到加强，这项教育的根本性、长远性、基础性作用，今后必将进一步显示出来。新修订的《法律硕士专业学位教育指导性培养方案》，将“深刻把握社会主义法治理念”作为法律硕士研究生培养工作的一项重要要求，是非常必要的。社会主义法治理念的重要思想和基本要求，是社会主义法治的灵魂和精髓。深刻把握社会主义法治理念，对于学生将来从事法律职业工作，具有根本的指导作用。要将社会主义法治理念的教育贯穿培养全过程，使我们培养出来的法律人才受到法律面前人人平等、树立和维护法律权威、严格依法办事的深刻教育，牢固树立和自觉践行依法治国的理念；使我们培养出的法律人才受到一切为了人民、一切依靠人民、尊重和保障人权的深刻教育，牢固树立和自觉践行执法为民的理念；使我们培养出来的法律人才受到合理合法、平等对待、及时高效、程序公正的深刻教育，牢固树立和自觉践行公平正义的理念；使我们培养出来的法律人才受到服务和保障社会主义经济建设、政治建设、文化建设和和谐社会建设的深刻教育，牢固树立服务大局的理念；使我们培养出来的法律人才受到党的基本路线、基本理论、基本纲领和基本经验的深刻教育，牢固树立党的领导的理念，正确认识坚持党的领导、人民当家作主和依法治国的关系，正确认识贯彻落实党的方针政策与执行国家法律的关系，正确认识坚持党的领导与司法机关依法独立行使职权的关系，做政治坚定、业务精通、作风过硬的合格的、高素质的法律人才。

三、积极推进法律硕士教育又好又快地发展

法律硕士教育工作已走过了十年的历程,要在坚持以往工作成果的基础上,不断发展创新,坚持以满足需求为目标,以注重质量求发展,以完善制度作保障,继续加强和改进法律硕士教育工作。

努力扩大培养规模。根据形势发展需要和社会需求,合理安排法律硕士教育地区布局,发展特色专业类型的法律硕士教育,充分发挥法律硕士专业学位教育紧密结合实践、适应宽广的办学优势。认真贯彻落实胡锦涛总书记的指示精神,发挥法律硕士教育工作的作用,加强知识产权等急需人才的培养工作。在科学论证前提下逐步完善法律硕士教育类型结构,发挥专业学位办学优势培养急需的特色人才。努力促进扩大培养规模,加快高层次的复合型、实践型法律人才培养步伐。

加强培养质量建设。准确把握专业学位教育的规律和特点,在遵循高层次法律人才培养一般规律的同时,注重所学知识与职业实践的紧密结合,注重方法与能力的严格训练,注重理论与应用的有机结合;在培养工作的组织与安排上,处理好学科教育与职业技能培养的关系、职业能力培养与职业伦理教育的关系、知识复合与能力复合的关系、宽基础与重实践的关系。严格按照专业学位教育的特点和高层次人才培养规律开展教学活动,保证其规格和质量;重视保证培养质量的相关制度建设。今年 8 月,国务院学位办转发了《法律硕士专业学位研究生指导性培养方案》和《法律硕士学位论文规范》,这是指导和规范法律硕士教育开展培养工作,保证培养质量的重要制度建设,以此为基础,还要做好质量评估等方面的建章立制工作,健全培养质量制度保障体系和工作机制。招生、教学、师资建设等各项工作,都应始终围绕提高培养质量这一核心目标来开展,形成工作合力,坚持常抓不懈,进一步改革招生制度,更新教学内容,改进教学方法,提高师资水平,提高法律硕士教育良好的办学声誉。

不断提高管理水平。认真总结十年来的工作经验,借鉴外国有益做法,紧密联系我国政法队伍和社会其他法律人才队伍建设实际,紧密联系国情和法学教育发展的实际,形成具有法律硕士专业教育特色的管理模式,形成从学位指导委员会到院校管理部门完整有序的组织管理系统。进一步完善教育工作制度,努力改进工作方法,不断提高服务水平,使法律硕士教育工作更好地适应经济社会发展的要求,更好地适应法制建设的需要,更好地适应广大法律硕士专业学生的需求。

各位领导、各位来宾、各位代表,近年来,司法部重视履行有关职责,努力做好法律硕士教育工作。今后,司法部将继续认真做好全国法律硕士专业学位教育指导委员会秘书处的工作。我相信,在国务院学位委员会、教育部的领导下,

在政法各部门的通力支持下，在各培养单位广大教职员工的共同努力下，法律硕士教育工作一定会得到新的更大发展。让我们高举邓小平理论和“三个代表”伟大旗帜，全面贯彻落实科学发展观，开拓创新，扎实工作，又好又多地培养高层次法律人才，为全面建设小康社会、加快构建社会主义和谐社会做出新的贡献！

祝各位领导、各位来宾、各位代表在新的一年里身体健康、家庭幸福、工作顺利！

杨玉良*同志在法律硕士专业学位设立十周年纪念大会上的讲话

（2006 年 12 月 28 日）

尊敬的张福森主任、赵大程副部长；尊敬的政法各部门领导，各位专家：

刚才，曾宪义副主任委员对我国法律硕士教育的创办、发展与成就作了很好的总结。两位优秀学员代表也作了精彩发言。杜国兴秘书长宣读了对优秀法律硕士教学、优秀法律硕士教学管理、优秀论文获得者进行表彰的决定。我真切地感受到了法律硕士十年来走过的道路和取得的成绩，感到非常高兴。

1995 年，国务院学位委员会第 13 次会议审议通过了《关于设置和试办法律专业硕士学位的报告》，指出法律硕士专业学位是具有特定法律职业背景的职业性学位，主要培养立法、司法、行政执法、法律服务与法律监督以及经济管理、社会管理等方面需要的高层次法律专业人才和管理人才。并指出，法律硕士专业学位与法学硕士在学位上处于同一层次，但规格不同，各有侧重。1996 年，法律硕士专业学位开始招生。今年正好十周年。十年的试点工作实践表明，我国法律硕士的定位是合理的、清晰的。我国依法治国和建设社会主义法治国家的要求，需要一大批复合型、高层次、职业化的法律专门人才。法律硕士的培养目标适应了这一要求。十年的试点实践也表明，我国法律硕士专业学位的教育特色逐步显现、规模不断扩大、制度不断完善、质量不断提高，已经成为我国学位与研究生教育工作的重要组成部分，成为培养立法、司法、行政执法、法律服务和法律监督等部门高层次、应用型人才的重要途径，在我国经济建设和社会发展中发挥着越来越重要的作用。因此，我在这里高兴地宣布，我国法律硕士专业学位经过十年试点，证明是成功的，试点工作结束，转入正式实施。

这里，我受吴启迪副部长委托，代表国务院学位委员会、教育部，向十年来，为法律硕士专业学位教育做出贡献的司法部等中央政法部门、向各法律硕士培养单位的广大师生、向全国法律硕士专业学位教育指导委员会的历任主任委员、

---

* 杨玉良，时任国务院学位委员会办公室主任、教育部学位与研究生教育司司长。

副主任委员和各位委员表示衷心地感谢。

首先,要感谢中央政法委、最高人民法院、最高人民检察院、公安部、司法部等中央政法部门。中央政法部门是我国法律执行部门,也是法律人才的使用部门。法律硕士就是在中央政法部门的积极推动下才诞生的,也是在你们的大力支持下迅速发展的。法律硕士的培养指向不是法律研究人员,而是直接面向司法实际需要的法律应用人才。因此,在人才的知识结构和能力结构等方面必须以法律的实际需要为导向,必须得到政法实际部门的指导。中央政法部门对此给予了高度的重视。主要体现在三个方面:一是两届指导委员会的主任委员都由司法部的部长担任,肖扬同志上届作主任委员,本届作顾问。中央政法委、高法、高检、公安部、司法部等中央政法部门的负责人参与了委员会的工作。体现了中央政法主管部门领导对法律硕士的高度重视。二是我们现在 16 个专业学位,其他专业学位的秘书处都设立在高校。为充分体现法律硕士专业学位的行业特色,法律硕士指导委员会秘书处设在司法部。国家司法考试司司长亲自担任秘书长。秘书处承担了大量的组织、协调、研究等工作,司法部都给予了大力的支持。三是在职攻读法律硕士专业学位招生中,中央政法委、高法、高检、公安部、司法部等中央政法部门每年都联合发文,推荐本系统的在职人员报考,并在学习时间、经费等方面予以政策支持,有力地推动了这项工作的开展。所以,我要感谢中央政法部门对法律硕士的大力支持。

其次,要感谢全国法律硕士专业学位教育指导委员会。设立专业学位教育指导委员会是我们在开展专业学位教育中成功探索出的一种管理创新、制度创新之路。实践证明,教育指导委员会作用发挥的好坏直接关系到专业学位的发展。法律硕士专业学位教育指导委员会成立以来,做了大量的工作。刚才,曾宪义副主任委员代表指导委员会作了很好的报告。教育指导委员会在学位标准的制定、教学改革、教材建设、师资培训、国际交流与合作、加强与行业协调、开展咨询和研究、新增院校评审和培训、制定行业自律规范和质量监督等方面,发挥了非常重要的作用。指导委员会的主任委员、副主任委员、各位委员,都是兼职的,都有自己很重的工作,同时,作为委员,工作很多,但又没有报酬。因此,各位委员都是在无私奉献,都是在为我国法律硕士的发展尽心尽力。目前,法律硕士专业学位教育指导委员会已经成为法律硕士专业学位发展的不可替代的重要力量。所以,我要感谢法律硕士专业学位教育指导委员会的各位委员对法律硕士的发展所作出的突出贡献。

最后,要感谢各法律硕士研究生培养单位。法律硕士是新生事物,要办好并不容易。我国有法律本科、有法学硕士、有法学博士,如何准确定位,合理确立法律硕士的培养目标、培养理念、培养规格、培养要求十分重要。围绕法律硕士专业学位的特点,我们先后制定和修订了三个法律硕士专业学位研究生指导性培养方案,力图建立和逐步形成具有我国特色的法律职业人才培养的特色和规格,也力图实现法律硕士专业学位在法律职业人才培养方面的优势和前景。主要强调的是,一是要有利于吸收具有不同学科背景的大学本科毕业生报考,以培养复合型法律专门人才;二是要有利于面向政法实际部门的在职人员,为他们的在职提高服务;三是要突现法律职业特点,在法律职业理念、法律精神、法律思维、法律职业伦理等方面,注重面向法律实践,强调法律运用;四是要在知识结构、教学模式、能力要求、学习时间等方面进行教学改革与强化,有利于法律素养的养成。在这些方面,法律硕士各培养单位作出了很大的努力,在教学条件、教学组织、招生考试、师资配备等各方面进行了积极、有益的探索,为法律硕士专业学位的健康发展作出了贡献。因此,我要感谢法律硕士研究生各培养单位在这方面所做的努力和工作。关于法律硕士的下一步工作谈两点意见:

第一,要开展评估工作。我们已经有了50所法律硕士培养单位,已经累计招生五万多人。2001年,在MBA试办10年的时候,对MBA进行了教学合格。当时是我国专业学位的首次评估。今年,又完成了MPA的评估。如何对专业学位进行评估,我们还处于探索阶段,但评估是保证发展的一个有效措施。通过评估,我们想达到四个目的,一是准确了解和掌握法律硕士专业学位办学的实际情况;二是根据评估中发现的问题及时调整培养方案和教学要求;三是促进各培养单位加强建设,规范管理,保证质量;四是要着力探索法律硕士专业学位质量保证的长效机制。所以,我们要对法律硕士培养院校进行评估,对人才培养质量进行检查。希望指导委员会认真研究和制定法律硕士评估指标体系和评估方案,对各培养单位逐批开展教学合格评估工作。

第二,要狠抓质量,不断提高培养水平。法律硕士的生命力在于社会的认可,社会的认可来自于质量。试点实践表明,法律硕士的定位准确,培养目标明确,社会欢迎。但如何真正体现其专业学位特色和职业导向优势,必须要保证质量、提高水平,办出品牌。关于法律硕士的基本要求,我们已经比较明确,关键要抓落实,管理要到位、师资要到位、服务要到位。各培养单位要把法律硕士作为学校研究生教育的重要工作来抓,要为其提供与在校研究生同等的学习条件;要按照法律职业的要求,为学生提供高水准的教学安排和严格的教学要求;要建立合理的质量评价体系和标准。我们已经试点十年,下一阶段,要在质量和水平上寻求突破。刚才,曾宪义同志对下一步工作作了很好的设想。希望指导委员会在这方面集思广益,积极进取,勇于探索;我也特别希望中央政法部门大力支持,为法律硕士在法律职业建设中发挥重要作用提供条件。

各位领导、各位专家,我国学位与研究生教育已经进入一个新的历史阶段,我国专业学位教育的改革与发展也进入了一个关键的时期，让我们开拓思路、积极发展，为法律硕士专业学位美好的明天而共同努力。

谢谢！

赵大程*同志在第三届全国法律专业学位研究生教育指导委员会成立大会上的讲话

（2011年3月18日）

各位领导、各位专家、同志们：

今天，国务院学位委员会、教育部、人力资源和社会保障部联合召开会议，29个专业学位教育指导委员会正式成立或换届，法律专业学位研究生教育指导委员会也藉此圆满完成换届任务，这是我国法律专业学位研究生教育工作的一件大事，对于在新的历史起点上，指导和推动法律专业学位研究生教育工作实现新的发展，具有重要作用。

根据会议安排，下面，我代表法律专业学位研究生教育指导委员会作一发言。

一、法律专业学位研究生教育工作具有重要地位作用，拥有广阔发展前景

教育是民族振兴、社会进步的基石。党和国家高度重视教育，十分关心和支持法学教育工作和队伍建设。新中国成立以来特别是改革开放以来，我国法学教育工作，随着国家教育事业的发展而发展，随着国家民主法治建设的进步而进步。法学院校迅速发展，法学学科、办学层次和类型日臻完善，师资研究队伍不断壮大，培养了一大批高素质法律人才，成为社会主义现代化建设的重要力量，取得了令人瞩目的成绩。

法律专业学位是以培养高层次复合型、应用型法律人才为目标的专业学位，同时，承担了法律职业部门在职人员高层次教育的任务。法律专业学位的设立，是在实施依法治国基本方略和科教兴国战略的时代背景下，适应经济社会发展对高层次复合型、应用型法律人才的需要，适应法治领域人才建设的需要，创新应用性高层次法律人才培养模式的有效实践。1995年，国务院学位委员会第13次会议批准设置法律硕士专业学位。1996年，试办首期招收研究生，成为全国最早招收全日制研究生的专业学位。十五年来，在国务院学位委员会、教育部的

---

* 赵大程，司法部副部长。

正确领导下，在中央政法各部门的指导支持下，在各培养院校的共同努力下，我国法律专业学位研究生教育工作迅速发展。目前，办学规模已达到45000多人，先后有47600多人获得法律硕士专业学位。培养范围逐步扩大，已经涵盖法学专业本科毕业生、非法学专业本科毕业生、法律职业在职人员和政法干警招录培养体制改革试点班学员等不同类型。培养模式日臻成熟，已经实现从单一的学科研究型到学科型、研究型与复合型、应用型双轨培养的重大转变。在职攻读法律专业学位研究生教育工作已经纳入国家人才培养和政法队伍建设的重要日程，中央政法委员会、最高人民法院、最高人民检察院、公安部和司法部等中央政法部门高度重视，列入干部教育培训规划，作为提高在职队伍专业学历的主要措施。经过这些年的不懈努力，我们比较好地走出了一条中国特色高层次复合型应用型法律人才培养道路，法律专业学位研究生教育工作为立法、执法、司法等各行各业培养了一大批高层次复合型应用型法律人才，为新时期提高政法队伍知识水平、增强工作的综合能力，适应推进经济社会发展、维护国家政治安全和社会和谐稳定的需要，作出了积极贡献。

当前和今后一个时期，我国教育事业同我国各项事业一样，正处在重要战略机遇期，法律专业学位研究生教育工作面临良好发展机遇和广阔发展前景。2010年党中央、国务院召开了进入21世纪第一次全国教育工作会议，颁布了国家中长期教育改革和发展规划纲要，胡锦涛总书记等中央领导同志发表了重要讲话，开启了我国从教育大国迈向教育强国、从人力资源大国迈向人力资源强国的新征程，法律专业学位研究生教育工作也步入了新的发展时期。党的十七届五中全会和刚刚闭幕的全国“两会”，明确了“十二五”时期我国经济社会发展的主要目标、战略重点和重大措施，描绘了未来五年我国经济社会发展的宏伟蓝图。为实现“十二五”时期经济社会又好又快发展创造和谐稳定的社会环境、公平正义的法治环境、优质高效的服务环境，迫切需要高水平的法学教育和高素质的法律人才。中国特色社会主义法律体系如期形成，全面实施依法治国基本方略，加快建设社会主义法治国家，加强和创新社会管理，构建社会主义和谐社会，迫切需要培养更多、更高素质、更多样化的法律人才。加快转变经济发展方式、实现科技进步和创新、建设资源节约型和环境友好型社会等，迫切需要拓展法律服务领域，提升法律服务层次和水平，对加强法律职业队伍专业化建设、加强法律专业学位研究生教育工作提出了新的更高要求。全球化、国际化迅猛发展以及新兴行业发展带来的新变化，使高层次法律人才需求显现出类型扩张、层次提高的新趋势和新特征，迫切需要进一步加强法律专业学位研究生教育工作。总之，随着经济社会发展对高素质法律人才的需求日益增长，随着人民群众对法律服务的需求日益增长，法律专业学位研究生教育的地位将更加重要，作用将更加凸显。

二、坚持正确方向,努力推动法律硕士专业学位研究生教育工作改革创新发展

中央明确指出,当前和今后一个时期,教育工作的主题是科学发展,主线是适应加快转变经济发展方式的要求,通过改革来创新和完善中国特色教育发展道路。在新的历史条件下,法律专业学位研究生教育工作要继续坚持以邓小平理论和“三个代表”重要思想为指导,深入贯彻落实科学发展观,牢牢把握主题和主线,紧紧围绕法治建设大局、政法队伍建设实际需要,深入贯彻落实国家教育规划纲要,着力加强师资队伍建设,着力加强培养工作全程标准化管理,着力加强培养保障机制建设,全面提高法律专业学位研究生教育培养质量,努力培养政治坚定、法律精通、道德高尚、体魄强健的高层次复合型应用型法律人才。根据新形势新任务的要求,将着重做好以下几方面工作。

1. 坚持把服务经济社会发展作为重要任务,充分发挥法律专业学位研究生教育工作职能作用。目前我国正处于改革发展的攻坚阶段,实现由经济大国向经济强国的转变任重道远。同时,我国仍处于社会矛盾凸显期,不稳定不确定因素仍然较多,深化社会矛盾化解、社会管理创新、公正廉洁执法三项重点工作,维护国家安全与社会和谐稳定的任务艰巨繁重,迫切需要教育提供更有力的人才支撑、智力支持和科技贡献。要充分发挥法律专业学位研究生教育工作职能作用,打造法律专业学位研究生教育特色和优势,进一步提升教育公共服务水平,深入研究回答重大理论和现实问题,提高服务经济社会发展的能力,为保障和改善民生,加强和创新社会管理,构建社会主义和谐社会作出更有效、有力的贡献。

2. 坚持把培养中国特色社会主义建设者、捍卫者作为根本要求,进一步加强思想政治教育和职业道德建设。法律职业具有很强的政治性。社会主义法学教育事业是为培养中国特色社会主义建设者、捍卫者而存在和发展的。要认真贯彻中央的部署,深入开展社会主义法治理念教育,在法律专业学位研究生教育中有组织、有系统、有平台地推进社会主义法治理念教育“进课堂、进教材、进头脑”工作,将社会主义法治理念课程列为各类法律专业学位研究生的必修课,研究开展在其他课程中融入社会主义法治理念主要内容和精神的教学方式和方法,开展师资培训交流工作,定期召开国情教育、形势教育、英模教育经验交流会。大力加强法律职业价值观教育,把“忠诚、责任、奉献”等核心职业素质教育摆在更加重要的位置,深入开展光荣传统教育,坚定中国特色社会主义理想信念,牢固树立和自觉践行执法执业为民的宗旨意识。

3. 坚持把培养高层次复合型应用型法律人才作为目标,进一步优化法律专业学位研究生培养模式。培养高层次复合型应用型法律人才,是法律专业学位研究生教育工作的特色和优势。要加强实践基地建设,以政法队伍建设和经济社会发展的实际需要为导向，以提高知识应用能力为重点，组织开展全日制研究生教育培养方案修订论证工作。课程设置要充分反映法律实务专业领域对人才的知识与能力要求，解决在职业道德教育和实践应用技能训练等方面的不足和问题，正确处理人才培养规格与职业方向的关系。推动建立院校与实务部门密切联系与合作的办学模式或联合培养机制，制定和出台适合法律专业学位研究生开展实训的实践教学基地标准和规范。改进和完善在职攻读工作措施，认真总结在职攻读法律专业学位研究生培养工作经验，从政法队伍建设需要出发，特别是西部和基层政法队伍数量不足和质量不高的实际情况出发，结合培养单位的现有办学条件，研究开展在职攻读法律专业学位研究生教育的新途径和新措施。开展法律专业学位研究生教育与法律职业资格衔接制度的研究，进一步做好培养内容、方式与职业资格要求的衔接工作，加强设在法律专业学位研究生培养单位的国家司法考试命题研究基地的指导和建设，加强政法干警招录培养体制改革试点培养工作指导。加强为西部和少数民族地区人才服务，围绕西部和基层政法队伍建设的需要，进一步加强政法干警招录培养体制改革试点中法律专业学位研究生培养工作，落实西部和少数民族地区法律专业学位研究生到政法基层单位实习制度。做好法律专业学位研究生综合改革试点单位经验总结和推广工作，密切关注 19 所法律专业学位培养单位综合改革试点单位工作进展，协调研究解决试点工作难点问题，及时总结和推广经验。

4. 坚持把加强师资建设、加强标准化管理和加强研究交流作为工作重点，不断提高法律专业学位研究生教育培养质量。质量是法律专业学位研究生教育工作的生命线。要对教师开展政策和业务培训工作，推动建立教师与政法工作者双向互动交流的制度和机制，聘请政策理论水平高，实际经验丰富的政法工作者担任导师，将实务部门资源引入法律专业学位研究生培养的各个环节，加快法律专业学位研究生教育“双导师”制建设。建立健全质量监督评价工作机制。根据全国法律专业学位研究生培养单位办学发展不平衡的实际，健全培养制度，规范办学环节，制订培养管理标准，对培养单位进行质量监督检查，建立办学质量评测机制。积极开展培养教学专题研究，组织开展法律专业学位研究生教育教学问题应用对策研究，重点关注我国经济、政治、文化和社会发展相关领域的高层次应用型法律人才培养模式研究，采取征集课题、择优立项研究和委托专家研究等形式，使研究成果直接为提高培养工作水平提供支撑。积极开展法律专业学位研究生教育的国际交流与合作，注重对国外法律教育改革趋势的考察研究，鼓励有条件的院校联合培养急需紧缺的高层次法律服务人才。

三、认真履行职责，充分发挥法律专业学位研究生教育指导委员会作用

新一届法律专业学位研究生教育指导委员会将认真贯彻落实这次会议精

神,认真履行沟通、协调和指导的工作职责,充分发挥指导委员会由中央政法各部门和法学院校共同组成的工作优势,进一步健全实际用人部门与培养单位之间的协作机制,共同推进法律专业学位研究生教育工作科学发展。

进一步完善工作运行机制。根据第三届指导委员会面临的工作形势和目标任务,指导委员会将进一步加强组织建设,合理配置资源,努力做好职业与就业、制度建设、培养指导、质量评估、国际交流、西部和少数民族地区人才培养等工作,实行工作计划申报与责任实施的工作制度,努力提高秘书处办理协调事务的能力和水平。

进一步发挥指导协调作用。根据经济社会发展需要和国家人才培养需求,指导委员会将研究制定法律专业学位研究生教育发展规划、指导性培养方案和教学大纲,增强工作的预见性和指导性。同时,通过采取年度工作会议、专项工作会议和全国法律硕士教育论坛等工作形式,邀请政法实务工作者、培养单位教师和专家共同研究提高教育教学水平,了解掌握司法实践最新动态,运用教育教学的最新成果,不断改进和加强教育培养工作。

进一步加强秘书处建设。按照国务院学位办的意见,司法部将继续支持和指导国家司法考试司履行好秘书处的工作职责,与中国人民大学法学院一道做好秘书处的各项工作。秘书处要做好法律专业学位研究生教育各项信息的上报、汇总和管理使用工作,建立完善法律专业学位研究生教育信息库,建设“全国法律专业学位研究生教育”工作网站,为各培养单位和社会提供工作信息交流平台。

我们相信,在国务院学位委员会、教育部、人力资源和社会保障部的关心重视下,在中央政法各部门的大力支持下,在各法律专业学位研究生培养院校的共同努力下,法律专业学位研究生教育工作将不断繁荣发展,培养更多高层次复合型应用型法律人才,为服务经济社会又好又快发展,推进国家民主法治建设,加强和创新社会管理,维护国家安全和社会和谐稳定做出新的更大贡献!

杜占元*同志在全国法律专业学位研究生教育指导委员会会议暨第九届法律硕士教育论坛上的讲话

（2016 年 1 月 9 日）

法律硕士是我国最早设立的专业学位之一，也是最具有行业特点的专业学位之一。1995 年，在中央政法部门的积极推动下，经过专家反复论证，国务院学位委员会第 13 次会议审议通过了《关于设置和试办法律专业硕士学位的报告》，法律硕士成为我国第 3 个设立的专业学位，主要培养立法、司法、行政执法、法律服务和法律监督，以及经济管理、社会管理等方面需要的高层次法律专业人才和管理人才。1996 年，法律硕士开始招生。今年正好二十周年。刚才，最高法、最高检等部门的领导同志，对法律硕士专业学位教育给予高度肯定，法律硕士优秀毕业生代表作了精彩发言，还表彰了一批法律硕士优秀论文、优秀教师、优秀管理工作者。我真切地感受到，法律硕士培养二十年来，成绩斐然。在这里，我代表国务院学位委员会、教育部，向多年来，为法律硕士专业学位发展做出贡献的中央各政法部门、向全国法律专业学位研究生教育指导委员会、向各法律硕士培养单位和专家，表示衷心的感谢！

首先，要感谢中央政法委、最高人民法院、最高人民检察院、司法部、公安部等中央政法部门。中央政法部门是我国法律执行部门，也是法律人才的使用部门。法律硕士就是在中央政法部门的积极推动下才诞生的，也是在中央政法部门的大力支持下迅速发展的。尤其要感谢司法部，从法律硕士的论证、设立、办学，到管理、改革、发展，司法部领导都给予了极大的关心和支持。我们历任法律硕士教指委主任委员，均由司法部部长亲自担任，副主任委员由副部长担任。法律硕士教指委秘书处，也设在司法部，司法考试司司长担任秘书长，秘书处承担了大量的组织、协调、研究和推动工作。

其次，要感谢全国法律专业学位研究生教育指导委员会。设立专业学位教育指导委员会，是我们专业学位教育的一项制度创新。实践证明，教育指导委员

---

* 杜占元，教育部副部长。

会能否充分发挥作用，直接关系到整个专业学位的发展。法律专业学位教育指导委员会成立以来，在学位标准制定、教学改革、师资培训、咨询研究、加强协调，以及质量监督等方面，都发挥了非常重要的作用，已成为法律硕士专业学位发展中不可替代的核心指导力量。

最后，还要感谢各法律硕士研究生培养单位和专家。法律硕士是新生事物，要办好并不容易。我国有法学本科、法学硕士、法学博士，如何准确定位，合理确立法律硕士的培养目标、培养理念、培养规格，十分重要。二十年来，各法律硕士培养单位，在法律硕士教学条件、教学组织、招生考试、师资配备等各方面进行了积极探索，共培养法律硕士研究生 12.6 万人，为立法、执法、司法等法律实践领域输送了大批高层次复合型人才，为建设社会主义法治国家做出了重要贡献。

昨天下午和今天上午，国务院学位委员会召开了第 32 次会议，中共中央政治局委员、国务院副总理、国务院学位委员会主任委员刘延东同志出席会议并作重要讲话。下面，我结合贯彻落实延东同志讲话精神，就研究生教育的改革发展，谈几点意见。

1. 深刻领会五中全会精神，准确把握“十三五”形势，推动研究生教育发展再上新台阶。刚刚结束的国务院学位委员会第 32 次会议，是在国民经济发展两个五年规划之间召开的一次重要会议。会议主要任务是深入学习贯彻党的十八届五中全会以及中央经济工作会议精神，研究“十三五”期间学位与研究生教育发展的重大战略问题，把中央关于发展的新理念、新思路、新要求，落实为全面提高研究生教育质量的具体任务，为如期全面建成小康社会做出应有的贡献。

延东同志指出，学位与研究生教育“十二五”改革发展成绩显著，为“十三五”打下了坚实基础。五年来，特别是党的十八大以来，学位与研究生教育坚持“服务需求、提高质量”主线，服务创新驱动发展战略，全面深化综合改革，在树立全面质量观，加快转变发展方式，创新培养机制，突破关键环节，提升研究生培养水平等方面，取得了显著成绩。一是研究生教育支撑经济社会发展的作用更加突出。2015 年，在学研究生数已达到 230 万人，高层次人力资源供给大幅度增长。学科结构更加优化，培养类型更加协调。2014 年，专业学位研究生招生占比达到 43.5%，形成了应用型人才与学术型人才协调发展的格局。2010 年以来，高等学校获得自然科学基金项目占到项目总数的 80%，研究生参与科技创新的贡献度不断提高。二是重点领域重大改革迈出坚实步伐。全面深化改革的布局初步形成。产学结合培养专业学位研究生的新模式趋于成型。临床医学、建筑学、城市规划和翻译等专业学位实现了专业学位与职业资格证书的有效衔接。以人才培养为中心的调适机制进一步完善。三是质量保障和投入支持体系更加完善。五位一体的质量保障体系框架基本确立。新一轮学位授权点合格评估和专项评估，调整和处理了一批学位授权点，引导学位授予单位更加重视学科建设和人才培养质量。健全了研究生投入与资助政策体系。从2013年9月起，中央部门所属高校的生均综合定额拨款大幅提高，带动了全国研究生教育投入的大幅提升。四是研究生教育的国际声誉和影响达到新水平。我国高校在世界大学排名中总体呈上升态势，入选高校数量及名次不断提升，在论文和声誉指标方面进步显著。这些成绩和经验，来自于党中央、国务院的坚强领导和关怀重视，得力于各部门的大力支持，凝结了研究生教育战线广大师生和管理人员的智慧和汗水，也离不开社会各界的关心和督促。

延东同志强调，提高教育质量，是党的十八届五中全会提出的明确要求和发展目标。提高研究生教育质量，对增强国家综合实力和国际影响力具有重要意义。我国研究生教育经过三十多年的发展，基本实现了立足国内自主培养高层次人才的战略目标。随着国内外形势的发展变化，我国研究生教育将在“十三五”进入加快发展战略的关键时期。要紧紧抓住发展的战略机遇，从国家发展大局出发，加强顶层设计，全面谋划研究生教育发展的新格局。科学发展、创新发展，必须以提高质量和效益为中心。研究生教育的发展，要紧扣这一命题，思考和解决发展目标、发展格局、发展机制三个方面的问题。服务需求，既是研究生教育发展的现实要求，也是提高发展质量和效益的衡量标准。实现质量和效益，在研究生培养已达到相当规模的情况下，既需要合理的发展速度，更要关注对已有存量的调整和结构优化，把发展方式转到内涵发展上来，转变盲目扩充授权点、扩张招生规模的状况，健全学科结构动态调整机制，创新分类培养模式，整合资源，盘活存量，用好增量，释放发展活力。

延东副总理在第32次学位委员会上的讲话，全面总结了学位与研究生教育“十二五”期间取得的成绩，并为“十三五”的发展指明了方向。在今后的工作中，我们研究生教育战线，要深入学习贯彻党的十八届五中全会精神以及中央经济工作会议精神，按照延东同志的要求，落实各项改革举措，把学位与研究生教育质量提高到新的水平。

2. 专业学位地位日益凸显，总格改革不断深入，已成为研究生教育改革发展的重要突破口。专业学位研究生教育是研究生教育的重要组成部分，是高层次应用型人才培养的重要方面。随着经济的快速发展和社会的全面进步，不激进高等院校和科研机构需要高层次人才，社会其他行业对高层次应用型、复合型人才的需求也在急剧增加。正是为了适应这一需求，20世纪90年代初，我国开始大力发展专业学位教育。通过二十年的发展，我国专业学位研究生教育规模不断扩大，模式不断创新，培养了一大批面向各个行业的高层次应用型人才。专业学位研究生教育，成为研究生教育体系的重要组成部分，在高层次人才培养体系中,日益发挥着更加重要的作用。深化专业学位研究生教育综合改革,提高培养质量,已成为研究生教育改革发展的重要突破口。

(1)专业学位研究生教育改革发展成绩显著。一是以临床医学为代表的培养模式改革取得突破。2014 年,教育部会同国家卫计委等部门,联合下发了《关于医教协同深化临床医学人才培养改革的意见》,明确加快构建以“5 + 3”为主体的标准化、规范化临床医学人才培养体系,实现了临床医学人才培养机制改革的重大创新。此外,我们在法律、管理、会计、翻译等专业学位的培养上也有新的进展。二是专业学位研究生教育的质量得到了稳步提升。临床医学、建筑、会计、翻译等专业学位,就业率和就业质量都很高,逐渐得到社会各界的认可。三是完善了专业学位授权体系,逐步形成应用型人才培养与学术型人才培养并重的局面。目前,专业学位类别达到 40 种,基本覆盖了经济社会发展的主要领域。2015 年全国招收全日制硕士专业学位研究生达到 25 万人,带动了整个研究生教育结构的调整。四是探索建立了多部门参与的联合培养体系。国务院各部门和广大用人单位,积极参与专业学位研究生教育,为推动产学研结合培养专业学位研究生做出了突出贡献。

(2)专业学位研究生教育地位日益凸显,提高质量的紧迫性更加突出。从国内经济社会发展需求来看,高层次应用型创新型人才的需求更加突出。党的十八届五中全会明确提出几大战略,如“中国制造 2025”“互联网 + ”“大数据”“京津冀一体化”“一带一路”等,这些新型产业和新战略,无不跟技术创新高度关联,对高层次应用型人才培养提出更高的要求,给专业学位研究生教育发展提供了广阔空间。从世界研究生教育发展趋势看,专业学位研究生教育普遍受到世界各国重视。美国、法国、英国、日本等主要发达国家,专业学位教育在整个高等教育体系中占有重要地位。加快发展专业学位研究生教育,是当今国际高等教育发展的趋势,也成为增强国际竞争力的重要因素。从专业学位研究生教育本身看,还存在一些亟待解决的问题。一是专业学位的培养模式初步形成,但还没有得到普及。二是质量保障体系需进一步健全。三是评价机制不够科学。有效的评价、分类的评价、符合专业学位特色的评价、面向需求的评价,还没有完全形成,还需要我们探索和完善。

(3)深化专业学位研究生教育综合改革,已成为研究生教育改革发展的重要突破口。二十年来,伴随着专业学位研究生教育的不断发展,我们一直致力于推动高校探索符合专业学位研究生教育规模的培养模式。2015 年,为进一步推进专业学位研究生教育改革与发展,鼓励培养单位和有关部门积极探索符合专业学位研究生教育规律的办学体制、培养模式和评价机制,教育部又批准 18 个单位,开展“深化专业学位研究生教育综合改革试点工作”,即在原有改革试点工作的基础上，遴选部分已有初步改革经验或有较强改革意愿的地区、高等学校和专业学位教指委，进一步深化专业学位研究生教育综合改革，在办学管理体制、培养规模、评价机制和质量保障体系建设等方面实现新的更大的突破，通过树立典型，积累经验，以点带面，不断提高我国专业学位研究生培养质量。法律专业学位教指委，也在司法部的大力支持下，积极申报参加了综合改革试点工作，也获得了批准。我们希望，通过试点单位的深化改革，探索产生具有普遍性的、核心的、成功的经验，并推广上升为国家政策机制，从而带动整个专业学位研究生教育的改革发展，把研究生专业学位培养质量提高到新的水平。

3. 深化法律硕士专业学位综合改革，创新培养机制，服务全面依法治国战略的实施。法律硕士专业学位教育，是一项重要的高素质法律职业人才培养制度，为服务国家法治工作队伍建设发挥了重要作用。二十年来，我国法律硕士专业学位教育全面发展，培养规模不断扩大，培养单位从最初的 8 个增加到 186 个，每年授予法律硕士专业学位近 1.7 万人；培养制度不断完善，通过先后 5 次制定指导性培养方案，确立了具有中国特色的法律职业人才培养规格；培养模式不断创新，通过推进教育教学改革，加强案例教学，建立实践基地，探索形成了具有中国特色的法律硕士专业学位培养模式。党的十八届四中全会做出全面推进依法治国若干重大问题的决定，中办、国办又印发了《关于完善国家统一法律职业资格制度的决定》。这些重大政策的出台，为创新法治人才培养机制，创造了重大机遇。我们要抓住这一机遇，按照十八届五中全会的要求，进一步深化综合改革，创新培养机制，推动法律硕士专业学位研究生教育再上新台阶。

（1）进一步明确法律硕士培养定位。法律硕士专业学位，从设立之初，就定位为有特定法律职业背景的学位，主要培养面向立法、司法、行政执法、法律服务于法律监督，以及经济管理、行政管理等方面的高层次应用型法律人才，在培养目标上具有强调实务的特点，在教学、招生等方面，与法学学术学位有着很大的不同。我们要按照党的十八届四中全会关于推进法治专门队伍正规化、专业化、职业化的要求，牢牢把握这一定位，注重法律实践，为建设社会主义法治国家培养高层次复合型人才。

（2）深化法律硕士培养模式改革。要坚持一流的理念，以服务需求为导向，以联合培养为保障，持续推进培养模式改革。法律职业，本身就具有专业性、职业性的特点，法律硕士专业学位也是以此特定职业为背景而设立的。法律硕士专业学位教育，要继续依靠政法部门，进一步明确需求导向，改革课程体系，加强实践教学，加大联合培养力度。希望中央政法部门，适时出台相关政策，为法律硕士研究生提供实习实践岗位，支持培养单位开放办学，共同构筑法律硕士联合培养基地，推进人才培养模式改革。

(3)努力推进与职业资格衔接。中办、国办印发的《关于完善国家统一法律职业资格制度的意见》,对法律职业人员的范围、任职条件、考试制度、培训制度等作出了明确要求。法律硕士专业学位研究生,是未来法律职业人员的重要组成部分。要深入研究法律硕士培养和国家统一法律职业资格制度的衔接机制,拓宽高层次应用型法律人才进入法律职业队伍的渠道。一方面,根据国家统一法律职业资格考试的内容要求,科学设计培养方案,使法律专业学位研究生的培养,更加契合未来法律实务部门的岗位需求。另一方面,根据法律职业人员统一职前培训制度的内容和要求,建立法律硕士专业学位研究生培养的实习实训制度,把法律硕士的实习实训,同国家助理律师制度、助理法官制度、助理检察官制度衔接起来,为法律硕士研究生走上法律职业岗位建立通道。

(4)进一步加强部门协同。全面推进依法治国是一项系统工程,需要多部门协同推进。法律硕士专业学位,就是在中央政法部门的积极推动下才诞生的,也是在中央政法部门的大力支持下迅速发展的。深化法律硕士专业学位综合改革,更离不开法律行业部门的参与和支持。教育部希望与中央政法部门,就法律硕士改革发展的重大问题,建立部门协商机制,如预测人才需求、确定培养规模、共建培养平台、建立评价机制等,进一步加大协同力度,把综合改革推向深入。

同志们,“十三五”时期是全面建成小康社会的关键期,今年是“十三五”的开局之年。全面推进法律硕士专业学位综合改革,提高培养质量,责任重大、使命光荣。我相信,在中央各政法部门的大力支持下,在法律专业学位教指委的悉心指导下,在各培养单位的共同努力下,法律硕士专业学位教育,一定能够取得更大的发展,为建设法治工作队伍,全面推进依法治国,做出新的、更大的贡献!

赵大程[*]同志在全国法律专业学位研究生教育指导委员会会议暨第九届法律硕士教育论坛上的讲话

（2016 年 1 月 9 日）

法律专业学位是以培养高层次复合型、应用型法律人才为目标的专业学位，承担着法律职业部门在职人员高层次教育的任务。二十年来，在党中央、国务院的领导下，在国务院学位委员会、教育部和中央政法各部门的支持下，在历届教指委和各位专家的指导下，在各培养单位的努力下，我国法律硕士教育全面发展。学位授权点从首批 8 个增加到目前的 186 个，培养能力从首批的 425 人增加到现在的每年招收 1.7 万多人，在校生规模达 5 万人左右，共培养 17 届毕业生，有 12.6 万人获得法律硕士专业学位，为社会主义法治建设培养了一批人才，在加强社会主义法治工作队伍建设、全面依法治国中发挥了积极作用。我们要结合新形势、新任务，总结经验，弥补不足，继续推进这项教育工作。

下面，我就进一步加强法律硕士教育讲几点意见。

一、立足服务"四个全面"战略布局，进一步加强法律硕士教育工作

当前，我国正处在全面建成小康社会的决胜阶段。强国先强教，实现中国梦，基础在教育，关键在人才。我们要从服务"四个全面"战略布局的高度出发，充分认识新形势下进一步加强法律硕士教育的重要性和紧迫性，增强做出法律硕士教育工作的使命感和责任感。

首先，要积极适应经济社会发展对法律硕士教育的新要求。"十三五"时期，随着社会主义法治国家建设深入推进，我国经济社会发展各项事业将不断纳入法治轨道，经济、政治、文化、社会、生态文明建设等领域对高层次应用型法律人才的需求数量更多、要求更高。法律人才只有精通民商法、经济法等基本法律知识，熟悉财会、税务、能源、金融、房地产、知识产权等相关业务知识，具有较好外语水平，才能够为政府依法管理经济社会事务和市场主体依法从事生产经营

---

[*] 赵大程，司法部副部长。

管理提供优质高效的法律服务。这就要求法律硕士教育要紧紧围绕党和人民事业的发展需求,进一步明确发展目标和功能定位,充分发挥培养复合型、实践型法律人才的作用,为经济社会发展提供更多法律人才。

其次,要积极适应社会主义法治体系建设对法律硕士教育的新要求。党的十八届四中全会提出,全面依法治国总目标是建设中国特色社会主义法治体系,建设社会主义法治国家。实现这一目标,就要实现科学立法、严格执法、公正司法、全民守法,这四大环节每一个都离不开高素质法治人才队伍作保障。这就要求法律硕士教育要按照党的十八届四中全会精神和“三个提高”“四个忠于”“五个过硬”的要求,充分发挥培养高层次专业法律人才的独特优势,为立法、行政执法、司法、法律服务等工作提供更多人才支持。

最后,要积极适应我国教育事业发展对法律硕士教育的新要求。根据党的十八大关于深化教育领域综合改革的部署,国家中长期教育改革和人才发展纲要作出了加快发展专业学位研究生教育的战略部署,教育部等部门出台了《关于深化研究生教育改革的意见》,对深化包括法律硕士教育在内的研究生教育改革作出了具体部署,法律硕士教育工作要认真总结这些年的工作,特别是抓住薄弱环节,坚持问题导向、改革方向,切实落实研究生教育改革的任务要求,从招生、选拔、培养、评价等方面,进一步深化改革,不断扩大高层次应用型法治人才培养规模,提高人才培养质量,为深化法科研究生教育改革,完善中国特色社会主义法学教育体系作出积极贡献。

二、围绕提高法律硕士培养质量,全面深化法律硕士教育综合改革

虽然我国法律硕士教育取得很大成绩,但于协调推进“四个全面”战略布局的形势要求相比,法律硕士教育还存在不相适应的地方,人才培养质量与国际先进水平相比还有一定差距,尤其在创新能力和实践能力方面还闲得很不足。如何通过深化改革提高培养质量,是当前和今后一个时期我国法律硕士教育的核心任务和重大课题。各培养单位要认真贯彻落实党中央、国务院的决策部署,认真贯彻落实国务院学位委员会第32次会议精神,按照《关于深化研究生教育改革的意见》,高度重视,突出重点,多措并举,以提高质量为核心,进一步深化教育教学各项改革,推动法律硕士教育事业实现新发展。

一是要坚持正确政治方向。坚持正确政治方向是法律硕士教育健康发展的根本要求。习近平总书记强调要按照“五个过硬”的要求加强政法队伍建设,其中“政治过硬”排在第一位。我国法律硕士教育是为培养“忠于党、忠于国家、忠于人民、忠于法律的社会主义法治工作队伍”而存在和发展的,必须始终坚持正确的政治方向。要全面贯彻党的教育方针,认真学习马列主义、毛泽东思想、邓小平理论、“三个代表”重要思想、科学发展观和习近平总书记系列重要讲话精神，自觉做中国特色社会主义事业建设者捍卫者。坚持用马克思主义法学思想和中国特色社会主义法治理论指导教学工作，努力培养造就熟悉和坚持中国特色社会主义法治体系的高层次法律人才。

二是要强化质量意识。质量是教育的生命线，也是提升现阶段法律硕士教育的关键。要牢固树立质量第一意识，正确处理规模与质量的关系，采取多种措施，突出特色优势，不断提高培养质量和水平。坚持人才培养基本标准，严格落实全国统一的指导性培养方案，在学制、基础课程、师资配备、毕业论文评审等方面执行统一标准。把好招生关，注重考察学生的专业素养、职业潜质和职业道德水准，确保生源质量。切实提高学生职业能力，坚持理论知识学习与解决问题能力培养培训有机结合，着力提高学生运用法律解决实际问题的能力。加强实践基地建设，推动建立培养院校与法律实务部门的合作办学模式或联合培养机制，不断完善培养类型和教学方式。

三是要强化导师队伍建设。培养合格的法律硕士人才需要优秀的师资队伍保障。要加强法律硕士专业课程教师的教育培训，突出加强政治思想教育，确保高效法律讲坛掌握在马克思主义法学教育工作者手中。充分发挥导师作为教育第一责任人的职责，改革导师队伍评价机制，提高专业课程导师和实践环节导师的教学指导能力。推动建立院校与法律实务部门开展教师、一线工作专家双向交流、协作培养的制度和机制，为发展和培养教师队伍创造良好条件。

四是要强化监督管理。加强监督管理是提高教育质量的有效方式。教指委要健全完善法律硕士教育评估标准、评估程序和评估办法，做好专项合格评估工作，促进相关院校明确办学指导思想，健全教学管理制度，加强教育基本建设，改善办学条件，不断提高工作水平。培养单位要建立健全自我评估制度和内部监督体系，切实加强自我评估和自我管理，不断提高质量保障水平。

五是要强化法律硕士教育与法律职业资格制度衔接机制建设。法律硕士教育制度、法律职业资格制度各有侧重、联系密切。要深入研究法律硕士教育与法律职业资格考试制度的衔接机制，拓宽高层次应用型法律人才进入法律职业队伍的渠道。这个问题涉及面广、社会关注程度高，需要深入研究、广泛征求意见，也需要社会各界支持。希望各培养单位积极参与、建言献策，推动法律硕士教育和法律职业资格考试制度良性互动。

三、着眼于科学指导、精准指导，全面提高指导委员会履职能力

全国法律专业学位研究生教育指导委员会是联系培养院校和法律实务部门的桥梁和纽带，在推动法律硕士教育发展方面肩负着重要责任。要适应新形势任务的要求，增强服务意识，加强自身建设，认真履行职责，提高指导水平。

要进一步加强规划和工作机制建设。根据经济社会发展新形势，及时跟踪法律硕士教育发展态势,研究新问题,应对新挑战,修改完善法律硕士教育发展规划、培养方案、评估体系等,指导培养单位抓好落实。切实落实好年度工作会、专项工作会和全国法律硕士论坛等制度,形成指导委员会、秘书处、工作小组职能明确、有序运转的长效机制。

要进一步加强调查研究和分类指导。加强调查研究,深入培养单位,广泛听取意见,了解实际情况,指导培养单位及时发现和解决存在问题。针对不同地区和类型培养单位的不同情况,加强分类指导和监督,鼓励培养单位在遵循基本要求、完成"规定动作"的同时,积极创新人才培养模式、做好"自选动作"。

要进一步加强教材建设和师资培训。按照党的十八届四中全会关于"组织编写和全面采用国家统一的法律类专业核心教材"的要求,与有关部门共同组织编写法律硕士教育核心教材,为提高培养质量提供保障。通过举办示范培训、专业培训等形式,不断提高法律硕士师资队伍整体水平。

要进一步加强信息工作和交流合作。建好"全国法律专业学位研究生教育"网站,加强相关信息的报告、汇总和管理使用工作,宣传推广法律硕士教育的成功经验,为培养单位和社会提供工作信息交流平台。加强国际交流合作,学习借鉴世界各国在培养法律专业队伍方面的有益经验,培养高层次法律专业人才。

要进一步加强秘书处建设。司法部国家司法考试司要和中国人民大学法学院相互配合、相互支持,建立其有序有效的日常工作制度,为指导委员会履行职责、开展工作提供服务。

今年是"十三五"时期的开局之年。全面加强法律硕士教育责任重大、使命光荣。让我们紧密团结在以习近平同志为总书记的党中央周围,乘势而上、开拓创新,培养出更多高层次复合型应用型的法律专门人才,为全面建成小康社会、实现中华民族伟大复兴的中国梦作出新的更大的贡献!

二、法律专业学位设置制度

国务院学位办

关于开展法律专业硕士学位试点工作的通知

（学位办[1995]36号）

中国人民大学、北京大学、中国政法大学、对外经济贸易大学、吉林大学、武汉大学、西南政法大学、华东政法学院：

为推动法学学科学位与研究生教育的改革，加快培养建立社会主义市场经济体制急需的高层次法律顾问才，在专家、学者充分论证，并征求最高人民法院、最高人民检察院、司法部等中央政法主管部门意见的基础上，国务院学位委员会第十三次会议决定，在我国设置并试办法律专业硕士学位。经研究，批准你们单位进行试点。现将会议通过的《关于设置法律专业硕士学位的报告》转发给你们，并将有关试点工作的事项通知如下：

一、试点工作的指导思想和原则

试点工作必须在党的十一届三中全会以来的基本路线和邓小平同志建设有中国特色的社会主义理论指导下，紧密结合我国现代化建设和改革开放，特别是建立社会主义市场经济体制的实践，根据国家对高层次法律人才的需要开展工作。

试点工作应贯彻以下几项原则：

1. 试点工作要遵循高层次人才的培养规律，总结近年来法学研究生教育在培养应用型人才方面的经验，着力改变法学研究生教育尚存在的偏重学术性而对实务性注重不够，专业划分过细，培养规格单一的状况，根据法律专业工作领域和职位（岗位）的需要确定培养目标，探索一个适合国情的、规范的、能成批培养合格的应用型高层次法律人才的新型法学研究生教育模式。

2. 试点工作应在充实现有法学研究生教育的同时，开辟新的培养途径，拓展培养渠道，以满足我国立法、司法、行政执法、法律服务与法律监督以及经济管理、社会管理等方面补充高层次法律人才和提高现有专业队伍和管理队伍素质的需要。

3. 试点工作既要立足于我国的实际情况，又要借鉴世界各国在培养法律专业队伍方面的有益经验,注意使我国的法律专业硕士学位具有一定的国际可比性和通用性。

4. 试点工作应正确处理质量与数量、速度的关系。质量是学位工作的生命线,因此,法律专业硕士学位的试点工作要有一个较高的起点,要办出特色和水平,要创出牌子。同时,也要对法律专业硕士的质量标准有一个恰当的界定,既不能简单按现在教学、科研型人才的标准来衡量,也不能理解为对实际工作职位(岗位)的一般要求。试点工作既应本着改革的精神积极探索、稳步前进,形成一定的规模效益,又应实事求是,精心组织,保证健康发展。

二、法律专业硕士学位的基本要求

(一)法律专业硕士学位的性质和培养目标

法律专业硕士学位是具有特定法律职业背景的专业性学位,主要培养立法、司法、行政执法、法律服务与法律监督以及经济管理、社会管理等方面需要的高层次法律专业人才和管理人才。法律专业硕士与现行法学硕士在学位上处于同一层次,但规格不同,各有侧重。该学位获得者应达到胜任政法系统和法律服务部门中级以上(含中级)专业与管理职务的任职要求;德才兼备,具有良好的法律实务知识,具有宽口径、复合型、外向型的知识与能力结构,要求能够综合运用法律、经济、管理、科技、外语和计算机等方面的专业知识,独立地从事法律实务工作和有关管理工作。

按照《中国教育改革和发展纲要》提出的实行学历与文凭和职业资格两种证书制度的要求,逐步打通专业学位教育与职位(岗位)任职条件或任职资格的联系渠道,是促进教育适应实际工作需要,提高实际部门专业与管理队伍素质的十分重要而有效的途径。根据法律专业硕士的培养目标,中央有关政法主管部门在制定相应的职位(岗位)的任职条件或任职资格时,对法律专业硕士学位获得者在取得相应职务方面已作一定的衔接。司法部已规定,法律专业硕士学位获得者从事专职律师工作的,到律师事务所实习一年经考核合格者,即可获得律师资格。最近颁布实施的《中华人民共和国法官法》《中华人民共和国检察官法》也规定,法律专业硕士、博士学位获得者可直接取得相应的法官、检察官的任职条件。

(二)招生与考试

法律专业硕士的招收对象主要为具有大学本科学历、年龄在45岁以下的在职人员,同时也适当招收应本科毕业生。为培养复合型人才,鼓励具有不同学科、专业背景(主要是财经、外语、理工类本科毕业生)的生源报考法律专业硕士。对法律本科毕业和非法律本科毕业生的生源,要分类制定培养方案,分班招生和培养。招生采取计划内委托、定向培养与单位自筹经费培养相结合的办法。

入学按国家的有关规定,采取参加全国研究生统一入学考试或单位单独考试的方式进行。专业课考试科目由各试点单位根据培养目标及其培养方向、生源背景等方面的情况,自行确定。

(三)培养方式及学制

采取脱产、半脱产和在职兼读等多种培养方式。学制可根据培养方式及生源背景的差异,从两年到四年不等。

(四)课程设置和教学方式

课程设置要按一级学科或相关学科领域,根据有关培养目标和特定培养方向的要求确定。法律方面的课程科目一般应覆盖国内和国际的各个主要部门法,以及各个部门法的理论和实务领域,至少包括宪法、刑法、民商法、经济法、行政法、诉讼法、知识产权法,以及国际法、国际私法、国际经济法等方面的课程。同时亦应设置经济、外语、管理、科技、计算机等方面的必修课程。对于不同专业背景和职业目标的生源,应在保持基本要求的基础上,分类制定培养方案,其课程结构亦应各有侧重。总之,要体现出法律专业硕士学位复合型和应用性的特点。教学方式以课程学习为主,重视案例教学。应加强教学、科研和法律实务部门3个方面的联系,要聘请法律实务部门中具有高级专业技术职务的专家参与研究生的培养工作。加强实践环节,建立稳定的实践基地,要求法律专业硕士研究生在学期间必须全过程地参与一项以上较重要的与其职业有关的法律实务工作。已有一定法律实践经验的在职学生,则应加强理论方面的学习和改善知识结构。

(五)学位论文和学位授予

学位论文选题应贯彻理论联系实际的原则,重在反映学生运用所学理论与知识解决法律实务问题的能力,其形式可以是调研报告、重大疑难案例的解决方案或分析报告等。

学位论文的指导教师和答辩委员会成员中,应有1名至2名实际业务部门中具有高级专业技术职务的专家。课程考试合格和论文答辩通过者,可授予法律专业硕士学位。

三、试点工作的组织与实施

(一)法律专业硕士学位试点工作的领导与协调由国务院学位委员会办公室、国家教育委员会研究生工作办公室和司法部教育司负责进行。同时成立由高等院校、科研机构、中央政法部门业务司(局)的专家、学者和管理干部组成的专家指导小组。专家指导小组的主要任务是在调查研究的基础上,提出法律专业硕士学位的具体规格、标准、课程设置、教材及案例库建设、师资培养、联合考试办法、评估方式及国外高层次法律人才的培养经验等方面的意见。

(二)各试点单位及其主管部门应重视此项工作,加强对此项工作的组织领导,并在人力、物力、财力等方面给予必要的支持。试点单位可根据需要成立由研究生院(处)和法学院(系)组成的专门工作组织,要有专人负责,保证有较高的工作效率。

试点单位应根据本通知的精神,结合本单位学科的特点,拟定培养方案和实施措施,于1995年7月10日前报到我办,经审核同意后试行。

(三)建立法律专业硕士教育评估与督导制度。在每个教学周期必要时,国家学位主管部门将组织或委托有关机构对试点单位试办的法律专业硕士教育进行评估与督导。对于违反有关规定,疏于管理,不能保证质量的单位,国家学位主管部门将暂停乃至取消其试点权。

附件一:关于设置法律专业硕士学位的报告

附件二:法律专业硕士学位专家指导小组成员名单

国务院学位委员会办公室

1995年5月30日

附件1

关于设置法律专业硕士学位的报告

(1995年4月11日国务院学位委员会第13次会议通过)

一、为适应我国现代化建设和改革开放,特别是建立社会主义市场经济体制的需要,进一步改变法律高层次人才培养规格比较单一的状况,加快培养国家急需的高层次法律专业人才和管理人才,在全面总结以往改革经验的基础上,并经专家充分论证,拟在我国设置法律专业硕士学位。

二、法律专业硕士学位是具有特定法律职业背景的职业性学位,主要培养面向立法、司法、律师、公证、审判、检察、监察及经济管理、金融、行政执法与监督等部门、行业的高层次法律专业人才与管理人才。法律专业硕士学位与现行法学硕士在学位上处于同一层次,但规格不同,各有侧重。该学位获得者应掌握基本的法学基础理论和较宽广的法律实务知识,具有宽口径、复合型、外向型的知识与能力结构,能够综合运用法律、经济、科技、外语和计算机等方面的知识,独立地从事法律实务工作。

三、法律专业硕士的招收对象主要为具有大学本科学历的在职人员和应届本科毕业生。鼓励具有不同学科、专业背景（主要是财经、外语、理工类本科毕业生）的生源报考法律专业硕士。对法律本科毕业和非法律本科毕业的生源，实行分班招生、分类培养，重视案例教学和法律实践。学位论文重在反映学生运用所学理论与知识解决法律实务问题的能力，其形式可以是调研报告、重大疑难案例的解决方案或分析报告等。课程考试合格和论文答辩通过者，可授予法律专业硕士学位。

四、为使法律专业硕士学位教育与法律职业岗位任职资格适当衔接起来，建议中央有关业务主管部门在规定法律职业岗位的任职资格时，对法律专业硕士学位获得者在取得相应职务方面有一定考虑。最近颁布实施的《中华人民共和国法官法》《中华人民共和国检察官法》，已明确规定，法律专业硕士、博士学位获得者可直接取得相应法官、检察官的任职资格。司法部拟规定法律专业硕士学位获得者，免除律师资格考试，经一定的实际工作考核，即可授予律师资格。最近颁布实施的《中华人民共和国法官法》《中华人民共和国检察官法》也规定，法律专业硕士、博士学位获得者可直接取得相应的法官、检察官的任职条件。

此项工作授权学位办公室制定方案组织实施。

国务院学位学位委员会办公室
设置和试办法律专业硕士学位研究小组

附件2

法律专业硕士学位专家指导小组成员名单

顾问：王叔文　全国人大常委会法律委员会副主任委员
　　　　　　　国务院学位委员会委员
　　　高铭暄　国务院学位委员会法学学科评议组召集人
　　　　　　　中国人民大学教授
组长：曾宪义　国务院学位委员会法学学科评议组成员
　　　　　　　中国人民大学教授、院长
　　　沈白路　司法部律师司司长
成员：陈肇彬　最高人民法院教育厅厅长
　　　雷　铣　最高人民检察院教育局局长
　　　徐　健　司法部公证司司长
　　　魏振瀛　北京大学教授、系主任

王家福　国务院学位委员会法学学科评议组成员
　　　　中国社会科学院法学所教授
沈四宝　对外经济贸易大学教授、系主任
余劲松　武汉大学教授、副院长
陶　髦　中国政法大学教授、副校长
种明钊　西南政法大学教授、校长
赵秉志　中国人民大学教授
王利明　中国人民大学教授
曹建明　华东政法学院教授、副院长
张文显　吉林大学教授、副校长
郑　秦　中国政法大学教授

国务院学位办

关于法律专业硕士学位更名的通知

（学位办便字第960602号）

编者按：国务院学位办1996年通知将“法律专业硕士学位”的名称变更为“法律硕士专业学位”，这一变更与后来关于专业学位名称规范是一致的；2010年《硕士、博士专业学位设置与授权审核办法》（学位[2010]49号）第三条规定：专业学位名称表示为“××（职业领域）硕士（博士）专业学位”。

各有关单位：

根据国务院学位委员会第十四次会议通过的《专业学位设置审批暂行办法》第三条规定：“专业学位的名称表示为‘××（职业领域）硕士（学士、博士）’”，“法律专业硕士学位”的名称改为“法律硕士专业学位”，请遵照执行。

国务院学位委员办公室

1996年6月5日

国务院学位委员会、司法部

关于开展在职攻读法律硕士专业学位工作的通知

（学位[1997]56号）

各有关单位：

随着我国社会主义市场经济体制的建立和发展，随着依法治国、建设社会主义法治国家的不断深入，以及科技与社会的全面进步，我国立法、司法、行政执法和法律服务部门以及工商企事业单位、管理部门都急需大批高层次应用型法律专门人才。为适应这种需要，尽快提高我国法律从事人员素质和水平，国务院学位委员会与司法部研究决定，从1998年开始开展在职攻读法律硕士专业学位工作。现将有关事项通知如下：

一、开展在职攻读法律硕士专业学位工作的目的和基本原则

为推动法学学科学位与研究生教育的改革与发展，加快培养适应社会主义市场经济体制急需的应用型高层次法律专门人才，我国从1995年设置法律硕士专业学位并开始试点工作，得到了中央政法主管部门、培养单位、用人单位的欢迎与支持，试点工作进展比较顺利。法律硕士专业学位具有特定法律职业背景的专业性学位。开展在职攻读法律硕士专业学位工作主要是培养立法、司法、行政执法、法律服务与法律监督以经济管理、社会管理等方面急需的高层次法律专业人才和管理人才，为社会主义民主与法制建设做出贡献。

开展在职攻读法律硕士专业学位工作依托法律硕士专业学位试点单位；国务院学位委员会办公室与司法部法学教育司根据社会需求情况及法律硕士专业学位试点单位的培养条件，确定每年培养计划；在职攻读法律硕士专业学位者与在校法律硕士专业学位研究生在基本要求、课程设置、质量标准等方面是一致的，进行正规、系统的培养；培养方式和教学安排可根据在职人员特点，在保证质量的前提下，采取灵活多样的形式，积极探索学校与实际部门联合起来共同培养满足社会急需的、知识结构合理的应用型高层次法律专门人才。组织推荐和统一考试相结合、培养与使用相结合。

二、入学要求

(一)培养对象为大学本科毕业,在法律部门工作5年以上,年龄在45岁以下,有良好的职业道德和工作业绩比较突出,身心健康。

(二)各省、自治区、直辖市和中央政法主管部门,按照培养对象要求,根据本地区、本部门的工作需要,负责推荐合格在职人员报考。

(三)获得推荐者持推荐证明到有关院校研究生院(处)报名并参加全国法律硕士专业学位试点单位联合考试。考试内容参见全国法律硕士专业学位专家指导小组组织编写的《攻读法律硕士专业学位研究生招生考试教程》和《攻读法律硕士专业学位研究生招生考试大纲》。入学考试合格者,方可在职攻读法律硕士专业学位。

三、课程学习及学位授予

在职攻读法律硕士专业学位的人员与在校法律硕士专业学位研究生一样,按照《法律硕士专业学位研究生培养方案》要求,进行正规、系统的培养。采取在职兼读的学习方式,边学习边工作。学习年限2年至4年,在校累计学习时间不得少于1年。加强学习过程管理,每门课累计缺课时数超过应上课时数的1/5者,取消该课学习资格。实行学分制的院校,可以重修,但重修科目不得超过总数的1/3。加强教学环节的管理,保证授课质量和教堂水平,严格按照法律硕士专业学位教育的特点开展教学活动,增加案例教学的比重,探索有效的教学方式。学位论文要结合实际,贯彻理论联系实际的原则。

此类人员学位授予参照国务院学位委员会关于在职人员以研究生毕业同等学力申请硕士学位有关规定的精神,对课程考试合格和学位论文答辩通过者,可授予法律硕士专业学位。

开展在职攻读法律硕士专业学位工作是为了促进法律硕士专业学位试点工作健康、顺利发展,加快培养大批适应社会主义市场经济发展需要的应用型、高层次法律专门人才的重要措施。各有关培养单位必须高度重视,加强管理,严格要求,坚持标准,保证质量,宁缺毋滥。

附件:关于1998年在职攻读法律硕士专业学位工作安排(略)

国务院学位委员会　司法部

1997年11月10日

法硕教指委

第八批新增法律硕士专业学位研究生培养单位评审办法

（法指委[2009]3号）

根据国务院学位委员会办公室《关于对新增法律硕士等类别专业学位研究生培养单位进行评审的通知》（学位办[2008]59号）及其附件二（1）《申请新增法律硕士专业学位研究生培养单位的基本条件》，结合举办法律硕士专业学位教育相关规定，制定本评审办法。

全国法律硕士专业学位教育指导委员会组织对新增法律硕士专业学位培养单位的申请进行评审。

评审工作的基本方针和原则是，积极发展、满足急需、坚持条件、保证规格，合理布局、优化结构，客观公正、认真严肃。

一、新增法律硕士专业学位培养单位应具备的条件

（一）学科基础

1. 具有法学一级学科下2个以上（含2个）硕士点，并至少有一届毕业生。

（二）师资

2.《全日制法律硕士专业学位研究生培养方案（2006）》规定的法科必修课（8门）和推荐选修课（5门）每门具备2名以上专任教师。专任教师在职责上可以交叉，至少有23名。

3. 教授占必修课任课教师总数的40%以上，即至少6名；或者副教授以上职称（或具有法学博士学位）的任课教师占必修课与推荐选修课教师的50%以上，即至少13名。

4. 任课教师中博士学位获得者须达到一定比例，具有法律实践经验者占法科必修课和推荐选修课任课教师的80%以上。

5. 司法等实际用人部门资深法律工作者或专业人士为兼职教师或导师组成员，并具备一定数量。

（三）教学条件

6. 具备至少300人教学、案例讨论和讲座所需要的多媒体教室，以及至少60人所需要的专用模拟法庭或模拟仲裁庭。

7. 至少4门必修课能采用多媒体课件辅助教学。

8. 具备法律与法学方面的基本工具书、必修课与推荐选修课平均每门具有50种以上学科专著及案例材料；拥有全部法律类专业核心期刊、已具有法律硕士培养资格单位的法学院（校）的法律类专业期刊以及中央级政法机关和对口部门公开发行的专业期刊。

9. 能为法律硕士教育提供60座以上的电子图书阅览室，或可提供使用校园网的设施条件。

（四）教学体制与教学管理

10. 在校一级成立统一的专业学位教育或法律硕士教育领导机构，并能整合全校教育教学资源。

11. 区域（行业）用人部门应支持并建立相应的指导协调机制和工作机制，合作建设满足培养工作需要的实习基地。

12. 设立专门的教育管理机构，在学籍管理、教学管理、师资队伍、课程建设、教学组织、论文撰写和答辩安排等方面有相应的制度保证和实施措施。

（五）其他

13. 法学本科（或研究生）教育达到质量要求，经过省（部）级评估的，必须合格。

14. 筹建工作切实、充分。学校领导、组织实施单位和教师及管理人员正确理解和掌握法律硕士专业学位教育的性质、特点和基本要求。

15. 符合区域（行业）布局和类型结构优化原则。能够主动适应国家、地区和行业发展的需求，人才培养目标具有突出特色。

二、审议方式与程序

16. 指导委员会审核申报材料、确定符合基本条件的申报单位进入评审程序。召开评审会决定新增推荐单位，形成推荐意见。

17. 申报单位的申报材料以国务院学位办移交方为有效，送审时间以国务院学位办规定的时间为准。

18. 全国法律硕士专业学位教育指导委员会秘书处整理、汇总申报材料。副主任委员暨秘书处联席会议研究确定进入评审单位的具体条件。

19. 指导委员会成立新增单位评审委员会，成员为指导委员会全体委员，指导委员会副主任委员主持评审工作。根据工作需要，可邀请其他专家参加评审工作。

评审委员会成员到会半数以上,进入初审程序。

20. 采取答辩与评议相结合的方式进行审核。符合条件的申报单位到会介绍情况,回答评审委员提问。评审委员会审议申报单位材料并听取情况后,进行充分讨论评议。

21. 评审委员会以投票方式决定推荐新增单位名单。评审委员每人1票,获得半数以上(不含半数)同意票的单位,通过评审。

22. 参加评审工作的人员禁止收取申请院校任何费用、贵重礼品,保证评审各项工作的公正性和严肃性。

23. 本评审办法适用于第八批新增法律硕士专业学位研究生培养单位评审工作。

全国法律硕士专业学位教育指导委员会

二〇〇九年三月三十一日

国务院学位委员会
关于开展新增硕士专业学位授权点审核工作的通知

（学位[2010]20号）

各省、自治区、直辖市学位委员会、教育厅（教委），新疆生产建设兵团教育局，中国科学院研究生院、中国社会科学院研究生院，部委属高等院校：

根据国务院学位委员会第二十七次会议精神，积极推进研究生教育结构调整，着力培养高层次应用型专门人才，加快发展研究生专业学位教育，经研究，决定开展新增硕士专业学位授权点审核工作。现将有关事项通知如下：

一、2010年新增硕士专业学位授权点审核原则

2010年新增硕士专业学位授权点审核工作，以适应需求，坚持标准，保证质量，宁缺毋滥为基本原则。

开展新增硕士专业学位授权点审核工作以科学发展观为指导，深化硕士专业学位授权点审核制度改革，进一步扩大高等院校办学自主权，增强省级教育主管部门统筹力度，积极主动适应国家和区域经济社会发展需要。在审核工作中，着重调整、优化硕士研究生类型结构，不断扩大硕士专业学位授权范围，完善硕士专业学位教育地区布局，推进研究生专业学位教育的培养模式和管理机制创新，不断提高硕士专业学位人才培养质量，更好地满足经济社会发展对高层次应用型专门人才的需求。

自行审核新增硕士专业学位授权点的单位，须认真研究本校（院）学科发展、人才培养以及满足国家经济社会发展需求，统筹考虑学术型研究生与应用型研究生培养关系，根据不同硕士专业学位类别的办学条件，以更高标准、更长远目标确立本校（院）新增硕士专业学位类别的办学要求，严谨论证，特色发展。各省（自治区、直辖市）学位委员会要紧密结合本区域经济社会发展需求和不同院校的办学优势，综合考虑结构布局、地区需要等因素，加强领导，统一思想，严格程序，明确办法，确保审核工作平稳实施。

二、研究、制订研究生专业学位教育发展规划

各省（自治区、直辖市）学位委员会和有关学位授予单位须根据本地区或本校（院）研究生教育总体发展规划，研究并制定今后6年（2010—2015年）本地区或本校(院)研究生专业学位教育发展规划,包括高层次人才培养的总体设想、发展思路;不同硕士专业学位授权点数量、招生规模、占研究生招生总数比例;如何协调学术型研究生与专业学位研究生的关系;如何建立激励教师从事研究生专业学位教育的评价机制;如何采取有效措施促进研究生专业学位办学模式和管理机制的改革创新,提高培养质量等。

三、2010 年开展新增硕士专业学位授权点的硕士专业学位类别

开展新增硕士专业学位授权点的硕士专业学位类别包括,金融、国际商务、统计、税务、保险、资产评估、法律、教育、汉语国际教育、翻译、体育、艺术、心理咨询、警务、社会工作、新闻与传播、出版、文物与博物馆、工程、林业、农业推广、风景园林、兽医、临床医学、口腔医学、公共卫生、药学、中药学、护理、工商管理、会计、公共管理、工程管理、旅游管理、图书信息管理 35 种硕士专业学位类别。建筑学、城市规划、军事 3 个硕士专业学位类别新增工作,另行布置。

四、2010 年申请新增硕士专业学位授权点的基本要求

1. 已是硕士学位授予单位。

2. 学位授予单位须符合有关硕士专业学位类别授权点基本条件(详见附件 1)。

3. 学位授予单位应在课程体系设置、教学模式改革、师资队伍和实习实践基地建设等方面积极探索应用型人才培养规律,建立适应专业学位研究生教育的培养模式和管理机制,保证硕士专业学位研究生培养质量。

五、2010 年新增硕士专业学位授权点审核办法

1. 委托部委属高等院校及中国科学院研究生院、中国社会科学院研究生院自行审核本校(院)新增硕士专业学位授权点;委托各省(自治区、直辖市)学位委员会组织审核所属院校新增硕士专业学位授权点。

2. 除中国科学院研究生院、中国社会科学院研究生院外,此次审核工作只面向普通高等院校开展。其他学位授予单位确有需要并符合申报条件的,经主管部门同意,由其所在地区省级学位委员会负责审核,从严把握。

3. 省级学位委员会和有关高等院校须按硕士专业学位类别成立专家委员会,由教育专家、管理专家、行业和实际部门的专业人士组成,制定新增硕士专业学位授权点审核办法。

4. 审核工作可采用现场答辩、实地考察、会议评审等方式。审核办法、各单位申报材料、审核结果等要进行网上公示。

5. 省级学位委员会、中国科学院研究生院、中国社会科学院研究生院和部委属高等院校的审核结果,上报国务院学位委员会审批。

6. 已具有工程硕士专业学位授权点的研究生培养单位,新增工程领域,经上述程序审核后,报国务院学位委员会办公室审批。

六、其他要求

1. 认真研究专业学位研究生教育特点和规律。专业学位研究生培养目标是掌握某一专业(或职业)领域坚实的基础理论和宽广的专业知识、具有较强的解决实际问题的能力,能够承担专业技术或管理工作、具有良好的职业素养的高层次应用型专门人才。专业学位研究生教育在培养目标、课程设置、教学理念、培养模式、质量标准和师资队伍建设等方面,与学术型研究生教育完全不同,因此,要突出专业学位研究生教育特色,科学确立专业学位研究生教育的合理定位,深入研究和准确把握专业学位研究生教育规律,创新培养理念,改革培养模式,确保培养质量。

2. 建立、完善保证研究生专业学位教育顺利实施的规章制度。加大投入,加强教学基础设施、案例库以及教学实践基地等建设。探索、建立健全科学、合理的研究生专业学位教育教师的教学、科研评价体系。切实做好全日制专业学位研究生的资助工作,建立和完善全日制专业学位研究生奖助贷制度。认真做好全日制专业学位研究生的就业指导和服务工作,拓宽就业渠道,建立培养与就业相互促进的长效机制。

3. 申报和审核工作,坚决制止不正之风干扰,做到公平、公正、公开。

七、报送材料

请于2010年6月25日前报送以下书面材料一式两份(须同时报送电子版,电子表格可从教育部学位与研究生教育发展中心网站下载,网址 http://www.cdgdc.edu.cn):

1. 新增硕士专业学位授权点审核报告,包括审核办法、审核结果;

2.《新增硕士专业学位授权点申报表》;

3.《新增硕士专业学位授权点汇总表》;

4. 本省(自治区、直辖市)或本校(院)研究生专业学位教育发展规划。

国务院学位委员会办公室联系电话:010-6609 6528,010-6609 7896

材料报送地址和联系方式:

教育部学位与研究生教育发展中心评估处(地址:北京海淀区王庄路1号同方科技大厦B座18层,邮编:100083)。

电子邮箱:pgc@cdgdc.edu.cn

联系电话:010-8237 8809,010-8237 8732

附件:1. 法律硕士专业学位授权点基本条件

2. 新增硕士专业学位授权点申报表

3. 新增硕士专业学位授权点汇总表(略)

国务院学位委员会

2010年5月7日

附件 1

法律硕士专业学位授权点基本条件

一、学科条件

在法学一级学科下,须具有 3 个(西部地区 2 个)二级学科硕士学位授权点,其中至少有 1 个为 2003 年第九批或之前获得的硕士学位授权点。

二、师资条件

1. 法律硕士核心课程及重要必修课程须配备 2 名以上教师授课,并且要具有较丰富的教学经验,其中,教授占任课教师总数的比例在 40% 以上;任课教师中博士学位获得者须达到一定比例。

2. 核心课程及重要必修课程的任课教师中,具有法律实践经验者的比例不低于 80%。

3. 要有一定数量的来自政法机关以及法律实务单位的资深法律工作者作兼职教师。

三、教学条件

1. 具有一定数量和较高标准的专用案例教室和案例讨论室。具备专用模拟法庭或模拟仲裁庭。

2. 50% 以上的核心课程有多媒体教学课件,并使用多媒体教学设施进行教学。

3. 有足够数量的法律硕士专业图书资料。

4. 能为法律硕士提供使用校园网、计算机的条件。

四、实践条件

与法院、检察院、公安、司法等政法机关以及法律实务单位建立长期、稳定的合作关系,能够为法律硕士研究生实习实践提供良好的教学环境、专业指导和措施保障。

五、培养模式

1. 按照全国法律硕士专业学位教育指导委员会制定的指导性培养方案,会同相关政法机关以及法律实务单位,共同研究、制定本单位法律硕士研究生培养方案。

2. 课程设置、教学组织要切实以实际应用为导向,以职业需求为目标,以综合素养和应用知识与能力提高为核心。

3. 采用讲授、案例分析、研讨、模拟、社会实践等多种教学形式,切实将理论与实践紧密结合。

附件2

新增硕士专业学位授权点申请表

主管部门：________________________

申请单位代码：____________________

申请单位名称：____________________

申请硕士专业学位类别：____________

邮政编码：________________________

通讯地址：________________________

联系电话：________________________

传　　真：________________________

国务院学位委员会办公室制表

年　　月　　日填

填表说明

1. 本申请表由申请单位组织填写，经主管部门审核同意后上报。

2. 确保填报内容真实可靠，有据可查。表格内容填写不下时，可自行增加附页。填写内容应不涉及国家秘密并可公开。无相关信息时，请在表格中填写“无”。所填报各项与时间相关的内容均截至2009年12月31日。

3. 申请表请用A4纸双面打印，页码依次顺序编排。封面及填表说明不编页码。

4. 申请表请左侧装订，封面之上不再另加其他封面。

一、申请本硕士专业学位类别的学科条件

学科名称			授权类别	获得该学科 硕士学位点授权时间	获得该学科 博士学位授权点时间
支撑学科	1				
	2				
	3				
相关学科	1				
	2				
	3				

注:授权类别分为"博士一级"、"博士二级"、"硕士一级"、"硕士二级"。

二、申请本硕士专业学位类别的师资条件

1. 本单位专职教师

职称	人数	25 ~ 39 岁	40 ~ 49 岁	50 ~ 59 岁	60 岁及以上	具有博士学位人数	具有硕士学位人数	具有实践经验人数
正高								
副高								
中级								
初级								
合计								
专职教师中博士学位获得者所占比例								
专职教师中具有高级职称者所占比例								
专职教师中具有实践经验者所占比例								

国务院学位委员会

关于开展增列硕士专业学位授权点审核工作的通知

（学位[2013]37 号）

各省、自治区、直辖市学位委员会，中国人民解放军学位委员会，
有关学位授予单位：

为深化研究生教育改革，推动研究生教育布局结构调整，不断提高研究生教育质量，更好地满足经济社会发展对高层次应用型人才的迫切需求，根据国务院学位委员会第 30 次会议通过的有关决议，决定开展增列硕士专业学位授权点审核工作。现将有关事项通知如下：

一、审核工作的基本原则

本次学位授权审核工作坚持"服务需求、深化改革、动态调整、保证质量"的基本原则。

1. 服务需求。增列硕士专业学位授权点应重点考虑当前和今后一个时期内国家或区域相关行业对高层次应用型人才的迫切需求，按需申请、择优授权、宁缺毋滥。

2. 深化改革。积极推进学位授权审核办法和研究生培养模式改革。突出专业学位人才培养要求，不以学术学位授权点作为增列专业学位授权点的必要条件。

3. 动态调整。鼓励学位授予单位根据自身办学特色及人才培养的实际需要，在硕士学位授权点（含学术学位和专业学位）总量不变的前提下自主调整硕士专业学位授权点。

4. 保证质量。将学位授权审核与人才培养及后期质量评估相结合，将培养模式改革作为学位授权审核的重要依据。充分发挥学位授权审核的导向和调节作用，构建前期学位授权审核、培养过程监控与后期学位授予质量评估相结合的质量保障体系。

二、授权点的基本条件

硕士专业学位授权点应具备的基本条件，按本通知附件 1 所列的标准掌握。

三、申请单位和专业学位类别范围

本次增列硕士专业学位授权点工作,只面向具有博士、硕士学位授予权的普通高等学校和军队院校,不包括具有博士、硕士学位授予权的科研机构以及“服务国家特殊需求硕士人才培养项目”试点单位(5 所民办高等学校除外);党校等其它博士、硕士学位授予单位确有需要的,由所在地区省级学位委员会从严把握。

本次增列硕士专业学位授权点的类别包括:金融、国际商务、应用统计、税务、保险、资产评估、法律、教育、汉语国际教育、翻译、体育、艺术、应用心理、警务、社会工作、新闻与传播、出版、文物与博物馆、工程、林业、农业推广、风景园林、兽医、临床医学、口腔医学、公共卫生、药学、中药学、护理、会计、公共管理、工程管理、旅游管理、图书情报、审计、军事等 36 种专业学位;其中,工程硕士专业学位按工程领域进行审核增列,警务硕士限公安警察系统内院校申报。

工商管理、建筑学和城市规划等 3 个硕士专业学位类别不列入此次授权审核范围。

四、审核的办法

1. 委托省级学位委员会开展所属院校增列硕士专业学位授权点审核工作;委托中国人民解放军学位委员会开展军队院校增列硕士专业学位授权点审核工作;委托部委属普通高等学校自行开展本单位增列硕士专业学位授权点审核工作。

2. 本次授权审核实行限额审核、总量控制。各省级学位委员会、中国人民解放军学位委员会及部委属高等学校审核增列的硕士专业学位授权点数不得超过规定限额。

3. 鼓励学位授予单位根据自身办学特色及人才培养的实际需要,在硕士学位授权点总量不变的基础上调整硕士专业学位授权点,即撤销硕士专业学位授权点或硕士学位授权一级学科点,可以不计入限额增列相应数量的硕士专业学位授权点。申请调整增列硕士专业学位授权点所涉及的专业学位类别不得超过本次授权审核规定的专业学位类别范围,其中,工程硕士专业学位仅允许在工程领域之间进行自主调整。申请调整增列的硕士专业学位授权点须按照本次授权审核的申报及审核程序办理。

4. 部委属高等学校自审结果和各省级学位委员会、中国人民解放军学位委员会审核结果报国务院学位委员会审批。

五、审核工作要求

1. 各学位授予单位要以服务需求为导向,结合本单位办学定位、特色及发展规划科学制定申报方案,切实做好自评推荐工作。申报过程中,要与行(企)业组成联合专家组对申报点逐一进行论证和评审，校学位评定委员会要进行全程监督和评审把关。各学位授予单位提交的申报表（见附件2）将作为本次授权审核及取得授权后进行评估的重要依据。

2. 各省级学位委员会须结合本省研究生教育发展规划，制定具体的审核办法和实施方案，重点向区域经济社会发展的急需领域倾斜，着力优化研究生教育布局结构，从源头推进培养模式改革，并积极引导学位授予单位明确办学定位，提高培养质量，办出特色和水平。审核过程中，省级学位委员会要加强分类指导，按照相同或相近专业学位类别组成联合专家组，以公开答辩方式对申请增列硕士专业学位授权点的需求论证、培养方案和支撑条件等进行全面认真评审。专家组成员中须有相关全国专业学位研究生教育指导委员会委员和实务部门的专家参加。

3. 部委属高等学校自行审核增列硕士专业学位授权点，须采取两级评审方式进行。由相关依托院系组织相关行（企）业专家共同进行论证后提出申请。学位授予单位须组成专家组，以公开答辩的方式对所申请增列的硕士专业学位授权点进行审议。专家组应有来自全国专业学位研究生教育指导委员会委员和实务部门的专家。

4. 学位授予单位申报、自审及省级学位委员会审核过程要严格履行评审程序，加强公示环节，主动接受社会监督。学位授予单位的申报材料、自评推荐或自审办法、推荐或自审结果要在本单位网站公示不少于7天。省级学位委员会要将审核程序及办法、通过评审的授权点申报材料和评审结果进行公示，公示期不少于7天。

5. 申报和审核工作中，省级学位委员会及有关学位授予单位要严把质量关，坚决制止不正之风的干扰，坚持标准，规范操作，做到程序公平，过程公开，结果公正。

6. 中国人民解放军学位委员会增列硕士专业学位授权点审核工作参照上述要求执行。

六、报送材料时间及要求

1. 各省级学位委员会、中国人民解放军学位委员会和部委属高等学校须在2014年3月1日前将以下材料（纸质版及电子光盘各1份）报国务院学位委员会：

（1）审核工作总结报告和审核结果；

（2）拟增列硕士专业学位授权点申请表和汇总表（见附件2和附件3）；

（3）动态调整取消的硕士学位授权点和增列的硕士专业学位授权点汇总表（见附件4）。

2. 材料报送地址和联系方式:

国务院学位委员会办公室专业学位研究生教育处(地址:北京西单大木仓胡同37号,邮编:100816)。

联系电话:010－66096528,010－66097847。

附件:

1. 增列硕士专业学位授权点基本条件

2. 2013年增列硕士专业学位授权点申请表

3. 2013年增列硕士专业学位授权点汇总表

4. 2013年自主调整硕士专业学位授权点汇总表

国务院学位委员会
2013年11月18日

附件1

增列硕士专业学位授权点基本条件

一、专业人才需求与招生

1. 所申报专业学位授权点培养的人才应具有长期稳定的市场需求,毕业生有良好的就业前景或相关职业发展状况良好;

2. 申报专业学位授权点拥有充足、稳定的生源,申报单位有吸引优秀生源、保障招生规模的相关政策。

二、培养目标定位

1. 申报单位有体现专业学位研究生教育规律的办学理念,制定适应经济社会发展需要、符合职业导向的高层次应用型人才培养目标,人才培养体现行业针对性,注重创新能力和实践能力;

2. 申报专业学位授权点有未来五年建设发展规划,在机构、制度和经费等方面有切实可行的措施。

三、培养方案和培养模式

1. 申报单位与相关行(企)业共同制定培养方案,突出专业学位的特定职业岗位能力和职业素养要求;

2. 申报单位与相关行(企)业共同构建以提升职业能力为导向的专业学位研究生培养模式,注重产学结合,突出办学特色;

3. 申报单位有与相关行(企)业长期合作的有效机制和措施,积极引导行(企)

业参与培养全过程。

四、质量保障条件

(一)师资条件。

1. 有申报单位与行(企)业共同建设的专业化教学团队和导师团队;

2. 申报专业学位授权点有一定数量具备实践能力和理论基础的专职教师;

3. 兼职教师达到一定比例,能够实行双导师制。

(二)教学条件。

1. 有符合特定职业岗位需求的课程体系;

2. 有符合专业学位研究生培养特点的教学模式;

3. 有足够的专业文献资料、现代化教学设施和实践教学条件。

(三)实践基地。

1. 有数量充足、职责明确、长期稳定的实践基地和健全的管理制度;

2. 实践基地有一定数量实践经验丰富的专业技术人员和专家;

3. 实践基地有全面开展专业实践教学、培养专业实践能力所需的场地和设施,并能够为专业学位研究生完成学位论文提供条件。

附件2

2013年增列硕士专业学位授权点申请表

硕士专业学位类别:________________________

申 报 单 位 名 称:________________________

国务院学位委员会办公室制表

年　　月　　日填

一、申请增列硕士专业学位授权点论证报告

内容要求：参照《增列硕士专业学位授权点基本条件》，从人才需求和招生计划、培养目标定位、培养方案和培养方式、质量保障条件以及自身的优势与特色等方面就增列本硕士专业学位授权点的必要性和可行性进行论证，同时还须就与行（企）业合作的状况做出说明。论证报告限5000字以内。

二、申请增列硕士专业学位授权点培养方案

内容要求：请根据各专业学位研究生教育指导委员会的指导性培养方案，结合本单位办学特色制定培养方案（专业学位类别中分设领域的，需按申报领域分别制定）。培养方案内容应包括培养目标及规格、专业领域、学制和培养方式（全日制、非全日制）、课程设置及学分、实习实践、学位论文、学位授予、就业去向等内容。

结合培养方案的具体内容，还须说明培养方案在体现专业学位研究生教育规律、适应经济社会发展需要、探索专业学位研究生培养模式等方面的主要特色和创新。

三、申请增列硕士专业学位授权点

简　况　表

填表说明

1. 本表由申报单位组织填写。

2. 确保填报内容真实可靠，有据可查。表格各项填写不下时可自行增加附页。填写内容应不涉及国家秘密。无相关信息时，请在表格中填写“无”。

3. 本表中所涉及到的专业人才需求、支撑学科专业、师资条件、专业实践成果、教学条件、实践基地、招生情况等方面，如无特别说明，都是指与所申报的硕士专业学位授权点直接相关的内容。专业学位类别中分设领域的，需按申报领域分别填写。

4. 表格中关于近五年以来的数据是指2009年1月1日以来的数据。

5. 本表请用A4纸双面打印，页码依次顺序编排。封面及填表说明不编页码。

6. 本表请左侧装订。

Ⅰ 专业人才需求与招生

申报学位点毕业生就业前景分析（近三年相关学科专业毕业生就业情况）			
申报学位点未来三年拟招生人数	年	年	年
	人	人	人
保障优秀生源与招生规模的措施			

说明：相关学科专业包括本科专业和研究生专业，下同。

Ⅱ 支撑学科专业

	相关学科专业名称	招生时间	获得学位授权时间
相关学科专业基本情况			

Ⅲ 师资条件

1. 教师团队整体情况

教师类别	职称	30 岁以下人数	31 岁至 45 岁人数	46 岁至 60 岁人数	60 岁以上人数	具有博士学位人数	具有硕士学位人数
专职教师	正高						
	副高						
	中级						
	合计						
兼职教师	正高						
	副高						
	中级						
	合计						
总计							

2. 主要专职教师简况

姓名	年龄	职称	学历/学位	专业	拟承担培养任务	相关职业资格证书名称及获得时间	主要专业实践经历

说明:此处相关职业资格证书是指除高校教师职业资格证以外的职业资格证。

3. 主要兼职教师简况

姓名	年龄	职称/职务	工作单位及从事的主要工作	拟承担培养任务	职业资格证书名称	主要工作成果

Ⅳ 近五年有影响的专业实践活动与成果(限填20项)

序号	内 容

Ⅴ 教学条件

名称	配备情况
专业文献资料	
现代化教学设施	
实践教学条件	

Ⅵ 实践基地

包括实践基地和合作单位名称及地点、建立时间、专业实践内容、条件等

Ⅶ 经费、保障措施

未来三年申报单位对学位点的经费投入及用途	
体制机制等相关保障措施	

Ⅷ 申报单位审核意见

申报单位学位评定委员会意见: (公章) 年 月 日
申报单位意见: (公章) 年 月 日

附件 3

2013 年增列硕士专业学位授权点汇总表

序号	主管部门	申请单位代码	申请单位名称	申请新增硕士专业学位类别（工程领域）名称

注：每个专业学位类别填写一行，工程硕士按工程领域填写，即每个工程领域填写一行。

附件 4

2013 年自主调整硕士专业学位授权点汇总表

序号	主管部门	申请单位代码	申请单位名称	拟撤销的专业学位类别（工程领域）或硕士学位授权一级学科点	拟增列的专业学位类别（工程领域）

注：每个专业学位类别填写一行，工程硕士按工程领域填写，即每个工程领域填写一行。

国务院学位委员会
关于印发《博士硕士学位授权审核办法》的通知

（学位[2017]9号）

各省、自治区、直辖市学位委员会、教育厅（教委），新疆生产建设兵团教育局，有关部门（单位）教育司（局），中国科学院前沿科学与教育局，中国社会科学院研究生院，中共中央党校学位评定委员会，中央军委训练管理部职业教育局，部属各高等学校：

《博士硕士学位授权审核办法》已经国务院学位委员会第三十三次会议审议通过。现印发给你们，请遵照执行。

国务院学位委员会
2017年3月13日

博士硕士学位授权审核办法

第一章 总 则

第一条 为做好博士硕士学位授权审核工作，保证学位授予和研究生培养质量，根据《中华人民共和国学位条例》及其暂行实施办法、《中华人民共和国行政许可法》，制定本办法。

第二条 博士硕士学位授权审核（以下简称"学位授权审核"）是指国务院学位委员会依据法定职权批准可授予学位的高等学校和科学研究机构及其可以授予学位的学科（含专业学位类别）的审批行为。

学位授权审核包括新增学位授权审核和学位授权点动态调整两种方式。

第三条 学位授权审核要全面贯彻国家教育方针，围绕国家区域发展战略和经济社会发展，以服务需求、提高质量、推动研究生教育内涵发展为目的，依法依规进行。

第四条 学位授权审核应当保证学位授予质量、服务社会发展需求、支撑研究生教育发展、激发培养单位活力，构建责权分明、统筹规划、分层实施、公正规范的制度体系。

第五条 新增学位授权审核分为新增博士硕士学位授予单位审核、学位授予单位新增博士硕士一级学科与专业学位类别（以下简称“新增博士硕士学位点”）审核、自主审核单位新增学位点审核。其中，自主审核单位新增学位点审核是指根据国务院学位委员会的授权，具备条件的学位授予单位可以自主按需开展新增博士硕士学位点、新兴交叉学位点评审，评审通过的学位点报国务院学位委员会批准。

第六条 学位授权点动态调整是指学位授予单位根据需求，自主撤销已有博士硕士学位点，新增不超过撤销数量的其他博士硕士学位点的学位授权点调整行为。具体实施办法按有关规定进行。

第七条 新增博士硕士学位授予单位申请基本条件、新增博士硕士学位点申请基本条件、自主审核单位申请基本条件由国务院学位委员会制定，每6年修订一次。

对服务国家重大需求、落实中央重大决策、保证国家安全具有特殊意义或属于填补全国学科领域空白的普通高等学校和学科，可适度放宽申请基本条件。

第二章 组织实施

第八条 新增学位授权审核由国务院学位委员会统一部署，每3年开展一次。

第九条 省级学位委员会受国务院学位委员会委托，负责接收学位授予单位申请，根据本区域经济社会发展对高层次人才需求，在专家评议基础上，向国务院学位委员会择优推荐新增博士硕士学位授予单位、新增博士硕士学位点和自主审核单位。

国务院学位委员会组织专家对新增博士学位授予单位、新增博士学位点和自主审核单位进行评议，并批准新增博士硕士学位授予单位、新增博士硕士学位点和自主审核单位新增博士硕士学位点。

第十条 国务院学位委员会在收到省级学位委员会的推荐意见后，应于3个月内完成审批，不包含专家评议时间。

第十一条 博士硕士学位点审核按照《学位授予和人才培养学科目录》规定的一级学科和专业学位类别进行。

第三章 新增博士硕士学位授予单位审核

第十二条 新增学位授予单位审核原则上只在普通高等学校范围内进行。从严控制新增学位授予单位数量。新增硕士学位授予单位以培养应用型人才为主。

第十三条 省级学位委员会根据国家和区域经济社会发展对高层次人才的需求,确定本地区普通高等学校的博士、硕士和学士三级学位授予单位比例,制订本地区新增学位授予单位规划,确定立项建设单位,按照立项、建设、评估、验收的程序分批安排建设。建设期一般不少于3年。

第十四条 新增学位授予单位需同时通过单位整体条件及一定数量相应级别学位授权点的授权审核,方可获批为博士硕士学位授予单位。新增学位授予单位同时申请的新增学位授权点审核按本办法第十九条规定的程序进行。

第十五条 新增博士硕士学位授予单位授权审核的基本程序是:

(一)符合新增博士硕士学位授予单位申请基本条件的普通高等学校向本地区省级学位委员会提出申请,报送材料。

(二)省级学位委员会对申请学校的资格和材料进行核查,将申请材料在本省(区、市)教育主管部门官方网站上向社会公开,并按有关规定对异议进行处理。

(三)省级学位委员会组织专家对符合申请条件的学校进行评议,并在此基础上召开省级学位委员会会议,研究提出拟新增博士硕士学位授予单位的推荐名单,在经不少于5个工作日公示后,报国务院学位委员会。

(四)国务院学位委员会组织专家对省级学位委员会推荐的拟新增博士学位授予单位、按照本办法第七条第二款推荐的拟新增博士硕士学位授予单位进行评议,专家应在博士学位授权高校校领导、国务院学位委员会学科评议组(以下简称"学科评议组")召集人、全国专业学位研究生教育指导委员会(以下简称"专业学位教指委")主任委员与副主任委员及秘书长范围内选聘。获得2/3(含)以上专家同意的确定为拟新增博士硕士学位授予单位。

经省级学位委员会推荐的符合硕士学位授予单位申请条件的学校,若无重大异议,可直接确定为拟新增硕士学位授予单位。

(五)国务院学位委员会将拟新增博士硕士学位授予单位名单向社会进行为期10个工作日的公示,并按有关规定对异议进行处理。

(六)国务院学位委员会审议批准新增博士硕士学位授予单位。

第四章 新增博士硕士学位点审核

第十六条 学位授予单位要根据经济社会发展对人才培养的需求,不断优化博士硕士学位点结构。新增学位点原则上应为与经济社会发展密切相关、社会需求较大、培养应用型人才的学科或专业学位类别。其中新增硕士学位点以专业学位点为主。

第十七条 国务院学位委员会根据国家需求、研究生就业情况、研究生培养规模、教育资源配置等要素提出新增学位点调控意见。各省级学位委员会根据国务院学位委员会部署,结合本地区实际,制订本地区学位点申报指南。

第十八条 博士学位授予单位可申请新增博士硕士学位点,硕士学位授予单位可申请新增硕士学位点。原则上不接受已转制为企业的学位授予单位申请新增学位点。

国务院学位委员会予以撤销的学位点(不包括学位点对应调整的),自撤销之日起5年内不得再申请新增为学位点。

第十九条 新增博士硕士学位点的基本程序是:

(一)学位授予单位按照申报指南和学位点申请基本条件,确定申报的一级学科和专业学位类别,向本地区省级学位委员会提出申请,报送材料,并说明已有学位点的队伍与资源配置情况。

(二)省级学位委员会对学位授予单位的申请资格和申请材料进行核查,将申请材料在本省(区、市)教育主管部门的官方网站上向社会公开,并按有关规定对异议进行处理。

(三)省级学位委员会根据学位点的类型,组织专家对符合申请基本条件的博士硕士学位点进行评议,专家组人员中应包括相应学科评议组成员或专业学位教指委委员。

(四)省级学位委员会在专家组评议基础上召开省级学位委员会会议,提出拟新增博士硕士学位点的推荐名单,在经不少于5个工作日公示后,报国务院学位委员会。

(五)国务院学位委员会委托学科评议组或专业学位教指委,对省级学位委员会推荐的拟新增博士学位点进行评议,获得2/3(含)以上专家同意的确定为拟新增博士学位点。

(六)国务院学位委员会将拟新增博士硕士学位点名单向社会进行为期10个工作日的公示,并按有关规定对异议进行处理。

(七)国务院学位委员会审议批准新增博士硕士学位点。

第五章 自主审核单位新增学位点审核

第二十条 国务院学位委员会根据研究生教育发展,逐步有序推进学位授予单位自主审核博士硕士学位点改革,鼓励学位授予单位内涵发展、形成特色优势、主动服务需求、开展高水平研究生教育。自主审核单位原则上应是我国研究生培养和科学研究的重要基地,学科整体水平高,具有较强的综合办学实力,在国内外享有较高的学术声誉和社会声誉。

第二十一条 符合申请基本条件的学位授予单位可向省级学位委员会提出开展自主审核新增学位点申请。省级学位委员会对申请材料进行核查后,将符合申请资格的学位授予单位报国务院学位委员会。国务院学位委员会组织专家评议后,经全体会议同意,确定自主审核单位。

第二十二条 自主审核单位应制订本单位学位授权审核实施办法、学科建设与发展规划和新增博士硕士学位点审核标准,报国务院学位委员会备案,并向社会公开。自主审核单位新增博士硕士学位点审核标准应高于国家相应学科或专业学位类别的申请基本条件。

第二十三条 自主审核单位须严格按照本单位自主审核实施办法和审核标准开展审核工作。对拟新增的学位点,应组织不少于 7 人的国内外同行专家进行论证。所有拟新增的学位点均须提交校学位评定委员会审议表决,获得全体委员 2/3(含)以上同意的视为通过。

自主审核单位可每年开展新增学位点审核,并于当年 10 月 31 日前,将本单位拟新增学位点报国务院学位委员会批准。

第二十四条 自主审核单位可根据科学技术发展前沿趋势和经济社会发展需求,探索设置新兴交叉学科学位点。此类学位点经国务院学位委员会批准后纳入国家教育统计。

第二十五条 自主审核单位应加强对新增学位点的质量管理,每 6 年须接受一次评估。对已不再符合申请基本条件的,国务院学位委员会将取消其自主审核学位授权点的权限。

第二十六条 自主审核单位发生严重研究生培养质量或管理问题,或在学位点合格评估和专项评估中出现博士硕士学位点被评为“不合格”的,国务院学位委员会将取消其自主审核学位授权点的权限。

第六章 质 量 监 管

第二十七条 学位授予单位存在下列情况之一的,应暂停新增学位点。

(一)生师比高于国家规定标准或高于本地区普通本科高校平均水平;

(二)学校经费总收入的生均数低于本地区普通本科高校平均水平;

(三)研究生奖助体系不健全,奖助经费落实不到位;

(四)研究生教育管理混乱,发生了严重的教育教学管理事件;

(五)在学位点合格评估、专项评估、学位论文抽检等质量监督工作中,存在较大问题；

（六）学术规范教育缺失，科研诚信建设机制不到位，学术不端行为查处不力。

第二十八条 本省（区、市）研究生教育存在下列情况之一的，应暂停其所属院校新增学位授权。

（一）研究生生均财政拨款较低；

（二）研究生奖助经费未能按照国家有关要求落实。

第二十九条 新增学位授权点获得国务院学位委员会批准3年后，应按照《学位授权点合格评估办法》接受专项评估。

分设领域的专业学位类别，招收培养研究生的领域由学位授予单位自主确定，报国务院学位委员会办公室和省级学位委员会备案。此类专业学位点须按招生领域参加合格评估和专项评估，有任一领域评估不合格，则视为该专业学位类别评估不合格。

第三十条 学位授予单位应实事求是地填写申报材料，严格遵守评审纪律。对材料弄虚作假、违反工作纪律的学位授予单位，取消其当年申请资格，并予以通报批评。

第三十一条 省级学位委员会要加强本地区学位与研究生教育统筹，科学规划学位授予单位和学位点建设，不断优化布局，根据本区域经济社会发展对高层次人才的需求，加强指导，督导学位授予单位自律，引导学位授予单位特色发展、提高质量、服务需求。要严格按照学位授予单位和学位点申请基本条件进行审核，保证质量。对不能保证质量的省级学位委员会予以通报批评。

第三十二条 国务院学位委员会组织对各省（区、市）学位授权审核工作进行督查，对违反本办法规定与程序、不按申请基本条件开展学位授权审核的省级学位委员会，将进行约谈，情节严重的将暂停该地区本次学位授权审核工作。

第七章 附 则

第三十三条 中国人民解放军各学位授予单位的学位授权审核由中国人民解放军学位委员会按照本办法组织进行。

各学位授予单位新增军事学门类一级学科授权点和军事硕士专业学位点，由中国人民解放军学位委员会审核后，报国务院学位委员会批准。

第三十四条 本办法由国务院学位委员会负责解释。

第三十五条 本办法自发布之日起实施，之前发布的与本办法不一致的有关规定，均按照本办法执行。

国务院学位委员会

关于开展2017年博士硕士学位授权审核工作的通知

（学位[2017]12号）

各省、自治区、直辖市学位委员会、有关部门（单位）教育司（局），新疆生产建设兵团教育局，中国人民解放军学位委员会：

根据国务院学位委员会第三十三次会议决议和《国务院学位委员会关于印发〈博士硕士学位授权审核办法〉的通知》（学位〔2017〕9号），决定2017年开展博士硕士学位授权审核工作。现将有关事项通知如下：

一、学位授权审核工作必须全面贯彻党的教育方针，以推动研究生教育内涵发展为目的，以激发活力为导向，以优化结构为重点，坚持服务需求、提高质量，加强省级统筹，强化自律监管，依法依规开展。

二、2017年博士硕士学位授权审核分为新增博士硕士学位授予单位审核、学位授予单位新增博士硕士一级学科与专业学位类别（以下简称新增博士硕士学位授权点）审核、自主审核单位确定。各类审核工作的具体要求和程序按照《2017年学位授权审核工作总体要求》（附件1）执行。

三、坚持需求优先，紧密围绕国家战略和经济社会发展，统筹规划，科学布局，优先新增国家区域发展重点领域、空白领域和亟需领域的学位授权。新增硕士学位授权点以应用型为主，重点新增硕士专业学位授权点。

四、强化质量导向，新增博士硕士学位授予单位审核、新增博士硕士学位授权点审核、自主审核单位确定均须严格按照《学位授权审核申请基本条件（试行）》（附件2）执行。西部地区和民族高校在申请新增博士硕士学位授予单位和新增博士硕士学位授权点时，申请条件可降低20%。从严控制新增博士硕士学位授予单位和自主审核单位。

五、加强省级统筹，各省级学位委员会根据国家和本区域经济社会发展对高层次人才的实际需求，制定学位点申报指南，组织实施本地区学位授权审核工作，负责接收申请和资格审查，做好新增博士学位授予单位与博士学位授权点初审、新增硕士学位授予单位与硕士学位授权点审核、自主审核单位申请材料核查。

军队院校、军事学门类下一级学科和军事硕士专业学位类别的学位授权审核工作由中国人民解放军学位委员会（以下简称军队学位委员会）组织实施，具体工作安排另行通知。

六、学位授予单位应根据本单位办学基础，结合经济社会发展需求提出学位授权申请，所提申请应经过充分论证，符合本单位的办学目标和学科发展规划，提交材料不得有涉密内容，涉密内容须严格按照国家有关保密规定进行脱密，处理至可公开使用。中央部门所属学位授予单位向属地省级学位委员会提出学位授权申请前，须经主管部门同意。公安学、公安技术一级学科和警务硕士专业学位类别仅限公安类院校申请，申请单位在向省级学位委员会提出申请前，须经公安部同意。

七、各省级学位委员会、军队学位委员会要根据《博士硕士学位授权审核办法》和本通知要求，结合本地区实际，制定审核工作方案，细化审核程序。按照坚持标准、保证质量、程序规范、公开透明、平稳有序的要求，认真组织、稳妥实施审核工作。国务院学位委员会将适时组织专家对各省级学位委员会的审核工作进行督查。

八、申请自主审核的学位授予单位，2017 年按照学位授予单位新增博士硕士学位授权点的程序，参加新增学位授权点授权审核。

确定为自主审核单位的学位授予单位，从 2018 年开始，按照《博士硕士学位授权审核办法》规定的程序开展学位授权点自主审核工作，每年新增博士学位授权点数量不得超过本单位已有博士学位授权点数量的 5%。

九、各有关单位、评审专家和工作人员在学位授权审核工作中应严格遵守中央八项规定精神和评审纪律，做到廉洁自律，客观公正。学位授予单位应实事求是填写申请材料，不得以任何形式干扰审核工作，影响专家评审。对违反评审纪律和材料弄虚作假的学位授予单位，实行“一票否决”，取消其当年申请资格，并予以通报批评。

十、各省级学位委员会应于 2017 年 5 月 31 日前发布本地区学位授权审核申报指南；2017 年 7 月 31 日前完成申请材料接收工作；2017 年 10 月 31 日前将本地区评审结果及相关申请材料、审核工作总结报告（应含申报指南、审核工作方案）报送至国务院学位委员会办公室，具体报送要求另行通知。

联系人：马玲 闫梦醒

联系电话：010 – 66096746 010 – 66096787

邮件地址：gn_xwb@ moe. edu. cn

附件：1. 2017 年学位授权审核工作总体要求（节录）

2. 学位授权审核申请基本条件（试行）（节录）

国务院学位委员会

2017 年 3 月 17 日

附件1

申请博士、硕士专业学位授权点简况表

（摘自《2017年学位授权审核工作总体要求》）

学位授予单位 （盖章）	名称： 代码：

申请专业学位	名称及级别： 代码：

国务院学位委员会办公室制表

年　　月　　日填

说　明

一、单位代码按照国务院学位委员会办公室编、北京大学出版社2004年3月出版的《高等学校和科研机构学位与研究生教育管理信息标准》中的代码填写。

二、学科门类名称、一级学科名称、专业学位类别名称及其代码按照国务院学位委员会、教育部2011年颁布的《学位授予和人才培养学科目录》填写。

三、本表填写中涉及的人员均指人事关系隶属本单位的在编人员以及与本单位签署全职工作合同(截至2016年12月31日合同尚在有效期间)的专任教师,兼职人员不计在内。除特别说明外,表中涉及的成果(论文、专著、专利、科研奖项、教学成果等)指本学科人员署名本单位获得的成果,凡署名其他单位所获得的成果不填写、不统计。

四、本表中的学科、专业学位领域(方向)参考《学位授予和人才培养一级学科简介》及《专业学位类别(领域)博士、硕士学位基本要求》中相关学科、专业学位类别的领域(方向)填写,填写数量由相关专业学位类别申请基本条件所要求的领域(方向)数量来确定。

五、本表的统计范围应确属相关学科或专业学位类别,内容必须属实。除另有说明外,所填报各项与时间相关的内容均截至2016年12月31日。本表中所有“近五年”的统计时间为2012年1月1日至2016年12月31日。

六、本表中的科研经费应是本学科实际获得并计入本单位财务账目的经费。

七、本表不能填写任何涉密内容。涉密信息请按国家有关保密规定进行脱密，处理至可以公开后方可填写。

八、本表请用A4纸双面打印，左侧装订，页码依次顺序编排。封面及填表说明不编页码。本表复制（复印）时，必须保持原格式不变。本表封面之上，不得另加其他封面。

九、本专业学位类别获得学位授权后，本表格将做为学位授权点专项评估的材料之一。

Ⅰ 专业学位简介

Ⅰ-1 请对照申请基本条件，简要介绍本专业学位的办学定位、发展历程、社会与区域发展需求、与行业或职业发展的衔接等。（限1000字）

Ⅰ-2 专业学位领域（方向）与特色（不分领域或方向的专业学位可不填）	
专业学位领域（方向）	主要领域（方向）、特色与优势（限200字）

注：专业学位领域（方向）的填写不超过6个。此页不要另加附页。

Ⅱ 师资队伍

Ⅱ-1 专任教师基本情况

专业技术职务	人数合计	35岁及以下	36岁至40岁	41岁至45岁	46岁至50岁	51岁至55岁	56岁至60岁	61岁及以上	博士学位教师	硕士学位教师	行业经历教师
正高级											
副高级											
中 级											
其 他											
总 计											

导师人数(比例)	博导人数(比例)	有海外经历教师人数(比例)
(%)	(%)	(%)

注:1.“行业经历”是指在相关行业从事工作3个月以上。汉语国际教育专业“行业经历”是指1年及以上海外学习及工作经历,单次时长大于3个月。

2.“导师/博导人数”仅统计具有导师/博导资格,且截至2016年12月31日仍在指导研究生的导师。

Ⅱ-2 行业教师基本情况

专业技术职务	人数合计	35岁及以下	36岁至40岁	41岁至45岁	46岁至50岁	51岁至55岁	56岁至60岁	61岁及以上	博士学位教师	硕士学位教师
正高级										
副高级										
中 级										
其 他										
总 计										

注:1.本表限填本单位正式聘任的、与本专业学位相关的行业教师。

2.“导师/博导人数”仅统计具有博/硕导资格的导师,且截至2016年12月31日仍在指导研究生的导师。

Ⅱ-3 骨干教师简况

姓名		性别		年龄(岁)		专业技术职务		学术头衔	
最终学位或最后学历(包括学校、专业、时间)			招生领域(方向)			所在院系			
骨干教师简介	对照申请基本条件编写,包括教师基本情况、教学经验、行业实务经历、学术水平、海外经历、代表性成果、拟承担培养任务等。(限300字)								

续表

近五年的代表性成果（限3项）	成果名称（获奖、论文、专著、专利等名称）	获奖类别及等级，发表刊物、页码及引用次数，出版单位及总印数，专利类型及专利号	成果时间	署名情况
	××××相关科学问题的研究	××××，P97－101，他引20次	201610	通讯作者
	一种固体排放污物的处理系统	发明专利，ZL200810039026.8	201509	第一专利权人
目前主持的行业应用背景较强的科研项目（限3项）	项目来源与项目类别	项目名称	起讫时间	到账经费（万元）
近五年主讲课程情况（限3门）	时　间	课程名称	学　时	主要授课对象
	201409－201501	×××研究前沿述评	16	硕士研究生

注：1. 本表按相关专业学位类别申请基本条件规定人数填写，未规定的按不少于3人填写，每人限填一份。此表可复制。

2. “近五年的代表性成果”仅限填写本人是第一作者（第一权利人等）或通讯作者的情况，成果署名单位不限。

Ⅱ－4　代表性行业教师（限填10人，医学相关专业学位限填20人）

序号	姓名	年龄	培养领域（方向）	专业技术职务	工作单位及职务	工作年限（年）	主要情况简介（教师基本情况、从业经历、代表性行业成果、拟承担培养任务等，限填200字）
1	××	45	项目管理	高级工程师	×××公司董事长	20	
2							

续表

3							
4							
5							
6							
7							
……							

注:1. 本表限填本单位正式聘任的、与本专业学位相关的行业教师。
2. 临床医学、口腔医学、公共卫生、护理、药学、中药学、中医、兽医相关专业学位,限填20人;其他专业限填10人。

Ⅲ 人才培养

Ⅲ-1 相关学科专业基本情况(限填5项)										
相关学科专业及学位级别	2012年		2013年		2014年		2015年		2016年	
	招生人数	授予学位人数	招生人数	授予学位人数	招生人数	授予学位人数	招生人数	授予学位人数	招生人数	授予学位人数
工商管理(博士)										
公共管理(专业硕士)										
Ⅲ-2 现有相关学科专业建设情况										
相关学科专业基本情况、开设时间、毕业生人数及届数、建设成效等(限填500字)										

注:1. 学科专业学科、专业学位类别和本科专业。
2. 申请本专业学位博士点的须填写本专业学位硕士点基本情况。
3. “学位授予人数”填写在本单位授予学位的各类研究生数(含全日制、非全日制研究生及留学研究生)。“招生人数”填写纳入全国研究生招生计划招生、录取的全日制研究生人数,专业学位授权点还应统计全国GCT考试录取的在职攻读硕士专业学位研究生。

Ⅲ－3 目前开设的与本专业学位相关的特色课程(限填5门)				
序号	课程名称	课程类型	主讲教师姓名	课程特色简介 (介绍本课程师资配置、授课方式、特色亮点及授课效果等情况,限填100字)
1	××××	专业选修课	××	
2				
3				
4				
5				

注:"课程类型"限填"专业必修课、专业选修课"。

Ⅲ－4 相关学科专业近五年获得的优秀教学成果奖(限填10项)					
序号	获奖类别	获奖等级	获奖成果名称	主要完成人	获奖年度
1	国家级教学成果奖	一等奖	××××××	××	2015
2	研究生教育成果奖	二等奖	××××××	××	2014
3	××省高等学校教学成果奖	一等奖	××××××	××	2014
4					
5					
6					
7					
8					
9					
10					

注:学科专业学科、专业学位类别和本科专业。

Ⅲ－5　相关学科专业近五年在校生代表性成果(限填10项)					
序号	成果名称	学生姓名	学科专业及学位类别(入学年月/毕业年月)	获得年月	成果简介(限填100字)
1	×××创业计划大赛金奖	××	企业管理硕士(201209/201507)	201405	
2					
3					
4					
5					
6					
7					
8					
9					
10					

注:1. 学科专业指学科、专业学位类别和本科专业。
2. 本表限填本单位相关学科专业学生在学期间取得的成果,如在校生参加竞赛获奖、参加重要科研项目、取得重要科研成果、创新创业成果、获得科研奖励或其他荣誉称号等。
3. "学位类别"限填"博士、硕士、学士"。
4. "成果简介"仅限填写学生在成果中的具体贡献。团队成果完成人应填写团队负责人姓名,并在简介中说明团队情况。

Ⅳ　培养环境与条件

Ⅳ－1　相关学科专业近五年代表性成果转化或应用(限填10项)					
序号	成果名称	成果类型	主要完成人	参与单位数	转化或应用情况(限100字)
1	×××	发明专利	××	4(1)	2015年1月2日,转让×××公司,合同金额××万元。
2					
3					

续表

4					
5					
6					
7					
8					
9					
10					

注：1. 学科专业指学科、专业学位类别和本科专业。

2. 本表限填近五年完成并转化/应用的成果，包括：发明专利、咨询报告、标准制定、技术规范、行业标准、高水平教学案例及其他原创性研究成果等。

Ⅳ-2 艺术创作与展演（仅限申请艺术硕士专业学位授权点的单位填写）				
Ⅳ-2-1 艺术创作设计获奖（限填5项）				
序号	获奖作品/节目名称	所获奖项与等级	获奖时间	相关说明（每项限100字）（如：本单位主要获奖人及其贡献等）
1	××××	金钟奖金奖	201312	
2	××××	斯克里亚宾国际钢琴比赛一等奖	201402	
3	××××	red dot 产品设计奖	201505	
4				
5				
Ⅳ-2-2 策划、举办或参加重要展演活动（限填5项）				
序号	展演作品/节目名称	展演名称	展演时间与地点	相关说明（每项限100字）（如：本单位主要参与人及其贡献等）
1				
2				

续表

3				
4				
5				
Ⅳ-2-3 其他方面(反映本学科专业创作、设计与展演水平,请简要描述,限300字)				

注:学科专业指学科、专业学位类别和本科专业。

IV-3 实践教学

IV-3-1 实践教学基地情况(限填10项)

序号	实践基地名称	合作单位	地点	建立年月	年均接受学生数(人)	人均实践时(月)	基地及专业实践内容简介(限填200字)
1	×××	×××公司	北京	201509	10	3	
2							
3							
4							
5							
6							
7							
8							
9							
10							

注:1. 本表限填2016年12月31日前已经与本单位签署合作协议的实习、实训、实践基地。

2. 实践教学基地填写应视各专业具体情况而定,如:临床/口腔医学专业应为具有国家级规范培训基地资格的本单位直属附属医院,建筑学应为具有建筑设计甲级资质的设计院或相当知名度的国内外设计事务所,中医应为具有中医药管理部门公布的中医住院医师规范化培训基地等,并在简介中说明相关情况。

3. "基地及专业实践内容简介"填写基地情况与条件,开展实践教学内容,实践指导教师配备情况等。

IV－3－2　近五年代表性专业实践活动与成果（限填10项）				
序号	活动或成果名称	负责人	所属学科专业	活动或成果简介（限200字）
1	自建案例库	××	××××××	
2				
3				
4				
5				
6				
7				
8				
9				
10				

注：1. 本表限填本单位组织或开展的专业实践活动，或本单位取得的专业实践成果。如：原创教学案例，自建案例库，创新实践教学形式，创业教育活动、职业能力培训等。

2. "负责人"填写组织或开展专业实践活动的责任教师、行业专家，或取得专业实践成果的主要教师。

IV－4　近五年获得的代表性科研奖励（限填10项）					
序号	奖励类别	获奖等级	获奖项目名称	获奖人	获奖年度
1	国家科技进步奖	一等	××××	××	2015年
2					
3					
4					
5					
6					
7					
8					
9					
10					

注：本表限填省部级及以上科研奖项或全国性行业科研奖励，全国专业学位教育指导委员会奖项，同一项目获得多种奖项的，不得重复填写。

IV－5 近五年承担的代表性科研项目(限填10项)

序号	项目、课题名称(下达编号)	项目来源	项目类别	项目起讫时间	项目负责人	本单位到账经费(万元)
1	××××	863计划	国家科技计划项目	2012－12至2016－12	××	60
2						
3						
4						
5						
6						
7						
8						
9						
10						

注:本表仅统计本单位是“项目主持单位”或“科研主管部门直接管理的课题主持单位”的科研项目。

IV－6 近五年发表的代表性论文、专著、实践类教材(限填10项)

序号	学术论文/专著名称	作者姓名	时间	发表刊物/出版社	备注(限填100字)
1	×××的制度困境及其优化路径研究	××	2016－01	××××	该论文获得教育部第七届高等学校人文社会科学优秀成果奖二等奖。
2	×××制度研究	××	2015－08	××××	被翻译为5国语言,印数达到10000册。
3					
4					
5					
6					

续表

7					
8					
9					
10					

注：本表限填本单位是第一作者或通讯作者署名单位的论文、专著。在“备注”栏中，可对相关成果的水平、影响力等进行简要补充说明，如学术论文为ESI高被引论文、获得奖励或做出重大学术贡献等情况；如“专著”入选“国家哲学社会科学成果文库”、获得奖励或被译为多种文字出版等情况。

IV－7 近五年相关学科专业毕业生质量简介（限填600字）
请对照申请基本条件，简要介绍相关学科专业毕业生就业、毕业生满意度调查、相关资格证书及培训考试等情况。

注：1. 学科专业指学科、专业学位类别和本科专业。
2. 培训考试包括住院医师规范化培训考试（临床医学）、口腔执业医师资格证考试、护士执业考试等。

IV-8　支撑条件
IV-8-1 本专业学位点图书资料情况(限填300字)
订购主要专业期刊、重要图书及数字资源(含电子图书、期刊、全文数据库、文摘索引数据库等)的名称、册数、时间。
IV-8-2　其他支撑条件简况(限填600字)
可介绍硬件设施、拟开设课程体系、教学投入、学习保障、奖助学金、机构建设、制度建设、专职行政人员配置等方面。
学位授予单位学位评定委员会审核意见： 主席：　　　(学位评定委员会章) 年　月　日
学位授予单位承诺： 上述材料真实可靠、准确无误、不涉及国家秘密并可公开,其一切后果和法律责任由我单位承担。 法人代表：　　　(单位公章) 年　月　日

附件2

专业学位类别名称(代码):法律(0351)

(摘自《学位授权审核申请基本条件(试行)》)

一、专业特色

1. 专业特色。对法律硕士的培养目标定位准确、清晰,专业特色和优势鲜明,有明确的服务行业和职业对象,符合国家依法治国战略,并适应地方和区域法治建设需求,获得人才服务领域的行业主管部门(不少于10个地市级行业主管部门,或者3个省级及省级以上行业主管部门)支持。

二、师资队伍

2. 人员规模。专任教师须具备扎实的理论基础和较强的实践能力,不少于26人;外聘行业教师不低于专任教师人数的30%。

3. 人员结构。专任教师队伍中,45岁以下教师不低于40%,至少50%的教师具有非本校学历教育经历,具有正高职称的教师不低于30%,具有副高以上职称(或具有法学博士学位)的教师不低于50%,具有法律实务背景的教师不低于40%,教师的研究方向分布不少于8个。

4. 骨干教师。骨干教师不少于10人。骨干教师应具有高级职称、法律实务背景,近5年,每位骨干教师应有2项以上高水平学术成果,主持(或者获得)过省部级以上课题或荣誉称号,至少完整培养1届硕士研究生。

三、人才培养

5. 课程与教学。须有法学本科专业或法学一级学科硕士点,近5年,培养过至少5届法学本科毕业生或1届法学硕士毕业生,本科毕业生总人数不少于250人或硕士毕业生总人数不少于30人。制定了比较完善的培养方案,基础理论课程、特色方向课程、实践训练课程设置合理。课程教学内容与职业实践衔接良好,灵活采用研讨、讲授、案例、专题讲座、现场等教学方式。有完整的课程教学管理、考核和评价体系。

6. 实践教学。申请单位在法学专业已开展案例教学,具备开展案例教学的能力与条件,法律硕士(非法学本科)的专业课程教学中应当有不少于1/4的案例教学内容,法律硕士(法学本科)的专业课程教学中应当有不少于1/3的案例教学内容;安排研究生在法院、检察院、律师事务所等法律实务部门开展专业实习,时间不少于6个月,集中实习时间不少于3个月,实习期间应为学生安排专业实习指导老师。

7. 培养质量。培养的毕业生就业质量与社会评价良好。

四、培养环境与条件

8. 科研水平。近5年,师均科研项目不少于2项,其中,省级部及以上科研项目不少于1项;师均科研经费不少于2万元,师均在研科研经费不少于1万元;至少获有2项法学专业的省部级以上科研成果奖;研究论文、咨询报告、地方立法、法律服务等应用成果不少于10项。

9. 支撑条件。具备支撑法律硕士研究生培养的创新研究平台、实习基地、模拟法庭、及图书文献资料,确保每3~5名法律硕士有一个实习基地可供实习,有专用模拟法庭教室;平均每门课程具有10种以上学科专著及案例材料,有全部法律类专业核心期刊、已具有法律硕士培养资格单位的法学院(校)的法律类专业期刊、中央级政法机关和对口部门公开发行的专业期刊以及常用的电子文献数据库;有专门研究生教育管理机构,有完善的管理制度,确保在学籍管理、教学管理、师资队伍、课程建设、学风建设、教学组织、论文撰写和答辩安排等方面有相应的制度保证和实施措施;培养经费能够满足人才培养需要,奖助体系完备。

国务院学位委员会　教育部　人力资源和社会保障部

专业学位研究生教育指导委员会工作规程

（学位［2011］65号）

编者按：法律硕士专业学位是我国设置较早的专业学位，早在1998年1月8日全国法律硕士专业学位教育指导委员会第一次会议上即通过了《全国法律硕士专业学位教育指导委员会章程》共5章17条。为规范专业学位研究生教育指导委员会工作，充分发挥指导委员会作用，2011年9月21日，国务院学位委员会、教育部、人力资源和社会保障部制订并印发了《专业学位研究生教育指导委员会工作规程》（学位［2011］65号），要求有关专业学位研究生教育指导委员会遵照执行。根据该工作规程，自行制订指导委员会章程，积极开展相关工作，切实促进我国专业学位研究生教育健康发展。同时指出，原有关部委批复、批转的专业学位教育指导委员会章程即行废止。2011年8月29日，法律硕士教指委秘书处向教指委委员转发了学位［2011］65号文件（法指秘［2011］8号），要求委员结合贯彻落实第三届全国法律专业学位教育指导委员会成立大会暨第一次工作会议工作部署，认真贯彻执行《规程》，切实做好牵头组织和相关工作任务，共同促进法律专业学位研究生教育工作的改革和发展。

第一条　为积极发展专业学位研究生教育，建立具有中国特色的专业学位研究生教育制度，根据《高等教育法》等法律法规的规定，制订本工作规程。

第二条　经国务院学位委员会、教育部、人力资源和社会保障部批准设立的各专业学位研究生教育指导委员会（以下简称指导委员会）的组成、任务、运行与管理适用本工作规程。

第三条　指导委员会按照国务院学位委员会批准设置的专业学位类别分别组建，是协助主管部门开展相应类别专业学位研究生教育研究咨询、指导评估和交流合作的专业组织。

指导委员会经批准可设立若干分委员会。

第四条　指导委员会一般由15至35人组成；设立分委员会的指导委员会，

委员人数不得超过50人。

第五条 指导委员会设主任委员1名,副主任委员2~6名,秘书长1名,根据工作需要,可设副秘书长。

第六条 指导委员会由有关主管部门、行业、企业和事业单位及学位授予单位推荐的专家和负责人组成;指导委员会委员由国务院学位委员会、教育部、人力资源和社会保障部聘任(均系兼职),受聘者年龄一般不超过65周岁。

第七条 指导委员会委员每届任期5年,连续聘任一般不超过两届。

第八条 指导委员会设秘书处。秘书处是指导委员会的工作机构,负责指导委员会的日常工作。

秘书长领导秘书处工作,副秘书长协助秘书长工作。

第九条 指导委员会承担以下任务:

(一)协助专业学位研究生教育主管部门开展以下工作:制订有关专业学位研究生教育发展规划,制订和修订专业学位研究生指导性培养方案、教学大纲和专业学位授予标准,制订和修订专业学位研究生教育评估标准等;

(二)受专业学位研究生教育主管部门委托开展以下工作:对新增专业学位授权点及单位是否具备办学条件进行核查、提出意见,参与专业学位研究生招生考试的有关工作,组织开展专业学位教学评估工作等;

(三)就本专业学位研究生教育的发展状况、教育质量、社会需求等,进行监测、分析和研究,向主管部门、研究生培养单位提供建议和咨询;

(四)研究并指导开展专业学位研究生教育培养模式的改革与创新,推动专业学位与职业资格的衔接;

(五)研究并推动专业学位研究生教育与实际工作部门的联系;

(六)组织开展专业学位研究生教育的国内交流与国际合作,建设指导委员会网站;

(七)组织专业学位研究生教育的国际交流与合作;

(八)其他相关工作。

第十条 指导委员会每年至少召开一次全体会议。根据工作需要,可以召开专项工作会议。

第十一条 指导委员会委员所在单位,应支持指导委员会的工作并给予必要的保障。

第十二条 指导委员会秘书处所在单位,应设专职管理岗位,为其提供必要的工作条件,保证指导委员会及其秘书处正常开展工作。

第十三条 指导委员会委员的经费来源为:

(一)有关部门专项拨款;

（二）有关机构和个人的赞助、捐赠；

（三）其他经费来源。

第十四条 经费用于指导委员会为培养单位共同开展的相关工作。指导委员会应制订经费使用管理办法，严格按照国家财务管理规定使用经费。

第十五条 秘书处负责指导委员会经费管理，经费使用接受秘书处所在单位审计。

秘书处应每年向指导委员会全体会议报告年度经费收支情况，由指导委员会全体会议审议。

第十六条 指导委员会根据本工作规程，制订章程及工作细则。

第十七条 本工作规程由国务院学位委员会办公室负责解释。

第十八条 本工作规程自公布之日起生效。

三、招 生 管 理

教育部高校学生司
关于报考法律硕士专业学位的专业界定的通知

（教学司[1999]95号）

编者按:1999年法律硕士研究生招生方式改革后,按照预期制度设计,规定仅限非法学本科背景考生报考全日制法律硕士研究生。为此,按照当时法学类本科专业设置情况做出了此项规定,这就是后来所称的"法律硕士"(非法学)概念的由来。2009年教育部根据新形势、新情况又设置了"法律硕士"(法学),并规定该类型法律硕士专业学位只招收高等学校法学专业本科毕业生。

各省、自治区、直辖市高校招生办公室:

经商司法部法规教育司同意,凡在高等学历教育期间学习以下专业的本(专)科毕业生,不得报考法律硕士专业学位。

1. 法学
2. 经济法
3. 国际法
4. 国际经济法
5. 劳动改造法
6. 商法
7. 公证
8. 法律事务
9. 行政法
10. 律师
11. 涉外经济与法律
12. 知识产权法
13. 刑事法

以上专业的本(专)科毕业生,可报考硕士生招生专业目录中除法律硕士专业学位以外的其他各专业。

1999年11月1日

教育部

关于印发《2018年全国硕士研究生招生工作管理规定》的通知

（教学[2017]9号）

各省、自治区、直辖市高等学校招生委员会、教育厅（教委）、教育招生考试机构，新疆生产建设兵团教育局，有关部门（单位）教育司（局），中央军委训练管理部职业教育局，各硕士研究生招生单位：

为做好2018年全国硕士研究生招生工作，现将《2018年全国硕士研究生招生工作管理规定》印发给你们，请遵照执行。

教育部

2017年8月25日

2018年全国硕士研究生招生工作管理规定

第一章　总　　则

第一条　为加强对全国硕士研究生招生工作的管理，保证硕士研究生的入学质量和招生工作的顺利进行，制定本规定。

第二条　高等学校和科学研究机构（以下简称招生单位）招收硕士研究生，旨在培养热爱祖国，拥护中国共产党的领导，拥护社会主义制度，遵纪守法，品德良好，具有服务国家服务人民的社会责任感，掌握本学科坚实的基础理论和系统的专业知识，具有创新精神、创新能力和从事科学研究、教学、管理等工作能力的高层次学术型专门人才以及具有较强解决实际问题的能力、能够承担专业技术或管理工作、具有良好职业素养的高层次应用型专门人才。

第三条 硕士研究生招生应坚持按需招生、德智体全面衡量、择优录取和宁缺毋滥的原则。

第四条 招生学科(类别)、专业(领域)必须经国务院学位委员会或其授权单位批准。

第五条 招生对象主要为国家承认学历的应届本科毕业、本科毕业以及具有与本科毕业同等学力的中国公民。

第六条 全国硕士研究生招生考试分初试和复试两个阶段进行。初试和复试都是硕士研究生招生考试的重要组成部分。初试由国家统一组织,复试由招生单位自行组织。

初试方式分为全国统一考试、联合考试、单独考试以及推荐免试。

全国统一考试的部分或全部考试科目由教育部考试中心负责统一命题,其他考试科目由招生单位自行命题。

联合考试在特定学科(类别)、专业(领域)进行,部分或全部考试科目联合或统一命题。

单独考试由具有单独考试资格的招生单位进行,考生须符合特定报名条件,所有考试科目由招生单位单独命题。

推荐免试是指依据国家有关政策,对部分高等学校按规定推荐的本校优秀应届本科毕业生,及其他符合相关规定的考生,经确认其免初试资格,由招生单位直接进行复试考核的选拔方式。

第七条 全国统一命题科目及招生单位自命题科目试题(包括副题)、参考答案、评分参考(指南)等应按照教育工作国家秘密范围的有关规定严格管理。

第八条 硕士研究生按其学习方式分为全日制硕士研究生和非全日制硕士研究生两种。全日制和非全日制研究生考试招生依据国家统一要求,执行相同的政策和标准。

硕士研究生按其就业方式分为定向就业和非定向就业两种类型。定向就业的硕士研究生按定向合同就业;非定向就业的硕士研究生按本人与用人单位双向选择的办法就业。

第二章　管理机构及其职责

第九条 教育部负责管理全国硕士研究生招生工作。其职责是:

(一)研究制定招生工作的方针、政策、规定和办法,发布年度招生考试公告,部署全国招生工作,并监督检查执行情况。

(二)会同国家有关部门制订并下达年度招生计划。

(三)确定硕士研究生招生全国统考、联考科目并审定考试大纲。

(四)监督、指导全国统考、联考科目的命题工作和全国硕士研究生招生考试的组织实施工作。

(五)公布组织单独考试招收硕士研究生的招生单位名单及其年度招生限额。

(六)制定推免工作政策,下达开展推荐优秀应届本科毕业生免试攻读研究生工作的高校年度推免名额,并指导有关地方和高校对推免工作进行管理。

(七)组织招生管理人员的培训工作,开展招生宣传和研究工作。

(八)推进招生信息公开,并对各省级教育招生考试机构、研究生招生单位招生信息公开工作进行监督。

(九)指导督促有关部门和单位调查处理招生工作中发生的重大问题。

第十条 省(区、市)高等学校招生委员会负责本地区硕士研究生招生管理工作,统一领导协调本省(区、市)教育行政部门、教育招生考试机构等部门按照职责开展相关招生考试工作。其主要职责是:

(一)执行教育部关于招生工作的方针、政策、规定和办法,结合本地区的实际情况制订必要的补充规定,报教育部备案并组织实施。

(二)明确本省(区、市)教育行政部门、教育招生考试机构具体职责分工。建立健全研究生招生机构,配备专职人员,加强队伍建设。根据新形势和日益增加的工作任务要求,合理设置负责研究生招生工作的专门常设机构,合理确定研究生招生工作人员的编制,配备必要的专职研究生招生工作人员;做好本地区招生工作人员培训工作。

(三)组织本省(区、市)招生单位制定发布招生章程和招生专业目录。

(四)组织并做好试卷印制及保密、保管工作,确保试卷绝对安全。

(五)做好考生的信息安全保密工作。

(六)设置报考点和评卷点,组织报名、考试、评卷等工作,根据教育部要求按时、准确、规范上报有关信息数据。

(七)全面负责本地区考试安全工作,及时处置与本地区有关的考试安全突发事件。省(区、市)高等学校招生委员会主要负责人对考试安全工作负领导责任,省级教育行政部门分管领导是第一责任人,省级教育招生考试机构主要负责人是直接责任人。省(区、市)高等学校招生委员会相关部门的分管领导对本部门硕士研究生招生考试职责范围内的工作负全责。

(八)按有关规定开展招生信息公开相关工作,并对本地所有研究生招生单位招生信息公开工作进行监督与管理。

(九)协调并监督检查招生单位和报考点的考试招生工作,调查处理本地区考试招生工作中发生的问题。发现重大问题应立即向所在地省级人民政府和教育部报告。

（十）根据考生申请，对招生单位信访答复情况进行复查。

（十一）依法维护考生和招生工作人员的合法权益。

（十二）组织开展招生宣传、咨询和研究工作。

第十一条 招生单位主管部门的主要职责：

根据国家的有关规定和国家下达的招生规模，拟定本部门所属各招生单位的招生计划，对所属招生单位的考试招生工作进行监督管理，根据有关规定调查处理本部门所属招生单位招生工作中发生的问题，并依法依规追究相关部门和人员的责任。

第十二条 招生单位负责组织实施本单位的招生工作。其主要职责是：

（一）成立由校领导牵头、校内纪检监察等有关部门负责人参加的研究生招生工作领导小组，负责按照教育部有关招生政策、规定、办法，上级主管部门、所在省（区、市）高等学校招生委员会的补充规定，以及本单位的实际情况，制定实施细则，并开展招生工作。

（二）设置研究生招生机构，合理确定必要的人员编制，配备一定数量的专职人员负责招生工作，并组织培训招生工作人员。

（三）根据社会需求、办学条件和国家核定的招生规模制定本单位的分学科（类别）、专业（领域）的招生方案。

（四）遴选指导教师，制定指导教师管理办法，定期开展新导师培训。

（五）编制公布招生章程和招生专业目录。

（六）参照教育、卫生等行政主管部门的体检工作相关规定，结合本单位情况，制定体检要求。

（七）按规定开展本单位招生信息公开和相关解释工作。

（八）开展招生宣传、咨询和研究工作。

（九）审核考生的报考资格。

（十）组织命题、评卷、复试、体检、思想政治素质与道德品质考核和录取等工作，并做好相应的安全保密工作。

（十一）做好考生的信息安全保密工作。

（十二）按照省级教育招生考试机构要求设立报考点和评卷点并开展相关工作，根据省级教育招生考试机构要求按时、准确、规范上报有关信息数据。

（十三）依法维护考生和招生工作人员的合法权益。

（十四）根据考生申请，对本单位有关考试招生行为进行调查、处理并给予答复。

第三章 招生计划和奖助政策

第十三条 国家根据经济、社会发展需要确定年度招生计划。招生单位根据国家下达的招生计划、社会需求和办学条件,确定各学科(类别)、各专业(领域)的招生人数。

第十四条 国家对所有纳入招生计划的全日制硕士研究生均安排生均拨款,所有纳入招生计划的硕士研究生都要缴纳学费。国家和招生单位通过设立奖学金、助学金、助学贷款、三助岗位、绿色通道等制度,建立多元奖助体系,支持硕士研究生完成学业,提高硕士研究生待遇水平。

第四章 报 名

第十五条 报名参加全国硕士研究生招生考试的人员,须符合下列条件:

(一)中华人民共和国公民。

(二)拥护中国共产党的领导,品德良好,遵纪守法。

(三)身体健康状况符合国家和招生单位规定的体检要求。

(四)考生学业水平必须符合下列条件之一:

1. 国家承认学历的应届本科毕业生(含普通高校、成人高校、普通高校举办的成人高等学历教育应届本科毕业生)及自学考试和网络教育届时可毕业本科生,录取当年9月1日前须取得国家承认的本科毕业证书。

2. 具有国家承认的大学本科毕业学历的人员。

3. 获得国家承认的高职高专毕业学历后满2年(从毕业后到录取当年9月1日,下同)或2年以上的,以及国家承认学历的本科结业生,符合招生单位根据本单位的培养目标对考生提出的具体学业要求的人员,按本科毕业生同等学力身份报考。

4. 已获硕士、博士学位的人员。

在校研究生报考须在报名前征得所在培养单位同意。

第十六条 报名参加全国专业学位硕士研究生招生考试的,按下列规定执行。

(一)报名参加法律(非法学)专业学位硕士研究生招生考试的人员,须符合下列条件:

1. 符合第十五条中的各项要求。

2. 报考前所学专业为非法学专业(普通高等学校本科专业目录法学门类中的法学类专业[代码为0301]毕业生、专科层次法学类毕业生和自学考试形式的法学类毕业生等不得报考)。

（二）报名参加法律（法学）专业学位硕士研究生招生考试的人员，须符合下列条件：

1. 符合第十五条中的各项要求。

2. 报考前所学专业为法学专业（仅普通高等学校本科专业目录法学门类中的法学类专业[代码为 0301]毕业生、专科层次法学类毕业生和自学考试形式的法学类毕业生等可以报考）。

（三）报名参加工商管理、公共管理、工程管理、旅游管理、工程硕士中的项目管理、教育硕士中的教育管理、体育硕士中的竞赛组织专业学位硕士研究生招生考试的人员，须符合下列条件：

1. 符合第十五条中第（一）、（二）、（三）各项的要求。

2. 大学本科毕业后有 3 年以上工作经验的人员；或获得国家承认的高职高专毕业学历后，有 5 年以上工作经验，达到与大学本科毕业生同等学力的人员；或已获硕士学位或博士学位并有 2 年以上工作经验的人员。

工商管理硕士专业学位研究生相关考试招生政策同时按照《教育部关于进一步规范工商管理硕士专业学位研究生教育的意见》（教研〔2016〕2 号）有关规定执行。

（四）报名参加法律（非法学）、法律（法学）、工商管理、公共管理、工程管理、旅游管理、工程硕士中的项目管理、教育硕士中的教育管理、体育硕士中的竞赛组织以外的其他专业学位硕士研究生招生考试的人员，须符合第十五条中的各项要求。

第十七条 报名参加单独考试的人员，须符合下列条件：

（一）符合第十五条中第（一）、（二）、（三）各项的要求。

（二）取得国家承认的大学本科学历后连续工作 4 年以上，业务优秀，已经发表过研究论文（技术报告）或者已经成为业务骨干，经考生所在单位同意和两名具有高级专业技术职称的专家推荐，定向就业本单位的在职人员；或获硕士学位或博士学位后工作 2 年以上，业务优秀，经考生所在单位同意和两名具有高级专业技术职称的专家推荐，定向就业本单位的在职人员。

招生单位不得按单位、行业、地域等限定单独考试生源范围，也不得设置其他歧视性报考条件。

第十八条 具有推荐免试资格的考生，须在国家规定时间内登录“全国推荐优秀应届本科毕业生免试攻读研究生信息公开暨管理服务系统”（网址：http://yz.chsi.com.cn/tm）填报志愿并参加复试。截止规定日期仍未落实接收单位的推免生不再保留推免资格。已被招生单位接收的推免生，不得再报名参加当年硕士研究生考试招生，否则取消其推免录取资格。

推免生推荐和接收办法由推荐学校和接收单位根据教育部有关规定制定并公布。所有推免生均享有依据招生政策自主选择报考招生单位和专业的权利,推荐学校所有推免名额(除有特殊政策要求的专项计划外),均可向其他招生单位推荐。凡按规定可接受应届本科毕业生报考的学科(类别)、专业(领域)均可接收推免生。

第十九条 报名包括网上报名和现场确认两个阶段。所有参加硕士研究生招生考试的考生均须进行网上报名,并到报考点现场确认网报信息和采集本人图像等相关电子信息,同时按规定缴纳报考费。

应届本科毕业生原则上应选择就读学校所在省(区、市)的报考点办理网上报名和现场确认手续;单独考试考生应选择招生单位所在地省级教育招生考试机构指定的报考点办理网上报名和现场确认手续;工商管理、公共管理、旅游管理、工程管理等专业学位考生和其他考生应选择工作或户口所在地省级教育招生考试机构指定的报考点办理网上报名和现场确认手续。

网上报名技术服务工作由全国高等学校学生信息咨询与就业指导中心负责。现场确认由省级教育招生考试机构负责组织相关报考点进行。

报考点工作人员发现有考生伪造证件时,应通知公安机关并配合公安机关暂扣相关证件。

(一)网上报名要求:

1. 网上报名时间为 2017 年 10 月 10 日至 31 日,每天 9:00—22:00。网上预报名时间为 2017 年 9 月 24 日至 27 日,每天 9:00—22:00。

2. 考生应在规定时间登录“中国研究生招生信息网”(公网网址:http://yz.chsi.com.cn,教育网址:http://yz.chsi.cn,以下简称“研招网”)浏览报考须知,并按教育部、省级教育招生考试机构、报考点以及报考招生单位的网上公告要求报名。报名期间,考生可自行修改网上报名信息或重新填报报名信息,但一位考生只能保留一条有效报名信息。逾期不再补报,也不得修改报名信息。

3. 考生报名时只填报一个招生单位的一个专业。待考试结束,教育部公布考生进入复试的初试成绩基本要求后,考生可通过“研招网”调剂服务系统了解招生单位的计划余额信息,并按相关规定自主多次平行填报多个调剂志愿。

4. 以同等学力身份报考的人员,应按招生单位要求如实填写学习情况和提供真实材料。

5. 考生要准确填写本人所受奖惩情况,特别是要如实填写在参加普通和成人高等学校招生考试、全国硕士研究生招生考试、高等教育自学考试等国家教育考试过程中因违纪、作弊所受处罚情况。对弄虚作假者,将按照《国家教育考试违规处理办法》《普通高等学校招生违规行为处理暂行办法》严肃处理。

6. 报名期间将对考生学历（学籍）信息进行网上校验，并在考生提交报名信息三天内反馈校验结果。考生可随时上网查看学历（学籍）校验结果。考生也可在报名前或报名期间自行登录“中国高等教育学生信息网”（网址：http://www.chsi.com.cn）查询本人学历（学籍）信息。

未通过学历（学籍）校验的考生应及时到学籍学历权威认证机构进行认证，在现场确认时将认证报告交报考点核验。

7. 按规定享受少数民族照顾政策的考生，在网上报名时须如实填写少数民族身份，且申请定向就业少数民族地区。

8.“少数民族高层次骨干人才计划”招生以考生报名时填报确认的信息为准。

9. 报考“退役大学生士兵”专项硕士研究生招生计划的考生，应为高校学生应征入伍退出现役，且符合硕士研究生报考条件者（“高校学生”指全日制普通本专科（含高职）、研究生、第二学士学位的应（往）届毕业生、在校生和入学新生，以及成人高校招收的普通本专科（高职）应（往）届毕业生、在校生和入学新生，下同）。考生报名时应选择填报退役大学生士兵专项计划，并按要求填报本人入伍前的入学信息以及入伍、退役等相关信息。

10. 国防生和现役军人报考地方或军队招生单位，以及地方考生报考军队招生单位，应事先认真阅读了解解放军及招生单位有关报考要求，遵守保密规定，按照规定填报报考信息。不明之处应事先与招生单位联系。

11. 考生应认真了解并严格按照报考条件及相关政策要求选择填报志愿。因不符合报考条件及相关政策要求，造成后续不能现场确认、考试、复试或录取的，后果由考生本人承担。

12. 考生应按要求准确填写个人网上报名信息并提供真实材料。考生因网报信息填写错误、填报虚假信息而造成不能考试、复试或录取的，后果由考生本人承担。

（二）现场确认要求：

1. 所有考生（不含推免生）均应在规定时间内到报考点指定地点现场核对并确认其网上报名信息，逾期不再补办。现场确认时间由各省级教育招生考试机构根据国家招生工作安排和本地区报考组织情况自行确定和公布。

2. 考生现场确认应提交本人居民身份证、学历证书（应届本科毕业生持学生证）和网上报名编号，由报考点工作人员进行核对。报考“退役大学生士兵”专项硕士研究生招生计划的考生还应提交本人《入伍批准书》和《退出现役证》。

3. 在录取当年 9 月 1 日前可取得国家承认本科毕业证书的自学考试和网络教育本科生，须凭颁发毕业证书的省级高等教育自学考试办公室或网络教育高校出具的相关证明方可办理网上报名现场确认手续。

4. 未通过网上学历(学籍)校验的考生,在现场确认时应提交学历(学籍)认证报告,以供核验。

5. 所有考生均应对本人网上报名信息进行认真核对并确认。报名信息经考生确认后一律不作修改,因考生填写错误引起的一切后果由其自行承担。

6. 考生应按规定缴纳报考费。

7. 考生应按报考点规定配合采集本人图像等相关电子信息。

第二十条 招生单位应根据相关规定,对考生报考信息和现场确认材料进行全面审查,确定考生的考试资格。

考生填报的报名信息与报考条件不符的,不得准予考试。

现场确认学历(学籍)核验未通过的考生,招生单位应要求其在规定时间内提供权威机构出具的认证报告。

第二十一条 报考点由各省级教育招生考试机构确定并公布。报考点接受考生咨询,办理报名手续,安排考场,组织考试。

第二十二条 考生应在 2017 年 12 月 14 日至 12 月 25 日期间,凭网报用户名和密码登录"研招网"自行下载打印《准考证》。《准考证》使用 A4 幅面白纸打印,正反两面在使用期间不得涂改。考生凭下载打印的《准考证》及居民身份证参加考试。

第二十三条 考生报名时须签署《考生诚信考试承诺书》。

第五章 命 题

第二十四条 全国统考和全国联考科目的命题工作由教育部考试中心统一组织;统考科目考试大纲由教育部考试中心统一编制,联考科目考试大纲由教育部考试中心或教育部指定相关机构组织编制,自命题科目的命题工作由招生单位自行组织。

第二十五条 命题人员应为政治素质好、责任心强、教学经验丰富、学术水平较高并且近期承担教学工作的人员。命题人员原则上应具有副教授及以上职称或相当职称并具有硕士研究生招生考试命题经验。每位命题人员只能参加一门考试科目的命题工作。命题人员要遵纪守法,信守承诺,保守秘密,不得参与任何形式的考研辅导活动,不得参与任何与考研内容有关的咨询活动,不得参与任何与考研有关的复习资料编写、出版等活动。命题人员要签订《保密责任书》,过失泄密和故意泄密行为均须承担刑事责任。

第二十六条 招生单位应按相关规定制定本单位自命题工作规范,加强对命题相关人员及各工作环节的规范管理和监督。自命题试题不得委托非硕士研究生招生单位或个人命题；委托其他招生单位命题的，要签订《保密责任书》。

第二十七条 硕士研究生招生考试是选拔性考试，试题应能考查考生是否具备硕士研究生入学的基本能力和专业素质。试题要有一定的区分度，难易程度要适当。

第二十八条 试题不得出现政治性的错误，并应避免出现学术界尚有争议的问题。

第二十九条 单独考试初试科目设置与相应学科专业全国统考初试科目设置相同，单独考试的各考试科目可由招生单位命题，也可以选用全国统考试题。

第三十条 各考试科目均应根据考试大纲（考试内容范围说明）和对硕士研究生入学的基本要求，参考大学本科的教学大纲进行命题。招生单位不得指定考试科目的参考书目和参考材料。

第六章 初　试

第三十一条 2018年全国硕士研究生招生考试初试时间为：2017年12月23日至12月24日（每天上午8:30—11:30，下午14:00—17:00）。超过3小时的考试科目在12月25日进行（起始时间8:30，截止时间由招生单位确定，不超过14:30）。

考试时间以北京时间为准。不在规定日期举行的硕士研究生招生考试，国家一律不予承认。

第三十二条 硕士研究生招生初试一般设置四个单元考试科目，即思想政治理论、外国语、业务课一和业务课二，满分分别为100分、100分、150分、150分。

第三十三条 教育学、历史学、医学门类初试设置三个单元考试科目，即思想政治理论、外国语、专业基础综合，满分分别为100分、100分、300分。

体育、应用心理、文物与博物馆、药学、中药学、临床医学、口腔医学、中医、公共卫生、护理等专业学位硕士初试设置三个单元考试科目，即思想政治理论、外国语、专业基础综合，满分分别为100分、100分、300分。

会计、图书情报、工商管理、公共管理、旅游管理、工程管理和审计等专业学位硕士初试设置两个单元考试科目，即外国语、管理类联考综合能力，满分分别为100分、200分。

金融、应用统计、税务、国际商务、保险、资产评估等专业学位硕士初试第三单元业务课一设置经济类综合能力考试科目，供试点学校选考，满分为150分。

第三十四条 硕士研究生招生考试的全国统考科目为思想政治理论、英语一、英语二、俄语、日语、数学一、数学二、数学三、教育学专业基础综合、心理学专业基础综合、历史学基础、临床医学综合能力（中医）、临床医学综合能力（西医);全国联考科目为数学(农)、化学(农)、植物生理学与生物化学、动物生理学与生物化学、计算机学科专业基础综合、管理类联考综合能力、法硕联考专业基础(非法学)、法硕联考综合(非法学)、法硕联考专业基础(法学)、法硕联考综合(法学)。其中,教育学专业基础综合、心理学专业基础综合、历史学基础、数学(农)、化学(农)、植物生理学与生物化学、动物生理学与生物化学、计算机学科专业基础综合试题由招生单位自主选择使用;口腔医学专业学位既可选用统一命题的临床医学综合能力,也可由招生单位自主命题。

医学学术学位硕士研究生初试业务课科目由招生单位按一级学科自主命题。

第三十五条 招生单位必须按教育部的有关规定确定考试科目并使用相关试题。

第三十六条 初试方式均为笔试。

12 月 23 日上午 思想政治理论、管理类联考综合能力

12 月 23 日下午 外国语

12 月 24 日上午 业务课一

12 月 24 日下午 业务课二

12 月 25 日 考试时间超过 3 小时的考试科目

每科考试时间一般为 3 小时;建筑设计等特殊科目考试时间最长不超过 6 小时。详细考试时间、考试科目及有关要求等由考点和招生单位予以公布。

第三十七条 初试的组织工作和考务工作由教育部考试中心及各级教育招生考试机构按照相关文件规定执行。

第三十八条 单独考试须由招生单位在省级教育招生考试机构指定的考点组织进行。

第三十九条 因试卷错寄、漏寄、邮递故障等非考生本人原因而无法正常考试的考生可参加补考。

补考程序为:招生单位将初步审查同意补考的考生姓名、报考单位、补考科目及补考原因一一写明,报所在省级教育招生考试机构审核批准后,自行安排或协商有关考点在规定时间内组织补考。

各补考科目均由招生单位命题。补考试题的形式和难易程度应与原试题相一致。

补考一般安排在考试结束后 1 个月内进行,具体时间由相关招生单位确定。

第七章 评　　卷

第四十条 全国统考、全国联考科目的评卷工作由省(区、市)高等学校招

生委员会在教育部考试中心指导下统一组织，具体的评卷细则、工作程序、要求和纪律，由省级教育招生考试机构根据教育部的要求制订。

第四十一条 全国统考科目评卷工作实行省（区、市）高等学校招生委员会统一领导、省级教育招生考试机构统一组织、评卷工作承办单位具体实施的管理体制。招生单位有承担当地统考科目评卷的责任和义务。

第四十二条 省级教育招生考试机构要加强评卷点建设。各评卷点要成立由各省级教育招生考试机构负责人和承办单位负责人共同组成的领导小组，加强对评卷工作的领导和管理；建立健全评卷工作系列规章制度，特别是评卷工作责任制度、责任追究制度和评卷工作质量监督保证制度；要逐步完善评卷教师的聘任机制，保证评卷工作的需要。

第四十三条 省级教育招生考试机构成立由相关招生单位各学科权威专家组成的全国统考科目评卷工作专家组，根据教育部考试中心提供的评分参考，负责本地区全国统考科目评卷工作细则的拟定、试卷的试评、评卷教师的培训、评卷工作的业务指导与组织实施、试卷评阅过程中争议问题的仲裁等工作。

第四十四条 省级教育招生考试机构根据专家组的提名，聘请有关教师承担各学科评卷工作，招生单位有责任和义务按省级教育招生考试机构的要求选派所需评卷教师，无正当理由不得推辞拒绝。评卷工作由评卷教师所在学校以适当方式计入本人工作量。

第四十五条 招生单位自命题科目的评卷工作原则上由招生单位负责，组织管理工作参照全国统考科目评卷管理体制、办法和有关要求实施。各招生单位在评卷结束后，应将自命题科目的成绩上报省级教育招生考试机构。省级教育招生考试机构在评卷结束后，应将统考科目成绩返回招生单位，同时将统考科目成绩和自命题科目成绩合成后，在规定时间上报教育部。

第四十六条 招生单位应在规定时间内向考生公布成绩。考生对评卷结果有异议，可以依程序申请成绩复查，具体的复查办法按照教育部相关考务文件执行。

第四十七条 进行电子扫描的纸介质答卷保留 1 年，其电子扫描版答卷保留 3 年；不进行电子扫描的纸介质答卷保留 3 年。

第八章 复　　试

第四十八条 复试是硕士研究生招生考试的重要组成部分，用于考查考生的创新能力、专业素养和综合素质等，是硕士研究生录取的必要环节，复试不合格者不予录取。

第四十九条 复试时间、地点、内容范围、方式由招生单位自定。复试办法和程序由招生单位公布。全部复试工作一般应在录取当年4月底前完成。

第五十条 教育部按照一区、二区制定并公布参加全国统考和联考考生进入复试的初试成绩基本要求。一区包括北京、天津、河北、山西、辽宁、吉林、黑龙江、上海、江苏、浙江、安徽、福建、江西、山东、河南、湖北、湖南、广东、重庆、四川、陕西等21省(市);二区包括内蒙古、广西、海南、贵州、云南、西藏、甘肃、青海、宁夏、新疆等10省(区)。

报考地处二区招生单位且毕业后在国务院公布的民族区域自治地方定向就业的少数民族普通高校应届本科毕业生;或者工作单位在国务院公布的民族区域自治地方,且定向就业单位为原单位的少数民族在职人员考生,可按规定享受少数民族照顾政策。

第五十一条 招生单位在国家确定的初试成绩基本要求基础上,结合生源和招生计划等情况,自主确定本单位考生进入复试的初试成绩要求及其他学术要求,但不得出台歧视性或其他有违公平的规定。

经教育部批准的部分招生单位可直接自主确定考生进入复试的初试成绩要求及其他学术要求。参加单独考试的考生进入复试的初试成绩要求由招生单位依据教育部有关政策自行确定。

相关招生单位依据教育部有关政策自主确定并公布"退役大学生士兵"专项硕士研究生招生计划考生进入复试的初试成绩要求和接受其他招生单位"退役大学生士兵"专项硕士研究生招生计划考生调剂的初试成绩要求。

相关招生单位自主确定并公布报考本单位临床医学、口腔医学和中医(以下简称临床医学类)专业学位硕士研究生进入复试的初试成绩要求。教育部划定临床医学类专业学位硕士研究生初试成绩基本要求供招生单位参考。招生单位自主划定的总分要求低于教育部划定的初试成绩基本要求的,下一年度不得扩大临床医学类专业学位招生规模。

第五十二条 对初试公共科目成绩略低于全国初试成绩基本要求,但专业科目成绩特别优异或在科研创新方面具有突出表现的考生,可允许其破格参加第一志愿报考单位第一志愿专业复试(简称破格复试)。

破格复试应优先考虑基础学科、艰苦专业以及国家急需但生源相对不足的学科、专业。对一志愿合格生源不足的专业,招生单位要积极做好调剂工作,不得单纯为完成招生计划或保护一志愿生源而降低标准进行破格复试。合格生源(含调剂生源)充足的招生专业一般不再进行破格复试。破格复试考生不得调剂。

第五十三条 复试应采取差额形式,招生单位自主确定复试差额比例并提前公布,差额比例一般不低于120%。

招生单位要按照教育部有关规定制定本单位的复试录取办法和各院系实施细则，提前在本单位网站向社会公布并严格执行。复试录取办法中应明确考生进入复试的初试成绩和其他业务要求，以及复试、调剂、录取等各环节具体规定，特别要明确破格复试条件和程序。未按要求提前公布的复试录取规定一律无效。

第五十四条 招生单位在复试前应对考生的居民身份证、学历学位证书、学历学籍认证报告、学生证等报名材料原件及考生资格进行严格审查，对不符合规定者，不予复试。

对考生的学历（学籍）信息有疑问的，招生单位应要求考生在规定时间内提供权威机构出具的认证证明。

少数民族考生身份以报考时查验的身份证为准，复试时不得更改。少数民族地区以国务院有关部门公布的《全国民族区域自治地方简表》为准。

第五十五条 以同等学力参加复试的考生，在复试中须加试至少两门与报考专业相关的本科主干课程。加试科目不得与初试科目相同。加试方式为笔试。报考法律硕士（非法学）、工商管理硕士、公共管理硕士、工程管理硕士或旅游管理硕士的同等学力考生可以不加试。对成人教育应届本科毕业生及复试时尚未取得本科毕业证书的自考和网络教育考生，招生单位可自主确定是否加试，相关办法应在招生章程中提前公布。

第五十六条 会计硕士、图书情报硕士、工商管理硕士、公共管理硕士、旅游管理硕士、工程管理硕士和审计硕士的思想政治理论考试由招生单位在复试中进行，成绩计入复试总成绩。

第五十七条 外国语听力及口语测试均在复试中进行，由招生单位自行组织，成绩计入复试总成绩。

第五十八条 招生单位认为有必要时，可对考生再次复试。

第五十九条 参加“大学生志愿服务西部计划”“三支一扶计划”“农村义务教育阶段学校教师特设岗位计划”“赴外汉语教师志愿者”等项目服务期满、考核合格的考生，3 年内参加全国硕士研究生招生考试的，初试总分加 10 分，同等条件下优先录取。

高校学生应征入伍服义务兵役退役，达到报考条件后，3 年内参加全国硕士研究生招生考试的考生，初试总分加 10 分，同等条件下优先录取，在部队荣立二等功以上，符合全国硕士研究生招生考试报考条件的，可申请免试（初试）攻读硕士研究生。

参加“选聘高校毕业生到村任职”项目服务期满、考核称职以上的考生，3 年内参加全国硕士研究生招生考试的，初试总分加 10 分，同等条件下优先录取，其中报考人文社科类专业研究生的,初试总分加15分。

各省级教育招生考试机构、各招生单位应严格规范执行硕士研究生招生考试的初试总分加分政策,除教育部统一规定的范围和标准外,不得擅自扩大范围、另设标准。招生单位应对加分项目考生提供的相关证明材料进行认真核实。

第六十条 考生体检工作由招生单位在复试阶段组织进行。招生单位参照教育部、卫生部、中国残联印发的《普通高等学校招生体检工作指导意见》(教学〔2003〕3号)要求,按照《教育部办公厅 卫生部办公厅关于普通高等学校招生学生入学身体检查取消乙肝项目检测有关问题的通知》(教学厅〔2010〕2号)规定,结合招生专业实际情况,提出本单位体检要求。

第九章 调 剂

第六十一条 招生单位应按教育部有关政策确定并公布本单位(含所属院、系、所)调剂工作的具体要求、程序、复试录取办法及调剂录取名单。

招生单位(含所属院、系、所)相关调剂要求、程序、办法及调剂录取名单须报招生单位招生领导小组审定,并报省级教育招生考试机构审核。

第六十二条 考生调剂基本条件:

(一)符合调入专业的报考条件。

(二)初试成绩符合第一志愿报考专业在调入地区的全国初试成绩基本要求。

(三)调入专业与第一志愿报考专业相同或相近。

(四)初试科目与调入专业初试科目相同或相近,其中统考科目原则上应相同。

(五)第一志愿报考照顾专业(指体育学及体育硕士,中医学、中西医结合及中医硕士,工学照顾专业及工程硕士照顾专业,下同)的考生若调剂出本类照顾专业,其初试成绩必须达到调入地区该照顾专业所在学科门类(类别)的全国初试成绩基本要求。第一志愿报考非照顾专业的考生若调入照顾专业,其初试成绩必须符合调入地区对应的非照顾专业学科门类(类别)的全国初试成绩基本要求。体育学与体育硕士,中医学、中西医结合与中医硕士,工学照顾专业与工程硕士照顾专业之间互调按照顾专业内部调剂政策执行。

(六)第一志愿报考工商管理、公共管理、旅游管理、工程管理、会计、图书情报、审计专业学位硕士的考生可相互调剂,但不得调入其他专业;其他专业考生也不得调入以上7个专业。

第一志愿报考法律(非法学)专业学位硕士的考生不得调入其他专业,其他专业的考生也不得调入该专业。

（七）报考“少数民族高层次骨干人才计划”的考生不得调剂到该计划以外录取；未报考的不得调剂入该计划录取。

（八）相关招生单位自主确定并公布本单位接受报考其他单位临床医学类专业学位硕士研究生调剂的成绩要求。教育部划定临床医学类专业学位硕士研究生初试成绩基本要求作为报考临床医学类专业学位硕士研究生的考生调剂到其他专业的基本成绩要求。

报考临床医学类专业学位硕士研究生的考生可按相关政策调剂到其他专业，报考其他专业（含医学学术学位）的考生不可调剂到临床医学类专业学位。

（九）参加单独考试（含强军计划、援藏计划）的考生不得调剂。

（十）符合调剂条件的国防生考生，可在允许招收国防生硕士研究生的招生单位间相互调剂。

（十一）自划线高校校内调剂政策按上述要求自行确定。

第六十三条 招生单位接收所有调剂考生（既包括接收外单位调剂考生，也包括接收本单位内部调剂考生）必须通过教育部指定的“全国硕士生招生调剂服务系统”进行（各加分项目考生、享受少数民族政策考生可除外）。

招生单位（含所属院、系、所）开放关闭调剂系统时间，须提前公布，同时报省级教育招生考试机构备案。

招生单位应根据本单位实际复试录取情况，通过“全国硕士生招生调剂服务系统”及时、准确发布计划余额信息及调剂要求，并积极利用调剂系统、咨询电话等渠道为考生调剂提供良好服务。

第六十四条 调剂工作由各招生单位研究生招生管理部门归口管理并统一办理相关手续。

第十章 思想政治素质和品德考核

第六十五条 思想政治素质和品德考核是保证入学新生质量的重要工作环节，招生单位必须严格遵循实事求是的原则认真做好考核工作，对于思想品德考核不合格者不予录取。

第六十六条 思想政治素质和品德考核主要是考核考生本人的现实表现，内容应包括考生的政治态度、思想表现、道德品质、遵纪守法、诚实守信等方面。

招生单位要强化对考生诚信的要求，充分利用《国家教育考试考生诚信档案》记录，对考生在报考时填写的考试作弊受处罚情况进行认真核查，将考生诚信状况作为思想品德考核的重要内容和录取的重要依据。凡有违反国家教育考试规定、情节严重受到停考处罚，在处罚结束后继续报名参加研究生招生考试的，由招生单位决定是否予以录取。

第六十七条 招生单位在复试的同时应组织思想政治工作部门、招生工作部门、导师与考生面谈,直接了解考生思想政治情况。招生单位还可采取"函调"或"派人外调"的方式对考生的思想政治素质和品德考核。

拟录取名单确定后,招生单位应向考生所在单位函调人事档案和本人现实表现等材料,全面审查其政治思想情况。函调的考生现实表现材料,需由考生本人档案所在单位的人事、政工部门加盖印章。

第十一章 录 取

第六十八条 招生单位要在研究生招生工作领导小组的统一领导下,按照教育部有关招生录取政策规定及各省级教育招生考试机构的补充规定,根据本单位招生计划、复试录取办法以及考生初试和复试成绩、思想政治表现、身心健康状况等择优确定拟录取名单。录取工作要依法保护残疾考生的合法权益。

第六十九条 招生单位要严格按照教育部下达的招生计划(含各专项计划)及相关要求开展招生录取工作。录取人数不得超过本单位招生计划。

各招生单位破格复试录取人数原则上不超过本单位硕士生招生计划的3%。

单独考试录取人数不得超过教育部下达的单独考试招生限额,且录取要符合有关要求。

在本招生单位内,学术型招生计划可调整到专业学位使用,但专业学位招生计划不得调整到学术型专业使用。全日制招生计划与非全日制招生计划不得相互调整使用。

第七十条 定向就业的硕士研究生应在被录取前与招生单位、用人单位分别签订定向就业合同。参加单独考试的考生,只能被录取为回原单位定向就业的硕士研究生。

考生因报考硕士研究生与所在单位产生的问题由考生自行处理。若因此造成考生不能复试或无法录取,招生单位不承担责任。

第七十一条 经考生确认的报考信息在录取阶段一律不作修改,对报考资格不符合规定者不予录取。各招生单位不得将未通过或未完成学历(学籍)审核的考生列入拟录取名单公示或上报。

第七十二条 各省级教育招生考试机构应按国家规定对招生单位的录取工作进行检查,实施监督。各招生单位为录取考生打印《录取登记表》,盖章后存入考生的人事档案。

第七十三条 被录取的新生,经考生本人申请和招生单位同意后可以保留入学资格,工作1至2年,再入学学习。录取为保留入学资格的考生纳入招生单位当年的招生计划。

第七十四条 应届本科毕业生及自学考试和网络教育届时可毕业本科生考生,入学时(9 月 1 日前)未取得国家承认的本科毕业证书者,取消录取资格。

第十二章 信息公开公示

第七十五条 各级教育招生考试机构和招生单位应按教育部有关政策要求和“谁公开、谁把关”“谁公开、谁解释”的原则,积极推进本地区、本单位研究生招生信息公开。

第七十六条 教育部建立“全国硕士研究生招生信息公开平台”(网址 http://yz.chsi.com.cn/zsgs),作为招生单位研究生招生信息公开平台。

招生单位是研究生招生信息公开工作的责任主体,招生单位在“全国硕士研究生招生信息公开平台”公开的所有招生信息,均须符合招生政策并按教育部有关规定事先在本单位网站进行公开公示。省级教育招生考试机构对本地区所有研究生招生单位的招生信息公开工作负有监管责任,对招生单位上报公开的信息要认真审核。

第七十七条 省级教育招生考试机构应公布本省有关硕士研究生招生的相关规定、考试组织的相关情况及违规事件处理结果等。

第七十八条 招生单位要提前在本单位网站上公布硕士研究生招生章程、招生政策和规定、招生专业目录和分专业招生计划。招生章程中应按相关规定公布本单位各专业硕士研究生学制、学习方式、学费具体标准和奖助办法以及培养所在校区等内容。招生章程应经当地省级教育招生考试机构备案。

第七十九条 在复试、录取阶段,招生单位要提前在本单位网站向社会公布本单位复试录取办法和各院系实施细则,各院(系、所)或学科、专业招生人数,参加复试考生名单(包括考生姓名、考生编号、初试各科成绩等信息)和拟录取考生名单(包括考生姓名、考生编号、初试成绩、复试成绩、总成绩等信息)。对破格复试、参加专项计划、享受初试加分或照顾政策的考生相关情况,在公布考生名单时应进行说明。

第八十条 招生单位的研究生招生管理部门应当统一公示拟录取名单,公示时间不少于 10 个工作日,公示期间名单不得修改;名单如有变动,须对变动部分做出说明,并对变动内容另行公示 10 个工作日。未经招生单位公示的考生,一律不得录取,不予学籍注册。

公示期间,招生单位应将拟录取名单报省级教育招生考试机构进行政策审核,省级教育招生考试机构应将审核意见及时反馈招生单位。

公示结束后,招生单位应按要求将录取名单报“全国硕士研究生招生信息公开平台”。最终录取名单及新生学籍注册均以招生单位上报平台的信息为准。

第八十一条 各级教育行政主管部门、省级教育招生考试机构、招生单位在公示有关信息的同时,应提供考生咨询及申诉渠道,包括联系部门、电子信箱、电话号码和通讯地址等,保证相关渠道畅通,并按照有关规定对相关申诉和举报及时调查处理。

第十三章 违规处理

第八十二条 对在研究生招生考试中有违反考试管理规定和考场纪律,影响考试公平、公正行为的考生、考试工作人员及其他相关人员,一律按《国家教育考试违规处理办法》(教育部令第33号)严肃处理。对在校生,由其所在学校按有关规定给予处分,直至开除学籍;对在职考生,应通知考生所在单位,由考生所在单位视情节给予党纪或政纪处分;对考试工作人员,由教育考试机构或其所在单位视情节给予相应的行政处分;构成违法的,由司法机关依法追究法律责任,其中构成犯罪的,依法追究刑事责任。

第八十三条 相关单位应将考生在硕士研究生招生考试中的违规或作弊事实记入《国家教育考试考生诚信档案》,并将考生的有关情况通报其所在学校或单位,记入考生人事档案,作为其今后升学和就业的重要参考依据。

第八十四条 对在招生工作中有违反国家有关法律法规和招生管理规定行为的招生单位、招生考试机构、主管教育行政部门及其招生工作人员,一律按《普通高等学校招生违规行为处理暂行办法》(教育部令第36号)严肃处理,并追究直接责任人员的责任,造成严重后果和恶劣影响的,还将按规定对有关责任人实行问责。

第八十五条 严禁招生单位内部任何部门和工作人员举办或参与举办考试招生辅导活动,严禁招生单位向社会培训机构提供考试招生辅导活动场所和设施,严禁招生单位委托社会培训机构进行考试招生辅导培训、招生宣传和组织活动,违反规定的要追究有关部门和相关人员责任。

第八十六条 招生单位要严格执行国家收费政策,禁止在研究生招生过程中乱收费,违反规定的要追究有关部门和相关人员责任。

第八十七条 考生认为所报考招生单位的招生录取行为有违反本规定或其他相关规定的,可向报考招生单位提出异议、申诉或举报。招生单位应当进行调查、处理,属于对政策执行存在异议的,应当及时书面或口头答复申诉人;属于对违规违纪行为举报的,应当组织纪检监察等机构进行调查,并按《信访条例》等有关规定作出书面答复。

考生对招生单位作出的书面答复不服的,可向招生单位所在地省级教育行政部门或省级教育招生考试机构申请复查。对复查结论不服的,可按相关规定向省级教育行政部门或省级教育招生考试机构的上一级机关提出复核。

第十四章　附　　则

第八十八条　国防生和现役军人报考硕士研究生及军队系统的招生单位招收硕士研究生的办法由军队相关部门参照本规定另行制订;推荐免试工作相关管理办法由教育部另文规定。

第八十九条　其他招生政策和程序与此不符的以此文件为准。

第九十条　本规定自发布之日起施行。

国务院学位办

关于2014年招收在职人员攻读硕士专业学位工作的通知

（学位办［2014］18号）

各省、自治区、直辖市学位委员会、教育厅（教委），新疆生产建设兵团教育局，有关部门（单位）教育司（局），中国人民解放军学位委员会，有关招生单位：

现将2014年招收在职人员攻读硕士专业学位工作的有关事项通知如下：

一、在职人员攻读硕士专业学位类别

包括法律、教育、体育、工程、农业推广、兽医、风景园林、公共卫生、军事、工商管理、公共管理、会计和艺术硕士13个专业学位类别，以及示范性软件学院软件工程领域工程硕士、高级管理人员工商管理硕士（EMBA）。

二、招生限额

各招生单位招收在职人员攻读硕士专业学位招生限额详见附件1。

三、报名及考试

1. 报考条件

在职人员攻读硕士专业学位类别、代码及全国联考考试大纲见附件2，报考条件、考试科目等具体要求见附件3。

2. 报名方式

采用网上报名与现场确认相结合的方式。

考生于6月20日—7月10日访问中国学位与研究生教育信息网（网址：http://www.chinadegrees.cn），登录在职人员攻读硕士专业学位管理信息平台（以下简称信息平台，考生登录入口：http://www.chinadegrees.cn/zzlk，招生单位及省级用户登录入口：http://www.chinadegrees.cn/zzlk/admin.html），按信息平台说明和要求注册、上传电子照片、完成网上报名，网上缴纳报名考试费，生成并打印《2014年在职人员攻读硕士专业学位报名登记表》（样表见附件4）。

考生于7月11—14日持本人第二代居民身份证(或护照)、满足报考条件的最高学历、学位证书以及《2014年在职人员攻读硕士专业学位报名登记表》,到各省学位与研究生教育主管部门指定的现场确认点,核验并确认报名信息。报名信息经考生签字确认后,一律不得更改。

考生可于10月16日后登录信息平台下载准考证。

3. 考试工作

2014年在职人员攻读硕士专业学位全国联考(以下简称全国联考),考试时间为10月26日,全国联考科目及时间安排见附件5。

4. 考务工作

全国联考考务工作委托教育部学位与研究生教育发展中心(以下简称学位中心)组织,各省学位与研究生教育主管部门负责所辖考区具体考务工作,具体事宜由学位中心另行通知。

5. 考试安全和考风考纪

各省学位与研究生教育主管部门要加强领导与管理,认真贯彻落实考试有关规定,有针对性地研究制定2014年全国联考安全工作方案。要强化责任和监管,落实涉密管理要求,确保试卷、试题安全。要严肃考风考纪,营造诚信考试的良好环境,切实维护考试工作的公平性和公信力。

四、资格审查

全国联考成绩发布后,达到招生单位复试要求的考生登录信息平台,下载本人《2014年在职人员攻读硕士专业学位资格审查表》,由所在单位人事部门(或档案管理部门)填写推荐意见并加盖公章;将该表与满足报考条件的最高学历、学位证书一并提交招生单位研究生院(处、部)申请资格审查。

招生单位须在录取前完成资格审查工作,不得录取不符合报考条件或提供虚假信息的考生,必要时可委托权威认证部门对考生的学历、学位证书进行认证核查。

录取工作结束后,我办将随机抽查部分录取考生的报考资格。

五、录取工作

在职人员攻读硕士专业学位的录取工作由各招生单位自行组织,录取分数线由各招生单位自行划定。招生单位应加强复试,对考生的思想品德、专业能力、综合素质等方面进行综合考察,择优录取。

示范性软件学院软件工程领域工程硕士、高级管理人员工商管理硕士,不进行跨招生单位调剂录取。其他各类别考生的调剂录取工作,仅限在考生报考招生单位所在省(自治区、直辖市)的招生单位之间进行,不进行跨省(自治区、直辖市)招生单位之间的调剂录取;各类别均不进行跨学位类别或跨专业领域的调剂录取。

录取工作具体事宜另行通知。

六、收费报批

为加强管理,规范办学,根据《国家发展改革委　财政部　教育部关于加强研究生教育收费标准管理及有关问题的通知》(发改价格〔2013〕887号)要求,各招生单位应按规定到所在地价格主管部门办理收费许可后方可组织招生。

七、信息公开

1. 各招生单位在报名阶段应向社会和考生公开招生录取办法、教学地点、学习方式、收费标准等信息,主动接受社会监督。

2. 各招生单位于7月10日前登录信息平台,根据招生公示信息数据标准(见附件6)有关要求,按拟招生专业学位类别或专业领域分别上传培养方案信息。

八、招生改革

1. 为统一管理各类研究生招生工作,从2016年起,我办不再组织在职人员攻读硕士专业学位全国联考。除高级管理人员工商管理硕士外,其他类别的在职人员攻读硕士专业学位招生工作,将以非全日制研究生教育形式纳入国家招生计划和全国硕士研究生统一入学考试。

2. 2014年、2015年,报考示范性软件学院软件工程领域工程硕士需参加全国联考,招生计划单列;报考高级管理人员工商管理硕士无须参加全国联考,但报名、录取工作均需通过信息平台进行。

九、其他事宜

1. 2014年全国联考各科目考试成绩一次有效。

2. 职业学校教师在职攻读硕士专业学位招生事宜另文部署。

3. 全国联考相关部门和单位要重视和加强信息安全工作,不得泄露、传播考生个人信息。

4. 各地教育行政主管部门要联合工商行政等管理部门对社会培训机构举办的有关培训项目进行规范和治理,加强监管。

5. 各招生单位要采取有效措施,坚决杜绝招生单位及教师参与任何形式的专业学位研究生考前辅导或委托中介机构招生等违规行为。

6. 各招生单位自行组织自命题考试科目时,务必保证考试工作的严肃性、权威性和保密性,试卷参考答案和评分标准在启用并使用完毕之前属机密级材料,任何人不得以任何形式对外泄露。

7. 为保证培养质量,各招生单位招收的在职人员攻读硕士专业学位研究生在校学习时间不得少于半年或500学时,请在招生简章中予以说明并在培养方案中具体安排。

8. 各招生单位及考生请务必及时、准确填报信息，通过信息平台采集的有关信息将作为招生录取、学位授予、教育评估和学位认证等工作的重要依据。

国务院学位委员会办公室

2014 年 6 月 5 日

中央政法五部门

关于2011年在政法系统开展在职攻读法律硕士专业学位推荐报名工作的通知

（司办函[2011]149号）

各有关单位：

为进一步提高政法干部队伍素质，经中央政法委员会办公室、最高人民法院政治部、最高人民检察院政治部、公安部政治部和司法部国家司法考试司研究决定，2011年在政法系统继续开展在职攻读法律硕士专业学位教育工作。现将推荐报名事宜通知如下：

一、培养单位

中国人民大学、北京大学、中国政法大学、对外经济贸易大学、吉林大学、武汉大学、西南政法大学、华东政法大学、南京大学、中山大学、厦门大学、中南财经政法大学、西北政法大学、复旦大学、浙江大学、山东大学、四川大学、苏州大学、安徽大学、郑州大学、黑龙江大学、湘潭大学、南开大学、兰州大学、山西大学、辽宁大学、云南大学、贵州大学、海南大学、河南大学、湖南大学、南京师范大学、中国社会科学院研究生院（法学所）、江西财经大学、烟台大学、中国人民公安大学、上海交通大学、西南财经大学、中央财经大学、河北大学、内蒙古大学、大连海事大学、东北财经大学、上海财经大学、福州大学、华中科技大学、华中师范大学、湖南师范大学、解放军西安政治学院、北方工业大学、天津师范大学、河北经贸大学、中国刑事警察学院、沈阳师范大学、上海大学、同济大学、东南大学、宁波大学、浙江工商大学、安徽财经大学、华侨大学、南昌大学、江西师范大学、中国海洋大学、青岛大学、中南民族大学、中南大学、暨南大学、广东商学院、深圳大学、华南理工大学、广西师范大学、重庆大学、西安交通大学、西北大学、青海民族学院、新疆大学共计77所院校。

二、推荐

（一）推荐原则和要求

在政法系统内继续实行组织推荐与个人自愿报名、相对集中与就近入学的原则。政法各部门根据本系统干部教育培训规划具体制定本系统推荐报名工作办法，确定本系统内各地方、各单位委托培养院校。

政法系统内的考生，按照各系统推荐报名工作的要求，经本单位同意，方可享受政法系统照顾录取政策和政法部门各单位在职学习的有关鼓励措施。

（二）推荐单位

推荐单位为政法系统各部门（政法委员会、法院、检察院、公安、司法行政系统）。推荐工作是实施干部教育培训规划的重要环节，各单位认真选拔本系统重点培养对象，注重对基层单位政法干部的推荐和培养，择优推荐业务骨干参加学习。

三、报名

（一）报考条件

2008 年 7 月 31 日前国民教育序列大学本科或本科以上毕业并取得学历证书（一般应有学位证书）的法院、检察院、司法行政、政法委、公安等政法部门人员，人大系统干部以及有关部门从事法律实际工作者；报考中国政法大学与国家法官学院、国家检察官学院联合培养招生项目的，按照最高人民法院、最高人民检察院相关通知办理。

符合报考条件的政法系统考生，持经本单位同意和省级主管部门审查盖章后的资格审查表进行资格审查；其他部门人员的资格审查表由所在单位人事部门填写推荐意见。

（二）报名办法及时间、地点

采取网上报名与现场确认相结合的方式。

网上报名工作启用全国统一报名平台。考生在 7 月 1 日至 14 日期间登录“中国学位与研究生教育信息网”（以下简称“学位网”，http://www.chinadegrees.cn），按要求填写、提交报名信息和本人电子照片。考生网上报名成功后，打印报名系统生成的《2011 年在职人员攻读硕士学位报名登记表》样表见附件 5，在 7 月 15 日至 18 日期间到各省级学位与研究生教育主管部门指定的现场确认点缴纳报名费、验证、确认报名信息。

现场确认时，考生须持规定的身份证件（第二代居民身份证或护照）至现场确认点，由工作人员核验，通过第二代居民身份证鉴别仪验证报名信息，并拷贝第二代居民身份证内数码照片文件（持护照者除外），本人在报名系统打印生成的《2011 年在职人员攻读硕士学位报名登记表》上签字确认。报名信息一经签字确认，一律不得更改。

考生既可在招生单位所在地指定地点报名考试，也可在考生工作单位所在地指定地点报名考试。如招生单位有特殊要求，应按招生单位指定的地点报名考试。

现场确认工作完成后,省级学位与研究生教育主管部门检查汇总有效报名数据,为考生编制准考证,10 月 15 日后,考生可在学位网下载准考证。

(三)资格审查

考试成绩发布后,通过招生单位公布的复试分数线的考生登录学位网下载本人《2011 年在职人员攻读硕士学位全国联考资格审查表》,本人签名后将该表交所在单位人事部门(或档案管理部门,下同),核准表中内容、填写推荐意见,并在电子照片上加盖公章,然后按要求将《2011 年在职人员攻读硕士学位全国联考资格审查表》、相关学历、学位证书交报考单位研究生院(处、部)进行资格审查。如考生持境外学历、学位报考,资格审查时须提交教育部留学服务中心出具的认证报告。

四、考试

(一)考试科目

政治理论、外国语(英语、俄语、日语)、专业综合考试(含刑法学、民法学、法理学、中国宪法学、中国法制史),共计 3 门。其中,政治理论由各招生单位单独组织,时间自行安排;其余两门实行全国联考。

外国语考试语种为俄语的考生,限报黑龙江大学、东北财经大学;考试语种为日语的考生限报东北财经大学。

(二)考试时间

在职人员攻读硕士学位入学考试全国联考的时间为 2011 年 10 月 29 日、30 日。

(三)联考大纲及考试教程

1. 外国语:《在职攻读硕士学位全国联考英语(日语、俄语)考试大纲》(科学技术文献出版社)。

2. 专业综合:《在职攻读法律硕士专业学位研究生招生联考专业综合考试大纲》(中国人民大学出版社 2011 年版)《在职攻读法律硕士专业学位研究生招生联考专业综合考试教程》(中国人民大学出版社 2011 年版)。

五、代码

410100。

六、招生计划

各培养单位招生限额详见附件一。

继续在中国人民大学、北京大学、中国政法大学、西南政法大学、中国社会科学院研究生院(法学所)、中南财经政法大学、华中科技大学、华南理工大学和暨南大学开设在职攻读法律硕士知识产权方向班,纳入 2011 年在职攻读法律硕士专业学位研究生统一招生,进行专项培养,请有关院校在招生计划中预留计划。

七、录取

在职人员攻读硕士学位的录取工作由各招生单位自行组织,录取分数线由各招生单位自行划定。各招生单位根据考生入学考试成绩(含复试),择优录取。

为保证培养质量,便于在职人员兼顾工作、就近入学,各类别专业学位录取调剂工作,限在考生报考院校所在省(自治区、直辖市)的院校之间进行,不进行跨省(自治区、直辖市)院校之间的调剂录取。

招生单位在录取前必须对考生的报考资格进行审查,不得录取不符合报考条件或提供虚假信息的考生。必要时,招生单位可委托权威认证部门对考生的学历、学位证书进行认证核查。

非政法系统考生录取比例一般不超过本校当年招生限额的 20%。

培养单位招生录取的调剂仅限于本地区院校。

附件:1. 2011 年各招生单位招收在职人员攻读硕士专业学位招生限额

2. 2011 年在职人员攻读硕士学位报名登记表(样表)

中共中央政法委员会办公室

最高人民法院政治部宣传教育部

最高人民检察院政治部干部培训部

公安部人事训练局

司法部办公厅

二〇一一年五月十一日

附件1

2011年各招生单位招收在职人员攻读硕士专业学位招生限额

序号	单位名称	法律
1	北京大学	100
2	中国人民大学	100
3	北方工业大学	40
4	中央财经大学	65
5	对外经济贸易大学	60
6	中国人民公安大学	65
7	中国政法大学	100(另分别与国家法官学院、国家检察官学院联合培养60人、45人)
8	南开大学	100
9	天津师范大学	50
10	河北大学	50
11	河北经贸大学	55
12	山西大学	50
13	内蒙古大学	70
14	辽宁大学	65
15	大连海事大学	80
16	沈阳师范大学	40
17	东北财经大学	65
18	中国刑事警察学院	40
19	吉林大学	100
20	黑龙江大学	75
21	复旦大学	100
22	同济大学	100

续表

序号	单位名称	法律
23	上海交通大学	100
24	上海财经大学	50
25	华东政法大学	100
26	上海大学	35
27	南京大学	100
28	苏州大学	100
29	东南大学	40
30	南京师范大学	100
31	浙江大学	100
32	浙江工商大学	50
33	宁波大学	50
34	安徽大学	100
35	安徽财经大学	45
36	厦门大学	100
37	华侨大学	80
38	福州大学	50
39	南昌大学	70
40	江西师范大学	40
41	江西财经大学	80
42	山东大学	100
43	中国海洋大学	50
44	青岛大学	40
45	烟台大学	50
46	郑州大学	100
47	河南大学	50
48	武汉大学	100

续表

序号	单位名称	法律
49	华中科技大学	50
50	华中师范大学	50
51	中南财经政法大学	55
52	中南民族大学	35
53	湘潭大学	65
54	湖南大学	50
55	中南大学	40
56	湖南师范大学	50
57	中山大学	100
58	暨南大学	55
59	华南理工大学	50
60	深圳大学	50
61	广东商学院	25
62	广西师范大学	50
63	海南大学	50
64	重庆大学	100
65	西南政法大学	100
66	四川大学	100
67	西南财经大学	75
68	贵州大学	50
69	云南大学	100
70	西北大学	45
71	西安交通大学	50
72	西北政法大学	100(另有西藏自治区培养 20 人)
73	兰州大学	65
74	青海民族大学	40
75	新疆大学	50
76	中国社会科学院研究生院	65
77	解放军西安政治学院	40

附件 2

2011 年在职人员攻读硕士学位报名登记表(样表)

考试所在省市：　　　　　　现场确认点名称：　　　　　　现场确认时间：

姓名			姓名拼音			第二代居民身份证电子照片	考生上传电子照片
性别		出生日期	年 月 日	籍贯		民族	
国籍		政治面貌		证件类型			
证件号码			工作单位性质				
工作单位所在省市			工作单位				
参加工作时间	年 月		职称		职务		
工作岗位			考生来源			移动电话	
工作电话			家庭电话			亲友电话	
通信地址						邮政编码	
专科学历	年 月毕业于 学校 专业					证书编号	
本科学历	年 月毕业于 学校 专业					证书编号	
学士学位	年 月获 学校 专业 学学士学位					证书编号	
其他学历	年 月毕业于 学校 专业					证书编号	
其他学位	年 月获 学校 专业 学 学位					证书编号	
报考学校		报考学位类别				应试语种	
报考专业或领域		报考院系		报考研究方向			
备　注							

(签字前,请认真核对上述内容)

诚信承诺书

一、我已阅读《非全日制攻读硕士学位全国考试违规处理规则》,愿意在考试中自觉遵守相关规定,如有违反,自愿接受相应处理。

二、我保证所提供的以上信息真实、准确,并愿意承担由于以上信息虚假带来的一切法律责任和后果。

三、考生如不符合报考条件,不得被招生单位录取,所造成一切后果由考生个人负责。

考生签名：

年　　月　　日

中央政法五部门

关于2012年在政法系统开展在职攻读法律硕士专业学位推荐报名工作的通知

（司办函［2012］149号）

各有关单位：

根据国务院学位委员会办公室《关于2012年招收在职人员攻读硕士学位工作的通知》（学位办［2012］28号）要求，经中央政法委员会办公室、最高人民法院政治部、最高人民检察院政治部、公安部政治部和司法部国家司法考试司研究决定，2012年在政法系统继续开展在职攻读法律硕士专业学位研究生教育招生推荐报名工作。现将有关事宜通知如下：

一、培养单位和招生限额

中国人民大学、北京大学、中国政法大学、对外经济贸易大学、吉林大学、武汉大学、西南政法大学、华东政法大学、南京大学、中山大学、厦门大学、中南财经政法大学、西北政法大学、复旦大学、浙江大学、山东大学、四川大学、苏州大学、安徽大学、郑州大学、黑龙江大学、湘潭大学、南开大学、兰州大学、山西大学、辽宁大学、云南大学、贵州大学、海南大学、河南大学、湖南大学、南京师范大学、中国社会科学院研究生院（法学所）、江西财经大学、烟台大学、中国人民公安大学、上海交通大学、西南财经大学、中央财经大学、河北大学、内蒙古大学、大连海事大学、东北财经大学、上海财经大学、福州大学、华中科技大学、华中师范大学、湖南师范大学、解放军西安政治学院、北方工业大学、天津师范大学、河北经贸大学、中国刑事警察学院、沈阳师范大学、上海大学、同济大学、东南大学、宁波大学、浙江工商大学、安徽财经大学、中央民族大学、华侨大学、南昌大学、江西师范大学、中国海洋大学、青岛大学、中南民族大学、中南大学、暨南大学、广东商学院、深圳大学、华南理工大学、广西师范大学、重庆大学、西安交通大学、西北大学、青海民族学院、新疆大学共计78所院校。

在职攻读法律硕士专业学位研究生招生代码为410100。

各培养单位招生限额详见附件1。

继续在中国人民大学、北京大学、中国政法大学、西南政法大学、中国社会科学院研究生院(法学所)、中南财经政法大学、华中科技大学、华南理工大学和暨南大学开设在职攻读法律硕士知识产权方向班,纳入2012年在职攻读法律硕士专业学位研究生统一招生,进行专项培养,请有关院校在招生计划中预留计划。

二、推荐

(一)推荐原则和要求

在政法系统内继续实行组织推荐与个人自愿报名、相对集中与就近入学的原则。政法各部门根据本系统"十二五"干部教育培训规划具体制定本系统推荐报名工作办法,确定本系统内各地方、各单位委托培养院校。

政法系统内的考生,按照各部门推荐报名工作要求,经本单位同意,方可享受政法系统照顾录取政策和政法部门各单位在职学习的有关鼓励措施。

(二)推荐单位

推荐单位为政法系统各部门(政法委员会、法院、检察院、公安、司法行政系统)。推荐工作是实施"十二五"干部教育培训规划的重要环节,各单位认真选拔本系统重点培养对象,注重对基层单位政法干部的推荐和培养,择优推荐业务骨干参加学习。

三、报名

(一)报考条件

2009年7月31日前国民教育序列大学本科或本科以上毕业并取得毕业证书(一般应有学位证书)的法院、检察院、司法行政、政法委、公安等政法部门人员,人大系统干部以及有关部门从事法律实际工作者;报考中国政法大学与国家法官学院、国家检察官学院联合培养的考生,同时须具备高级法官、高级检察官资格,或是处级(含)以上行政级别的法院、检察院行政管理人员,并经所在单位政治部门推荐。

符合报考条件的政法系统考生,资格审查表除由所在单位人事部门填写推荐意见外,还须经省级主管部门审查盖章。

(二)报名办法及时间、地点

采取网上报名与现场确认相结合的方式。

网上报名工作启用全国统一报名平台。考生在6月25日—7月10日登录全国统一报名网站"中国学位与研究生教育信息网"(以下简称学位网),http://www.chinadegrees.cn),按网站说明和要求完成网上报名,生成并打印《2012年在职人员攻读硕士学位报名登记表》(样表见附件2)。

考生于7月10—13日持第二代居民身份证(或护照)和《2012年在职人员攻读硕士学位报名登记表》到各省级学位与研究生教育主管部门指定的现场确认点,缴纳报名费、核验学历和学位证书、确认报名信息。报名信息经考生签字确认,一律不得更改。

考生于10月17日后,可在学位网下载准考证。

(三)资格审查

考试成绩发布后,达到招生单位复试要求的考生登录学位网,下载本人的《2012年在职人员攻读硕士学位资格审查表》,由所在单位人事部门(或档案管理部门,下同)填写推荐意见并加盖公章;将该表与学历和学位证书一并提交招生单位的研究生院(处、部)申请资格审查。

四、考试

(一)联考科目

外国语(英语、俄语、日语)、专业综合(含刑法学、民法学、法理学、中国宪法学、中国法制史),共计2门。

外国语考试语种为俄语的考生,限报黑龙江大学、东北财经大学、大连海事大学;考试语种为日语的考生限报东北财经大学、大连海事大学。

政治理论由各招生单位自行组织,招生单位提前将有关考试信息通知考生,或在其招生网站或招生简章中注明。

(二)考试时间

在职人员攻读硕士学位入学考试全国联考的时间为2012年10月28日(上午:专业综合;下午:外国语)。

(三)联考大纲及教程

1. 外国语:《在职攻读硕士学位全国联考英语(日语、俄语)考试大纲》(科学技术文献出版社)

2. 专业综合:《2012年在职攻读法律硕士专业学位研究生招生联考专业综合考试大纲》(中国人民大学出版社2012年版)、《2012年在职攻读法律硕士专业学位研究生招生联考专业综合考试教程》(中国人民大学出版社2012年版)

五、录取

在职人员攻读硕士学位的录取工作由各招生单位自行组织,录取分数线由各招生单位自行划定。各招生单位根据考生入学考试成绩(含复试),择优录取。

录取调剂限在考生报考院校所在省(自治区、直辖市)的院校之间进行,不进行跨省(自治区、直辖市)院校之间的录取调剂。

非政法系统考生录取比例一般不超过本校当年招生限额的20%。

附件:1.2012 年各招生单位招收在职人员攻读硕士专业学位招生限额

2.2012 年在职人员攻读硕士学位报名登记表(样表)

中共中央政法委员会办公室

最高人民法院政治部宣传教育部

最高人民检察院政治部干部教育培训部

公安部人事训练局

司法部办公厅

二〇一二年五月十五日

附件1

2012年各招生单位招收在职人员攻读硕士专业学位招生限额

单位名称	法律			
北京大学	100	南昌大学	75	
中国人民大学	100	江西师范大学	50	
北方工业大学	50	江西财经大学	100	
中央财经大学	75	山东大学	100	
对外经济贸易大学	100	中国海洋大学	75	
中国人民公安大学	75	青岛大学	75	
中央民族大学	50	烟台大学	75	
中国政法大学	100(另为国家法官学院培养60人、国家检察官学院培养45人)	郑州大学	100	
南开大学	100	河南大学	75	
天津师范大学	50	武汉大学	100	
河北大学	75	华中科技大学	75	
河北经贸大学	75	华中师范大学	75	
山西大学	75	中南财经政法大学	75	
内蒙古大学	75	中南民族大学	50	
辽宁大学	75	湘潭大学	75	
大连海事大学	100	湖南大学	75	
沈阳师范大学	50	中南大学	75	
东北财经大学	75	湖南师范大学	75	
中国刑事警察学院	50	中山大学	100	
吉林大学	100	暨南大学	75	

续表

单位名称	法律			
黑龙江大学	75	华南理工大学	75	
复旦大学	100	深圳大学	75	
同济大学	100	广东商学院	25	
上海交通大学	100	广西师范大学	50	
上海财经大学	75	海南大学	75	
华东政法大学	100	重庆大学	100	
上海大学	75	西南政法大学	100	
南京大学	100	四川大学	100	
苏州大学	100	西南财经大学	100	
东南大学	75	贵州大学	75	
南京师范大学	100	云南大学	100	
浙江大学	100	西北大学	75	
浙江工商大学	75	西安交通大学	75	
宁波大学	75	西北政法大学	100(另为西藏自治区培养20人,国家计生委培养20人)	
安徽大学	100	兰州大学	75	
安徽财经大学	75	青海民族大学	40	
厦门大学	100	新疆大学	50	
华侨大学	100	中国社会科学院研究生院	75	
福州大学	75	解放军西安政治学院	75	

附件2

2012年在职人员攻读硕士学位报名登记表(样表)

考试所在省市： 现场确认时间：

姓名		姓名拼音				第二代居民身份证电子照片	考生上传电子照片
性别		出生日期	年 月 日	籍贯		民族	
国籍		政治面貌		证件类型			
证件号码		工作单位性质					
工作单位所在省市		工作单位					
参加工作时间	年 月	技术职称		行政职务			
工作岗位		考生身份		移动电话			
工作电话		家庭电话		亲友电话			
通信地址				邮政编码			
最高学历	年 月毕业于 学校 专业			证书编号			
最高学位	年 月获 学校 专业 学 士学位			证书编号			
报考学校		报考学位类别		应试语种			
报考专业或领域		报考院系		报考研究方向			
备 注							

(签字前，请认真核对上述内容)

诚信承诺书

一、我已阅读《国家教育考试违规处理办法》(教育部新18号令)和《非全日制攻读硕士学位全国考试考生守则及违规处理规则》，愿意在考试中自觉遵守相关规定，如有违反，自愿接受相应处理。

二、我保证所提供的以上信息真实、准确，并愿意承担由于以上信息虚假或错漏带来的一切法律责任和后果。

三、如不符合报考条件而未被招生单位录取，所造成一切后果由考生个人负责。

考生本人亲笔签名：__________

2012年 月 日

请现场确认点工作人员核对考生本人、照片及身份证中信息后打勾并签字：

□身份证件信息、考生照片与本人一致，进行现场确认。

□身份证件信息、考生照片与本人不一致，不得现场确认。

两名现场工作人员签名：__________ __________

2012年 月 日 时 分

现场确认点名称及地址：

注：最高学历、最高学位栏目请填写满足相应专业学位类别报考条件要求的最高学历、最高学位。

中央政法五部门

关于2013年在政法系统开展在职攻读法律硕士专业学位推荐报名工作的通知

（司办函[2013]138号）

各有关单位：

根据国务院学位委员会办公室《关于2013年招收在职人员攻读硕士学位工作的通知》（学位办[2013]20号）要求，经中央政法委员会办公室、最高人民法院政治部、最高人民检察院政治部、公安部政治部和司法部国家司法考试司研究决定，2013年在政法系统继续开展在职攻读法律硕士专业学位研究生教育招生推荐报名工作。现将有关事宜通知如下：

一、培养单位和招生限额

中国人民大学、北京大学、中国政法大学、对外经济贸易大学、吉林大学、武汉大学、西南政法大学、华东政法大学、南京大学、中山大学、厦门大学、中南财经政法大学、西北政法大学、复旦大学、浙江大学、山东大学、四川大学、苏州大学、安徽大学、郑州大学、黑龙江大学、湘潭大学、南开大学、兰州大学、山西大学、辽宁大学、云南大学、贵州大学、海南大学、河南大学、湖南大学、南京师范大学、中国社会科学院研究生院（法学所）、江西财经大学、烟台大学、中国人民公安大学、上海交通大学、西南财经大学、中央财经大学、河北大学、内蒙古大学、大连海事大学、东北财经大学、上海财经大学、福州大学、华中科技大学、华中师范大学、湖南师范大学、解放军西安政治学院、北方工业大学、天津师范大学、河北经贸大学、中国刑事警察学院、沈阳师范大学、上海大学、同济大学、东南大学、宁波大学、浙江工商大学、安徽财经大学、中央民族大学、华侨大学、南昌大学、江西师范大学、中国海洋大学、青岛大学、中南民族大学、中南大学、暨南大学、广东商学院、深圳大学、华南理工大学、广西师范大学、重庆大学、西安交通大学、西北大学、青海民族学院、新疆大学共计78所院校。

在职攻读法律硕士专业学位研究生招生代码为：035100。

《2013年各培养单位招生限额》详见附件1。

继续在中国人民大学、北京大学、中国政法大学、西南政法大学、中国社会科学院研究生院(法学所)、中南财经政法大学、华中科技大学、华南理工大学和暨南大学开设在职攻读法律硕士知识产权方向班,纳入2013年在职攻读法律硕士专业学位研究生统一招生,进行专项培养,请有关院校在招生计划中预留计划。

二、推荐

(一)推荐原则和要求

在政法系统内继续实行组织推荐与个人自愿报名、相对集中与就近入学的原则。政法各部门根据本系统"十二五"干部教育培训规划具体制定本系统推荐报名工作办法,确定本系统内各地方、各单位委托培养院校。

政法系统内的考生,按照各部门推荐报名工作要求,经本单位同意,方可享受政法系统照顾录取政策和政法部门各单位在职学习的有关鼓励措施。

(二)推荐单位

推荐单位为政法系统各部门(政法委员会、法院、检察院、公安、司法行政系统)。推荐工作是实施"十二五"干部教育培训规划的重要环节,各单位认真选拔本系统重点培养对象,注重对基层单位政法干部的推荐和培养,择优推荐业务骨干参加学习。

三、报名

(一)报考条件

2010年7月31日前国民教育序列大学本科或本科以上毕业并取得毕业证书(一般应有学位证书)的法院、检察院、司法行政、政法委、公安等政法部门人员,人大系统干部以及有关部门从事法律实际工作者;报考中国政法大学与国家法官学院、国家检察官学院联合培养的考生,同时须具备高级法官、高级检察官资格,或是处级(含)以上行政级别的法院、检察院行政管理人员,并经所在单位政治部门推荐。

符合报考条件的政法系统考生,资格审查表除由所在单位人事部门填写推荐意见外,还须经省级主管部门审查盖章。

(二)报名办法及时间、地点

采取网上报名与现场确认相结合的方式。

考生于6月20日—7月10日访问中国学位与研究生教育信息网(网址:http://www.chinadegrees.cn),登录在职人员攻读硕士学位管理信息平台(以下简称信息平台,考生登录入口:http://www.chinadegrees.cn/zzlk,招生单位及省级用户登录入口:http://www.chinadegrees.cn/zzlk/admin.html),按信息平台说明和要求注册、上传电子照片、完成网上报名,网上缴纳报名考试费,生成并打印《2013 年在职人员攻读硕士学位报名登记表》(样表见附件 2)。

考生于 7 月 12—15 日持本人第二代居民身份证(或护照)、满足报考条件的最高学历、学位证书以及《2013 年在职人员攻读硕士学位报名登记表》,到各省学位与研究生教育主管部门指定的现场确认点,核验并确认报名信息。报名信息经考生签字确认后,一律不得更改。考生可于 10 月 17 日后登录信息平台下载准考证。

(三)资格审查

全国联考成绩发布后,达到招生单位复试要求的考生登录信息平台,下载本人《2013 年在职人员攻读硕士学位资格审查表》,由所在单位人事部门(或档案管理部门)填写推荐意见并加盖公章;将该表与满足报考条件的最高学历、学位证书一并提交招生单位研究生院(处、部)申请资格审查。

招生单位须在录取前完成资格审查工作,不得录取不符合报考条件或提供虚假信息的考生,必要时可委托权威认证部门对考生的学历、学位证书进行认证核查。

录取工作结束后,国务院学位办将随机抽查部分录取考生的报考资格。

四、考试

(一)联考科目

政治理论课、外国语(英语、俄语、日语)、专业综合(含刑法学、民法学、法理学、中国宪法学、中国法制史),共计 3 门。其中,政治理论由各招生单位单独组织,时间自行安排;其余两门全国联考。

外国语考试语种为俄语的考生,限报黑龙江大学、东北财经大学、大连海事大学;外国语考试语种为日语的考生限报东北财经大学、大连海事大学。

(二)考试时间

在职人员攻读硕士学位入学考试全国联考的时间为 2013 年 10 月 27 日(上午:专业综合;下午:外国语)。

(三)联考大纲及教程

1. 外国语:《在职攻读硕士学位全国联考英语(日语、俄语)考试大纲》(科学技术文献出版社)

2. 专业综合:《2013 年在职攻读法律硕士专业学位研究生招生联考专业综合考试大纲》(中国人民大学出版社 2013 年版)、《2013 年在职攻读法律硕士专业学位研究生招生联考专业综合考试教程》(中国人民大学出版社 2013 年版)

五、录取

在职人员攻读硕士学位的录取工作由各招生单位自行组织,录取分数线由各招生单位自行划定。招生单位应加强复试,对考生的思想品德、专业能力、综合素质等方面进行综合考察,择优录取。

录取调剂限在考生报考院校所在省(自治区、直辖市)的院校之间进行,不进行跨省(自治区、直辖市)院校之间的录取调剂。

非政法系统考生录取比例一般不超过本校当年招生限额的20%。

附件:1.2013年各培养单位招生限额

2.2013年在职人员攻读硕士学位报名登记表(样表)

中共中央政法委员会办公室
最高人民法院政治部宣传教育部
最高人民检察院政治部干部教育培训部
公安部人事训练局
司法部办公厅
2013年5月18日

附件1

2013年各培养单位招生限额

序号	单位名称	招生限额	序号	单位名称	招生限额
1	北京大学	100	19	中国刑事警察学院	50
2	中国人民大学	100	20	吉林大学	100
3	北方工业大学	50	21	黑龙江大学	75
4	中央财经大学	75	22	复旦大学	100
5	对外经济贸易大学	100	23	同济大学	100
6	中国人民公安大学	75	24	上海交通大学	100
7	中央民族大学	50	25	上海财经大学	75
8	中国政法大学	100	26	华东政法大学	100
9	南开大学	100	27	上海大学	75
10	天津师范大学	75	28	南京大学	100
11	河北大学	75	29	苏州大学	100
12	河北经贸大学	50	30	东南大学	100
13	山西大学	75	31	南京师范大学	100
14	内蒙古大学	50	32	浙江大学	100
15	辽宁大学	75	33	浙江工商大学	75
16	大连海事大学	100	34	宁波大学	75
17	沈阳师范大学	50	35	安徽大学	100
18	东北财经大学	50	36	安徽财经大学	75

续表

序号	单位名称	招生限额	序号	单位名称	招生限额
37	厦门大学	100	58	中山大学	100
38	华侨大学	100	59	暨南大学	75
39	福州大学	75	60	华南理工大学	75
40	南昌大学	50	61	深圳大学	75
41	江西师范大学	75	62	广东商学院	75
42	江西财经大学	100	63	广西师范大学	75
43	山东大学	100	64	海南大学	75
44	中国海洋大学	75	65	重庆大学	100
45	青岛大学	75	66	西南政法大学	100
46	烟台大学	75	67	四川大学	100
47	郑州大学	100	68	西南财经大学	100
48	河南大学	50	69	贵州大学	75
49	武汉大学	100	70	云南大学	100
50	华中科技大学	75	71	西北大学	75
51	华中师范大学	50	72	西安交通大学	75
52	中南财经政法大学	75	73	西北政法大学	100
53	中南民族大学	50	74	兰州大学	75
54	湘潭大学	75	75	青海民族大学	75
55	湖南大学	75	76	新疆大学	50
56	中南大学	75	77	中国社会科学院研究生院	50
57	湖南师范大学	50	78	解放军西安政治学院	50
共计	78 所	6225 人			

附件 2

2013 年在职人员攻读硕士学位报名登记表(样表)

考试所在省市: 　　　　　　　　　　　　　　　　现场确认时间:

姓名		姓名拼音				第二代居民身份证电子照片	考生上传电子照片
性别		出生日期	年 月 日	籍贯		民族	
国籍		政治面貌		证件类型			
证件号码		工作单位性质					
工作单位所在省市		工作单位					
参加工作时间	年 月	技术职称		行政职务			
工作岗位		考生身份				移动电话	
工作电话		家庭电话				亲友电话	
通信地址						邮政编码	
最高学历	年 月毕业于 学校 专业					证书编号	
最高学位	年 月获 学校 专业 学 士学位					证书编号	
报考学校		报考学位类别				应试语种	
报考专业或领域		报考院系		报考研究方向			
备 注							

(签字前,请认真核对上述内容)

诚信承诺书

一、我已阅读《国家教育考试违规处理办法》(教育部 33 号令)和《非全日制攻读硕士学位全国考试考生守则及违规处理规则》,愿意在考试中自觉遵守相关规定,如有违反,自愿接受相应处理。

二、我保证所提供的以上信息真实、准确,并愿意承担由于以上信息虚假或错漏带来的一切法律责任和后果。

三、如不符合报考条件而未被招生单位录取,所造成一切后果由考生个人负责。

考生本人亲笔签名:____________

2013 年 　月 　日

请现场确认点工作人员核对考生本人、照片及身份证中信息后打勾并签字:

□身份证件信息、考生照片与本人一致,进行现场确认。

□身份证件信息、考生照片与本人不一致,不得现场确认。

两名现场工作人员签名:____________ ____________

2013 年 　月 　日 　时 　分

现场确认点名称及地址:

注:最高学历、最高学位栏目请填写满足相应专业学位类别报考条件要求的最高学历、最高学位。

中央政法五部门

关于2014年在政法系统开展在职攻读法律硕士专业学位推荐报名工作的通知

（司办涵[2014]168号）

各有关单位：

根据国务院学位委员会办公室《关于2014年招收在职人员攻读硕士学位工作的通知》（学位办[2014]18号）要求，经中央政法委员会办公室、最高人民法院政治部、最高人民检察院政治部、公安部政治部和司法部国家司法考试司研究决定，2014年在政法系统继续开展在职攻读法律硕士专业学位研究生教育招生推荐报名工作。现将有关事宜通知如下：

一、培养单位和招生限额

中国人民大学、北京大学、中国政法大学、对外经济贸易大学、吉林大学、武汉大学、西南政法大学、华东政法大学、南京大学、中山大学、厦门大学、中南财经政法大学、西北政法大学、复旦大学、浙江大学、山东大学、四川大学、苏州大学、安徽大学、郑州大学、黑龙江大学、湘潭大学、南开大学、兰州大学、山西大学、辽宁大学、云南大学、贵州大学、海南大学、河南大学、湖南大学、南京师范大学、中国社会科学院研究生院（法学所）、江西财经大学、烟台大学、中国人民公安大学、上海交通大学、西南财经大学、中央财经大学、河北大学、内蒙古大学、大连海事大学、东北财经大学、上海财经大学、福州大学、华中科技大学、华中师范大学、湖南师范大学、解放军西安政治学院、北方工业大学、天津师范大学、河北经贸大学、中国刑事警察学院、沈阳师范大学、上海大学、同济大学、东南大学、宁波大学、浙江工商大学、安徽财经大学、中央民族大学、华侨大学、南昌大学、江西师范大学、中国海洋大学、青岛大学、中南民族大学、中南大学、暨南大学、广东商学院、深圳大学、华南理工大学、广西师范大学、重庆大学、西安交通大学、西北大学、青海民族学院、新疆大学共计78所院校。

在职攻读法律硕士专业学位研究生招生代码为：035100。

《2014年各培养单位招生限额》详见附件1。

在中国人民大学、北京大学、中国政法大学、西南政法大学、中国社会科学院研究生院(法学所)、中南财经政法大学、华中科技大学、华南理工大学、暨南大学和同济大学开设在职攻读法律硕士知识产权方向班,纳入2014年在职攻读法律硕士专业学位研究生统一招生,进行专项培养,请有关院校在招生计划中预留计划。

二、推荐

(一)推荐原则和要求

在政法系统内继续实行组织推荐与个人自愿报名、相对集中与就近入学的原则。政法各部门根据本系统"十二五"干部教育培训规划具体制定本系统推荐报名工作办法,确定本系统内各地方、各单位委托培养院校。

政法系统内考生,按照各部门推荐报名工作要求,经本单位同意,方可享受政法系统照顾录取政策和政法部门各单位在职学习的有关鼓励措施。

(二)推荐单位

推荐单位为政法系统各部门(政法委员会、法院、检察院、公安、司法行政系统)。推荐工作是实施"十二五"干部教育培训规划的重要环节,各单位要认真选拔本系统重点培养对象,注重对基层单位政法干部的推荐和培养,择优推荐业务骨干参加学习。

三、报名

(一)报考条件

2011年7月31日前国民教育序列大学本科或本科以上毕业并取得毕业证书(一般应有学位证书)的法院、检察院、司法行政、政法委、公安等政法部门人员,人大系统干部以及有关部门从事法律实际工作者。

符合报考条件的政法系统考生,资格审查表除由所在单位人事部门填写推荐意见外,还须经省级主管部门审查盖章。

(二)报名办法及时间、地点

采用网上报名与现场确认相结合的方式。

考生于6月20日—7月10日访问中国学位与研究生教育信息网(网址:http://www.chinadegrees.cn),登录在职人员攻读硕士专业学位管理信息平台(以下简称信息平台,考生登录入口:http://www.chinadegrees.cn/zzlk,招生单位及省级用户登录入口:http://www.chinadegrees.cn/zzlk/admin.html),按信息平台说明和要求注册、上传电子照片、完成网上报名,网上缴纳报名考试费,生成并打印《2014年在职人员攻读硕士专业学位报名登记表》(样表见附件2)。

考生于7月11—14日持本人第二代居民身份证(港澳台身份证件、华侨身份证或外籍护照)、满足报考条件的最高学历、学位证书以及《2014年在职人员攻读硕士专业学位报名登记表》,到各省学位与研究生教育主管部门指定的现场确认点,核验并确认报名信息。报名信息经考生签字确认后,一律不得更改。

考生可于10月16日后登录信息平台下载准考证。

(三)资格审查

全国联考成绩发布后,达到招生单位复试要求的考生登录信息平台,下载本人《2014年在职人员攻读硕士学位资格审查表》,由所在单位人事部门(或档案管理部门)填写推荐意见并加盖公章;将该表与满足报考条件的最高学历、学位证书一并提交招生单位研究生院(处、部)申请资格审查。

招生单位须在录取前完成资格审查工作,不得录取不符合报考条件或提供虚假信息的考生,必要时可委托权威认证部门对考生的学历、学位证书进行认证核查。

录取工作结束后,国务院学位办将随机抽查部分录取考生的报考资格。

四、考试

(一)考试科目

政治理论、外国语(英语、俄语、日语)、专业综合(含刑法学、民法学、法理学、中国宪法学、中国法制史),共计3门。其中,政治理论由各招生单位单独组织,时间自行安排;其余2门全国联考。

外国语考试语种为俄语的考生,限报黑龙江大学、东北财经大学、大连海事大学;外国语考试语种为日语的考生限报东北财经大学、大连海事大学。

(二)考试时间

2014年在职人员攻读法律硕士专业学位入学考试全国联考的时间为10月26日(上午:专业综合;下午:外国语)

(三)联考大纲及教程

1.《在职攻读硕士学位全国联考英语(日语、俄语)考试大纲》(科学技术文献出版社)。

2. 专业综合:《2014年在职攻读法律硕士专业学位研究生招生联考专业综合考试大纲》(中国人民大学出版社2014年版)、《2014年在职攻读法律硕士专业学位研究生招生联考专业综合考试教程》(中国人民大学出版社2014年版)。

五、录取

在职人员攻读硕士学位的录取工作由各招生单位自行组织,录取分数线由各招生单位自行划定。招生单位应加强复试,对考生的思想品德、专业能力、综合素质等方面进行综合考察,择优录取。

调剂录取仅限在考生报考院校所在省(自治区、直辖市)的招生单位之间进行,不进行跨省(自治区、直辖市)招生单位之间的调剂录取,各类别均不进行跨学位类别或跨专业领域的调剂录取。

非政法系统考生录取比例不得超过本校当年录取人数的20%。

附件:1.2014年各培养单位招生限额

2.2014年在职人员攻读硕士学位报名登记表(样表)

中共中央政法委员会办公室
最高人民法院政治部宣传教育部
最高人民检察院政治部干部教育培训部
公安部人事训练局
司法部办公厅
2014年6月10日

附件 1

2014 年各培养单位招生限额

序号	单位名称	招生限额	序号	单位名称	招生限额
1	北京大学	100	19	中国刑事警察学院	50
2	中国人民大学	100	20	吉林大学	100
3	北方工业大学	75	21	黑龙江大学	75
4	中央财经大学	75	22	复旦大学	100
5	对外经济贸易大学	100	23	同济大学	100
6	中国人民公安大学	50	24	上海交通大学	100
7	中央民族大学	75	25	上海财经大学	75
8	中国政法大学	100	26	华东政法大学	100
9	南开大学	100	27	上海大学	75
10	天津师范大学	50	28	南京大学	100
11	河北大学	75	29	苏州大学	100
12	河北经贸大学	50	30	东南大学	100
13	山西大学	75	31	南京师范大学	100
14	内蒙古大学	75	32	浙江大学	100
15	辽宁大学	75	33	浙江工商大学	50
16	大连海事大学	100	34	宁波大学	100
17	沈阳师范大学	50	35	安徽大学	100
18	东北财经大学	75	36	安徽财经大学	75

续表

序号	单位名称	招生限额	序号	单位名称	招生限额
37	厦门大学	100	58	中山大学	100
38	华侨大学	100	59	暨南大学	75
39	福州大学	75	60	华南理工大学	75
40	南昌大学	75	61	深圳大学	75
41	江西师范大学	75	62	广东商学院	50
42	江西财经大学	100	63	广西师范大学	50
43	山东大学	100	64	海南大学	75
44	中国海洋大学	75	65	重庆大学	100
45	青岛大学	75	66	西南政法大学	100
46	烟台大学	75	67	四川大学	100
47	郑州大学	100	68	西南财经大学	100
48	河南大学	75	69	贵州大学	75
49	武汉大学	100	70	云南大学	100
50	华中科技大学	75	71	西北大学	75
51	华中师范大学	75	72	西安交通大学	75
52	中南财经政法大学	75	73	西北政法大学	100
53	中南民族大学	75	74	兰州大学	50
54	湘潭大学	50	75	青海民族大学	50
55	湖南大学	75	76	新疆大学	75
56	中南大学	75	77	中国社会科学院研究生院	50
57	湖南师范大学	50	78	解放军西安政治学院	75
共计	78 所	6300 人			

附件 2

2014 年在职人员攻读硕士学位报名登记表(样表)

考试所在省市：　　　　　　　　　　　　　　　　现场确认时间：

姓名		姓名拼音				第二代居民身份证电子照片	考生上传电子照片
性别		出生日期	年 月 日	籍贯		民族	
国籍		政治面貌		证件类型			
证件号码		工作单位性质					
工作单位所在省市		工作单位					
参加工作时间	年 月	技术职称		行政职务			
工作岗位		考生身份		移动电话			
工作电话		家庭电话		亲友电话			
通信地址		邮政编码					
最高学历	年 月毕业于 学校 专业	证书编号					
最高学位	年 月获 学校 专业 学 士学位	证书编号					
报考学校		报考学位类别		应试语种			
报考专业或领域		报考院系		报考研究方向			
备 注							

(签字前,请认真核对上述内容)

诚信承诺书

一、我已阅读《国家教育考试违规处理办法》(教育部 33 号令)和《非全日制攻读硕士学位全国考试考生守则及违规处理规则》,愿意在考试中自觉遵守相关规定,如有违反,自愿接受相应处理。

二、我保证所提供的以上信息真实、准确,并愿意承担由于以上信息虚假或错漏带来的一切法律责任和后果。

三、如不符合报考条件而未被招生单位录取,所造成一切后果由考生个人负责。

考生本人亲笔签名:____________

2014 年　　月　　日

请现场确认点工作人员核对考生本人、照片及身份证中信息后打勾并签字:

☐身份证件信息、考生照片与本人一致,进行现场确认。

☐身份证件信息、考生照片与本人不一致,不得现场确认。

两名现场工作人员签名:____________　____________

2014 年　月　日　时　分

现场确认点名称及地址:

注:最高学历、最高学位栏目请填写满足相应专业学位类别报考条件要求的最高学历、最高学位。

中央政法五部门

关于2015年在政法系统开展在职攻读法律硕士专业学位推荐报名工作的通知

（司办涵[2015]299号）

各有关单位：

根据《国务院学位委员会办公室关于2015年招收在职人员攻读硕士专业学位工作的通知》（学位办〔2015〕20号）要求，经中央政法委员会办公室、最高人民法院政治部、最高人民检察院政治部、公安部政治部和司法部国家司法考试司研究决定，2015年在政法系统继续开展在职攻读法律硕士专业学位研究生招生推荐报名工作。现将有关事宜通知如下：

一、培养单位和招生限额

中国人民大学、北京大学、中国政法大学、对外经济贸易大学、吉林大学、武汉大学、西南政法大学、华东政法大学、南京大学、中山大学、厦门大学、中南财经政法大学、西北政法大学、复旦大学、浙江大学、山东大学、四川大学、苏州大学、安徽大学、郑州大学、黑龙江大学、湘潭大学、南开大学、兰州大学、山西大学、辽宁大学、云南大学、贵州大学、海南大学、河南大学、湖南大学、南京师范大学、中国社会科学院研究生院（法学所）、江西财经大学、烟台大学、中国人民公安大学、上海交通大学、西南财经大学、中央财经大学、河北大学、内蒙古大学、大连海事大学、东北财经大学、上海财经大学、福州大学、华中科技大学、华中师范大学、湖南师范大学、解放军西安政治学院、北方工业大学、天津师范大学、河北经贸大学、中国刑事警察学院、沈阳师范大学、上海大学、同济大学、东南大学、宁波大学、浙江工商大学、安徽财经大学、中央民族大学、华侨大学、南昌大学、江西师范大学、中国海洋大学、青岛大学、中南民族大学、中南大学、暨南大学、广东商学院、深圳大学、华南理工大学、广西师范大学、重庆大学、西安交通大学、西北大学、青海民族学院、新疆大学共计78所院校。

在职攻读法律硕士专业学位研究生招生代码为：035100。

《2015年各培养单位招生限额》详见附件1。

继续在中国人民大学、北京大学、中国政法大学、西南政法大学、中国社会科学院研究生院(法学所)、中南财经政法大学、华中科技大学、华南理工大学和暨南大学开设在职攻读法律硕士知识产权方向班,纳入2015年在职攻读法律硕士专业学位研究生统一招生,进行专项培养,请有关院校在招生计划中预留计划。

二、推荐

(一)推荐原则和要求

在政法系统内继续实行组织推荐与个人自愿报名、相对集中与就近入学的原则。政法各部门根据本系统干部教育培训规划具体制定本系统推荐报名工作办法,确定本系统内各地方、各单位委托培养院校。

政法系统内的考生,按照各部门推荐报名工作要求,经本单位同意,方可享受政法系统照顾录取政策和政法部门各单位在职学习的有关鼓励措施。

(二)推荐单位

推荐单位为政法系统各部门(政法委员会、法院、检察院、公安、司法行政系统)。推荐工作是实施干部教育培训规划的重要环节,各单位认真选拔本系统重点培养对象,注重对基层单位政法干部的推荐和培养,择优推荐业务骨干参加学习。

三、报名

(一)报考条件

2012年7月31日前国民教育序列大学本科或本科以上毕业并取得毕业证书(一般应有学位证书)的法院、检察院、司法行政、政法委、公安等政法部门人员,人大系统干部以及有关部门从事法律实际工作者;报考中国政法大学与国家法官学院、国家检察官学院联合培养的考生,同时须具备高级法官、高级检察官资格,或是处级(含)以上行政级别的法院、检察院行政管理人员,并经所在单位政治部门推荐。

符合报考条件的政法系统考生,资格审查表除由所在单位人事部门填写推荐意见外,还须经省级主管部门审查盖章。

(二)报名办法及时间、地点

采取网上报名与现场确认相结合的方式。

考生于6月23日—7月11日访问中国学位与研究生教育信息网(网址:http://www.chinadegrees.cn),登录在职人员攻读硕士学位管理信息平台(以下简称信息平台,考生登录入口:http://www.chinadegrees.cn/zzlk,招生单位及省级用户登录入口:http://www.chinadegrees.cn/zzlk/admin.html),按信息平台说明和要求注册、上传电子照片、完成网上报名,网上缴纳报名考试费,生成并打印《2015 年在职人员攻读硕士学位报名登记表》(样表见附件 2)。

考生于 7 月 12—15 日持本人第二代居民身份证(港澳台身份证件、华侨身份证或外籍护照)、满足报考条件的最高学历、学位证书以及《2015 年在职人员攻读硕士学位报名登记表》,到各省学位与研究生教育主管部门指定的现场确认点,核验并确认报名信息。报名信息经考生签字确认后,一律不得更改。

考生可于 10 月 15 日后登录信息平台下载准考证。

(三)资格审查

全国联考成绩发布后,达到招生单位复试要求的考生登录信息平台,下载本人《2015 年在职人员攻读硕士专业学位资格审查表》,由所在单位人事部门(或档案管理部门)填写推荐意见并加盖公章,将该表与满足报考条件的最高学历、学位证书一并提交招生单位研究生院(处、部)申请资格审查。

招生单位须在录取前完成资格审查工作,不得录取不符合报考条件或提供虚假信息的考生,必要时可委托权威认证部门对考生的学历、学位证书进行认证核查。

录取工作结束后,国务院学位办将随机抽查部分录取考生的报考资格。

四、考试

(一)联考科目

政治理论、外国语(英语、俄语、日语)、专业综合(含刑法学、民法学、法理学、中国宪法学、中国法制史),共计 3 门。其中,政治理论由各招生单位单独组织,时间自行安排;其余 2 门全国联考。

外国语考试语种为俄语的考生,限报黑龙江大学、东北财经大学、大连海事大学;外国语考试语种为日语的考生限报东北财经大学、大连海事大学。

(二)考试时间

在职人员攻读硕士学位入学考试全国联考的时间为 2015 年 10 月 25 日(上午 8:30 ~ 11:30,专业综合;下午 14:30 ~ 17:00,外国语)。

(三)联考大纲及教程

1. 外国语:《在职攻读硕士学位全国联考英语(日语、俄语)考试大纲》(科学技术文献出版社)。

2. 专业综合:《2015 年在职攻读法律硕士专业学位研究生招生联考专业综合考试大纲》(中国人民大学出版社 2015 年版)。

五、录取

在职人员攻读硕士学位的录取工作由各招生单位自行组织,录取分数线由各招生单位自行划定。招生单位应加强复试,对考生的思想品德、专业能力、综合素质等方面进行综合考察,择优录取。

录取调剂限在考生报考招生单位所在省(自治区、直辖市)的招生单位之间进行,不进行跨省(自治区、直辖市)招生单位之间的调剂录取。

非政法系统考生录取比例不得超过本校当年录取人数的20%。

附件:1.2015年各培养单位招生限额

2.2015年在职人员攻读硕士学位报名登记表(样表)

中共中央政法委员会办公室
最高人民法院政治部宣传教育部
最高人民检察院政治部干部教育培训部
公安部人事训练局
司法部办公厅
2015年6月12日

附件 1

2015 年各培养单位招生限额

序号	单位名称	招生限额	序号	单位名称	招生限额
1	北京大学	100	40	南昌大学	75
2	中国人民大学	75	41	江西师范大学	75
3	北方工业大学	50	42	江西财经大学	75
4	中央财经大学	75	43	山东大学	100
5	对外经济贸易大学	75	44	中国海洋大学	75
6	中国人民公安大学	75	45	青岛大学	75
7	中央民族大学	50	46	烟台大学	75
8	中国政法大学	100	47	郑州大学	100
9	南开大学	75	48	河南大学	50
10	天津师范大学	75	49	武汉大学	75
11	河北大学	75	50	华中科技大学	75
12	河北经贸大学	75	51	华中师范大学	75
13	山西大学	75	52	中南财经政法大学	75
14	内蒙古大学	75	53	中南民族大学	50
15	辽宁大学	75	54	湘潭大学	50
16	大连海事大学	75	55	湖南大学	75
17	沈阳师范大学	50	56	中南大学	75
18	东北财经大学	75	57	湖南师范大学	50
19	中国刑事警察学院	50	58	中山大学	100
20	吉林大学	100	59	暨南大学	75
21	黑龙江大学	75	60	华南理工大学	75
22	复旦大学	100	61	深圳大学	50
23	同济大学	100	62	广东商学院	75
24	上海交通大学	100	63	广西师范大学	75
25	上海财经大学	50	64	海南大学	75
26	华东政法大学	100	65	重庆大学	75
27	上海大学	75	66	西南政法大学	100
28	南京大学	100	67	四川大学	75
29	苏州大学	100	68	西南财经大学	100
30	东南大学	100	69	贵州大学	100
31	南京师范大学	100	70	云南大学	100
32	浙江大学	100	71	西北大学	75
33	浙江工商大学	50	72	西安交通大学	75
34	宁波大学	50	73	西北政法大学	100
35	安徽大学	100	74	兰州大学	75
36	安徽财经大学	75	75	青海民族大学	50
37	厦门大学	100	76	新疆大学	50
38	华侨大学	100	77	中国社会科学院研究生院	75
39	福州大学	100	78	解放军西安政治学院	50

附件2

2015年在职人员攻读硕士学位报名登记表(样表)

考试所在省市：　　　　　　　　　　　　　　　　　　　现场确认时间：

姓名		姓名拼音				第二代居民身份证电子照片	考生上传电子照片
性别		出生日期	年 月 日	籍贯		民族	
国籍		政治面貌		证件类型			
证件号码		工作单位性质					
工作单位所在省市		工作单位					
参加工作时间	年 月	技术职称		行政职务			
工作岗位		考生身份		移动电话			
工作电话		家庭电话		亲友电话			
通信地址				邮政编码			
最高学历	年 月毕业于 学校 专业			证书编号			
最高学位	年 月获 学校 专业 学 士学位			证书编号			
报考学校		报考学位类别		应试语种			
报考专业或领域		报考院系		报考研究方向			
备 注							

(签字前,请认真核对上述内容)

诚信承诺书

一、我已阅读《非全日制攻读硕士学位全国考试考生守则及违规处理规则》(学位办〔2002〕34号)和《国家教育考试违规处理办法》(教育部令第33号),愿意在考试中自觉遵守相关规定,如有违反,自愿接受相应处理。

二、我保证所提供的以上信息真实、准确,并愿意承担由于以上信息虚假或错漏带来的一切法律责任和后果。

三、如不符合报考条件而未被招生单位录取,所造成一切后果由考生个人负责。

考生本人亲笔签名:____________

2015年　　月　　日

请现场确认点工作人员核对考生本人、照片及身份证中信息后打勾并签字:

□身份证件信息、考生照片与本人一致,进行现场确认。

□身份证件信息、考生照片与本人不一致,不得现场确认。

两名现场工作人员签名:____________　____________

2015年　月　日　时　分

现场确认点名称及地址:

注:最高学历、最高学位栏目请填写满足相应专业学位类别报考条件要求的最高学历、最高学位。

教育部办公厅

关于统筹全日制和非全日制研究生管理工作的通知

（教研厅［2016］2号）

各省、自治区、直辖市教育厅（教委），新疆生产建设兵团教育局，有关部门（单位）教育司（局），中央军委训练管理部职业教育局，部属各高等学校：

为推进全日制和非全日制研究生教育协调发展，促进全日制和非全日制研究生教育规范管理，依据《中华人民共和国学位条例》《中华人民共和国高等教育法》以及《教育部　国家发展改革委　财政部关于深化研究生教育改革的意见》（教研〔2013〕1号）相关规定和精神，现就统筹全日制和非全日制研究生管理工作有关要求通知如下，请遵照执行。

一、准确界定全日制和非全日制研究生

全日制研究生是指符合国家研究生招生规定，通过研究生入学考试或者国家承认的其他入学方式，被具有实施研究生教育资格的高等学校或其他高等教育机构录取，在基本修业年限或者学校规定年限内，全脱产在校学习的研究生。

非全日制研究生指符合国家研究生招生规定，通过研究生入学考试或者国家承认的其他入学方式，被具有实施研究生教育资格的高等学校或其他高等教育机构录取，在基本修业年限或者学校规定的修业年限（一般应适当延长基本修业年限）内，在从事其他职业或者社会实践的同时，采取多种方式和灵活时间安排进行非脱产学习的研究生。

2016年11月30日前录取的研究生按原有规定执行；2016年12月1日后录取的研究生从培养方式上按全日制和非全日制形式区分。

二、统一下达全日制和非全日制研究生招生计划

从2017年起，教育部会同国家发展改革委按全日制和非全日制两类分别编制和下达全国博士、硕士研究生招生计划。相关投入机制、奖助和收费等政策按《财政部　国家发展改革委　教育部关于完善研究生教育投入机制的意见》（财教〔2013〕19号）执行。

三、统一组织实施全日制和非全日制研究生招生录取

全日制和非全日制研究生考试招生依据国家统一要求,执行相同的政策和标准。各研究生培养单位的招生简章须明确学习方式、修业年限、收费标准等内容。考生根据国家招生政策和培养单位招生简章自主报考全日制或非全日制研究生。

四、坚持全日制和非全日制研究生教育同一质量标准

研究生培养单位根据社会需求自主确定不同学科、类别研究生教育形式,根据培养要求分别制定培养方案,统筹全日制与非全日制研究生教育协调发展,坚持同一标准,保证同等质量。

五、做好全日制和非全日制研究生学历学位证书管理工作

全日制和非全日制研究生毕业时,所在高等学校或其他高等教育机构根据其修业年限、学业成绩等,按照国家有关规定发给相应的、注明学习方式的毕业证书;其学业水平达到国家规定的学位标准,可以申请授予相应的学位证书。

全日制和非全日制研究生实行相同的考试招生政策和培养标准,其学历学位证书具有同等法律地位和相同效力。

各省级教育行政部门和研究生培养单位要调整现有的招生计划安排办法,规范招生宣传和正确引导,加强学籍管理,完善研究生奖助体系,强化培养过程管理及质量保障体系建设,确保全日制和非全日制研究生培养质量。

教育部办公厅

2016 年 9 月 14 日

四、培养与学位管理

国务院学位办

关于转发《法律硕士专业学位研究生指导性培养方案》及其修订说明和《法律硕士专业学位论文规范》的通知

（学位办[2006]39号）

有关单位：

根据法律硕士专业学位教育特点和试点工作实践经验，全国法律硕士专业学位教育指导委员会在广泛征求各培养单位意见的基础上，组织专家多次研讨，对1999年《法律硕士专业学位研究生指导性培养方案》进行了修订，同时制定了《法律硕士专业学位论文规范》。现将《法律硕士专业学位研究生指导性培养方案》及其修订说明和《法律硕士专业学位论文规范》转发你们。

该《法律硕士专业学位研究生指导性培养方案》适用于全日制法律硕士专业学位研究生，自2006级法律硕士专业学位研究生开始执行；往届在读法律硕士专业学位研究生参照新培养方案做出相应调整。在职攻读法律硕士专业学位研究生参照执行。

学位论文要求按照《法律硕士专业学位论文规范》执行。

附件：1.《法律硕士专业学位研究生指导性培养方案》

2.《法律硕士专业学位研究生指导性培养方案》修订说明

3.《法律硕士专业学位论文规范》

国务院学位委员会办公室

二〇〇六年八月三日

附件 1

法律硕士专业学位研究生指导性培养方案

一、培养目标

法律硕士专业学位的培养目标是为法律职业部门培养具有社会主义法治理念、德才兼备、高层次的复合型、实务型法律人才。

具体要求:

(一)掌握马克思主义的基本原理,自觉遵守宪法和法律,具有良好的政治素质和公民素质,深刻把握社会主义法治理念和法律职业伦理原则,恪守法律职业道德规范。

(二)掌握法学基本原理,具备从事法律职业所要求的法律知识、法律术语、思维习惯、法律方法和职业技术。

(三)能综合运用法律和其他专业知识,具有独立从事法律职业实务工作的能力,达到有关部门相应的任职要求。

(四)较熟练地掌握一门外语,能阅读专业外语资料。

二、培养对象

通过全国攻读硕士学位研究生统一考试并经培养单位复试选拔录取的具有国民教育序列大学本科学历(或具有本科同等学力)的非法学专业的毕业生。

三、培养工作

法律硕士专业学位研究生毕业并获得学位,总学分不低于 75 学分。

(一)课程设置

课程按法学一级学科为主设置。课程结构分为必修课和选修课(推荐选修课和自选课)。

1. 必修课(32 学分)

(1)邓小平理论(2 学分)

(2)外语(4 学分)

(3)法理学(3 学分)

(4)中国法制史(2 学分)

(5)宪法(2 学分)

(6)民法学(4 学分)

(7)刑法学(4 学分)

(8)刑事诉讼法(2 学分)

(9)民事诉讼法(3 学分)

(10)行政法与行政诉讼法(2 学分)

(11)经济法(3 学分)

(12)国际法(2 学分)

2. 选修课

2.1 推荐选修课(从中选满 13 学分)

(1)外国法律史(2 学分)

(2)商法(3 学分)

(3)国际经济法(2 学分)

(4)国际私法(2 学分)

(5)知识产权法(2 学分)

(6)环境资源法(2 学分)

(7)法律职业伦理(2 学分)

(8)法律方法(2 学分)

2.2 自选课(8 学分)

由各院校根据本专业的性质和培养方向自行确定。

(二)实践必修环节(12 学分)

考虑到法律硕士专业学位研究生没有法律专业教育背景,也没有法律职业实务背景,所以需要进行相应的实务课程性质的必修环节。

1. 法律文书课(含起草合同、公司章程、起诉书、答辩书、仲裁申请书、公诉书、判决书、裁定书等的训练,由律师、检察官和法官讲授)(3 学分);

2. 模拟法庭训练(分刑事、民事、行政三种任选,法官、检察官、律师三类型任选,由教师组织,由法官、检察官、律师辅助指导)(4 学分);

3. 法律谈判课(2 学分);

4. 法律实践课(在法院或检察院或律师事务所实习两周至三周)(3 学分)。

(三)职业道德与职业能力

采用多种途径和方式加强学生的法律职业伦理和职业能力的培养。职业伦理包括法律职业道德与执业规则;职业能力包括法律职业思维、职业语言、法律知识、法律方法、职业技术五个方面。职业能力的培养内容主要表现为:

1. 面对社会现象(包括各种事案),能够运用职业思维和法律原理来观察、分析、判断和解决;

2. 较熟练地运用法律术语;

3. 较全面地掌握基本的法律知识与法学知识;

4. 较熟练地掌握和运用基本的法律解释方法,能够在个案中进行法律推理;

5. 较熟练地把握各类诉讼程序,能够主持诉讼程序,进行调查与取证;

6. 熟练地从事代理与辩护业务,从事非诉讼法律事务(如法律咨询、谈判、起草

合同)以及法律事务的组织与管理;

7. 有起草规范性法律文件的一般经验。

以上内容应当融入各门课程之中,可通过课程教学、实践、专题讲座与研究等形式来培养,并注重这些技能的综合应用。

(四)学位论文(10 学分)

学位论文选题应贯彻理论联系实际的原则,论文内容应着眼实际问题、面向法律事务、深入法学理论。重在反映学生运用所学理论与知识综合解决法律实务中的理论和实践问题的能力。导师组应根据学生的选题方向,确定具体的导师负责其论文的指导工作。

法律硕士学位论文应以法律实务研究为主要内容,但不限于学术论文的成果形式,还可采用案例分析(针对同一主题的三个以上相关案件进行研究分析)、研究报告、专项调查等。论文评阅标准应当统一。任何形式的学位论文的写作均应当规范,达到以下七个方面要求:

1. 选题有意义并且题目设计合理;

2. 论文应当对国内同类课题的研究进行梳理和归纳,或者对同类课题在实践中的现状进行梳理和归纳。说明这个课题目前存在的争议焦点与未解决的问题;

3. 论文应当反映出作者已经合乎逻辑地研究并分析了这个问题的层次,即所谓的“分析深入”,“论证结构合理”;

4. 有充分的论证理由与依据,文字中能够反映出作者已经充分阅读过一定数量的相关文献资料。法律硕士学生在读期间至少应当阅读 15 部非教材类专业书籍,撰写学位论文应当研读过与论文主题相关的著作不少于 5 部。这个阅读量应当在学位论文的注释中反映出来;注释中必须显示学生已经阅读并理解了该领域国内代表性论著,参考文献应当列出相关的文献资料,并鼓励参考国外最新文献资料。即所谓的“资料充分”和“注释规范”;

5. 有研究方法意识,能够采取多样的研究方法,而不是盲目的无方法的所谓“研究”,方法包括:社会调查与统计方法,社会学分析方法,比较方法,规范实证方法,价值分析方法等;

6. 在谨慎踏实的基础上有大胆创新的观点;

7. 语言与字数方面的要求。语言精练,符合汉语写作规范,字数以 1.5 万为限,一般不超过 2 万。

四、学习年限与培养方式

(一)采取全日制和非全日制(在职兼读)两种学习方式,全日制学习必须满三年,非全日制学习以修满学分为限,由培养单位自行确定(但不得少于三年)。

(二)教学方式以课程教学为主,重视和加强实践形式的教学,着重理论联系实际的实务能力的培养。

（三）成立导师组，采取集体培养与个人负责相结合的指导方式。导师组应以具有指导硕士研究生资格的正、副教授为主，并吸收法律实务部门中具有高级专业技术职务的人员参加。

（四）加强教学与实践的联系和交流，聘请法律实务部门的专家参与研究生的教学及培养工作。

（五）必修课的考核分为考试和考查两种形式，其中考试课不得低于总科目的80%。考核办法可以灵活多样，重在考查学生运用所学专业理论和知识，发现、分析、判断和解决实际问题的专业能力和方法，减少对机械性记忆的考核。

五、学位授予

学位论文必须由三名本专业具有高级职称的专家评阅，其中必须有一位校外专家或学者；学位论文答辩委员会成员中，应有一名至两名实际部门或校外具有高级专业技术职务的专家。

课程考核合格且论文答辩通过者，授予法律硕士专业学位。

六、附则

本方案属于指导性培养方案，适用于法律硕士专业学位研究生教育。各培养单位应根据本方案制定具体的实施方案并报全国法律硕士专业学位教育指导委员会秘书处备案。

在职攻读法律硕士专业学位教育培养方案另行制定。

附件2

《法律硕士专业学位研究生指导性培养方案》修订说明

一、修订工作指导思想与原则

法律硕士专业学位（JM）试点以来，各院校普遍反映的意见集中在两个方面：一是这个专业学位教育制度很有必要，它符合法律教育职业性的特点；二是这个专业学位教育制度在实施中存在一定的问题，必须通过改革来完善和加强这项工作。鉴于十年试点工作已经取得一定的经验，第二届第二次会议（重庆会议）决定对1999年的培养方案进行修订。修订工作的指导思想是：树立科学发展观，以我国法学教育与法律职业发展的大趋势为背景，尊重法律教育的基本规律，立足于中国法律教育的实际，借鉴国外法律教育制度中的合理成分，吸收十年试点工作经验与法学教学理论研究的成果，逐步完善我国法律硕士专业学位制度。

修订坚持的基本原则：

（一）从中国法律教育与法律职业发展的实际出发，尊重法律教育的基本规律。

设立JM教育制度的十年来,法律教育与法律职业都发生了一系列重大的变化,特别是法律活动职业化运动中的司法统一考试制度的确立,它对于法律教育所产生的影响是巨大的,甚至是革命性的,这种影响的力度、深度和广度还没有完全被法律教育界认识到,所以要充分分析这种变化所带来的效果。与此同时,也应当意识到中国的法律教育的改革不是一蹴而就的,而是需要通过渐进式地探索不断完善的。

(二)以法律职业素养或资质作参照标准来确定JM的培养方案。

法律职业基本资质大致包括六个方面,即职业语言、职业思维、职业知识、职业方法、职业信仰和职业伦理。经过JM教育的人在这六个方面应当是初步合格的,是基本适应法律职业要求的,或者说尽可能接近法律职业基本资质的要求。JM教育为JM学生提供了法律职业素养的基本素质,为他们提供了可发展的基本条件(而不可能一次性完成其职业资质的塑造)。

课程结构是职业资质养成的前提条件,是职业素养中的知识结构的原初形态。JM的课程结构为塑造职业素养提供了基本框架,有什么样的课程结构就会有什么样的职业资质与职业素养。我们应当充分认识到课程结构对职业资质与素养的决定性作用。

过去的法学教育很少注意到这样的问题,即法学课程结构与法律职业资质之间的统一。从我国法律人员职业化运动开始到现在,短短的十余年间,人们在这个问题上的共识已经形成,多数人认为虽然法学教育不应当绝对地以司法现状与职业实践为坐标,但是法学教育不得不以培养合格的职业法律人的资质和素养为目标。因此,JM教育应当参照职业实践的要求,科学地设置课程结构。

(三)正确处理JM教育中的若干关系,特别是职业技能与职业伦理的关系、知识复合型与能力复合型的关系、宽基础与重实践之间的关系。

法律教育很容易只传授法律职业技能而忽略职业伦理的教育。要使我们的JM学生成为素质全面的法律人,就应该在每一个教学环节中重视职业伦理的教育,培养他们的职业荣誉感,掌握职业伦理,树立社会责任的意识。

复合可分为两种,一种是"跨学科专业复合",也就是知识的复合,即法律知识与其他领域或专业的知识的复合,它是简单形态的复合。JM教育在三年之中除了知识复合之外,还应当朝另一种复合努力,这就是能力的复合,它是一种复杂形态的复合。

JM课程设置应体现法学一级学科的特点,而法学硕士则体现二级学科的特点。尽管在法律职业实践中可以形成更细的专业化分工,比如律师执业阶段可分为专利律师、刑事律师、商务代理律师等,但是在资质养成阶段是不宜进行这种细致的专业分类的,世界各国的法学教育都有这样的规律。换言之,法科教育不适宜作专业分类。

二、关于培养目标与基本资质的说明

JM 教育是一种专业学位教育,是一种职业养成过程,是一种精英教育。法律硕士专业学位“是为法律职业部门培养具有社会主义法治理念、德才兼备、高层次的复合型、实务型法律人才”。这定义中有这样几个关键词:以法律职业培养,是指主要为法律职业部门培养,尽管将来可能不到法律职业部门就业,但也要按照这个统一的要求去培养;复合型,强调法律硕士专业学位教育培养的是在知识构成、职业素养和职业能力上口径宽、综合性强的高层次法律人才,是在两个不同的一级学科上进行知识交叉;实务型,即我们过去所谓的“应用型”“实践型”;高层次,是指法律硕士专业学位教育培养的人才,在学历、经历、工作要求和理论层次上高于本科法学教育对象;高层次的复合型、实务型法律人才,强调的是与法学研究人才相区别的人才类型。

为了实现这样的培养目标,应当提出一定的培养要求。JM 的培养要求是指法律硕士专业学位人才培养的规格标准,即达到哪些具体指标(初步的职业资质)才能算合格的 JM 毕业生。所谓“规格标准”,它是统一的,又是具体的。具体培养要求包括:

(一)法律人的职业品格与伦理要求;要求“掌握马克思主义的基本原理,自觉遵守宪法和法律,具有良好的政治素质和公民素质,深刻把握社会主义法治理念和法律职业伦理原则,恪守法律职业道德规范”。这样更切合法科学生未来的职业特点。

特别需要说明的是,这次修订将“深刻把握社会主义法治理念”作为法律硕士研究生培养工作的一项重要要求。社会主义法治理念集中体现为依法治国、执政为民、公平正义、服务大局、党的领导等重要思想和基本要求,是社会主义法治的灵魂和精髓。深刻把握社会主义法治理念,对于学生将来从事法律职业工作,具有根本性的指导作用。

(二)法律人的职业技能与素养。要求“掌握法学基本原理,具备法律职业所要求的法律知识、法律术语、思维习惯、法律方法和职业技术”。后面的五个方面都是来自于法学基本原理的,所以应该体现它们与法学院 JM 教育以及原理教学的逻辑关系。

(三)从事社会工作的综合素质。强调“能综合运用法律和其他专业知识,具有独立从事法律职业实务工作的能力”。这是为了体现复合型人才的特点,也是法律职业人员的必须具备的社会能力与经验素质。

在培养方案中确定“职业伦理与职业能力”,就是设定 JM 学生的资质目标的同时。采用多种途径和方式加强学生的法律职业伦理和职业能力的培养。职业伦理包括法律职业道德与执业规则。职业能力的培养内容主要表现为:

1. 面对社会现象(包括各种事案),能够运用职业思维和法律原理来观察、分析、

判断和解决;

2. 较熟练地运用法律术语;

3. 较全面地掌握基本的法律知识与法学知识;

4. 较熟练地掌握和运用基本的法律解释方法,能够在个案中进行法律推理;

5. 较熟练地把握各类诉讼程序,能够主持诉讼程序,进行事实调查与取证;

6. 熟练地从事代理与辩护业务,从事非诉讼法律事务(如法律咨询、谈判、起草合同)以及法律事务的组织与管理;

7. 有起草规范性法律文件的一般经验。

以上内容应当融入各门课程之中,可通过课程教学、实践、专题讲座与研究等形式来培养,并注重这些技能的综合应用。

三、关于培养工作的说明

此次修订将原来的第五、六、七部分的"课程设置""职业道德与职业能力""学位论文与学位授予"内容合并为"培养工作",列为第四部分。这个部分共分"课程设置""实践必修环节"、职业伦理与职业能力"和"学位论文"四个部分。除"职业伦理与职业能力"已在前面作说明之外,再对"课程设置""实践必修环节"和"学位论文"三部分作说明如下:

(一)课程设置

课程按法学一级学科为主设置。课程结构分为必修课、选修课(推荐选修课和院校自主设置的自选课)。课程设置与课程内容均有别于法学硕士的课程,课程安排应有所侧重,体现高层次、实践性的特点和培养目标的要求。

必修课,共32学分。包括:邓小平理论(2学分)、外语(4学分)、法理学(3学分)、中国法制史或(2学分)、宪法(2学分)、民法学(4学分)、刑法学(4学分)、刑事诉讼法(2学分)、民事诉讼法(2学分)、行政法与行政诉讼法(2学分)、经济法(3学分)、国际法(3学分)。

推荐选修课,可以从以下课程中选满13学分:外国法律史(2学分)、商法(3学分)、国际经济法(2学分)、国际私法(2学分)、知识产权法(2学分)、环境与资源法(2学分)、法律职业伦理(2学分)、法律方法(2学分)。

增加各院校自主设置的自选课,共8学分。各试点院校可以充分根据自身的学科优势、JM研究生的兴趣与要求,开设相应的选修课(其内容,既可以是与法律实务有关的,又可以是其他学科的,如法律辩论、立法学、证据学、法律社会学、法律经济学)。有条件的院校可以通过聘任实务部门专家、境外师资等,就某些实务问题开设选修课,以供学生作广泛的选择。

(二)实践必修环节

此次修订中还增加了"全日制JM的实践必修环节"。实践必修环节设12个学分,大约占总学分比例的六分之一。考虑到全日制JM学生没有法律专业教育背景，也没有法律职业实务背景，所以需要进行相应的实务课程性质的必修环节。包括了四个方面：

1. 法律文书课（含起草合同、公司章程、起诉书、答辩书、仲裁申请书、公诉书、判决书、裁定书等的训练，由律师、检察官和法官讲授）（3学分）；

2. 模拟法庭训练（分刑事、民事、行政三种任选，法官、检察官、律师三类型任选，由教师组织，由法官、检察官、律师辅助指导）（4学分）；

3. 法律谈判课（2学分）；

4. 法律实践课（在法院或检察院或律师事务所实习两周至三周）（3学分）。

（三）学位论文与学位授予

对JM学位论文的改革，主要体现在三方面：

1. JM学位论文应当体现实践性。选题应贯彻理论联系实际的原则，论文内容应着眼实际问题、面向法律事务、深入法学理论。重在反映学生运用所学理论与知识综合解决法律实务中的理论和实践问题的能力。导师组应根据学生的选题方向，确定具体的导师负责其论文的指导工作；

2. JM学位论文形式可以多样化。JM学位论文应以法律实务研究为主要内容，其论文形式不限于学术论文的成果形式，还应采用案例分析（针对同一主题的三个以上相关案件进行研究分析）、研究报告、专项调查等。

3. JM学位论文应当符合基本的学术规范和学术惯例。论文写作应当规范，论文评阅标准应当统一。

基本保留原来对学位论文的答辩程序的要求。学位论文必须由三名本专业具有高级职称的专家评阅，其中必须有一位校外专家或学者；学位论文答辩委员会成员中，应有一名至两名实际部门或校外具有高级专业技术职务的专家。

课程考试合格且论文答辩通过者，授予法律硕士专业学位。

四、关于学习年限与培养方式的说明

原第三“学习方式和学制”与第四“培养方式”移至现在的第四部分。JM的学习方式在原培养方案中区分为全日制与非全日制，这是适应我国法律人才现状的，应该保持不变。本培养方案仅限于全日制，在职攻读的法律硕士将另行制定培养方案。

目前我国硕士学位较为普遍的现象是缩短为两年制，但根据JM的特点，全日制JM学习的学制必须满三年，这与法律专业人才培养的长周期训练特点有关，更是因为全日制JM研究生是来自非法律专业，本科阶段的知识与现在的法律专业知识之间的转换，需要一个渐进的过程。

全日制JM的培养方式应当体现法律职业特点，它是一种职业养成式教育，而非学科式的教育。JM教育不是知识传授式的通识型教育，而是职业素养养成的过程，所以JM课程应当体现知识传授与素养养成相结合的原则。因此，教学方式也

不能采取传统的学科知识传授的方式,而应当采取多样化的教学方式,包括:

(一)教学方式以课程教学为主,重视和加强实践形式的教学,着重理论联系实际的实务能力的培养。考虑到全日制JM学生没有法律专业教育背景,也没有法律职业实务背景,所以增加了相应的实务课程性质的必修环节,如法律文书课、模拟法庭训练、法律谈判课、法律实践课,等等。

(二)成立导师组,采取集体培养与个人负责相结合的指导方式。导师组应以具有指导硕士研究生资格的正、副教授为主,并吸收法律实务部门中具有高级专业技术职务的人员参加。

(三)加强教学与科研、法律实务部门的联系与交流,聘请法律实务部门的专家参与研究生的教学及培养工作。

(四)考核办法可以灵活多样,重在考查学生运用所学专业理论和知识,发现、分析、判断和解决实际问题的专业能力和方法,减少对机械性记忆的考核。

采用学分制,总学分不得低于75学分(课程65学分加论文学分)。必修课的考核分为考试和考查两种形式,其中考试课不得低于总科目的80%。

五、培养方案中若干教学问题的实施

JM培养方案中难以涵盖所有问题,鉴于许多问题在培养方案中无法说明透彻,现就几个主要问题作附带说明。

(一)关于课程内容的改革。JM课程中,无论是应用类法学课程,还是理论类法学课程,均应以法律职业的实务应用为基本指导思想。因此,即使是JM与法学硕士共同的课程,在其具体教学内容与教学方法及要求上,也应当有着明显的区别。例如,法理学课程,教学内容与方法的重点应在于培养JM学生的法律方法论与法律价值观等,使学生能够将实务中的社会问题转化为法律问题。

在市场经济条件下法律职业人必须掌握的法律知识,教学内容上应定期调整充实,及时反映法律实务的重大变革和发展(如国际人权问题之于法理学、宪法学、刑法,WTO之于国际经济法等),同时各门课程还需按照教学规律予以排序和确定。

(二)关于课程教学方法与手段。对于JM教育改革来说,更为重要的是教学方法上的改变。教学方法的基本要求是:如何让JM学生在了解该课程相关法律规定的原理的基础上,能够掌握一种法律分析方法,并运用这种方法去发现、解决、评价、判断实务中的问题。因此,JM课程的教学方法应当是来源于实务,还原于实务。具体来说就是:

从大量的案例、社会现象、实例中提升出法律原理问题,进而通过对具体法律规定的讲解、分析,传授法律的立法精神、运用技巧,通过JM学生的阅读、思考与讨论,掌握这一法律制度的基本知识与理论,进而通过对具体案例、现象、事例的分析,再一次运用这些基本知识、理论与法律思维能力。

课堂教育的灵活性。课堂教育不再局限于一位教师从头到尾整学期在课堂上进行授课(尤其是满堂灌),而是可以采用拼盘式(多位教师同上一门课程)、课堂讨论与自学相结合、请进来(实务专家)、走出去(司法实务部门)、模拟法庭与案例研究相结合等。

教学中还应当重视为学生布置课外阅读作业。各门课程的教师应当提供给学生一定量的阅读材料,作为上课前的阅读准备,要让JM学生们在三年的学习生活中充分体验到法律学习的艰苦性。

(三)改变传统的课堂考试模式。学生的课程学习成绩应由平时成绩与期末考试成绩两部分组成:平时成绩可以包括出勤、课堂讨论表现、平时作业(如案例分析、法律时评、资料研讨报告等,以锻炼与提高其写作能力与法律方法、法律思维能力);期末考试成绩包括闭卷考试成绩。

(四)关于英语教学的改革。英语对于现代社会的高层次法律职业人才来说是必不可少的。在英语类课程中,可以考虑下列几个问题:

1. 公共英语:避免以往的应试式英语教学,而应注重研究生听、说、写三个方面的能力,考试方式应进行相应的改革;

2. 专业英语:通过阅读、讨论(用英文)英文的法律条文、判例及其他法律文书、论文资料等,在公共英语基础上进一步发展与提高研究生的专业英语能力;

3. 英文法律实务:以模拟国际商事仲裁为载体,要求研究生们用英语写作、辩论、仲裁一个模拟的国际商事案件,在此基础上将英语能力、仲裁实务、国际商事领域的法律理论相结合,为JM研究生提供一个更高的平台。

本方案属于指导性培养方案,适用于全日制法律硕士专业学位研究生教育,各试点单位还应当根据本方案制定具体的教学方案并报全国法律硕士专业学位教育指导委员会秘书处备案。

《法律硕士专业学位研究培养方案》修订组的成员包括:

孙笑侠教授(浙江大学法学院)、王保树教授(清华大学法学院)、葛洪义教授(华南理工大学法学院)、周叶中教授(武汉大学法学院)、李友根教授(南京大学法学院)、王健教授(西北政法学院)、张光杰教授(复旦大学法学院)、刘茂林教授(中南财政法大学)等。

附件3

法律硕士专业学位论文规范

一、适用范围

(一)法律硕士专业学位论文是法律硕士专业学位研究生在指导教师的指导下独立完成的,合乎严格的写作规范并标志着获得法律硕士专业学位(JM)的一篇书面作品。全日制法律硕士研究生和在职法律硕士研究生取得法律硕士学位,必须撰写学位论文。

(二)本规范是关于撰写法律硕士专业学位论文基本要求的指导性文件,是开展法律硕士专业学位论文评选、检查和评估工作的基本依据,供法律硕士培养单位、法律硕士研究生指导教师和法律硕士研究生使用。

二、选题

(一)论文选题必须符合法律硕士专业学位研究生指导性培养方案所确定的培养目标;论题本身属于法律的或关于法律的,而不是法律以外其他学科专业领域的。

(二)法律硕士学位论文的选题可以不受法学学科门类(如法学二级学科)划分的限制;可以围绕某一法律的或法学上的专门问题,运用不同学科的理论和方法进行交叉或综合的研究。

(三)选题有意义并且题目设计合理,一般应是来源于以下方面的题目:

1. 在法律和法律职业领域中有着显著的实践价值并和教学目标的要求相适应的问题;

2. 全日制法律硕士研究生在实习或调研中遇到的有研究意义的案例、事例或问题;

3. 在职法律硕士研究生在本职工作中面临的缺乏学理解释的,或者突破了某种流行的观点和认识的,其研究的结果可能对解决这些实际问题有一定价值的案例、典型事例;

4. 法律实务部门的兼职指导教师提出的,或者专职教师正在进行的项目研究课题。

(四)论文作者在确定论文的选题时,应当考虑以下因素:

1. 能否比较清晰地意识到所选论题的价值;

2. 对拟确定选题有关的已经发表、出版和通过答辩的研究成果了解的程度如何;

3. 所选论题的难易程度和允许的篇幅之间能否保持适当的比例;

4. 是否可以充分利用个人已经掌握的理论、知识、方法和经验;

5. 可用的研究材料能否支撑该项研究；

6. 有无合理的调研和写作的时间。

（五）论文题目的确定必须取得论文指导教师肯定的评价意见。

三、论文的形式、内容要求与篇幅

（一）论文形式可以是研究论文、案例研究或调研报告。

（二）论文的写作一般应完成以下方面的工作：

1. 对论文的主题有完整、充分的描述，概念界定清晰；

2. 对选题所涉及的问题有必要的综述，归纳分析同类题目的研究成果或研究现状；

3. 综合运用理论、专业知识、技术手段和文献资料对论题予以扩展，进一步具体地记录或描述思考、判断和推理的过程。论证过程能够反映作者阅读文献资料的数量；

4. 合理利用已有的观点或见解，提出作者自己独立的认识和观点，并以显著标志的方式对二者做出区分；

5. 作者对论题研究获得的最终结果应当得到完整的、确定的、精练的表述；如果不可能导出预计的结论，则可对相关问题予以讨论，提出建议、研究设想或尚待解决的问题等；

6. 案例研究应提炼出法学上的问题，结合学理和司法的观点进行综合分析，研究结论有助于解决该案例本身并为解决类似案件提供有益帮助；

7. 调研报告以解决法治实践中的问题为重点，调研方案设计合理可行，数据资料充分可靠，综合运用了法学和其他相关领域的专门知识，分析过程清晰，有明确的调研结论。研究文档齐全；

8. 语言文字的使用符合《中华人民共和国国家通用语言文字法》，用语合乎汉语语法；

9. 论文结构一般不超过三个层次，各部分之间应当保持紧密的逻辑关系和合理的篇幅比例。

（三）论文写作应有较充分的时间，连续投入工作的时间不少于 3 个月。

（四）论文的正文篇幅以 1 万 ~1.5 万字为宜；最多不超过 2 万字。

四、引证与注释体例

（一）引证应当遵循以下基本规则：

1. 引证以必要为限；

2. 引证法律文件、判例及司法文件以权威机构的出版物为准；

3. 除按本规范引证已发表的作品外，引证未发表作品应取得相关权利人的许可；

4. 引证必须符合被引作品的本意；不得曲解原意；

5. 正文引证超过100字时，缩进引文行列并变换字体排版；

6. 引证应有显著标志，并以注释方式完整、准确地显示出被引证作品的有关信息；

7. 引证作品的标题（包括副标题）应当完整，勿用简称。法律文件、书籍、刊物、报纸，用书名号；文章篇名用引号。

（二）注释体例

1. 注释位置采用脚注，整篇论文连续计码；

2. 书籍或成册作品的注释格式：作者，标题，出版者，出版时间，版次，页码；定期出版物注释格式：标题，出版物名称，出版时间，卷期号，页码；

3. 作者（包括著者、编者、译者、机构作者）为一人以上时，应全部完整地列出；

4. 众所周知的作品，如《列宁选集》等，以及法律文件，不注出作者；

5. 编辑者、整理者而非著作者的作品，在作品标题后括弧注出"x编""x整理"；

6. 不同作者的合成作品，先注出特定的作者和作品名称，再注出该合成作品相关信息；

7. 正文多次引用同一作品的注释，第一次引证时，注释信息的内容必须完整。除此之外，紧接第一次之后的注释，用"同上，页x"；在其他注释间隔之后的注释，用"前注x，页x"；

8. 转引作品的注释，先注明原始作品相关信息，加"转引"字样后注明所依据的作品；

9. 引用图表，直接在图表下注出来源，不用脚注；

10. 引用访谈、演讲或报告、信札等作品，应尽可能注明其形成的时间和地点；

11. 电影、电视和广播作品，应在作品名称后括弧注明出品的机构和时间；

12. 互联网或数据库作品，应注明网址或数据库作者和时间；

13. 学位论文应注明学位授予单位名称和论文获得答辩通过的时间；

14. 外文作品的引证，从该文种的学术引证惯例。

五、编排与印制

（一）论文前置部分的主要内容和编排次序为：

1. 封面（应注明学位授权单位、法律硕士学位论文、题目名称、作者姓名、指导教师姓名及其职称、论文提交及答辩日期、《中国图书资料分类法》《国际十进分类法UDC》类号、密级）；

2. 独立完成与诚信说明；

3. 摘要（中文摘要800～1000字，英文摘要与中文摘要内容一致）；

4. 关键词（3～5个，并对应英文）；

5. 目录；

6. 法规、判例、术语、缩略语及插图等列表（如果必要）。

（二）论文正文。

（三）论文的尾部一般包括：

1. 参考资料目录（应按不同类别予以分类，如法规、著作、论文、外文等，并按拼音或笔画顺序编排）；

2. 附录（如有必要，可将那些对补充理解正文内容有用的，诸如罕见的珍贵文献、重要典型的判例等资料编为附录）；

3. 致谢（特别是对完成论文提供思想启发、研究材料等不同形式帮助的个人或图书馆）；

4. 后记（如果必要）。

（四）论文用 A4 纸印制，除前置部分外，双面印制。

国务院学位办

关于转发《全日制硕士专业学位研究生指导性培养方案》的通知

（学位办[2009]23号）

各专业学位研究生培养单位：

根据《教育部关于做好全日制硕士专业学位研究生培养工作的若干意见》教研[2009]1号）文件精神，有关专业学位教育指导委员会组织专家制定了《全日制硕士专业学位（分类别）研究生指导性培养方案》。

现将该指导性培养方案转发给你们，请认真研究，并结合本单位实际情况，制定本单位全日制硕士专业学位研究生培养方案实施细则，于2009年6月底前报有关专业学位教育指导委员会秘书处备案。

附件：全日制硕士专业学位研究生指导性培养方案

国务院学位委员会办公室

二〇〇九年五月十九日

附件

全日制法律硕士专业学位研究生指导性培养方案

（适用于法学专业毕业生）

一、培养目标

为法律职业部门培养具有社会主义法治理念、德才兼备、高层次的专门型、实务型法律人才。具体要求为：

（一）掌握马克思主义的基本原理，自觉遵守宪法和法律，具有良好的政治素质和公民素质，深刻把握社会主义法治理念和法律职业伦理原则，恪守法律职业道德规范。

（二）掌握法学基本原理，具备从事法律职业所要求的法律知识、法律术语、法律思维、法律方法和职业技术。

（三）能综合运用法律和其他专业知识，具有独立从事法律职业实务工作的能力，达到有关部门相应的任职要求。

二、招生对象

具有国民教育序列大学本科学历（或本科同等学力）的法学专业毕业生。

三、学习方式及年限

采用全日制学习方式，学习年限一般为2年。

四、培养方式

（一）重视和加强实践教学，着重理论联系实际的实务能力的培养。

（二）成立导师组，采取集体培养和个人负责相结合的指导方式。导师组应吸收法律实务部门中具有高级专业技术职务的人员参加。

（三）加强教学与实践的联系和交流，聘请法律实务部门的专家参与教学及培养工作。

（四）必修课的考核分为考试和考查两种形式，其中考试课不得低于总科目的80%。

五、培养工作

总学分不低于57学分。

（一）课程设置

课程按法学一级学科为主设置，课程结构分为必修课和选修课。

1. 必修课（27学分）

（1）中国特色社会主义理论（2学分）

（2）外语（3学分）

（3）法理学专题（2学分）

（4）中国法制史专题（2学分）

（5）宪法专题（2学分）

（6）民法学专题（3学分）

（7）刑法学专题（3学分）

（8）刑事诉讼法专题（2学分）

（9）民事诉讼法专题（2学分）

（10）行政法专题（2学分）

（11）经济法专题（2学分）

（12）国际法专题（2学分）

2. 选修课（选满10学分）

各培养单位自行确定选修课程。

(二)实践教学(15 学分)

实践教学时间不少于 1 年。

1. 法律职业规范与伦理(3 学分)

2. 实践必修环节(6 学分)

(1)法律文书(含起草合同、公司章程、起诉书、答辩书、仲裁申请书、公诉书、判决书、裁定书等的训练,由律师、检察官和法官讲授)(2 学分);

(2)模拟法庭训练(分刑事、民事、行政三种任选,法官、检察官、律师三类型任选,由教师组织,法官、检察官、律师辅助指导)(2 学分);

(3)法律谈判(2 学分)。

3. 实务实习(6 学分)

在法院、检察院、律师事务所、法律援助机构、公证处等司法实际单位或政府法制部门、企事业单位法律工作部门实习不少于 6 个月。

(三)职业能力

采用多种途径和方式开展职业能力的培养。职业能力包括法律职业思维、职业语言、法律知识、法律方法、职业技术等方面的法律职业从业技能,培养内容主要表现为:

1. 面对社会现象(包括各种事案),能够运用职业思维和法律原理来观察、分析、判断和解决;

2. 较熟练地运用法律术语;

3. 较全面地掌握基本的法律知识与法学知识;

4. 较熟练地掌握和运用基本的法律解释方法,能够在个案中进行法律推理;

5. 较熟练地把握各类诉讼程序,能够主持诉讼程序,进行调查与取证;

6. 较熟练地从事代理与辩护业务,从事非诉讼法律事务(如法律咨询、谈判、起草合同)以及法律事务的组织与管理;

7. 有起草规范性法律文件的一般经验。

(四)学位论文(5 学分)

学位论文选题应贯彻理论联系实际的原则,论文内容应着眼实际问题、面向法律事务、深入法学理论。重在反映学生运用一定的理论与知识综合解决法律实务中的理论和实践问题的能力。导师组应根据学生的选题方向,确定具体的导师负责其论文的指导工作。

法律硕士学位论文应以法律实务研究为主要内容,但不限于学术论文的成果形式。提倡采用案例分析(针对同一主题的三个以上相关案件进行研究分析)、研究报告、专项调查等。学位论文的写作均应规范,字数在 1.5 万至 2 万字为宜。

论文评阅标准应当统一。

六、学位授予

学位论文必须由三名本专业具有高级职称的专家评阅,其中必须有一位校外专家或学者;学位论文答辩委员会成员中,一般有一名至两名实际部门或校外具有具有高级专业技术职务的专家。

完成课程学习及实习实践环节,取得规定学分,并通过学位论文答辩者,经学位授予单位学位评定委员会审核,授予法律硕士专业学位,同时获得硕士研究生毕业证书。

七、附则

本方案属于指导性培养方案,适用于法学专业毕业生。

国务院学位办

关于转发《在职攻读法律硕士专业学位研究生指导性培养方案》及其说明和《在职攻读法律硕士专业学位研究生(知识产权方向)指导性培养方案》的通知

(学位办[2009]10号)

有关单位:

根据在职攻读法律硕士专业学位研究生在招生对象、课程设置、教学要求和培养目的等特点,全国法律硕士专业学位教育指导委员会在广泛征求各培养单位意见的基础上,组织专家经过反复研讨,制定了《在职攻读法律硕士专业学位研究生指导性培养方案》以及《在职攻读法律硕士专业学位研究生(知识产权方向)指导性培养方案》。现将《在职攻读法律硕士专业学位研究生指导性培养方案》及其说明和《在职攻读法律硕士专业学位研究生(知识产权方向)指导性培养方案》转发你们,请认真研究并遵照执行。

该《在职攻读法律硕士专业学位研究生指导性培养方案》和《在职攻读法律硕士专业学位研究生(知识产权方向)指导性培养方案》适用于在职攻读法律硕士专业学位研究生,自2009级在职法律硕士专业学位研究生开始执行;往届在职法律硕士专业学位研究生参照新培养方案做出相应调整。

附件:1. 在职攻读法律硕士专业学位研究生指导性培养方案

2. 关于《在职攻读法律硕士专业学位研究生指导性培养方案》的说明

3. 在职攻读法律硕士专业学位研究生(知识产权方向)指导性培养方案

国务院学位委员会办公室

二〇〇九年三月十二日

附件 1

在职攻读法律硕士专业学位研究生指导性培养方案

一、培养目标

在职攻读法律硕士专业学位与全日制法律硕士专业学位研究生教育均属于法律硕士专业学位的培养途径。在职攻读法律硕士专业学位主要面向法律职业部门在职人员，培养具有社会主义法治理念、德才兼备、适应我国社会主义市场经济和法治国家建设需要的实践型、复合型、高层次的法务人才。

具体要求：

（一）掌握中国特色社会主义理论，牢固树立社会主义法治理念，自觉遵守宪法和法律，深刻把握法律职业道德原则和法律职业伦理规范。

（二）在法律实践经验基础上，通过提升法律理论水平，全面加强法律职业所要求的知识与方法、职业思维、职业语言和职业技术等能力。

（三）根据工作岗位的性质和特点，能够综合运用法律和岗位所需的其他专业知识，达到有关部门中级以上（含中级）专业与管理职务相应的任职要求。

（四）较熟练地掌握一门外语，能阅读专业外语资料。

二、培养对象

国民教育序列大学本科学历（一般具有学士学位）、具有一定从业经历的法律职业人员，以及政务、商事等领域从事法律相关工作的人员。

三、培养工作的基本原则

在职攻读法律硕士专业学位的培养工作贯彻专门性培养、专题性教学、自主性选课、互动性研讨、职业性素质教育的原则。

（一）专门性培养。各培养单位在法学一级学科的平台上，根据本单位及所在地区、行业的自身特点，突出特色，可设置专门性的法务方向，如司法法务、政务法务、商务法务等，按若干法务类型来分组设置课程。

（二）专题性教学。强调教师根据课程体系选择相关专题进行深化主题的教学，而不仅仅按课程体系或者教材体系授课。

（三）自主性选课。在职攻读的研究生有一定的自主选修课程的机会，适当增加选修课的比例；为了保证这个原则，院校应当自主设置并提供一定数量的选修课程。

（四）互动性研讨。在教学方式上，师生须共同参与研讨。各培养单位的课程中应当有一定的比例是研讨式的。教师须在备课阶段设计出教学大纲，确定课堂研讨的内容和形式。

（五）职业性素质教育。采用多种途径和方式加强在职攻读研究生的法律职业伦理和职业技能的培养,应当将职业伦理与技能融入各门课程之中,可通过课程教学、实践、专题讲座与研究等环节予以体现。

四、培养方式和学制

(一)采用非全日制的学习方式,学习年限为三年,最长为五年。

(二)加强专题性教学建设,结合司法实践疑难事案,采取师生互动式讨论教学为主,重视从实践中提炼理论,着重法律原理的思维训练。

(三)采用学分制,在职攻读法律硕士专业学位总学分不得低于50(不含学位论文)学分,必修课不超过35学分。

(四)设立导师组,采取集体培养与个人负责相结合的指导方式。每位学生至少都有一位学习导师。导师组应由具有指导硕士研究生资格的正、副教授构成。

(五)加强与法律实际部门的联系和交流。

(六)必修课的考核分为考试和考查两种形式,其中考试课不得低于总科目的80%。

考核办法可以灵活多样,重在考察研究生运用所学专业理论和知识,发现、分析、判断和解决实际问题的专业能力和方法,减少对机械性记忆的考核。

五、课程设置

各院校可以根据各自的专业特点,选择设置各自的法务方向,由学员根据工作性质及专业兴趣自行选择其中一个法务方向。

每一组的课程结构分为公共必修课、方向必修课和选修课(推荐选修课或自选课)。

课程设置与课程内容均有别于法学硕士,也有别于全日制法律硕士研究生的课程,课程安排应侧重于专题性的深化,体现高层次、实践性的特点,符合培养目标的要求。

(一)公共必修课

各法务方向统一适用的公共必修课程共24学分,分别为:

法律外语(2学分)

中国特色社会主义理论(2学分)

法理学专题(3学分)

中国法制史专题(2学分)

宪法学专题(2学分)

行政法专题(2学分)

民法学专题(4学分)

刑法学专题(4学分)

国际法专题(3学分)

(二)方向必修课和选修课

三个法务方向分别开设的课程包括:

1. 司法法务方向必修课不超过10学分,包括:民事诉讼法专题(3学分)、刑事诉讼法专题(3学分)、司法原理专题(含职业伦理)(3学分)。

各单位自行确定推荐选修课或自主选修课程清单(例如,法律方法专题、行政诉讼法专题、检察理论专题、经济法专题,物权法专题、婚姻家庭法专题、人权法专题等)。

2. 政务法务方向必修课不超过10学分,包括:行政诉讼法专题(3学分)、经济法专题(3学分)、立法学专题(3学分)。

各单位自行确定推荐选修课或自主选修课程清单(例如,行政程序法专题、行政处罚法专题、国家赔偿法专题、财税法专题、环境与资源法专题、竞争法专题、劳动法专题、社会保障法专题、医事法专题等)。

3. 商事法务方向必修课不超过10学分,包括:商法学专题(3学分)、经济法专题(3学分)、民事诉讼法专题(2学分)、国际商法专题(2分)。

各单位自行确定推荐选修课或自主选修课程清单(例如,物权法专题、合同法专题、公司法专题、证券法专题、信托法专题、银行法专题、国际商法专题、国际经济法专题、知识产权法专题、票据法专题、保险法专题、竞争法专题等)。

以上三组课程结构中的选修课程由各单位自行确定,学分约为15学分。

六、学位论文与学位授予

学位论文选题应贯彻理论联系实际的原则,论文内容应着眼实际问题、面向法律事务,重在反映培养对象运用所学理论与知识综合解决法律实务中的理论和实践问题的能力。导师组应根据各培养对象的选题方向,确定具体的导师负责其论文的指导工作。

学位论文应以法律实务研究为主要内容,其论文形式不限于学术论文,还可采用案例分析(须针对同一主题的三个以上相关案件进行研究分析)、研究报告、专项调查报告等。

论文写作应当规范,论文评阅标准应当统一。论文应当达到以下七个方面要求:

(一)选题有现实意义,题目设计合理。

(二)梳理和归纳该课题在实践中的现状,说明这个课题目前存在的争议焦点或未解决的难点问题。

(三)分层次剖析问题,论证结构合乎逻辑。

(四)论证理由充分,资料充实,注释规范。论文能够反映出作者已经充分阅读过一定数量的相关文献资料。

(五)有研究方法意识,能够采取一种主要的研究方法。

(六)在谨慎踏实的基础上有大胆创新的观点。

(七)语言精练,符合汉语写作规范,字数为2万字左右。

学位论文必须由三名本专业具有高级职称的专家评阅,其中必须有一位校外专家或学者;学位论文答辩委员会成员中,应有一名至两名实际部门或校外具有高级专业技术职务的专家。

课程考试合格且论文答辩通过者,授予法律硕士专业学位。

七、附则

本方案属于指导性培养方案,适用于在职攻读法律硕士专业学位研究生教育。各培养单位应根据本方案制定具体的教学方案并报全国法律硕士专业学位教育指导委员会秘书处备案。

附件2

关于《在职攻读法律硕士专业学位研究生指导性培养方案》的说明

一、制定《在职攻读法律硕士专业学位研究生指导性培养方案》的必要性

(一)制定在职攻读指导性培养方案,是新时期法律硕士教育服务政法队伍建设的需要。在职攻读法律硕士工作是政法队伍建设的一条重要工作渠道。自 1998 年开展以来,中央政法委员会、最高人民法院、最高人民检察院、公安部、司法部等政法部门将这项工作纳入干部教育培训规划,并连续 11 年联合发出通知,组织系统内在职人员参加学习,2 万多名在职人员通过学习取得法律硕士专业学位,有力地促进了队伍的专业建设,为完善队伍知识和专业结构发挥了重要作用。党的十七大报告、胡锦涛总书记在全国政法工作会议代表和全国大法官、大检察官座谈会上重要讲话和全国政法工作会议,对新时期政法队伍和法律人才队伍建设工作提出了新的任务和要求。在法治国家建设和政法工作发展的新时期,需要总结实践经验,遵循高层次应用型法律人才培养规律,通过制定并切实执行在职攻读法律硕士培养方案,进一步加强为政法队伍建设服务的针对性和有效性,努力适应政法队伍建设和高层次法律人才培养工作的新形势、新任务和新要求。

(二)制定在职攻读指导性培养方案,是总结工作实践经验,加强分类指导的需要。经过多年发展,在职攻读法律硕士工作在招生制度、培养过程、培养方式、培养要求以及培养机制等方面,形成了与全日制法律硕士研究生不同的培养模式。总结 11 年的工作实践,制订在职攻读法律硕士专业学位指导性培养方案的条件基本具备。2008 年,全国在职攻读法律硕士的招生规模为 8156 人,培养规模达到 24000 人。基于培养模式和培养要求特殊性,通过制定并切实执行在职攻读法律硕士培养方案,加强分类指导和宏观质量监控工作,实现在职攻读工作规范化开展。

（三）制定在职攻读指导性培养方案，是提高认识，加强管理，保证培养质量的需要。截至2008年，全国法律硕士培养单位达到了80所。这80所院校同时又是法学本科、法学硕士或者博士的教学培养单位，各类办学规模总体偏大、生师比偏高。在职攻读法律硕士作为在职教育的一种形式，在办学条件、师资投入和管理投入的要求上，具有相当的特殊性。近年来，一些培养单位在在职攻读法律硕士工作上投入不足、管理松弛、重招生轻培养等现象比较突出，与这些培养单位对在职攻读法律硕士工作思想上不重视密切相关。通过制定并切实执行在职攻读法律硕士培养方案，强调在职攻读工作的重点和特殊要求，进一步提高在职攻读工作重要性的认识，保证投入，加强管理，确保在职攻读法律硕士教育培养质量。

二、制定《在职攻读法律硕士专业学位研究生指导性培养方案》的指导思想和基本原则

（一）指导思想是高举中国特色社会主义伟大旗帜，深入贯彻落实科学发展观，牢固树立社会主义法治理念，根据新时期法治国家建设和政法工作发展对法律硕士教育的新形势、新任务和新要求，遵循高层次的复合型、应用型法律人才培养规律，总结工作实践和经验，以提高培养质量为核心，突出培养特色，健全培养工作机制，逐步完善在职攻读法律硕士专业学位制度。

（二）基本原则

——从在职攻读学员来源的实际出发，从他们对深造学习的原动力出发，从他们的知识要求出发；

——以政法部门中级以上业务和管理岗位知识、能力和职业素养为参照标准；

——正确处理在职岗位业务与专业学习的关系，实践经验与理论需求的关系，一级法学学科与二级学科的关系。

三、在职攻读法律硕士专业学位研究生指导培养方案的主要特点

（一）培养目标与人才模式上的特点。除了培养法律职业之外，还应当有其他培养目标，比如培养政务界、工商界的高层次法务人才等。首次使用了“法务”概念，这与“法学”形成了区别，“法务人才”与“法学人才”形成的区分，更确切地体现了在职攻读教育的培养目标。

（二）体现了在职攻读学员的专业化要求，设置了三个法务组，即司法法务、政务法务、市场法务。

（三）既体现课程设置的专门化，又兼顾一级学科培养平台上的主干课程。三个法务统一开设公共必修课程共24学分，此外，三个法务组分别有三个组方向课，共计10学分。

（四）课程上体现在职攻读学习的自主性。鉴于在职攻读学员大多数是政法或从事法律相关工作在职人员，多数是成熟的法律职业人员，有自己的专业爱好与倾向，在选课上，会有自主的要求。因此，必修课减少为34学分。而选修课为15学分,比以往增加了。

(五)专题性与互动性问题。在职攻读学员希望授课是专题性的,而不是体系性的。在职攻读课程一律改为专题课,这对于教师是新的要求,会产生一定的备课压力。在职攻读的教学方式为互动研讨式,师生互动,教学相长。

(六)学位论文问题。在职攻读的学位论文应达到硕士学位毕业生的研究水平。在学术规范上,要保留一般硕士生的学位论文的基本要求。但是,在职攻读的法律硕士的学位论文,更应突出实践特点,比如选题要求有现实意义,而不是学术意义;梳理与归纳不仅仅有同类课题的学术性成果,还可对同类课题在实践中的现状进行梳理和归纳。

附件3

在职攻读法律硕士专业学位研究生(知识产权方向)指导性培养方案

一、培养目标

在职攻读法律硕士专业学位(知识产权方向)是在职攻读法律硕士专业学位的专项培养项目,主要面向知识产权实务部门、企事业单位以及各级知识产权管理机构与社会各界正在从事知识产权工作或与知识产权实务相关工作的人员,培养具有社会主义法治理念、德才兼备,适应社会主义市场经济和法治国家建设需要的复合型、实务型的高层次知识产权法律人才。

具体要求:

(一)掌握中国特色社会主义理论,牢固树立社会主义法治理念,自学遵守宪法和法律,深刻把握职业伦理原则和职业道德规范。

(二)在知识产权实务经验的基础上,通过提高知识产权理论水平,加强从事知识产权工作所要求的知识与方法、职业思维、职业语言和职业技术等能力。

(三)能够综合运用知识产权专业知识,法律专业知识和其他专业知识,达到有关部门中级以上(含中级)专业与管理职务相应的任职要求。

(四)较熟练地掌握一门外语,能阅读知识产权专业外语资料。

二、培养对象

国民教育序列理工科专业或其他专业本科学历(一般具有学士学位),具有一定职业经历的知识产权工作人员。

三、培养方式和学习年限

采用非全日制培养方式,学习年限为三年,最多不得超过五年。

四、培养要求

（一）遵循专业性教学、专题性授课、自主性选课、互动性研讨的原则和要求。

（二）加强专题性教学建设，专题教学要结合工作实践中的疑难事案采取师生互动式讨论教学为主，重视从实践中提炼理论，着重知识产权基本原理的思维训练。

（三）采用学分制。总学分不得低于50学分（不含学位论文），必修课不得超过35学分。

（四）设立导师组，采取集体培养与个人负责相结合的指导方式。导师组可分为学习导师和论文导师，由具有指导硕士研究生资格的正副教授组成。

（五）加强教学与实践的联系和交流，适当聘请知识产权实务部门的专家参与研究生的教学及培养工作。

（六）课程考核分为考试与考查两种形式，其中必修课采用考试方式考核，选修课采用考查方式考核。考核重在考察运用知识产权基本理论和基本知识发现、分析、判断和解决实际问题的专业能力和方法，减少对机械性记忆的考核。

五、课程设置

公共必修课为24学分，分别为：

1. 法律外语（2学分）
2. 中国特色社会主义理论（2学分）
3. 法理学专题（3学分）
4. 法制史专题（2学分）
5. 行政法专题（2学分）
6. 宪法学专题（2学分）
7. 民法学专题（3学分）
8. 刑法学专题（3学分）
9. 诉讼法专题（3学分）
10. 国际法专题（2学分）

必修课为11学分，包括：著作权法专题（3学分）、专利法专题（3学分）、商标法专题（3学分）和知识产权管理专题（2学分）。

各培养单位自行确定推荐选修课或自主选修课清单，例如，知识产权实务专题、知识产权国际保护专题、竞争法专题、知识产权仲裁与诉讼专题、知识产权侵权损害赔偿专题以及知识产权评估专题等，约为15学分。

六、职业伦理与职业能力

采用多种途径和方式加强职业伦理和职业能力的培养。职业伦理包括知识产权职业伦理观念与执业道德规范。职业能力包括知识产权知识与方法、职业思维、职业语言和职业技术。职业能力的培养内容主要表现为：

(一)对于社会现象(包括各种事案),能够运用职业思维和知识产权原理来观察、分析、判断和解决;

(二)对于本职工作中的知识产权业务,应当熟练地运用相关知识产权术语;

(三)对于本职工作中的特定知识产权业务,应当准确掌握原理性知识;

(四)熟练掌握和运用基本的法律解释方法,能够在个案中进行法律推理;

(五)对于本职工作中的特定知识产权业务,应当熟练掌握诸如相关的各类诉讼程序、代理和辩护业务、起草规范性知识产权申请文件或诉讼文书等。

以上内容应融入各门课程之中,可通过课程教学、实践、专题讲座与研究等形式来培养,并注重这些技能的综合训练。

七、学位论文与学位授予

学位论文选题应贯彻理论联系实际的原则,论文内容应着眼于实际问题、面向知识产权事务、深入知识产权理论。重在反映培养对象所学理论与知识综合解决知识产权实务中的理论与实践问题的综合能力。导师组应根据培养对象的选题方向,确定具体导师负责其论文的指导工作。论文导师可与学习导师分离。

学位论文应以知识产权实务研究为主要内容,其论文形式不限于学术论文的成果形式,还可以采用案例分析(须针对同一主题的三个以上相关案件进行分析)、研究报告、专项调查等。

论文写作应当规范,论文评阅标准应当统一。应当在论文选题及写作格式上具备以下七个方面的要求:

(一)选题有现实意义并且题目设计合理;

(二)梳理和归纳国内同类课题的研究成果,或者对同类课题在实践中的现状进行分析和归纳。说明这个课题目前存在的争议焦点或未解决的焦点问题;

(三)论文应当反映出作者已经对该问题进行过合乎逻辑的分析;

(四)有充分的论证理由与依据,文字中能够反映出作者已经充分阅读过一定数量的相关文献资料;注释中必须显示学生已经阅读并理解了该领域国内代表性论著,参考文献应当列出相关的文献资料,并鼓励参与国外的文献资料,要求论据充分可靠;

(五)有研究方法意识,能够采用多样的研究方法,反映盲目无方法的叙述。研究方法包括:社会调查与统计方法、社会学分析方法、比较法方法、规范实证方法或者价值分析方法等;

(六)在谨慎踏实的基础上有大胆创新的观点和见解;

(七)语言精炼,符合汉语写作规范,字数为2万字左右。

学位论文必须由三名本专业具有高级职称的专家评阅,其中至少有一位校外专家或学者;学位论文答辩委员会成员中,至少有一位实际部门或校外具有高级专业技术职称的专家。

课程考试合格且论文答辩获得通过者,授予法律硕士专业学位。

八、附则

本方案属于指导性培养方案,适用于在职攻读法律硕士专业学位(知识产权方向)研究生教育。相关培养单位应根据本方案制订具体的教学方案并报全国法律硕士专业学位教育指导委员会秘书处备案。

国务院学位办

关于转发《法律硕士专业学位研究生指导性培养方案》的通知

（学位办[2017]19号）

有关学位授予单位：

为贯彻落实党的十八届三中、四中、五中、六中全会精神和习近平总书记系列重要讲话精神，特别是习近平总书记在考察中国政法大学时的重要讲话精神以及全国高校思想政治工作会议精神，深入推进法律专业学位研究生教育统合改革，统筹全日制和非全日制研究生教育，全国法律专业学位研究生教育指导委员会在广泛征求意见的基础上，组织专家反复研讨，修订了《法律硕士专业学位研究生指导性培养方案》。

现将修订后的指导性培养方案转发给你们，该指导性培养方案自2017级法律硕士专业学位研究生开始执行，往届法律硕士专业学位研究生的培养方案可参照此方案做相应调整。原《法律硕士专业学位研究生指导性培养方案》（学位办〔2006〕39号）、《在职攻读法律硕士专业学位研究生指导性培养方案》（学位办〔2009〕10号）和《全日制法律硕士专业学位研究生指导性培养方案》（学位办〔2009〕23号）终止执行。

附件：1. 法律硕士专业学位研究生指导性培养方案（适用于非法学专业毕业生）

2. 法律硕士专业学位研究生指导性培养方案（适用于法学专业毕业生）

国务院学位委员会办公室

2017年7月20日

附件 1

法律硕士专业学位研究生指导性培养方案

（适用于非法学专业毕业生）

一、培养目标与要求

本专业学位主要培养立法、司法、行政执法和法律服务以及各行业领域德才兼备的高层次的复合型、应用型法治人才。

（一）基本要求

1. 掌握中国特色社会主义理论体系，遵守宪法和法律，德法兼修，具有良好的政治素质和道德品质，遵循法律职业伦理和法律职业道德规范；

2. 全面掌握法学基本原理，特别是社会主义法学基本原理，具备从事法律职业所要求的法律知识、法律术语、法律思维、法律方法和法律技能；

3. 自觉践行社会主义核心价值观，综合运用法律和其他专业知识，具有独立从事法务工作的能力；

4. 熟练掌握一门外语。

（二）具体要求

1. 全面掌握法律专业知识；

2. 能够运用法律思维分析和解决法律实务问题；

3. 熟练运用法律解释方法，具备在具体案件中进行法律推理的能力；

4. 掌握诉讼主要程序，熟练从事法律事务代理和辩护业务；

5. 熟练从事非诉讼法律实务以及法律事务的组织和管理；

6. 熟练掌握法律文书制作技能。

二、培养对象

通过全国法律硕士专业学位研究生统一入学考试，经各培养单位录取的，具有国民教育序列非法学专业大学本科学历的应、往届毕业生或同等学力人员。

三、培养年限与方式

（一）培养年限

全日制法律硕士基本修业年限为 3 年，非全日制法律硕士基本修业年限一般应适当延长。

（二）培养方式

1. 把知识教育同价值观教育、能力教育结合起来，把思想引导和价值观塑造融入每一门课程教学；

2. 重视和加强实践教学，注重实务能力的培养；

3. 成立导师组,采取集体培养与导师个人负责相结合的指导方式;

4. 加强教学与实践的联系和交流,聘请具有法律实务经验的专家参与教学及培养工作;

5. 必修课考核采取考试和考查两种方式。

四、培养内容与学分

总学分不低于73学分。

(一)课程设置(不低于53学分)

课程分为必修课和选修课(含推荐选修课和特色方向选修课)。

1. 必修课(不低于32学分)

(1)中国特色社会主义理论与实践研究(2学分)

(2)外语(3学分)

(3)法律职业伦理(2学分)

(4)法理学(2学分)

(5)中国法制史(2学分)

(6)宪法学(2学分)

(7)民法学(4学分)

(8)刑法学(4学分)

(9)民事诉讼法学(2学分)

(10)刑事诉讼法学(2学分)

(11)行政法与行政诉讼法学(2学分)

(12)经济法学(3学分)

(13)国际法学(2学分)

2. 推荐选修课(不低于13学分)

(1)外国法制史(2学分)

(2)商法学(2学分)

(3)国际经济法学(2学分)

(4)国际私法学(2学分)

(5)知识产权法学(2学分)

(6)环境资源法学(2学分)

(7)劳动与社会保障法学(2学分)

(8)法律方法(2学分)

(9)证据法学(2学分)

3. 特色方向选修课(不低于8学分)

由各培养单位根据培养目标及本单位特色,自行设置特色专业方向板块并开设相应的自选课程。

（二）实践教学与训练（不低于 15 学分）

1. 法律写作（2 学分）

2. 法律检索（2 学分）

3. 模拟法庭、模拟仲裁、模拟调解等（由教师组织，法律实务专家辅助指导）（3 学分）

4. 法律谈判（2 学分）

以上实践教学与训练可采取案例研习、法律诊所等方式进行。

5. 专业实习（6 学分）

各培养单位统一组织学生在第二学年（含第一学年暑期）完成，专业实习时间不少于 6 个月，可以在律师事务所、企事业法务部门或司法机关等单位分阶段进行。

定向研究生的实践教学与训练由各培养单位和定向单位参照以上要求确定培养、考核方式。

（三）学位论文（5 学分）

学位论文选题应贯彻理论联系实际的原则，论文内容应着眼实际问题、面向法律实务，反映学生运用所学理论与知识综合解决法律实务中的理论和实践问题的能力。

学位论文应以法律实务研究为主要内容，提倡采用案例分析、研究报告、专项调查等形式。

学位论文的写作应当规范并达到以下 5 个方面的要求：

1. 论题具有理论和实践意义，题目设计合理；

2. 梳理和归纳同类问题的研究或实践现状；

3. 论据充分，论证合理，资料完整；

4. 作者具有研究方法意识，能够采取多样的研究方法，如社会调查与统计方法、规范实证方法等；

5. 符合写作规范，字数不少于 2 万字。

五、论文答辩与学位授予

学位论文必须由 3 名本专业具有高级专业技术职务的专家评阅，其中至少 1 名为法治工作部门专家；学位论文答辩委员会成员中，应有 1 名至 2 名法治工作部门专家。符合学位授予条件者，可授予法律硕士专业学位。

六、附则

本方案属于指导性培养方案，适用于非法学专业本科毕业生或具有同等学力人员法律硕士专业学位研究生教育，各培养单位应根据本方案制（修）订实施性培养方案，实施性培养方案的制（修）订应有法治工作部门专家参与，并报全国法律专业学位研究生教育指导委员会秘书处备案。

附件2

法律硕士专业学位研究生指导性培养方案

(适用于法学专业毕业生)

一、培养目标与要求

本专业学位主要培养立法、司法、行政执法和法律服务领域德才兼备的高层次的专门型、应用型法治人才。

(一)基本要求

1. 掌握中国特色社会主义理论体系,遵守宪法和法律,德法兼修,具有良好的政治素质和道德品质,遵循法律职业伦理和法律职业道德规范;

2. 全面掌握法学基本原理,特别是社会主义法学基本原理,具备从事法律职业所要求的法律知识、法律术语、法律思维、法律方法和法律技能;

3. 自觉践行社会主义核心价值观,综合运用法律和其他专业知识,具有独立从事法务工作的能力;

4. 熟练掌握一门外语。

(二)具体要求

1. 全面掌握法律专业知识;

2. 能够运用法律思维分析和解决法律实务问题;

3. 熟练运用法律解释方法,具备在具体案件中进行法律推理的能力;

4. 掌握诉讼主要程序,熟练从事法律事务代理和辩护业务;

5. 熟练从事非诉讼法律实务以及法律事务的组织和管理;

6. 熟练掌握法律文书制作技能。

二、培养对象

通过全国法律硕士专业学位研究生统一入学考试,经各培养单位录取的,具有国民教育序列法学专业大学本科学历的应、往届毕业生或同等学力人员。

三、培养年限与方式

(一)培养年限

全日制法律硕士基本修业年限为2~3年,非全日制法律硕士基本修业年限一般应适当延长。

(二)培养方式

1. 把知识教育同价值观教育、能力教育结合起来,把思想引导和价值观塑造融入每一门课程教学;

2. 重视和加强实践教学,注重实务能力的培养;

3. 成立导师组，采取集体培养与导师个人负责相结合的指导方式；

4. 加强教学与实践的联系和交流，聘请具有法律实务经验的专家参与教学及培养工作；

5. 必修课考核采取考试和考查两种方式。

四、培养内容与学分

总学分不低于54学分。

（一）课程设置（不低于34学分）

课程分为必修课和选修课（含推荐选修课和特色方向选修课）。

1. 必修课（不低于18学分）

（1）中国特色社会主义理论与实践研究（2学分）

（2）外语（3学分）

（3）法律职业伦理（2学分）

（4）民法与民事诉讼原理与实务（4学分）

（5）刑法与刑事诉讼原理与实务（4学分）

（6）行政法与行政诉讼原理与实务（3学分）

2. 选修课（不低于16学分）

各培养单位可从以下推荐推荐选修课中选定，也可根据培养目标及本单位特色，自行设置特色方向板块并开设相应的选修课程。

推荐选修课

（1）法理学专题（2学分）

（2）宪法专题（2学分）

（3）中国法制史专题（2学分）

（4）商法专题（2学分）

（5）经济法专题（2学分）

（6）国际法专题（2分学）

（7）知识产权法专题（2学分）

（8）环境资源法专题（2学分）

（9）劳动与社会保障法专题（2学分）

（10）证据法专题（2学分）

（二）实践教学与训练（不低于15学分）

1. 法律写作（2学分）

2. 法律检索（2学分）

3. 模拟法庭、模拟仲裁、模拟调解等（由培养单位教师负责组织，法律实务专家辅助指导）（3学分）

4. 法律谈判（2学分）

以上实践训练可采取案例研习、法律诊所等方式进行。

5. 专业实习(6学分)

各培养单位统一组织学生在第二学年(含第一学年暑期)完成,专业实习时间不少于6个月,可以在律师事务所、企事业单位法务部门或司法机关、政府法制部门等分阶段进行。

定向研究生实践教学与训练由各培养单位和定向单位参照以上要求确定培养、考核方式。

(三)学位论文(不低于5学分)

学位论文选题应贯彻理论联系实际的原则,论文内容应着眼实际问题、面向法律实务,反映学生综合运用所学法学理论与知识解决法律实务中的理论和实践问题的能力。

学位论文应以法律实务研究为主要内容,提倡采用案例分析、研究报告、专项调查等形式。

学位论文的写作应当规范并达到以下5个方面的要求:

1. 论题具有理论和实践意义,题目设计合理;

2. 梳理和归纳同类问题的研究或实践现状;

3. 论所充分,论证合理,资料完整;

4. 作者具有研究方法意识,能够采取多样的研究方法,如社会调查与统计方法、规范实证方法等;

5. 符合写作规范,字数不少于2万字。

五、论文答辩与学位授予

学位论文必须由3名本专业具有高级专业技术职务的专家评阅,其中至少1名为法治工作部门专家;学位论文答辩委员会成员中,应有1名至2名法治工作部门专家。符合学位授予条件者,可授予法律硕士专业学位。

全国专业学位研究生教育指导委员会

法律硕士专业学位基本要求

（2015 年 6 月）

编者按：全国专业学位研究生教育指导委员会编《专业学位类别（领域）博士、硕士学位基本要求》，北京：高等教育出版社 2015 年版。

国务院学位委员会办公室《出版说明》（2014 年 12 月）：国务院学位委员会第二十八次会议决定组织专家研究制定“基本要求”，目的是为教育行政部门开展质量监督、学位授予单位保证学位授予质量、导师指导研究生学习提供参考依据。教指委对“基本要求”的制定工作高度重视，认真负责，根据专业学位人才培养的特点，按照保证质量、体现特色、突出能力的要求，综合考虑各学位授予单位研究生培养的实际，强化与职业资格的相互衔接，在反复研究并广泛征求学位授予单位、有关用人单位和行业部门意见的基础上，从社会需求、知识结构、综合素养、实践训练于能力等方面研究制定了“基本要求”，在保证其可执行性的同时，也为学位授予单位制定本单位博士、硕士专业学位授予标准留有空间。

第一部分　概　　况

法律硕士专业学位是具有特定法律职业背景的专业性学位，主要培养立法、司法、行政执法、法律服务，以及国民经济各行业领域所需要的高层次的复合型、应用型法律人才。

法律硕士专业学位属于专业学位的一种。专业学位是高等学校为适应国家和社会对高层次应用型人才持久需求而建立起来的一种学位类型。改革开放以来，我国法学学位与研究生教育迅速发展，形成了法学硕士和法学博士学位为主体的法学教学科研人才培养体系。1995 年 4 月，国务院学位委员会第十三次会议设置法律专业硕士学位。2006 年 12 月，国务院学位委员会办公室决定法律硕士专业学位结束试点转入正式实施，法律硕士专业学位成为一项正式的以培养高层次的复合型、应用型法律人才为主要任务的学位制度。

法律硕士专业学位具有特定的职业指向性。其中，法官、检察官、律师、公证员和企业法律顾问等法律职业有较为严格的从业准入要求,迫切需要大批高层次的具有复合型知识、综合素养和职业能力的专门人才。有关部门、行业还可以依托专业学位教育,有计划、有组织地提高在职人员职业素质和能力,优化队伍知识结构,提高队伍整体水平。

法律硕士生应具有系统的应用性法律实务知识,具有宽口径、复合型、外向型的知识与能力结构,能够综合运用法律与经济、管理、科技、外语和计算机等专业知识相复合的,独立从事法律实务工作和有关管理工作。

法律硕士生教育目前有三种培养类型,即法律硕士(非法学本科)研究生教育、法律硕士(法学本科)研究生教育和在职攻读法律硕士教育。

法律硕士(非法学本科)研究生教育的招收对象为具有国民教育序列大学本科学历(或具有本科同等学力)的非法学专业毕业生,如文、理、工、农、医等学科的学生,主要为各行业领域培养具有社会主义法治观念、德才兼备、高层次的复合型、应用型法律人才。

法律硕士(法学本科)研究生教育的招生对象是具有国民教育序列大学本科学历(或本科同等学力)的法学专业毕业生。主要为法治专门机构培养具有社会主义法治观念、德才兼备、高层次的专门型、应用型法律人才。

在职攻读法律硕士专业学位的招生对象是国民教育序列大学本科学历(原则上应当具有学士学位)、具有一定从业经历的法律职业人员,以及在政务、各行业领域从事与法律相关工作的人员。主要培养具有社会主义法治观念、德才兼备、高层次的复合型、应用型法律人才。

全面落实依法治国基本方略,加快建设社会主义法治国家,法律硕士专业学位发展将会出现以下趋势:

(1)法律硕士专业学位将成为我国职业法律人才培养的重要渠道。职业部门和行业需要大批高层次的复合型、应用型法律人才。随着科学学位和专业学位分工与要求界限的明晰化,培养法学教学研究人才的科学学位研究生需求量将会减少,高层次的复合型、应用型的法律人才将成为职业法律人才的主体,法律专业学位人才类型比较优势将更加突出,需求规模将大量增加。

(2)法律硕士专业学位已明确职业型与复合型的培养目标,并将不断强化职业型与复合型的培养方式。法律实践对法律硕士的职业素养,特别是职业型、复合型知识和应用性能力的要求日趋显著。法律实践要求法律硕士专业学位教育把不同的本科专业与法律专业加以复合,把理论知识与实务能力加以复合,探索教学培养经验,在必要的理论讲授之外,会更加注重实务与应用的实践性教学。

(3)法律硕士毕业生就业渠道不断拓宽,走向多元化。法律硕士面向职业部门后备人才补充与储备需要,还将更多地面向政府相关部门需要、面向国民经济各行业需要。相关行业特殊的法律实践对法律硕士的技能训练的复合性要求会更加深化。

基于此,法律硕士专业学位将以培养法治专门人才为目标,以职业需求为导向,以提高质量为主线,以实践能力为重点,以创新教学方法为途径,进一步深化培养模式改革,培养满足国家、社会尤其是职业部门和行业需求的高层次的复合型、应用型法律人才,为建设法治中国做出贡献。

第二部分　硕士专业学位基本要求

一、获本专业学位应当具备的基本素质

掌握马克思主义的基本原理和中国特色社会主义理论,树立社会主义法治理念,遵守宪法和法律,恪守法律职业伦理原则和规范;掌握法学基本原理,具备从事法律职业所要求的法律知识、法律思维、法律语言、法律方法、职业技术和职业伦理等素养;能综合运用法律和其他专业知识,具有独立从事法律职业实务工作的能力,具备特定法律职业任职资格,或根据工作岗位的性质和特点,能够综合运用法律和相关岗位所需的其他专业知识,较熟练地掌握一门外语,能阅读专业外语资料。增强创新创业能力。

二、获本专业学位应掌握的基本知识

应当形成法学一级学科为主干的专业知识体系,具有独立从事法律职业实务工作的知识和能力,具备特定法律职业准入资格和任职要求。研究生毕业时应当做到:(1)系统地掌握法律基本原理与规则;(2)具有正确判断与分析法律关系、运用法律思维去发现、分析问题并提出解决方案的能力;(3)具有对法律规则做出理性判断的能力。

1. 专业基础知识

应当在政治理论、法理学、中国法制史(或中外法制史)、宪法学、法律伦理与方法等方面具有扎实的基础知识和能力,还应当熟练掌握民商法、行政法(含行政诉讼法)、经济法、刑法、诉讼法和国际法等系统的基础知识和能力。法律硕士(非法学本科)研究生原则上应当修满上述法律专业知识至少36学分,法律硕士(法学本科)和在职攻读应当修满上述法律基本知识课程不少于25学分。

在政治理论方面,掌握中国特色社会主义理论,特别是熟悉当代中国政治与经济理论与实践。

熟悉法理学基本概念、知识、原理,能够运用法的一般原理来观察和分析当代中国社会的法律问题。

熟悉中国法律史(或中外法律史)的基本特征、发展规律、主要事件、法文化传统。

熟练运用宪法学的概念、理论和制度,来观察和分析当代中国宪制实践,解决宪法实施中的实际问题。

熟练掌握法律伦理与法律方法,了解法律职业的特性,掌握法律职业伦理的主要内容和法律职业各角色的道德准则;熟悉法律方法论基本内容,掌握并熟练运用法律解释、法律漏洞补充等方法。

系统掌握民商法的基本知识,掌握民法的概念、原理、制度和方法,掌握诸如物权法、债与合同法、侵权责任法、知识产权法、公司法、证券法、破产法、保险法等专业基本知识和制度体系;能够熟练运用民商法的基本概念、原理、制度和方法解决民商事纠纷。

系统掌握行政法基本知识。掌握行政法总论的概念、原理和制度,能够熟练应用行政法专业原理、制度和方法解决各类行政案件,熟练运用行政诉讼法基本知识和制度,能够组织并主持行政程序和行政诉讼程序的专业知识和技能。

掌握经济法基本知识。熟悉经济法基本原理和制度,掌握诸如竞争法、消费者权益保护法、财税法、金融法、产品质量法、环境与资源法、劳动与社会保障法等知识和制度,能够解决经济法实务中的主要问题。

系统掌握刑法基本知识。掌握刑法总论的概念、原理、制度和方法,掌握刑法分论中的主要罪名的规定,能够熟练运用刑法概念、原理、制度和方法解决各类刑事案件。

系统掌握民事诉讼法、刑事诉讼法的基本知识和制度,掌握诸如司法制度、民事诉讼法、仲裁法、刑事诉讼等知识和技能,能够熟练运用诉讼法的基本理论与规范组织并主持民事诉讼、仲裁、刑事诉讼等程序的专业知识与技能。

掌握国际法基本知识。熟悉国际公法基本知识和制度,熟悉国际私法中的国际冲突法基本理论和基本制度,熟悉国际经济法知识和制度,能够运用国际法基本知识和制度来解决国际法实务中的主要问题。

三种不同类型学位在基础知识教学和训练方面应当各具特色。

(1)非法学本科法律硕士:教学内容应当注重知识的系统性和应用性,联系当代社会法律实践。鼓励系统性原理与应用性能力相结合,加强案例教学,专业课程教学中应当有不少于四分之一的案例教学内容。所有课程教学应当注重教材或教学资料的课外阅读(课前预习和课后练习)。

(2)法学本科法律硕士:教学内容应当深化法学理论,密切联系当代社会法律的实践,强化特色方向理论学习和实践能力训练。要注重体现案例分析与法律实务专题的特点,加强案例教学,专业课程教学中应当有不少于三分之一的案例教学内容。所有课程教学应当注重教材或教学资料的课外阅读(课前预习和课后练习)。

(3)在职攻读法律硕士:其专业知识的学习应当注重进一步提高法学理论水平,强化对专门领域内的法律问题进行系统深入的理论分析能力。教学内容应当体现专题性与理论性。

2. 特色方向知识

为使研究生熟练掌握某个专门法律领域的知识和职业技能,各院校可根据各自的条件和特点,按照法律职业和相关行业法律实践的需求,自主设置培养板块或方向课程组,如政府法务、司法法务、国际法务、金融法务、公司法务或企业法务等。

特色方向知识原则上属于选修课。每个特色知识板块或方向课程组应当由不少于3门的课程组成供研究生选择。如人权法实务、法律实务外语、证据法实务(或案例)、商法实务(或案例)、票据法实务(或案例)、国际投资法实务(或案例)、知识产权法实务(或案例)、环境法实务(或案例)、资源法实务(或案例)、税法实务(或案例)、社会保障法实务(或案例)、劳动法实务(或案例)、环境法实务(或案例)、矿产法实务(或案例)、能源法实务(或案例)、公司法实务(或案例)、旅游法实务(或案例)、食品安全法实务(或案例)、财政法实务(或案例)、税收法实务(或案例)、金融法实务(或案例)、会计法实务(或案例)、房地产法实务(或案例)、农业法实务(或案例)、教育法实务(或案例)、医药卫生法实务(或案例)、新闻与传媒法实务(或案例)、审判实务(或案例)、检察实务(或案例)、仲裁法实务(或案例)、公证法实务(或案例)等。其中也可以根据需要开设与法律实务密切相关的非法学专业的课程。选择每个特色知识板块或方向课程组的研究生,应当修满至少12学分。每个特色板块或方向课程组的课程,不同于"实践训练"环节。

研究生通过上述特色知识的学习,能够培养和强化其在特定行业领域内的法律实务能力。教学可聘请有教学经验的职业法律人员担任或由本院校有实务经验的教师担任。

三、获本专业学位应接受的实践训练

在实践训练教学中,应当加强特定职业技能和职业伦理的训练。

对于全日制法律硕士研究生的培养,提倡聘请实务导师与本院校教师合作指导研究生。全日制法律硕士研究生获本专业学位应当接受的实践训练是必修课,不少于15学分,其具体种类包括但不限于下列内容:

(1)案例研习课。在教师指导下,研究生直接研讨案例并提出解决方案。案例研习课要突出知识和技能重点,可在民事法案例、刑事法案例、行政法案例、非诉讼案例等相关内容来设计案例研习课的教学内容或方案。

(2)法律文书写作与文献检索课。含起草合同文件、公司章程、诉讼文书、仲裁文书以及其他非诉讼法律文书和法律信息检索等的训练。法律文书写作除了掌握法律文书写作基本格式,更应当注重法律文书内容表达的准确性、逻辑性、规范性及法律分析方法的运用等方面的技能培养。

(3)模拟法庭训练。

(4)法律诊所、法律援助或法律谈判训练课。

(5)专业实习课。在法院、检察院、律师事务所或其他法律工作岗位上进行实习的时间为3~6个月,可以累积计算。

以上(1)至(4)项课程的教学,提倡聘请有教学经验的职业法律人员担任,或与本院校有实务经验的教师合作担任。

四、获本专业学位应具备的基本能力

应当通过多种途径和方式加强法律职业通用技能的培养。法律职业通用技能是指法官、检察官、律师、公证员和企业法律顾问等法律职业群中体现出来的共性的法律知识和技能要求,兼及行政执法人员的法律知识和技能要求。法律职业通用技能具体包括法律知识、法律思维、法律语言、法律方法、执业技术五个方面。具体要求内容是:

(1)能够熟练地运用法律术语阐释法律事实与法律意见;能够运用法律职业思维和法律原理来观察、分析、判断和解决法律问题。

(2)能够熟练地掌握和运用法律解释、漏洞填补、原则性条款和不确定概念的适用方法,能够在个案中进行法律推理。

(3)基本掌握各类诉讼程序,能够组织、熟悉民商事、刑事和行政诉讼程序,熟悉调查、取证和证据判断的一般规则和方法。能够熟练地制作各类司法文书。

(4)能够熟练地从事民商事和行政代理以及刑事辩护业务,较熟练地从事非诉讼法律事务(如法律咨询、谈判、起草法律文件或合同等)。

上述能力的培养和训练应当融入各门课程和实践性教学之中,可通过课程教学、实践、专题讲座与研究等形式来培养,并注重其综合应用。

培养院校在特色板块的法务人才培养中,还要注重培养特定职业领域的法律职业能力,学位获得者能够较熟练地解决特定领域的法律事务。

五、学位论文基本要求

学位论文是综合反映法律硕士生在某一法律领域内综合运用相关法律知识进行深入分析并解决问题的能力,也是其专业特长和应用能力的综合体现。法律硕士学位论文应当以法律实务研究为主要内容,提倡采用案例研究报告、调研报告、专项调查报告等。提倡在职攻读学生从本职工作所需要研究的法律问题中确定论文选题。

学位论文选题和内容应当着眼实际问题、面向法律实务、解决现实生活中的理论与实务难题。法律硕士生通过学位论文写作来体现其能够运用所学专业理论与知识综合解决法律领域中某一理论和实践问题的能力。培养单位应当根据法律硕士生的选题方向,确定其导师(和/或实务导师)负责其论文的指导工作。

学位论文的完成原则上应当包括以下程序:选题、开题报告及导师组评议、开题报告修改与反馈、资料的收集与调研、论文撰写与修改、论文学术规范检查、匿名评阅与与答辩。学位论文的准备(开题报告)应当设置相应的内容要求。

学位论文评阅标准应当相对统一。学位论文的写作要突出问题意识,鼓励运用案例分析、立法例分析和定量分析等科学论证方法。论文篇幅一般不少于2万字。

第三部分　编 写 成 员

王少峰、王红、王利明、王健、付子堂、叶青、孙笑侠、朱勇、李力、李学尧、杨春福、郑少华、姜晶、费安玲、赵大程、夏新华、贾丽群、董文濮、韩大元、潘剑锋、霍存福。

教育部

关于做好全日制硕士专业学位研究生培养工作的若干意见

（教研[2009]1号）

各省、自治区、直辖市教育厅（教委），新疆生产建设兵团教育局，有关部门（单位）教育司（局），部属各高等学校：

为更好地适应国家经济建设和社会发展对高层次应用型人才的迫切需要，积极发展具有中国特色的专业学位教育，我部决定自2009年起，扩大招收以应届本科毕业生为主的全日制硕士专业学位范围。开展全日制硕士专业学位研究生教育，必须以邓小平理论和“三个代表”重要思想为指导，深入贯彻落实科学发展观，坚持以人为本，以质量为核心，按照“全面、协调、可持续”的要求，整体规划、统筹协调、规范管理、分类指导，协同发展，确保全日制硕士专业学位研究生的培养质量。为做好全日制硕士专业学位研究生教育工作，现提出如下意见：

一、充分认识开展全日制硕士专业学位研究生教育的重要性

（一）开展全日制硕士专业学位研究生教育是学位与研究生教育积极主动适应经济社会发展对高层次应用型专门人才的需要

当前，科学技术突飞猛进，新知识、新理论、新技术日新月异，职业分化越来越细，职业的技术含量和专业化程度越来越高，对专门人才的需求呈现出大批量、多规格、高层次的特点。世界各国高等教育都主动适应这种变化，积极进行人才培养目标和培养模式的调整，大力提高人才培养的适应性和竞争力。近年来，随着我国经济社会的快速发展，迫切需要大批具有创新能力、创业能力和实践能力的高层次专门人才。研究生教育必须要增强服务于国家和社会发展的能力，加快结构调整的步伐，加大应用型人才培养的力度，促进人才培养与经济社会发展实际需求的紧密联系。

（二）开展全日制硕士专业学位研究生教育是学位与研究生教育改革与发展的需要

我国学位与研究生教育经过30年的发展，办学规模不断扩大，教育质量不断提高，总体实力不断增强，建立了学科门类比较齐全、结构比较合理的学位授权体系，形成了独具特色的、有质量保证的研究生培养制度。长期以来，我国硕士研究生教育主要是以培养具有独立从事科学研究或教学工作能力的教学科研人才。但随着研究生规模的不断扩大和社会需求的不断变化，硕士研究生的就业去向已更多地从教学、科研岗位转向实际工作部门。从世界研究生教育发展状况来看，硕士研究生教育基本是以面向实际应用为主，教学科研人才更多是来源于博士研究生。为促进我国研究生教育的更好发展，必须重新审视和定位我国硕士研究生的培养目标，进一步调整和优化硕士研究生的类型结构，逐渐将硕士研究生教育从以培养学术型人才为主向以培养应用型人才为主转变，实现研究生教育在规模、质量、结构、效益等方面的协调、可持续发展。

（三）开展全日制硕士专业学位研究生教育是进一步完善专业学位教育制度的需要

我国自 1991 年开展专业学位教育以来，专业学位教育种类不断增多，培养规模不断扩大，社会影响不断增强，在培养高层次应用型专门人才方面日益发挥着重要的作用，已成为学位与研究生教育的重要组成部分。专业学位教育既要培养具有一定工作经历的在职人员，满足他们在职提高、在岗学习的需要，也要培养应届本科毕业生，满足他们适应社会发展、提高专业水平、增强就业竞争力的需要。根据不同培养对象，学习方式可以全日制攻读，也可以非全日制攻读。目前，我国专业学位教育，在职人员攻读比例偏大、应届本科毕业生攻读比例偏小，在全日制研究生教育中的地位和作用没有得到充分体现。开展以应届本科毕业生为主的全日制硕士专业学位研究生教育，对于完善专业学位教育制度、增强专业学位研究生的培养能力、满足社会多样化需求、加快培养高层次应用型专门人才，具有重要意义。

二、创新全日制硕士专业学位研究生教育的培养模式，确保培养质量

（一）科学定位

专业学位研究生的培养目标是掌握某一专业（或职业）领域坚实的基础理论和宽广的专业知识、具有较强的解决实际问题的能力，能够承担专业技术或管理工作、具有良好的职业素养的高层次应用型专门人才。专业学位研究生教育在培养目标、课程设置、教学理念、培养模式、质量标准和师资队伍建设等方面，与学术型研究生有所不同，要突出专业学位研究生教育的特色。做好全日制硕士专业学位研究生教育工作，必须科学确立专业学位研究生教育的合理定位，深入研究和准确把握专业学位研究生教育规律，创新培养理念，改革培养模式，确保培养质量。

(二)教学要求

课程设置要以实际应用为导向,以职业需求为目标,以综合素养和应用知识与能力的提高为核心。教学内容要强调理论性与应用性课程的有机结合,突出案例分析和实践研究;教学过程要重视运用团队学习、案例分析、现场研究、模拟训练等方法;要注重培养学生研究实践问题的意识和能力。学习年限一般2年,实行学分制。课程学习与实践课程要紧密衔接,课程学习主要在校内完成,实习、实践可以在现场或实习单位完成。建立健全校内外双导师制,以校内导师指导为主,校外导师参与与实践过程、项目研究、课程与论文等多个环节的指导工作。吸收不同学科领域的专家、学者和实践领域有丰富经验的专业人员,共同承担专业学位研究生的培养工作。注重培养实践研究和创新能力,增长实际工作经验,缩短就业适应期限,提高专业素养及就业创新能力。

(三)实践要求

专业实践是重要的教学环节,充分的、高质量的专业实践是专业学位教育质量的重要保证。专业学位研究生在学期间,必须保证不少于半年的实践教学,可采用集中实践与分段式实践相结合的方式;应届本科毕业生的实践教学时间原则上不少于1年。要提供和保障开展实践的条件,建立多种形式的实践基地,加大实践环节的学时数和学分比例。注重吸纳和使用社会资源,合作建立联合培养基地,联合培养专业学位研究生,改革创新实践性教学模式。推进专业学位研究生培养与用人单位实际需求的紧密联系,积极探索人才培养的供需互动机制。研究生要提交实践学习计划,撰写实践学习总结报告。要对研究生实践实行全过程的管理、服务和质量评价,确保实践教学质量。

(四)学位论文

要正确把握专业学位研究生学位论文的规格和标准。学位论文选题应来源于应用课题或现实问题,必须要有明确的职业背景和应用价值。学位论文形式可以多种多样,可采用调研报告、应用基础研究、规划设计、产品开发、案例分析、项目管理、文学艺术作品等形式。学位须独立完成,要体现研究生综合运用科学理论、方法和技术解决实际问题的能力。学位论文字数,可根据不同专业学位特点和选题,灵活确定。学位论文评阅人和答辩委员会成员中,应有相关行业实践领域具有高级专业技术职务的专家。

三、做好全日制硕士专业学位研究生教育的组织实施工作

(一)各专业学位研究生培养单位和有关教育主管部门要高度重视,将此项工作纳入学位与研究生教育改革与发展的重要内容。要充分认识到专业学位人才培养与学术型学位人才培养是高层次人才培养的两个重要方面,在高等学校人才培养工作中,具有同等重要的地位和作用。要抓住机遇,着力调整人才培养结构，深化培养机制改革，加强教学条件建设，统筹规划，积极促进专业学位教育的健康、快速发展。

（二）各专业学位研究生培养单位要在各专业学位教育指导委员的指导下，制订全日制硕士专业学位研究生培养方案和实施细则，建立和完善各项规章制度。要充分借鉴、吸收国际上专业学位研究生教育的先进做法，积极探索、创新全日制硕士专业学位研究生培养模式。要重视构建和形成一支适应专业学位研究生教育的师资队伍，建立健全合理的教学科研评价体系。要强化过程管理，建立和完善包括招生、培养、学位授予等各个环节的专业学位质量保障体系。

（三）各专业学位研究生培养单位要切实加大投入，加强教学基础设施、案例库以及教学实践基地的建设。要树立服务意识，为学生学习、实践、创业等提供良好条件。要充分调动社会、行业和有关用人单位的积极性，发挥学校、院系和导师的作用，积极争取各方面资源，拓宽就业渠道。要建立和完善全日制硕士专业学位研究生的资助办法。要不断推进全日制硕士专业学位研究生教育的规范化发展，促进专业学位教育质量不断提高。要采取有力措施，确保全日制硕士专业学位研究生教育工作的顺利实施。

教育部

二〇〇九年三月十九日

教育部与中央政法五部门

关于实施高等学校与法律实务部门人员互聘“双千计划”的通知

（教高[2013]8号）

各省、自治区、直辖市教育厅（教委）、党委政法委、人民法院、人民检察院、公安厅（局）、司法厅（局），新疆生产建设兵团教育局、党委政法委、人民法院、人民检察院、公安局、司法局，有关部门（单位）教育司（局），教育部直属各高等学校：

为贯彻落实《教育部　中央政法委员会关于实施卓越法律人才教育培养计划的若干意见》（教高〔2011〕10号），加强高校与法律实务部门的合作，探索建立高校与法律实务部门人员互聘制度，提高法律人才培养质量，经研究，决定实施高等学校与法律实务部门人员互聘“双千计划”（以下简称“双千计划”）。现将有关事项通知如下：

一、主要任务

1. 推动高校与法律实务部门人员互聘，促进高等法学教育与社会主义法治国家建设实践的结合。2013年至2017年，选聘1000名左右有较高理论水平和丰富实践经验的法律实务部门专家到高校法学院系兼职或挂职任教，承担法学专业课程教学任务；选聘1000名左右高校法学专业骨干教师到法律实务部门兼职或挂职，参与法律实务工作。

二、选聘条件

2. 选聘到高校法学院系兼职或挂职任教的法律实务部门专家，应具有较高的思想政治素质，忠于党、忠于国家、忠于人民、忠于法律；具有10年以上法律实务工作经验，较高的职业素养和专业水平，实绩突出；法学理论功底扎实，对本专业领域法律问题有较深入研究；爱岗敬业，能够在聘期内完成相应的教学任务。

3. 选聘到法律实务部门兼职或挂职的高校法学专业骨干教师，应具有较高的思想政治素质，认真学习中国特色社会主义理论体系，模范践行社会主义法治理念；师德师风好，教书育人的荣誉感和责任感强；具有高级专业技术职务，较强的业务能力，能够帮助法律实务部门分析解决疑难复杂案件；忠实履职，能够在聘期内完成相应的实务工作。

到人民法院、人民检察院、公安机关兼职或挂职的，还应符合《中华人民共和国法官法》《中华人民共和国检察官法》《中华人民共和国人民警察法》等有关法律法规规定的任职条件和资格。选聘担任法律实务部门行政领导职务的，还应具备正高级专业技术职务和较强的组织管理能力，符合《党政领导干部选拔任用工作条例》规定的任职条件和资格。

三、选聘程序

4. 各省(区、市)教育厅(教委)会同党委政法委统筹负责本地“双千计划”聘任工作，按各省(区、市)总名额(分配方案见附件)分年度向省域内高校和法律实务部门下达互聘推荐名额，对“双千计划”的互聘人选进行备案。最高人民法院、最高人民检察院、公安部、司法部与相关高校的互聘人选自行商定。

5. 优先支持卓越法律人才教育培养基地建设高校与法律实务部门人员互聘工作。各卓越法律人才教育培养基地建设高校 5 年内须累计选聘不少于 5 名法律实务部门专家来校兼职或挂职任教，派出不少于 5 名法学专业骨干教师到法律实务部门兼职或挂职。

6. 到高校兼职或挂职任教的法律实务部门专家，应按照高校相关规定进行聘任，安排教学任务，并在聘期期满后终止聘任或转聘。到法律实务部门兼职或挂职的高校法学专业骨干教师，应按照相关任职的法定程序与要求进行审批或任命，并在聘期期满后免去其挂职职务。

四、聘用期限

7. 建议聘期为 1 ~2 年。期满如需延长聘用时间、继续参加“双千计划”，须考核成绩优秀，经派出单位、聘用单位、受聘人员同意，并报所在省(区、市)教育厅(教委)和党委政法委备案。

五、考核管理

8. 互聘人员以派出单位管理为主，不改变与派出单位的人事行政关系。建议在聘期开始时，聘用单位与受聘人员签订相关协议，明确聘期工作目标和任务安排。聘期结束后，由聘用单位组织人事部门对受聘人员工作做出书面鉴定，反馈给派出单位组织人事部门，存入本人档案。

9. 受聘到高校兼职或挂职任教的法律实务部门专家，应遵循教育教学规律，善于把社会主义法治国家建设实践的最新经验转化为优质教学资源。受聘到人民法院、人民检察院、公安机关兼职或挂职的高校法学专业骨干教师，应依法执行有关规定，在聘期内不得兼任律师或从事其他与职务相抵触的活动。

六、政策保障

10. 教育部、中央政法委根据高校与法律实务部门人员互聘情况，公布年度

“双千计划”互聘结果,颁发高校与法律实务部门人员互聘“双千计划”入选证书。互聘人员在聘用单位工作期间,派出单位保留其原职务级别、岗位,工资、福利待遇不变,将其专业技术职务年限连续计算,工作量互相冲抵。鼓励派出单位将派出人员纳入本单位的人才培养计划,并在职级晋升、职称评定等方面予以政策倾斜。支持有条件的聘用单位为受聘人员提供适当的工作量津贴和住宿、交通补贴,并对工作成绩突出者进行表彰奖励。

请各省(区、市)教育厅(教委)、党委政法委、人民法院、人民检察院、公安厅(局)、司法厅(局)、有关部门(单位)教育司(局)将本通知转发至所属高等学校和政法部门。各省(区、市)教育部门、政法部门要认真贯彻落实本通知精神,结合实际制定具体实施方案,推动省域内各高校法学专业骨干教师与法律实务部门专家互聘工作,确保 2013 年秋季开学前,首批“双千计划”互聘人员到位到岗,有力有序有效推进卓越法律人才教育培养计划的实施。

附件:高等学校与法律实务部门人员互聘“双千计划”各省(区、市)总名额分配方案

教育部　中央政法委员会　最高人民法院
最高人民检察院　公安部　司法部
2013 年 7 月 19 日

附件

高等学校与法律实务部门人员互聘“双千计划”各省(区、市)总名额分配方案

省(区、市)	法律实务部门专家到高校兼职或挂职任教的名额	高校法学专业骨干教师到法律实务部门兼职或挂职的名额
北京市	95	95
天津市	25	25
河北省	45	45
山西省	25	25
内蒙古自治区	15	15
辽宁省	40	40

续表

省(区、市)	法律实务部门专家到高校兼职或挂职任教的名额	高校法学专业骨干教师到法律实务部门兼职或挂职的名额
吉林省	25	25
黑龙江省	25	25
上海市	45	45
江苏省	50	50
浙江省	45	45
安徽省	30	30
福建省	25	25
江西省	35	35
山东省	45	45
河南省	45	45
湖北省	55	55
湖南省	60	60
广东省	55	55
广西壮族自治区	15	15
海南省	10	10
重庆市	20	20
四川省	40	40
贵州省	20	20
云南省	25	25
西藏自治区	5	5
陕西省	35	35
甘肃省	20	20
青海省	10	10
宁夏回族自治区	5	5
新疆维吾尔自治区	15	15
新疆生产建设兵团	5	5
共计	1010	1010

法硕教指委秘书处

关于征集法律专业学位研究生教学案例的通知

（法指秘[2014]9号）

各法律硕士培养单位：

根据全国法律专业学位研究生教育指导委员会2014年工作安排，7月中旬，“教指委”在深圳举办了法律硕士教学案例库建设培训班，各个法律硕士培养单位派员参加了培训班。培训班邀请相关专家针对案例编写作了讲座，就法律硕士教学案例库建设工作做了具体部署，对案例编写提出来具体要求。为做好中国专业学位教学案例中心法律硕士分中心案例库项目建设工作，依据《中国专业学位教学案例库中心法律硕士分中心建设规划》和《法律硕士研究生教学案例编写要求》（见附件），现就第一批案例征集具体工作通知如下：

一、请参加编写教学案例的教师，按照《法律硕士研究生教学案例编写要求》的具体规定编写教学案例。

二、本次征集的教学案例必须是2011年7月1日至2014年6月30日之间采集的。

三、各培养单位提交征集案例不超过5件，由学校或学院统一提交，提交案例时，各培养单位应注明各教学案例的作者以及单位联系人的姓名、单位、职称、联系淡化、电子邮箱等联系方式；各培养单位应同时提交作者授权书，即授权中国专业学位教学案例中心法律硕士分中心案例库收入并使用。此次案例评选不接受个人直接提交的案例，鼓励各培养单位推荐本单位优秀学科领域的案例。

四、征集的案例将由专家评审进行评审，评审合格的案例将收录至中国专业学位教学案例中心法律硕士分中心案例库。入库案例将在法律硕士培养单位免费共享，作者（可以是教师个人或集体）拥有著作权的署名权、修改权、改编权，教指委享有复制权、修改权、发表权、信息网络传播权、改编权、汇编权和翻译权。教指委可代表作者进行案例交换、购买、出版等，作者享有版税收益权。

五、请各培养单位于2014年9月30日前将参选案例书面稿报教指委秘书处，同时将电子版发送至教指委指定邮箱，根据教指委秘书处的通知，组织作者上传案例。

六、教指委将于2014年10月组织专家进行评审，通过评审将选出首批入库案例50件，教指委将根据评审专家组意见给予适当奖励。对于专家组建议修改的案例，作者修改完毕达到入库标准的，将收入案例库。

秘书处联系人：曹伟华，邮箱：fsjzwmsc@126.com，联系电话：010-65152930，传真：010-65152980。

附件：《法律硕士实践教学案例库建设文件（5个）》（见全国法律专业学位研究生教育指导委员会网站：http://www.china-jm.org/）

2014年7月7日

国务院学位委员会

关于在学位授予工作中
加强学术道德和学术规范建设的意见

（学位[2010]9号）

各省、自治区、直辖市学位委员会，新疆生产建设兵团教育局，有关部门（单位）教育（人事）司（局），中国人民解放军学位委员会，中共中央党校学位评定委员会，各学位授予单位：

自1981年我国实施学位制度以来，各学位授予单位按照《中华人民共和国学位条例》及其暂行实施办法的规定，建立健全规章制度，树立良好学习风气，认真做好学位授予工作，保证了我国学位授予的质量，为我国高层次人才培养做出了重要贡献。近年来，在学位授予工作中出现了一些学术不端行为，损害了我国学位形象。为进一步加强学术道德和学术规范建设，特提出如下意见。

一、在学位授予工作中加强学术道德和学术规范建设，对树立良好学风，培养正直诚信、恪守科学道德、献身科学研究的拔尖创新人才具有重要作用，各学位授予单位必须高度重视学位授予工作中的学术道德和学术规范建设，保证学位授予质量，自觉维护我国学位授予的严肃性和权威性。

二、学位授予单位要建立健全学术道德标准和学术规范，通过各种有效途径，对学位申请者和指导教师进行学术道德和诚信教育。在整个培养过程中，都要安排必修环节，对学位申请者进行学术道德教育和学术规范训练，培养学位申请者严谨的治学态度和求实的科学精神。要进一步加强指导教师的师德教育，督促指导教师自觉维护学术尊严和学者声誉，加强学术自律，恪守学术诚信和学术道德。

三、学位授予单位要不断深化学术评价制度改革，改进学术评价方法，完善与学位授予相关的考核评价制度，建立有利于提高学位授予质量的、科学合理的学术评价体系。

四、学位授予单位应依据《中华人民共和国学位条例》及其暂行实施办法的规定，建立和完善对学位授予工作中舞弊作伪行为的惩处机制，制定切实可行的处理办法，惩治舞弊作伪行为，促进学术自律。

五、在学位授予工作中，学位授予单位对以下的舞弊作伪行为，必须严肃处理。

（一）在学位授予工作各环节中，通过不正当手段获取成绩；

（二）在学位论文或在学期间发表学术论文中存在学术不端行为；

（三）购买或由他人代写学位论文；

（四）其他学术舞弊作伪行为。

六、学位评定委员会是各学位授予单位负责处理学位授予工作中舞弊作伪行为的评决机构。学位授予单位在处理舞弊作伪行为时，要遵循客观、公正、合法的原则，根据舞弊作伪行为的性质和情节轻重，依据法律、法规和有关规章制度对相关人员做如下处理。

（一）对于学位申请者或学位获得者，可分别做出暂缓学位授予、不授予学位或撤销学位授予的处理；

（二）对于指导教师，可做出暂停招生、取消导师资格的处理；严重败坏学术道德的，由学位授予单位依据国家有关学术不端行为处理办法进行处理；

（三）对于参与舞弊作伪行为的相关人员，由学位授予单位按照有关规定进行处理。

处理结果应报省级学位委员会（军队系统报军队学位委员会）备案，并在一定范围内公开，接受社会监督。

七、学位授予单位调查和处理舞弊作伪行为，要规范程序，查清事实，掌握证据，正确把握政策界限；要对举报人提供必要的保护；要建立合理规范的复议程序，接受被调查者的复议申请，并在规定时间内做出复议决定；要维护被调查者的人格尊严和正当合法权益；对受到不当指控的单位和个人要及时予以澄清。

八、学位授予单位是国家授权从事学位工作的法人单位，对保证学位授予质量负有直接责任，要认真履行职责，加强领导，依据本《意见》精神，完善相关规章制度，制订实施细则，采取切实有效的措施，在学位授予工作中加强学术道德和学术规范建设，努力营造良好的学术环境。

九、各省级学位委员会和军队学位委员会应对本区域或本系统学位授予单位落实本《意见》情况进行监督，指导、协助学位授予单位在学位授予工作中做好学术道德和学术规范建设。

国务院学位委员会

二〇一〇年二月九日

五、质量保证与监督

国务院学位委员会　教育部

关于加强学位与研究生教育质量保证和监督体系建设的意见

（学位[2014]3号）

各省、自治区、直辖市学位委员会、教育厅（教委），新疆生产建设兵团教育局，中国科学院大学，中国社会科学院研究生院，中共中央党校学位评定委员会，中国人民解放军学位委员会，各学位授予单位：

为贯彻落实党的十八大和十八届三中全会精神以及《国家中长期教育改革和发展规划纲要（2010－2020年）》，实施《教育部国家发展改革委财政部关于深化研究生教育改革的意见》（教研〔2013〕1号），走内涵式发展道路，提高研究生教育质量，现就加强学位与研究生教育质量保证和监督体系建设提出如下意见。

一、加强质量保证和监督体系建设的意义

加强质量保证和监督体系建设，在学位与研究生教育事业发展中具有重要作用。面对高层次人才培养的新形势，提高质量是研究生教育改革和发展最核心最紧迫的任务，亟需进一步完善与研究生教育强国建设相适应、符合国情和遵循研究生教育规律的质量保证和监督体系。

二、总体思路

1. 指导思想。全面贯彻落实研究生教育改革精神，转变政府职能，推进管办评分离，树立科学的质量观，以研究生和导师为核心，以学位授予单位为重心，从研究生教育基本活动入手，明确各质量主体职责，保证研究生教育基本质量，创新机制，激发学位授予单位追求卓越的积极性和创造性，不断提高人才培养水平。

2. 建设目标。构建以学位授予单位质量保证为基础，教育行政部门监管为引导，学术组织、行业部门和社会机构积极参与的内部质量保证和外部质量监督体系。内部质量保证体系要明确学位授予单位第一主体的职责，增强质量自律，培育质量文化。外部质量监督体系要加强教育行政部门的政策支撑与宏观监管,以质量为主导统筹资源配置,发挥学术组织、行业部门和社会机构的质量监督作用。

3. 基本原则。①标准先行。根据经济社会发展多样化需求,制定不同类型、层次和学科类别研究生培养和学位授予标准。②分类监管。根据不同主体和对象,采取相应的质量监管方式,加强分类指导和管理。③统筹协调。充分调动各主体的创造性,形成上下配合、内外协调、积极有效的质量保证和监督机制。④支撑发展。质量保证和监督体系建设要有利于促进学位与研究生教育事业科学发展,有利于全面提升研究生教育质量。

三、强化学位授予单位的质量保证

1. 学位授予单位是研究生教育质量保证的主体,要按照《学位授予单位研究生教育质量保证体系建设基本规范》(见附件),健全内部质量保证体系,确立与本单位办学定位相一致的人才培养和学位授予质量标准,建立以培养质量为主导的研究生教育资源配置机制。

2. 学位授予单位要充分发挥学位评定委员会、学术委员会等学术组织在质量保证方面的作用,审定研究生培养方案和学位授予标准,指导课程体系建设,开展质量评价等工作。不断完善导师管理评价机制,把师德师风和研究生培养质量作为导师评价的重点,加强导师对研究生思想、学习和科研实践的教育与指导。

3. 学位授予单位要统筹各类研究生教育经费,建立健全研究生奖助体系,激励优秀人才脱颖而出。加强研究生培养过程管理,畅通分流渠道,加大对不合格学生的淘汰力度,激发研究生学习的积极性和主动性。把学术道德教育和学术规范训练贯穿到研究生培养全过程,建立学风监管与惩戒机制,严惩学术不端行为。

4. 学位授予单位要建立研究生教育质量自我评估制度,组织专家定期对本单位学位授权点和研究生培养质量进行诊断式评估,发现问题,改进学科建设和人才培养工作,不断提高研究生教育质量。鼓励有条件的单位积极开展国际评估。

四、加强教育行政部门的质量监管

1. 委托国务院学位委员会学科评议组和全国专业学位研究生教育指导委员会,按一级学科和专业学位类别分别制定《博士硕士学位基本要求》,为学位授予单位实施研究生培养、各级教育行政部门开展质量监管提供基本依据。

2. 建立学位授权点合格评估制度,以人才培养为核心,制定科学的评估标准,开展研究生教育质量评估工作。按类型、分层次组织实施评估工作,提高评估实效。对存在质量问题的学位授予单位,采取约谈、通报、限期整改直至撤销学位授权等处理办法。不断改进学科评估工作。

3. 开展博士、硕士学位论文抽检工作,强化学位授予单位、导师和研究生的质量意识,加强学位授予管理,保证学位授予质量。建立研究生教育绩效拨款制度,推动人才培养的改革与创新,促进研究生教育质量不断提升。

4. 建立全国研究生教育质量信息平台,及时公开学位与研究生教育相关信息,开展质量调查,定期发布教育行政部门、学位授予单位和相关学术组织的研究生教育质量报告,促进学位授予单位质量自律,加强质量预警,营造良好的质量环境。

5. 省级教育行政部门要加大对本地区学位与研究生教育质量的监管力度,做好硕士学位授权点合格评估、省级重点学科评选、硕士学位论文抽检、优秀学位论文评选等工作。积极推动研究生教育质量监督区域协作机制建设。

五、充分发挥学术组织、行业部门和社会机构的监督作用

1. 充分发挥国务院学位委员会学科评议组、全国专业学位研究生教育指导委员会、中国学位与研究生教育学会等学术组织在研究生教育质量调查研究、标准制订、评估论证及学风建设等方面的重要作用。

2. 充分发挥行业部门在人才培养、需求分析、标准制定、实践训练和专业学位质量认证等方面的积极作用。鼓励社会机构积极参与研究生教育质量监督,逐步建立独立、科学、公正,且具有良好声誉的研究生教育质量社会评价机制。

各省级教育行政部门和学位授予单位要加强领导,把学位与研究生教育质量保证和监督体系建设作为推进研究生教育改革与发展的重要内容,认真做好组织实施工作。省级教育行政部门要根据本地区实际,制定相关措施,统筹本地区研究生教育质量保证和监督工作。学位授予单位要在全面总结已有经验的基础上,健全质量保证体系,不断提高研究生教育质量。

附件:学位授予单位研究生教育质量保证体系建设基本规范

附件

学位授予单位研究生教育质量保证体系建设基本规范

为指导学位授予单位建设内部质量保证体系,制定本规范。

一、目标与标准

确立研究生教育发展目标。根据国家和区域经济社会发展的需求,结合本单位研究生教育实际,确定研究生教育层次、类型、规模和结构等方面的发展目标,并定期调整。

制定学位授予标准。在国家制定的《博士硕士学位基本要求》基础上,按学科或专业学位类别制定与本单位办学定位相一致的博士、硕士学位授予标准。

制定学科专业设置与调整办法。制定本单位一级学科授权点和专业学位授权点增列与撤销办法,二级学科自主设置与调整的办法,明确标准,规范程序,形成学位授权点动态调整机制,优化结构,发展特色。

二、招生管理

制定研究生招生指标配置办法。综合考虑经济社会发展需求,研究生生源质量、培养质量、就业状况,以及培养经费、科研任务、导师队伍、实践基地等研究生培养条件方面的因素,制订以质量为导向的研究生招生指标配置办法。

制定研究生招生选拔规定。建立有效的招生自我约束机制,规范招生选拔,充分明确导师在研究生招生选拔中的职责和权力,加强对考生综合素质和发展潜力的考察,保证招生质量。

三、培养过程与学位授予管理

制定培养方案。培养方案应明确培养目标、课程体系、培养环节,要遵循研究生教育规律,创新培养模式,体现学科特色和学术前沿,突出个性化培养。专业学位研究生培养方案的制定要吸收行业部门参与,注重实践和创新能力培养。

制定研究生课程体系建设办法。根据经济社会发展需求、学科发展前沿和研究生个人发展需要,建构科学合理的课程体系,及时更新课程内容,丰富课程类型。

制定课程教学质量监控办法。明确授课教师资质,规范课程教学,建立科学的教学督导和评价制度,加强对授课质量的监测和评估,提高课程教学质量。制定专业学位研究生实践教学质量的监督与评价办法,保证实践教学质量。

建立健全中期考核制度。不断提高研究生中期考核或博士生资格考试的科学性和有效性,切实发挥其在研究生培养过程中的筛选作用。

健全学位论文开题及评阅制度。论文开题要有规范的程序,论文评阅要保证有一定数量的外单位同行专家参与,加强匿名评阅等适合本单位实际的论文评阅制度建设,有条件的单位应探索国际同行评阅。

健全论文答辩和学位授予制度。完善学位论文预答辩、答辩和答辩后修改等制度。答辩委员会和各级学位评定委员会要严格履行职责,保证学位授予质量。

建立科学道德与学术规范教育制度。在研究生培养过程中安排必修环节,对研究生进行科学精神、科学道德、学术规范、学术伦理和职业道德教育。明确学术不端行为处罚办法。

制定研究生分流与淘汰办法。制定研究生课程学习、中期考核、资格考试和学位论文开题等各阶段的分流与淘汰办法。

四、导师岗位管理

制定导师考核评价办法。规范导师岗位管理,实施导师招生资格审查,建立学术学位和专业学位研究生导师分类考核评价制度。

制定导师交流与培训办法。建立和完善导师国内外学术交流与合作制度,为导师提高学术和实践能力提供平台。加强导师培训,不断提高导师指导能力。

建立导师激励与问责制。完善导师激励制度,明确和保障导师在研究生培养中的责任与权力,调动导师育人积极性,发挥导师科学道德和学术规范的示范作用。完善导师问责制,对培养质量出现问题的导师,视情况分别采取质量约谈、限招、停招等处理。

五、研究生管理与服务

建立健全研究生奖助制度。以鼓励创新为导向,完善机制,充分发挥奖助学金的激励作用。统筹制定各类奖助学金评选办法,保证评选过程公平、公正、公开,奖助学金的评选要有一定比例的导师和研究生参加。

建立研究生权益保护机制。完善研究生培养过程中的正当利益诉求和权利救济机制,加强对研究生的权益保护。

建立研究生就业指导与服务制度。健全研究生就业市场和信息服务体系,加强研究生创业教育,鼓励研究生创业和面向基层就业。

六、条件保障与质量监督

制定研究生教育资源配置办法。按学科或专业学位类别制定研究生教育资源配置办法,保障各类研究生学习、科研、实践和生活等基本条件。

建立自我评估制度。以提高质量为导向,定期开展学位授权点和研究生培养质量自我评估,发现问题,提出改进措施。鼓励有条件的学科或专业学位类别参加国际评估或专业资格认证。

建立质量跟踪和反馈制度。建立毕业生发展质量跟踪调查和反馈制度,定期听取用人单位意见,开展人才培养质量和发展质量分析,及时调整人才培养结构。

建立质量信息公开制度。建立研究生教育质量信息公开制度,主动公开研究生培养质量和发展质量信息,定期发布本单位研究生教育发展质量报告。

七、质量管理与质量文化

健全质量管理组织机构。学位授予单位要明确研究生教育质量管理组织机构,以及学位评定委员会等组织的管理职责,规范研究生培养过程信息与档案管理。

营造质量文化。通过质量制度建设、规范研究生教育过程管理,加强导师、研究生和管理人员的质量意识,形成体现自身发展定位、学术传统与特色的质量文化。

《关于加强学位与研究生教育质量保证和监督体系建设的意见》起草情况的说明

为加强学位与研究生教育质量保证和监督体系建设,学位办组织专家经过反复研究,制定了《关于加强学位与研究生教育质量保证和监督体系建设的意见》(以下简称《意见》)及其附件《学位授予单位研究生教育质量保证体系建设基本规范》(以下简称《基本规范》)《学位授权点合格评估办法》(以下简称《评估办法》)和《博士硕士学位论文抽检办法》(以下简称《抽检办法》)。

一、文件制定的总体考虑

《意见》是贯彻落实《关于深化研究生教育改革的意见》的配套文件,也是研究生教育质量保证和监督体系建设的指导性文件。制定时着重考虑以下几个方面:

1. 体现改革思路。根据研究生教育改革总体要求,围绕提高质量,创新建设理念,改革评价机制,统筹协调各质量主体,形成合力,健全质量保证和监督体系,支撑研究生教育科学发展。

2. 注重整体设计。进一步明确学位授予单位、教育行政部门、学术组织、行业部门和社会机构在体系建设中的职责,突出学位授予单位第一责任主体的地位,发挥多元主体的作用。

3. 坚持重心下移。以研究生和导师为核心,以研究生培养单位为重心,从研究生教育基本活动入手,将质量控制的重心下移到学位授予单位,激发学生和导师的活力。

4. 鼓励特色发展。在保证基本质量的同时,突出对学位授予单位争创高水平研究生教育的引导。充分考虑不同类型、层次研究生教育的特点,强化分类管理、分类评价,鼓励特色发展。

5. 加强质量文化建设。通过制度建设,规范研究生教育管理,增强导师、研究生的质量意识,营造体现学位授予单位自身发展定位、学术传统与特色的质量文化。

二、文件的主要内容

1.《意见》的主要内容。

《意见》从当前质量保证和监督体系存在的基本问题出发,围绕"服务需求,提高质量"这一主线,提出体系建设的总体思路:一是树立科学的研究生教育质量观,主动服务经济社会发展;二是以研究生和导师为核心,调动导师育人和学生学习的积极性;三是以研究生培养单位为重心,充分发挥其在质量保证中的主体作用;四是明确各方职责,在质量保证和监督中不越位、不缺位、不错位;五是在强调基本质量的基础上,突出对研究生培养单位争创高水平、高质量研究生教育的引导;六是促进质量文化建设。

2.《基本规范》的主要内容。

《基本规范》是学位授予单位完善内部质量保证体系的指导性文件,从研究生培养的全过程和基本特点出发,以制度和机制构建为重点,指导学位授予单位建立健全各项规章制度,强化制度实施的有效性,推动学位授予单位自我监督的规范化、专业化和常态化,鼓励发展具有特色、积极有效的内部质量保证体系。

3.《评估办法》的主要内容。

学位授权点评估属于合格评估,以人才培养为核心,统筹考虑学术学位授权点评估和专业学位授权点评估,按类别和层次实行分类评估。评估按照科学、客观、公正的原则,采取学位授予单位自我评估和教育行政部门随机抽评相结合、以自我评估为主的方式进行,对不合格的学位授权点进行处理,并加强评估结果与教育资源配置的有机衔接,发挥评估的导向作用。

4.《抽检办法》的主要内容。

从近几年的经验来看,学位论文抽检是保证学位授予质量的一项行之有效的措施,对强化学位授予单位、导师和研究生的质量意识,加强学位授予管理,保证学位授予质量都发挥了很好的作用,避免了对学位授予单位教学工作的影响。《抽检办法》是对学位论文抽检工作进行制度化、规范化设计。

三、制定文件的简要过程

2012 年 3 月,成立工作组,提出体系建设的总体思路和基本理念。

2012 年 4 月,组织专家实地调研 12 所高校,召开 27 次座谈会,广泛听取省级教育主管部门、一线导师和在学研究生的意见和建议。

2012 年 5 月至 11 月,召开 7 次专题会议,就文件内容进行研究,分别听取不同学位授予单位负责人的意见。

2012 年 11 月至 2013 年 4 月,将文件征求意见稿向 56 所研究生院单位征求意见。

《意见》经本次学位委员会审议后,拟以教育部和国务院学位委员会名义印发。

国务院学位委员会　教育部

关于印发《学位授权点合格评估办法》的通知

（学位[2014]4号）

各省、自治区、直辖市学位委员会、教育厅（教委），新疆生产建设兵团教育局，中国科学院大学，中国社会科学院研究生院，中共中央党校学位评定委员会，中国人民解放军学位委员会，各学位授予单位：

为贯彻落实《国家中长期教育改革和发展规划纲要（2010－2020年）》，实施《教育部国家发展改革委财政部关于深化研究生教育改革的意见》（教研〔2013〕1号），保证我国学位与研究生教育质量，特制定《学位授权点合格评估办法》。现将该办法印发给你们，请遵照执行。

附件：学位授权点合格评估办法

国务院学位委员会　教育部

2014年1月29日

附件

学位授权点合格评估办法

第一条　为保证学位与研究生教育质量，做好学位授权点合格评估工作，依据《中华人民共和国高等教育法》《中华人民共和国学位条例》及其暂行实施办法，制定本办法。

第二条　本办法中的学位授权点是指经国务院学位委员会审核批准的可以授予博士、硕士学位的学科或专业学位类别。

第三条　学位授权点合格评估是我国学位授权审核制度的重要组成部分，每6年进行一轮，获得学位授权满6年的学术学位授权点和专业学位授权点，均须进行合格评估。

第四条 学位授权点合格评估分为学位授予单位自我评估和教育行政部门随机抽评两个阶段,以学位授予单位自我评估为主。每一轮评估的前 5 年为自我评估阶段,最后 1 年为随机抽评阶段。

第五条 学位授权点合格评估遵循科学、客观、公正的原则,以人才培养为核心,重点评估研究生教育质量和学位授予质量。

第六条 博士学位授权点合格评估由国务院学位委员会办公室组织实施,硕士学位授权点合格评估由各省级学位委员会组织实施;其中,军队系统学位授权点合格评估,由中国人民解放军学位委员会组织实施。

第七条 学位授予单位自我评估为诊断式评估,是对本单位学位授权点的全面检查,着眼于发现问题,办出特色,持续提升研究生教育质量。鼓励有条件的单位和学位授权点开展国际评估或专业资格认证。

第八条 学位授予单位自我评估可根据本单位实际,统筹学术学位授权点和专业学位授权点,自主确定评估方式。基本程序是:

(一)制定自我评估实施方案,提出本单位自我评估的基本要求。

(二)学位授权点在总结分析的基础上,按照本单位自我评估基本要求组织自我评估材料。

(三)聘请外单位同行专家对学位授权点进行评议,提出诊断式评议意见。专业学位授权点评议专家应有部分行业专家。

(四)学位评定委员会根据同行专家评议意见,提出各学位授权点的自我评估结果。自我评估结果分为"合格"和"不合格"。

(五)学位授予单位可根据自我评估结果,结合社会对人才的需求和自身发展情况,按学位授权点动态调整的有关办法申请放弃或调整部分学位授权点。

(六)学位授予单位在自我评估的基础上,按抽评部门的要求撰写各学位授权点的《自我评估总结报告》,并在指定的信息平台上向社会公开。

第九条 教育行政部门随机抽评是在学位授予单位自我评估的基础上,随机抽取一定数量的学位授权点进行评估。

(一)各一级学科和专业学位类别的抽评比例一般不低于 20%,覆盖所有学位授予单位。

(二)抽评材料主要是学位授予单位公开的《学位授权点自我评估总结报告》,从信息平台上直接调取。

(三)抽评采用通讯评议的方式进行,个别学位授权点可进行专家实地评估。

(四)博士学位授权点的评议专家为国务院学位委员会学科评议组和全国专业学位研究生教育指导委员会专家;硕士学位授权点的评议专家,由各省级学位委员会和中国人民解放军学位委员会自行确定。评议实行本单位专家回避制。

(五)抽评专家根据抽评材料和本学科或专业学位类别的《博士硕士学位基本

要求》,对学位授权点提出评议意见。评议意见分为“合格”和“不合格”。

第十条 评估结果的认定。

(一)随机抽评的学位授权点按专家评议意见认定。即1/3(含1/3)至1/2(不含1/2)的参评专家认为“不合格”的学位授权点属于限期整改的学位授权点;1/2(含1/2)以上的参评专家认为“不合格”的学位授权点属于不合格学位授权点;其它学位授权点属于合格学位授权点。

(二)未抽评的学位授权点按学位授予单位自我评估结果认定。自我评估为“合格”的学位授权点属于合格学位授权点;自我评估为“不合格”的学位授权点属于限期整改的学位授权点。

(三)未开展自我评估的学位授权点视为自动放弃学位授权,按不合格学位授权点认定。

第十一条 省级学位委员会和中国人民解放军学位委员会将学位授权点合格评估结果和处理意见报国务院学位委员会办公室,由国务院学位委员会办公室报国务院学位委员会审批。

第十二条 国务院学位委员会根据学位授权点合格评估结果和处理意见,依据《中华人民共和国学位条例》第十八条之规定,分别做出限期整改或撤销学位授权的处理决定。处理决定向社会公开。

第十三条 撤销授权的学位授权点,5年内不得申请学位授权,其在学研究生可按原渠道完成学位授予。

第十四条 新增学位授权点获得学位授权满3年后,须接受专项合格评估。专项合格评估由国务院学位委员会办公室统一组织,委托国务院学位委员会学科评议组和全国专业学位研究生教育指导委员会实施。评估结果按本办法第十条和第十二条之规定进行认定和处理。

第十五条 学位授予单位要保证自我评估材料的真实可信,对公开材料存在弄虚作假的学位授权点,将直接列为限期整改的学位授权点;经整改仍无法达到要求者,视为不能保证所授学位的学术水平,将撤销学位授权。

第十六条 各有关单位、组织、专家和人员应严格遵守评估纪律,坚决排除非学术因素的干扰,对在评估活动中存在违纪行为的单位和个人,将依据有关法规严肃处理。

第十七条 省级学位委员会、中国人民解放军学位委员会和学位授予单位,可根据本办法制定相应的实施细则。

第十八条 本办法由国务院学位委员会办公室负责解释。

国务院学位委员会　教育部

关于开展学位授权点合格评估工作的通知

（学位[2014]16号）

各省、自治区、直辖市学位委员会，新疆生产建设兵团教育局，中国科学院大学，中国社会科学院研究生院，中共中央党校学位评定委员会，中国人民解放军学位委员会，各学位授予单位：

根据《学位授权点合格评估办法》（学位〔2014〕4号，以下简称《评估办法》），经研究，国务院学位委员会、教育部决定于2014~2019年开展学位授权点合格评估工作，现将有关事项通知如下：

一、评估范围

1.2008年以前（含2008年）获得授权的学术学位授权点和专业学位授权点。

2.2011年以二级学科学位授权点为基础增列的一级学科学位授权点。

3.2011年—2012年按照《学位授予和人才培养学科目录（2011年）》对应调整的学术学位授权点。

4.2009年以后批准的其它新增学位授权点（不含服务国家特殊需求人才培养项目，其评估工作按项目批复文件执行）须进行专项评估。具体事宜另行通知。

二、评估安排

评估工作分为学位授予单位自我评估和教育行政部门随机抽评两个阶段，其中2014~2018年为自我评估阶段，2019年为随机抽评阶段。

（一）学位授予单位自我评估

1.自我评估为诊断式评估，是对本单位学位授权点的全面检查，着眼于发现问题，办出特色，由各学位授予单位按照《评估办法》的要求和程序自主组织实施。

2.学位授予单位参考《学位授权点自我评估指南》（见附件1），研究制定本单位评估工作方案，内容包括自我评估的组织机构、组织形式、评估方式、评估内容、时间安排和工作流程等。评估工作方案应于2015年3月30日前,通过“全国学位与研究生教育质量信息平台”报送国务院学位委员会办公室和所在地省级学位委员会办公室。

3. 学位授予单位根据本单位实际情况,按照诊断式评估要求,统筹考虑学术学位授权点和专业学位授权点、博士学位授权点和硕士学位授权点,合理确定评估方式。评估方式可以是国内同行专家评估、国际评估或质量认证等。

4. 自我评估的标准和内容由学位授予单位自主确定。评估标准要体现本单位的办学水平和研究生教育发展目标;评估内容要突出人才培养,人才培养质量标准不得低于国家制定的《博士硕士学位基本要求》。

5. 学位授予单位可根据自我评估结果,结合人才需求、学科条件和本单位发展目标,按照学位授权点动态调整的相关规定,对学位授权点进行调整或撤销学位授权点。

6. 学位授予单位在自我评估完成后,参照《学位授权点抽评要素》(见附件2),按《学位授权点自我评估总结报告》(见附件3)的要求,编写各学术学位授权点和专业学位授权点的自我评估总结报告,填写《学位授权点自我评估结果汇总表》(见附件4)。《学位授权点自我评估结果汇总表》和各学位授权点的《自我评估总结报告》,应于2018年11月30日前通过“全国学位与研究生教育质量信息平台”向社会公开。

7. 自我评估材料和专家评议意见由各学位授予单位归档保存,教育行政部门可根据工作需要随时调取。

(二)教育行政部门随机抽评

1. 具有博士和硕士学位授权的学位授权点随机抽评由国务院学位委员会办公室组织实施;未获得博士学位授权的硕士学位授权点随机抽评由各省级学位委员会组织实施。其中,军队系统的博士、硕士学位授权点随机抽评由中国人民解放军学位委员会组织实施。

2. 随机抽评以自我评估为基础,根据《学位授权点抽评要素》,从学位授权点基本条件和人才培养两方面进行评价,以人才培养为重点。评价材料为各学位授予单位的《学位授权点自我评估总结报告》,根据工作需要,也可从学位授予单位直接调取自我评估材料。

3. 各省级学位委员会和中国人民解放军学位委员会的抽评结果和处理意见,请于2019年11月30日前以书面形式报国务院学位委员会办公室。

4. 国务院学位委员会办公室委托国务院学位委员会学科评议组和全国专业学位研究生教育指导委员会,在自我评估和随机抽评的基础上,撰写各一级学科和专业学位类别(领域)的发展报告。

三、结果处理

国务院学位委员会办公室汇总评估结果，报国务院学位委员会审批。国务院学位委员会根据学位授权点合格评估结果，分别做出继续授权、限期整改或撤销学位授权的处理决定。处理决定向社会公开。

附件：1. 学位授权点自我评估指南

2. 学位授权点抽评要素

3. 学位授权点自我评估总结报告

4. 学位授权点自我评估结果汇总表

国务院学位委员会　教育部

2014 年 6 月 26 日

附件 1

学位授权点自我评估指南

根据《学位授权点合格评估办法》，为指导学位授予单位做好学位授权点自我评估工作，制定本指南。

一、评估内容

自我评估是对本单位学位授权点水平和人才培养质量的全面检查，根据本单位的办学定位和研究生培养质量标准，从目标定位、研究方向、师资队伍、人才培养、科学研究、学术交流、资源配置、制度建设等方面，真实、准确考察学位授权点的目标达成度。

二、组织方式

学位授予单位要建立自我评估组织协调机制，指定专门机构负责组织实施。根据本单位学位授权点数量、学科结构和院系设置等情况，统筹规划评估工作，研究制订工作方案。评估工作方案应包括自我评估的组织机构、组织形式、评估方式、评估内容、时间安排和工作流程等内容。

三、评估方式

评估方式由学位授予单位根据本单位实际情况自主确定，可以是国内同行专家评估、国际评估或质量认证等。

1. 专家聘请。学位授予单位根据自主确定的评估方式，聘请外单位同行专家，人数不少于 5 人。评估专家一般应是本学科领域学术水平较高的研究生导师。专业学位授权点评估专家应包括行业专家。开展国际评估，选聘专家应是本学科领域国际上具有较高学术水平和影响力的境外专家。

2. 专家沟通。学位授予单位应事先与评估专家进行充分沟通,向专家说明本单位的办学目标、人才培养质量标准、评估目的、评估方式、工作要求和工作流程等,听取专家对评估工作安排的意见。

3. 材料组织。学位授予单位根据最终确定的评估安排和要求,组织自我评估材料。评估材料应提前发送专家,根据专家意见,补充完善自评材料。

4. 专家评估。评估专家通过听取总体汇报、与师生和管理人员座谈、查阅有关资料等方式,了解学位授权点基本情况。专家组经过充分讨论,提出诊断式评议意见。专家评议意见应具有较强的针对性,从学位授权点建设的各个方面,指出其存在的问题与不足,并提出改进建议。

四、评估结果

学位授予单位根据专家评议意见确定学位授权点自我评估结果,并根据评估结果,结合本单位发展规划,提出学位授权点调整意见。

五、改进提升方案

学位授予单位根据评估过程中发现的问题和不足,结合评估专家意见,制定各学位授权点改进提升方案。改进提升方案应具有可操作性,包括未来一段时间的发展目标和保障措施。

六、总结报告

学位授予单位应在自我评估的基础上,按照国家规定的撰写提纲和抽评要素,编写各学位授权点的《自我评估总结报告》,并在"全国学位与研究生教育质量信息平台"上向社会公开,用于随机抽评。

七、其他

1. 合理安排评估进程。自我评估要根据本单位实际情况,根据学位授权点数量,统筹考虑评估工作安排。可采用先试点,再逐步开展的方式,不断总结经验,改进评估办法,确保评估工作有序进行。

2. 确保评估取得实效。学位授予单位应加强评估过程管理,明确评估是手段、诊断是目的,重在发现问题、解决问题,避免评估走过场、形式化,确保自我评估达到预期目标。

3. 严格遵守评估纪律。学位授予单位要严明评估纪律,坚决排除非学术因素的干扰,保证自我评估公平公正。对违反评估纪律和材料作假的单位和人员进行严肃处理。

附件 2

学位授权点抽评要素

一级要素	二级要素	主要内容
1. 目标与标准	1.1 培养目标	本学位点培养研究生的目标定位
	1.2 学位标准	本学位点授予博士、硕士学位的基本标准
2. 基本条件	2.1 培养方向	本学位点的主要培养方向简介
	2.2 师资队伍	各培养方向带头人、主要师资队伍情况
	2.3 科学研究	本学位点已完成的主要科研项目以及部分在研项目的情况
	2.4 教学科研支撑	本学位点支撑研究生学习、科研的平台情况
	2.5 奖助体系	本学位点研究生奖助体系的制度建设、奖助水平、覆盖面等情况
3. 人才培养	3.1 招生选拔	学位授权点研究生报考数量、录取比例、录取人数、生源结构情况，以及为保证生源质量采取的措施
	3.2 课程教学	本学位点开设的核心课程及主讲教师。课程教学质量和持续改进机制
	3.3 导师指导	导师队伍的选聘、培训、考核情况。导师指导研究生的制度要求和执行情况
	3.4 学术训练（或实践教学）	研究生参与学术训练的情况，专业学位研究生参与实践教学的情况，包括制度保证、经费支持等
	3.5 学术交流	研究生参与国际国内学术交流的基本情况
	3.6 分流淘汰	研究生特别是博士生分流情况，提供研究生分流淘汰相关数据
	3.7 论文质量	本学位点学位论文在各类论文抽检、评审中的情况和论文质量分析
	3.8 学风教育	本学位点科学道德和学术规范教育情况，学术不端行为处罚情况
	3.9 管理服务	研究生权益保障制度建立情况，在学研究生学习满意度调查情况
	3.10 就业发展	本学位点毕业研究生的就业率、就业去向分析，用人单位意见反馈和毕业生发展质量调查情况

注：本抽评要素仅供随机抽评使用，是教育行政部门评价学位授权点的主要内容。

附件3

学位授权点自我评估总结报告

学位授予单位	名称:
	代码:
授 权 学 科（类别）	名称:
	代码:
授 权 级 别	□ 博 士
	□ 硕 士

201　年　月　日

编 写 说 明

一、本报告是在学位授权点完成自我评估后,根据自我评估结果和专家评议意见,对学位授权点的全面总结,分为三个部分:学位授权点基本情况、自我评估工作开展情况和持续改进计划。

二、本报告按学术学位授权点和专业学位授权点分别编写,同时获得博士、硕士学位授权的学科或专业学位类别,只编写一份总结报告。

三、封面中单位代码按照《高等学校和科研机构学位与研究生管理信息标准》(国务院学位委员会办公室编,2004 年 3 月北京大学出版社出版)中教育部《高等学校代码》(包括高等学校与科研机构)填写;学术学位授权点的学科名称及代码按照国务院学位委员会和教育部 2011 年印发的《学位授予和人才培养学科目录》填写,只有二级学科学位授权点的,授权学科名称及代码按照国务院学位委员会和原国家教育委员会 1997 年颁布的《授予博士、硕士学位和培养研究生的学科、专业目录》填写;专业学位授权点的类别名称及代码按照国务院学位委员会、教育部 2011 年印发的《专业学位授予和人才培养目录》填写;同时获得博士、硕士学位授权的学科或专业学位类别,授权级别选"博士";只获得硕士学位授权的学科或专业学位类别,授权级别选"硕士"。

四、本报告采取写实性描述,能用数据定量描述的,不得定性描述。定量数据除总量外,尽可能用师均、生均或比例描述。报告中所描述的内容和数据应确属本学位点,必须真实、准确,有据可查。

五、本报告的各项内容须是本学位点近 5 年来的情况,统计时间以本报告撰写时间为截止时间,往前推算 5 年为起始时间。

六、除特别注明的兼职导师外,本报告所涉及的师资均指目前人事关系隶属本单位的专职人员(同一人员原则上不得在不同学术学位点或不同专业学位点重复填写)。

七、本报告中所涉及的成果(论文、专著、专利、科研奖励、教学成果奖励等)应是署名本单位,且同一人员的同一成果不得在不同学术学位点或不同专业学位点重复填写。引进人员在调入本学位点之前署名其他单位所获得的成果不填写、不统计。

八、涉及国家机密的内容一律按国家有关保密规定进行脱密处理后编写。

九、本报告文字使用四号宋体,字数不超过 8000 字,纸张限用 A4。

一、学位授权点基本情况

【本部分由学位授权点根据《学位授权点抽评要素》的主要内容进行编写,但不局限于抽评要素中所列的主要内容。编写时应体现本学位授权点的特色和人才培养水平,相关数据统计、清单列表可以使用图表表示。博士学位授权点涉及博士、硕士内容不同的部分可分别描述。】

二、自我评估工作开展情况

【描述自我评估的组织机构、工作流程、日程安排等情况;提供自我评估所选聘的外单位同行评估专家名单;概括描述同行专家对本学位授权点的意见,包括目前存在的问题及相关改进建议。】

三、持续改进计划

【针对存在的问题,提出本学位授权点的持续改进计划,包括未来一段时间的发展目标和保障措施。】

附:本学位授权点培养方案

附件4

学位授权点自我评估结果汇总表

学位授予单位名称(代码):________________ 201　年　月　日填

授权学科(类别)		权级别①	自我评估结果②	处理意见③
代码	名　称			

注:①填写“博士”或“硕士”。
②填写“合格”或“不合格”。
③拟撤销的学位授权点,填写“撤销”;拟调整的学位授权点,填写拟调整增列学位授权点的学科(类别)代码和名称。

国务院学位委员会　教育部

关于开展2014年学位授权点专项评估工作的通知

（学位[2014]17号）

各省、自治区、直辖市学位委员会，新疆生产建设兵团教育局，中国科学院大学，中国社会科学院研究生院，中共中央党校学位评定委员会，中国人民解放军学位委员会，各学位授予单位，国务院学位委员会学科评议组，全国专业学位研究生教育指导委员会：

根据《学位授权点合格评估办法》（学位〔2014〕4号）和《关于开展学位授权点合格评估工作的通知》（学位〔2014〕16号）要求，现就2014年学位授权点专项评估工作通知如下：

一、评估范围

2009~2011年获得授权的学术学位授权点和专业学位授权点（不含2011年以二级学科学位授权点为基础增列的一级学科学位授权点、2011~2012年按照《学位授予和人才培养学科目录（2011年）》对应调整的学术学位授权点和服务国家特殊需求人才培养项目），名单见附件。

二、评估组织

专项评估由国务院学位委员会办公室负责，委托国务院学位委员会学科评议组（以下简称学科评议组）和全国专业学位研究生教育指导委员会（以下简称教指委）组织实施。

三、评估内容

专项评估主要是检查学位授权点研究生培养体系的完备性，包括师资队伍（队伍结构、导师水平）、人才培养（招生选拔、培养方案、课程教学、学术训练或实践教学、学位授予）和质量保证（制度建设、过程管理、学风教育）等。具体评估指标与内容，由学科评议组和教指委结合人才培养特点分别制定。

四、评估方式

专项评估采取通讯评议或会议评议的方式进行，一般不进校评估。学科评议组或教指委认为确有必要的，可选择部分学位授权点进行实地考察。

五、评估程序

1.学科评议组和教指委根据本学科或专业学位类别的实际,按照本通知要求,研究制定专项评估工作方案,内容应包括评估方式、评估指标与内容、材料报送和评估安排等,由国务院学位委员会办公室转发相关学位授予单位。

2.学位授予单位按照专项评估工作方案的要求,撰写评估材料。评估材料、培养方案和质量保证制度等材料,通过“全国学位与研究生教育质量信息平台”向社会公开。

3.学科评议组和教指委可以组织学科评议组成员或教指委委员对部分学位授权点进行实地考察。实地考察方案和单位名单,由学科评议组和教指委商国务院学位委员会办公室确定。实地考察费用由国务院学位委员会办公室统一安排,评估专家不得收取被考察单位的礼金和纪念品等。

4.学科评议组和教指委根据《博士硕士学位基本要求》、学位授予单位有关材料和实地考察情况,对学位授权点进行评议。采取通讯评议的,可以使用教育部学位与研究生教育发展中心的网上评议平台进行。

5.学科评议组成员和教指委委员在认真评阅材料后,对学位授权点进行表决,表决结果分为“合格”和“不合格”。

6.学科评议组和教指委根据《学位授权点合格评估办法》和专家表决结果,对学位授权点提出处理意见,并于2015年11月30日前报国务院学位委员会办公室。

六、结果处理

国务院学位委员会办公室汇总评估结果,报国务院学位委员会审批。国务院学位委员会根据学位授权点专项评估结果,分别做出继续授权、限期整改或撤销学位授权的处理决定。处理决定向社会公开。

学位授权点专项评估是学位授权点合格评估的重要内容,是我国研究生教育质量监督的重要手段,对保证学位授权点和研究生教育质量具有重要作用。各学科评议组、教指委和学位授予单位要高度重视,认真组织,确保评估工作取得实效。对评估过程中存在弄虚作假和违反评估纪律的单位或个人,将按照有关规定严肃处理。

附件:2014年法律硕士专业学位授权点专项评估工作方案

国务院学位委员会　教育部

2014年6月26日

附件

2014年法律硕士专业学位授权点专项评估工作方案

根据国务院学位委员会、教育部《关于开展2014年学位授权点专项评估工作的通知》(学位[2014]17号)文件精神和要求,现就2014年法律硕士专业学位授权点专项评估工作安排如下:

一、评估范围

2009~2011年获得授权的36个法律硕士专业学位授权点(名单见附件1),不含承担服务国家特殊需求人才培养项目的中央司法警官学院、山东政法学院。

二、评估组织

受国务院学位委员会和教育部的委托,法律硕士专业学位授权点的评估工作由全国法律专业学位研究生教育指导委员会(以下简称"教指委")组织实施,由"教指委"委员或相关专家组成评议专家组开展相关工作。

三、评估内容

专项评估主要是检查学位授权点研究生培养体系的完备性,包括师资队伍(队伍结构、导师水平)、人才培养(招生选拔、培养方案、课程教学、学术训练或实践教学、学位授予)和质量保证(制度建设、过程管理、学风建设)等。

专项评估的具体评估指标体系见附件2。

四、评估程序与方式

(一)"教指委"研究制定专项评估工作方案,报送国务院学位委员会办公室,由学位办转发各参评单位。

(二)各参评单位按照文件要求进行自我评估,并于2015年3月31日之前将《法律硕士专业学位授权点自我评估总结报告》(见附件3)上传至"全国学位与研究生教育质量信息平台"(http://zlxxpt.chinadegrees.cn)向社会公开。

(三)"教指委"组织专家对评估材料进行评议。评议专家通过教育部学位与研究生教育发展中心网上评议平台,对参评单位报送的评估材料进行通讯评议。网上评议的时间为2015年4月1日至30日。

(四)专家初步评议工作完成后,"教指委"于2015年6月底前进行会议评审,根据《学位授权点合格评估办法》、本专项评估工作方案和专家评议的情况,对各参评单位的学位授权点进行表决。

对于确有必要进行实地考察的,由"教指委"提出实地考察方案和单位名单,商国务院学位办确定后统一安排实地考察。

五、结果处理

“教指委”评议结束后,全部评估材料于2015年11月20日之前报送国务院学位办,由国务院学位办分别情况做出继续授权、限期整改、撤销学位授权的处理决定。处理决定向社会公开。

本次评估是法律硕士专业学位授权点的首次评估,对保证学位授权点和法律硕士专业学位研究生教育质量具有重要作用。各参评单位要高度重视这项工作,认真组织开展自我评估,严格遵守评估纪律,坚决排除非专业因素的干扰,确保评估工作取得实效。对于未按照指定时间上传评估材料的视为自动放弃专项合格评估,按不合格认定。对评估过程中存在弄虚作假和违反评估纪律的单位或个人,“教指委”将会同国务院学位办按照有关规定严肃处理。

参评单位在评估过程中有请示事项或咨询问题的,可与“教指委”秘书处联系。联系人:吕伟耀,联系电话:010-65153256,邮箱:lvwy0205@126.com。

附件:(略)

法硕教指委

关于做好专业学位授权点专项评估相关工作进一步提高法律专业学位研究生教育质量的通知

（法指委[2016]3号）

各法律硕士培养单位：

2016年3月，国务院学位委员会印发《关于下达2014年学位授权点专项评估结果及其处理意见的通知》（学位[2016]5号），公布了对2009～2011年获得授权的36个法律硕士专业学位授权点专项评估结果及其处理意见。《通知》明确：（一）评估结果为“合格”的学位授权点可继续行使学位授权。（二）评估结果为“限期整改”的学位授权点，自发文之日起进行为期两年的整改，2016年招生工作结束后暂停招生；整改结束后接受复评，复评结果为“合格”的恢复招生；整改结果达不到“合格”的撤销学位授权。（三）评估结果为“不合格”的学位授权点，自发文之日起撤销学位授权，5年内不得重新申请；2016年招生工作结束后不得招生，在学研究生按原渠道培养、授予学位。

学位授权点专项评估主要是检查学位授权点研究生培养体系的完备性，包括师资队伍（队伍结构、导师水平）、人才培养（招生选拔、培养方案、课程教学、学术训练或实践教学、学位授予）和质量认证（制度建设、过程管理、学风建设）等，是学位授权点合格评估的重要内容，是研究生教育质量监督的重要手段，对于提高法律专业学位研究生教育质量具有重要意义。各法律硕士培养单位要高度重视，认真学习贯彻专业学位授权点评估有关文件精神，学习总结专项评估工作经验，切实找准自身差距、补齐短板，进一步提高法律硕士培养水平。

要高度重视、认真总结。各培养单位要高度重视国务院学位委员会专项评估工作，认真学习贯彻专项评估有关文件精神，学习借鉴评估结果为“合格”的学位授权点的好经验好做法，进一步增强责任感和使命感，全面加强法律硕士教育教学各项工作，不断提高人才培养的质量和水平。

要对照检查、找准差距。各培养单位要突出问题导向，根据国务院学位委员会、教育部、全国法律专业学位研究生教育指导委员会关于专项评估等部署要求,按照《法律硕士专业学位授权点专项评估指标体系》等文件提出的具体指标,对本学位授权点研究生培养体系的完备性进行全面对照检查,重点是对师资队伍、人才培养和质量保证等各项工作全面进行自我评估、自我诊断,通过自我评估找准问题和差距。

要抓好落实、补足短板。各培养单位要坚持以评促建、以评助建。依据接受评估和自我评估结果,对关键数据进行分析研究,形成本学位授权点发展状况与质量监测报告,对查找到的问题进行全面梳理,提出整改落实措施,制定改进提高方案,切实补足"短板",全面夯实基础,提高法律硕士办学能力,提升人才培养质量。要制定教育质量监督制度,建立健全自我评估制度和内部监督制度,切实加强自我评估和自我管理,不断提高质量保障水平。特别是天津财经大学授权点要严格按照国务院学位委员会要求,制定整改方案,抓紧整改提高,切实解决评估中发现的突出问题,为接受复评做好充分准备。

附件:2014 年学位授权点专项评估结果

全国法律硕士专业学位教育指导委员会
2016 年 5 月 18 日

附件

2014 年学位授权点专项评估结果

学位授予单位名称	类别名称	评估结果
北京交通大学	法律硕士	合格
北京航空航天大学	法律硕士	合格
北京理工大学	法律硕士	合格
北京科技大学	法律硕士	合格
北京工商大学	法律硕士	合格
首都经济贸易大学	法律硕士	合格
天津财经大学	法律硕士	限期整改
山西财经大学	法律硕士	合格
延边大学	法律硕士	合格
东北师范大学	法律硕士	合格
吉林财经大学	法律硕士	合格
华东理工大学	法律硕士	合格

上海海事大学	法律硕士	合格
上海师范大学	法律硕士	合格
上海对外贸易大学	法律硕士	合格
河海大学	法律硕士	不合格
中国科学技术大学	法律硕士	合格
山东科技大学	法律硕士	合格
中国地质大学	法律硕士	合格
武汉理工大学	法律硕士	合格
华南师范大学	法律硕士	合格
广西大学	法律硕士	合格
广西民族大学	法律硕士	合格
西南交通大学	法律硕士	合格
西南科技大学	法律硕士	合格
西南民族大学	法律硕士	合格
贵州民族大学	法律硕士	合格
云南财经大学	法律硕士	合格
云南民族大学	法律硕士	合格
西北民族大学	法律硕士	合格
扬州大学	法律硕士	合格
甘肃政法学院	法律硕士	合格
中国青年政治学院	法律硕士	合格
广东外语外贸大学	法律硕士	合格
中共中央党校	法律硕士	合格
四川省社会科学院	法律硕士	合格

国务院教育督导委员会办公室
关于开展专业学位水平评估试点工作的通知

（国教督办函［2016］16号）

有关省、自治区、直辖市教育厅（教委）、专业学位授予单位：

为全面贯彻落实《国家中长期教育改革和发展规划纲要（2010－2020年）》，根据《教育督导条例》有关精神和国务院教育督导委员会2016年重点工作安排，充分发挥教育督导评估作用，推动专业学位内涵建设，在广泛调研、科学论证的基础上，决定开展专业学位水平评估试点工作。

本次评估在法律、教育、临床医学（不含中医）、口腔医学、工商管理、公共管理、会计、艺术（音乐）8个专业类别进行试点。现将《专业学位水平评估试点工作实施方案》印发你们，请遵照执行。有关评估试点工作委托教育部学位与研究生教育发展中心负责具体实施，具体事宜由该中心另行通知。

附件：专业学位水平评估试点工作实施方案

国务院教育督导委员会办公室

2016年3月11日

附件

专业学位水平评估试点工作实施方案

为确保专业学位水平评估试点工作顺利开展，推动专业学位内涵建设，提升专业学位研究生教育质量，特制定本方案。

一、评估组织实施

专业学位水平评估试点工作由国务院教育督导委员会办公室统一组织，委托教育部学位与研究生教育发展中心（以下简称学位中心）负责具体实施。有关省（区、市）教育行政部门按照评估试点工作安排，协助发布评估信息、监督评估过程、指导本行政区域内的评估试点工作。各学位授予单位负责做好本单位符合参评条件的专业学位授权类别的申报、评估材料提交等工作,并对提供评估材料的真实性负责。

二、评估时间

本次评估试点工作于2016年3月正式启动,2016年年底完成。

三、评估范围

本次评估选取设置时间较早、社会关注度较高的8个专业学位类别进行试点,分别为:

(一)法律硕士专业学位

(二)教育硕士专业学位

(三)临床医学(不含中医相关领域)博士、硕士专业学位

(四)口腔医学博士、硕士专业学位

(五)工商管理(含高级管理人员工商管理)硕士专业学位

(六)公共管理硕士专业学位

(七)会计硕士专业学位

(八)艺术(音乐领域)硕士专业学位

其中,教育硕士专业学位,临床医学(不含中医相关领域)博士、硕士专业学位,口腔医学博士、硕士专业学位三个专业学位类别评估范围仅限全日制教育部分。工商管理硕士专业学位包括工商管理硕士(MBA)和高级管理人员工商管理硕士(EMBA)两部分。

四、参评条件

各参评专业学位授权类别应同时满足以下条件:

(一)截至2015年12月31日,已有三届以上(含三届)毕业生。

(二)近三年毕业生总人数不少于50人。

五、评估程序

(一)信息采集

学位中心通过相关系统进行信息采集,采集信息包括“参评单位填报信息”“调查信息”“公共信息”三部分。各参评单位应积极配合采集工作,保证填报信息的真实性。填报信息如有不属实情况,一经查明,严肃处理。

(二)信息核查与审计

1. 初步核审

信息核查采用专门系统自动筛查与人工核对相结合方式进行,主要包括五个方面内容:一是按信息采集标准,对参评单位填报信息进行筛查,确保信息完整性;二是对多单位、多专业重复填写的信息进行核查,确保信息合理性;三是利用学位中心的公共信息库对填报信息进行比对,确保信息一致性;四是对部分信息进行抽查,请参评单位提供清单或证明材料,确保信息真实性;五是根据调查问卷结果,核对学校

部分填报信息,确保信息有效性。

2. 信息公示与异议

为确保参评数据真实可靠,在确保国家信息安全的前提下,本次评估将在参评单位范围内公示相关数据。公示期间接受有关省(区、市)教育行政部门、各参评单位等利益相关方的异议,学位中心负责接受、处理异议的书面材料。

3. 诚信确认与审计

学位中心将核查结果和公示异议反馈有关参评单位,参评单位应在规定时间内,对存有异议的信息进行修正或提供有效证明材料,报送学位中心再次审计核实。学位中心将对出现问题较多的单位进行全面抽查与再审计。

(三)问卷调查与专家评价

1. 问卷调查

本次评估将向在校生、毕业生和用人单位进行问卷调查,获取相关评估数据。

为保证调查问卷质量,主要采取以下举措:一是开展多角度关联调查,确保调查的全面性;二是采用大样本调查,保证调查信息真实准确;三是多维度量表式问卷设计,提高问卷科学性和有效性;四是依托"研究生教育质量网络调查平台",保障问卷发放与回收效率;五是过程监控,发现问题及时处理。

2. 专家评价

指标体系中主观评估部分,将聘请教育专家、教育管理专家、行业专家等进行评价。

为确保评估质量,提高专家遴选的科学性,主要采取以下措施:一是分类建立专业学位专家库,优化专家专业和特长分布;二是规范专家入库条件,确保专家队伍质量;三是按"随机、保密、回避"的原则,保证专家遴选与评价的公正性。

(四)结果统计

评估结果统计按照"精确计算、聚类统计、淡化排名"的原则,按体系精确计算得到原始值,采用聚类算法,对总体和分项原始值进行优化集聚,确保评估结果更能满足各方面的需求。

六、评估结果使用和分析服务

评估结果按专业学位目录对参评单位进行分档处理,从多个角度分类,以适当方式向社会发布,并向有关部门和单位反馈。

突出"加强监督,以评助建",根据有关部门和参评单位需求提供分析服务。通过对评估结果及关键数据进行分析、研究,向参评单位提供分析报告,促进学校专业学位内涵建设,不断提升专业学位研究生教育质量。依据评估结果,形成专业学位发展状况与质量监测报告,服务教育督导评估、政府决策和资源配置等。

教育部学位与研究生教育发展中心
关于实施专业学位水平评估试点工作的通知

（学位中心[2016]28号）

有关省、自治区、直辖市教育厅(教委)、专业学位授予单位：

根据《国务院教育督导委员会办公室关于开展专业学位水平评估试点工作的通知》(国教督办函〔2016〕16号)，受国务院教育督导委员会办公室(以下简称督导办)委托，教育部学位与研究生教育发展中心(以下简称学位中心)负责专业学位水平评估试点工作的具体实施。为保证评估工作顺利开展，现就有关事宜通知如下：

一、评估组织实施

专业学位水平评估工作由督导办统一组织，学位中心具体实施。省(市)教育行政主管部门按照评估工作安排，协助发布评估信息、监督评估过程、指导本行政区域内的评估工作。各学位授予单位负责做好本单位符合参评条件的专业学位类别的申报、评估材料提交等工作，并对评估材料的真实性负责。

二、材料填写与报送

各专业学位授予单位于2016年4月18日至25日登录“专业学位水平评估系统”(以下简称评估系统，网址：http://www.cdgdc.edu.cn/pgsh)填写并提交“参评单位联系人信息表”(见附件1)和“参评专业学位类别申报表”(见附件2)。登录名和密码已随本文件提供，登录名和密码代表单位权益，请妥善保管。

(一)填写评估材料

请各参评单位于2016年5月16日至30日登录评估系统，按照“专业学位水平评估指标体系及有关说明”(见附件3)，填写并提交以下评估材料。

1. 专业学位水平评估简况表(见附件4)

2. 学生和用人单位联系信息采集表(见附件5)

各参评单位提供学生、用人单位联系信息等辅助材料，要求如下：

(1)在校学生联系信息：各参评单位按专业学位类别，填写参评专业学位范围内现有在学全体学生的有效联系信息。

(2)毕业生联系信息:学位中心从学位授予信息库中以随机抽取方式提供参评专业学位授权类别近三年80%毕业生。各参评单位按专业学位类别填写毕业生相关信息。

(3)用人单位联系信息:请各单位根据学位中心抽取名单提供相关毕业生用人单位联系信息,另需提供本专业学位授权类别近三年就业最集中的5个用人单位联系信息(不与抽取名单提供的用人单位重复)。

学位中心将对相关调查信息作保密处理。在调查对象信息收集期间,参评单位应将本次评估的基本情况和问卷调查的基本目的充分告知调查对象,并请调查对象积极配合问卷调查,以保证问卷回收率。问卷调查工作开始后,除必要的通知事项外,参评单位需主动回避调查对象,不要通过任何渠道影响调查对象作答问卷,以保证结果的客观公正。如填报数量不足或信息误差较大导致问卷有效回收率过低,致使问卷信息无法有效分析和使用的,学位中心将作相应处理。

3. 参评专家联系信息表(见附件6)

本项评估工作参评专家由专业学位教育专家、教育管理专家、行业专家组成。请各参评单位登录评估系统,填写"参评专家联系信息表"。每个参评专业学位类别需推荐专业学位教育专家3名、具有专业学位研究生教育管理经验的专家1名、具有相关行业工作经历的行业专家2名。

(二)报送评估材料

1. 报送填报材料

请各参评单位将"参评单位联系人信息表""参评专业学位类别申报表""专业学位水平评估简况表""学生和用人单位联系信息采集表""参评专家联系信息表"五类电子版信息通过评估系统下载打印,形成纸质材料,一式两份加盖公章,于2016年6月6日前寄送至学位中心评估处(以寄送日期为准),未寄送或逾期视为自动放弃。

为真实反映各专业学位授权点情况,确保评估结果和评估分析服务的准确性和完整性,各参评单位所填报信息务必客观真实、完整有效,并保证提交的纸质与电子材料一致。因填报信息不完整而造成评估结果和评估分析偏差的,由参评单位自行承担相应后果。

一旦发现信息造假及操控调查信息行为,学位中心将上报督导办严肃处理。

2. 报送佐证材料

为确保填报数据的可靠性,参评单位须提供相关佐证材料。佐证材料分两类,一类须扫描上传,请各单位根据填报"专业学位水平评估简况表"的相关要求做好上传;另一类为备查(核查环节无法核实的信息均为备查内容)。上传材料的相关要求为：上传材料为PDF格式，一项材料为多页时，制作成一个PDF文件；关键信息须清晰；发表的论文等材料仅上传期刊封面、目录页及正文页，毕业论文须上传完整的毕业成果材料；教材专著等材料仅上传封面、目录、版权页和封底。

附件：1. 参评单位联系人信息表（样表，仅供单位填报参考，正式表格请登录评估系统填报）（略）

2. 参评专业学位类别申报表（样表，仅供单位填报参考，正式表格请登录评估系统填报）（略）

3. 专业学位水平评估指标体系及有关说明

4. 专业学位水平评估简况表（不随本文件发送，请在评估系统首页下载查看）（略）

5. 学生和用人单位联系信息采集表（样表，仅供单位填报参考，正式表格请登录评估系统填报）（略）

6. 参评专家联系信息表（样表，仅供单位填报参考，正式表格请登录评估系统填报）（略）

联 系 人：朱金明、何爱芬

通讯地址：北京市海淀区王庄路1号同方科技大厦B座17层教育部学位与研究生教育发展中心评估处（邮政编码：100083）

联系电话：010－82378287 何爱芬（填报政策咨询）

010－82378725 邱杰凡（系统技术支持）

传真电话：010－82379489（自动传真）

电子信箱：zyxwpg@ cdgdc. edu. cn

网站地址：http://www. cdgdc. edu. cn/pgsh

教育部学位与研究生教育发展中心

2016年4月8日

附件3

专业学位水平评估指标体系及有关说明

根据我国专业学位研究生培养模式改革精神，按照教育督导评估的要求，历经近两年时间，广泛听取了教育部有关司局、12个全国专业学位教指委、北京、天津、上海、重庆、浙江、江苏、辽宁、福建等多个省市教育主管部门、100余所全国各地代表性高等院校、181 家相关行业企业和用人单位,组织了 40 余场指标体系专题研讨会、230 余人次专项电话与函件征询,凝聚共识,形成最终的《专业学位水平评估指标体系》。

以下就指标体系设计理念、创新点、体系框架及其权重设计方式等内容说明如下。

一、设计理念

导向为主。指标体系深入贯彻《关于深化研究生教育改革的意见》、《关于深入推进专业学位研究生培养模式改革的意见》等文件精神,以"适应需求、提高质量"为主线,以"深化培养模式改革、规范管理、提高质量"为导向,促进办学单位注重学生实践能力的培养,在案例教学和实习实践等方面与行业企业深度合作,强调实践能力与职业发展的衔接。

质量为重。深入贯彻国家教育改革发展规划纲要精神,紧密围绕"学生质量"核心内容,通过设置"培养目标、师资队伍、培养过程、学业质量、社会评价、质量保障体系"六个一级指标,全面综合评价专业学位教育质量。

突出特色。充分体现专业学位的应用性培养特点,突显案例与实践教学、创新能力、职业发展能力、行业企业参与培养,

以及用人单位参与质量评价等。

分类设置。结合各专业学位类别特点,兼顾共性与个性,在统一框架下,分类设置指标体系。原则上每个专业学位设置一套独立的指标体系。

二、创新点

各指标在设计时充分考虑了专业学位教育特征和改革方向,重点关注专业学位培养质量以及支撑学生培养的水平和成效。指标体系突出以下几个特点。

一是,改革教师评价方式,突出实践指导能力。评价体系通过考察师资队伍结构质量,强调教师对学生实践指导能力的考察。引入代表性"导师实践指导能力"评价指标,检验校内外"双导师制"成效,鼓励学校聘请实践经验丰富的行(企)业及国(境)内外专家,形成满足专业学位培养要求的专业化导师队伍。

二是,改革人才评价方式,突出毕业生职业发展质量。评价体系注重监测培养目标、过程、保障体系对培养质量提升产生的作用与成效。引入"学业质量"指标,对毕业成果进行考察,并通过对"创新能力"、"实践能力"、"职业发展能力"等引导培养单位关注学生培养质量,特别是毕业生的职业发展情况。与此同时,注重用人单位对学生的职业胜任力、职业道德与社会责任感的评价。

三是,推动案例教学与实践基地建设,突出学生实践能力培养。评价体系强调案例与实践教学及其效果。案例教学突出实用性和综合性;实习实践关注实践基地建设特别是使用效果。同时,以实践基地为纽带,推动校企深度合作,促进行业和企

业参与专业学位研究生培养,推动专业学位教育与职业资格标准有机衔接。

四是，分类设置指标体系，突出不同专业学位特色。根据各专业学位特点，为每个专业学位类别量身设置指标体系，体现不同专业学位特色，克服评估标准“一刀切”问题产生的“同质化”导向。此外，指标体系还包含学生培养特色情况，由同行和行业专家对特色声誉进行评价，促进培养单位办学特色。

三、指标体系权重与系数

专业学位水平评估指标体系中，同一指标如有不同级别的项目（如国际、国内），按“折算系数”进行折算。

折算系数以及一、二、三级指标权重由相关全国专业学位教指委给出建议值或范围，再征求参评专家意见确定各指标项的最终权重。

四、指标体系框架

指标体系框架共设有“培养目标”、“师资队伍”、“培养过程”、“学业质量”、“社会评价”、“质量保障体系”6个一级指标，9－10个二级指标，13个左右三级指标及若干观测点。指标体系关注培养目标定位的合理性、培养过程的系统性和有效性、培养产出与目标的一致性、各类支撑体系的科学性和针对性。主要具有如下特点。

1.“培养目标”主要考察专业学位授权点培养目标是否符合大学的自身定位。包括培养目标的合理性、培养方案设置对培养目标的支撑度与可行性等。

2.“师资队伍”主要对师资（导师）水平进行考察。一方面考察师资（导师）结构是否合理，能否支撑专业学位特色培

养；另一方面考察导师的“实践指导能力”，如：是否具有行业企业或相当实务部门工作经验。

3.“培养过程”主要是对人才培养过程的成效性考察。强调为培养学生实践能力服务，学术论文等科研情况只是作为培养的支撑方面来考量，突出培养的应用性和实践性。

4.“学业质量”把职业发展能力作为评估重点，突出专业学位教育的最终目标。从入学质量、在学质量、毕业成果质量、职业发展质量4个方面进行考察，把学生的职业发展能力作为重中之重。毕业成果质量主要考察专业学位论文，专业学位论文应反映研究生综合运用知识技能解决实际问题的能力和水平，参照专业学位教育有关规定，可将研究报告、规划设计、产品开发、案例分析、管理方案、发明专利、文学艺术作品等作为主要内容，以论文形式表现。此外，还首次引入了学生学业质量的反馈评价。

5.“社会评价”通过用人单位评价与同行评价两个方面考察。将用人单位评价作为社会评价的重要指标，并强调学生的职业道德、职业胜任力和与社会责任感。

6.“质量保障体系”考察专业学位教育内部质量保障机制有效性。包括质量保障体系实施中体现的合理性与有效性。

法律硕士专业学位水平评估指标体系

一级指标	二级指标	三级指标	观测点	信息来源 评价方式
A 培养目标	A1. 培养目标	S1. 人才培养目标	①培养目标。（结合自身定位特色与社会需求） ②培养方案。（对实现培养目标的支撑度与可行性） ③毕业生就业方向的设计。（是否符合培养目标）	学校填报 专家评价
B 师资队伍	B1. 师资队伍	S2. 导师队伍质量	①本专业学位学生与导师情况。（校内导师总数、学生总数、生师比例；导师的年龄结构、职称结构、学历结构、法律实务背景等） ②具有较强实践指导能力的代表性导师（15名校内导师，其中应至少包含5名45岁以下导师；5名校外导师）。 ③校内导师获得与法律硕士专业学位教育相关的15项代表性成果（列举论文、教材、专著、课改教改项目、科研项目、奖项或具有一定影响力的创新举措等，每个类型及每个导师的成果填报不超过5项）。	学校填报 专家评价
C 培养过程	C1. 案例与实践教学	S3. 实习实践教学质量	①实习实践教学的效果及满意度。	学生调查 调查评价
			②卓越法律人才教育培养基地。	公共信息 客观评价
		S4. 案例教学质量	①案例教学与实训教学（如模拟法庭、法律诊所）的效果及满意度。	学生调查 调查评价
			②入选“中国专业学位教学案例中心”案例的师均数量、评优情况、引用次数等。（**由于评优情况与引用次数尚未开展全国统一评价，暂不纳入本次评估**）	公共信息 客观评价
		S5. 校外资源参与教学情况	①近三年有教学经验的职业法律人员在本校为法律硕士专业学位研究生开设的法律实务课程的情况。 ②列举近三年职业法律人员在本校为法律硕士专业学位研究生举办讲座的情况。（不超过50场）	学校填报 专家评价
D 学业质量	D1. 生源情况	S6. 录取情况	①近三年招生计划完成率。 ②近三年第一志愿录取率。	学校填报 客观评价
	D2. 创新能力	S7. 在校生代表性成果	近三年专业学位研究生在校期间取得的20项与法律硕士专业学位相关的代表性成果（列举研究报告、学术论文、案例分析、咨政建议、重要竞赛奖项、参加重要会议或体现社会服务的重要活动等，每个类型填报不超过5项，每个学生的成果填报不超过3项）。	学校填报 专家评价
		S8. 毕业成果质量	①推荐近三年优秀专业学位论文。（根据毕业生规模按比例推荐） ②随机抽取近三年专业学位论文。（由于硕士专业学位论文抽检工作尚未按全国统一标准进行评估，无法纳入本次评估，因此按毕业生规模随机抽取一定比例进行评价）	学校填报 专家评价
	D3. 实践能力	S9. 获得职（执）业资格证书比例	近三年学生毕业前已获得《法律职业资格证书》的学生比例。	学校填报 客观评价
	D4. 职业发展能力	S10. 职业吻合度	①近三年毕业生从事法律相关工作（包括立法工作者、法官、检察官、社会律师、公职律师、公司律师等）的比例。 ②毕业生在工作中受用人单位的认可程度。	学生调查 调查评价
		S11. 优秀毕业生	近十年15名优秀毕业生情况。	学校填报 专家评价
E 社会评价	E1. 用人单位评价	S12. 用人单位评价	用人单位对近三年毕业生的评价。（用人单位相关负责人对到本单位工作的学生的职业道德、职业胜任力、社会责任感等进行评价）	用人单位调查 调查评价
	E2. 同行评价	S13. 同行与行业专家调查	同行与行业专家进行声誉评价，可参考学校提供的《专业学位情况简介》（包括本专业学位的学生培养特色，就业情况分析，社会贡献，存在问题与改进措施等）。	学校填报 声誉评价
F 质量保障体系	F1. 质量保障体系	S14. 质量保障体系及成效	①学校质量保障体系概况。 ②质量保障体系实施中体现的合理性与有效性。	学校填报 专家评价

注：1. 本体系中各“观测点”的详细填报要求，见相关专业的《专业学位水平评估简况表》。

2. 为保证公共信息准确无误，公共信息先由学校填报，再由学位中心审计核实。

国务院学位委员会　教育部
关于印发《博士硕士学位论文抽检办法》的通知

（学位［2014］5 号）

各省、自治区、直辖市学位委员会、教育厅（教委），新疆生产建设兵团教育局，中国科学院大学，中国社会科学院研究生院，中共中央党校学位评定委员会，中国人民解放军学位委员会，各学位授予单位：

为贯彻落实《国家中长期教育改革和发展规划纲要（2010－2020 年）》，实施《教育部国家发展改革委财政部关于深化研究生教育改革的意见》（教研〔2013〕1 号），保证我国学位与研究生教育质量，特制定《博士硕士学位论文抽检办法》。现将该办法印发给你们，请遵照执行。

附件：博士硕士学位论文抽检办法

国务院学位委员会　教育部

2014 年 1 月 29 日

附件

博士硕士学位论文抽检办法

第一条　为保证学位授予质量，做好博士、硕士学位论文抽检工作，制定本办法。

第二条　博士学位论文抽检由国务院学位委员会办公室组织实施，硕士学位论文抽检由各省级学位委员会组织实施；其中，军队系统学位论文抽检由中国人民解放军学位委员会组织实施。

第三条　学位论文抽检每年进行一次，抽检范围为上一学年度授予博士、硕士学位的论文，博士学位论文的抽检比例为 10% 左右，硕士学位论文的抽检比例为 5% 左右。

第四条 博士学位论文抽检从国家图书馆直接调取学位论文。硕士学位论文的抽取方式,由各省级学位委员会和中国人民解放军学位委员会自行确定。

第五条 按照学术学位和专业学位分别制定博士学位论文评议要素和硕士学位论文评议要素。

第六条 每篇抽检的学位论文送 3 位同行专家进行评议,专家按照不同学位类型的要求对论文提出评议意见。

第七条 3 位专家中有 2 位以上(含 2 位)专家评议意见为“不合格”的学位论文,将认定为“存在问题学位论文”。

第八条 3 位专家中有 1 位专家评议意见为“不合格”的学位论文,将再送 2 位同行专家进行复评。2 位复评专家中有 1 位以上(含 1 位)专家评议意见为“不合格”的学位论文,将认定为“存在问题学位论文”。

第九条 专家评议意见由各级抽检部门向学位授予单位反馈。硕士学位论文抽检的专家评议意见还应同时报送国务院学位委员会办公室。

第十条 学位论文抽检专家评议意见的使用。

(一)学位论文抽检专家评议意见以适当方式公开。

(二)对连续 2 年均有“存在问题学位论文”,且比例较高或篇数较多的学位授予单位,进行质量约谈。

(三)在学位授权点合格评估中,将学位论文抽检结果作为重要指标,对“存在问题学位论文”比例较高或篇数较多的学位授权点,依据有关程序,责令限期整改。经整改仍无法达到要求者,视为不能保证所授学位的学术水平,将撤销学位授权。

(四)学位授予单位应将学位论文抽检专家评议意见,作为本单位导师招生资格确定、研究生教育资源配置的重要依据。

第十一条 学位论文抽检坚决排除非学术因素的干扰,任何单位和个人都不得以任何方式干扰抽检工作的正常进行,参与评议工作的专家要公正公平,独立客观地完成评议工作。

第十二条 本办法由国务院学位委员会办公室负责解释。

教育部

学位论文作假行为处理办法

（教育部第34号令）

第一条 为规范学位论文管理，推进建立良好学风，提高人才培养质量，严肃处理学位论文作假行为，根据《中华人民共和国学位条例》、《中华人民共和国高等教育法》，制定本办法。

第二条 向学位授予单位申请博士、硕士、学士学位所提交的博士学位论文、硕士学位论文和本科学生毕业论文（毕业设计或其他毕业实践环节）（统称为学位论文），出现本办法所列作假情形的，依照本办法的规定处理。

第三条 本办法所称学位论文作假行为包括下列情形：

（一）购买、出售学位论文或者组织学位论文买卖的；

（二）由他人代写、为他人代写学位论文或者组织学位论文代写的；

（三）剽窃他人作品和学术成果的；

（四）伪造数据的；

（五）有其他严重学位论文作假行为的。

第四条 学位申请人员应当恪守学术道德和学术规范，在指导教师指导下独立完成学位论文。

第五条 指导教师应当对学位申请人员进行学术道德、学术规范教育，对其学位论文研究和撰写过程予以指导，对学位论文是否由其独立完成进行审查。

第六条 学位授予单位应当加强学术诚信建设，健全学位论文审查制度，明确责任、规范程序，审核学位论文的真实性、原创性。

第七条 学位申请人员的学位论文出现购买、由他人代写、剽窃或者伪造数据等作假情形的，学位授予单位可以取消其学位申请资格；已经获得学位的，学位授予单位可以依法撤销其学位，并注销学位证书。取消学位申请资格或者撤销学位的处理决定应当向社会公布。从做出处理决定之日起至少3年内，各学位授予单位不得再接受其学位申请。

前款规定的学位申请人员为在读学生的，其所在学校或者学位授予单位可以给予开除学籍处分;为在职人员的,学位授予单位除给予纪律处分外,还应当通报其所在单位。

第八条 为他人代写学位论文、出售学位论文或者组织学位论文买卖、代写的人员,属于在读学生的,其所在学校或者学位授予单位可以给予开除学籍处分;属于学校或者学位授予单位的教师和其他工作人员的,其所在学校或者学位授予单位可以给予开除处分或者解除聘任合同。

第九条 指导教师未履行学术道德和学术规范教育、论文指导和审查把关等职责,其指导的学位论文存在作假情形的,学位授予单位可以给予警告、记过处分;情节严重的,可以降低岗位等级直至给予开除处分或者解除聘任合同。

第十条 学位授予单位应当将学位论文审查情况纳入对学院(系)等学生培养部门的年度考核内容。多次出现学位论文作假或者学位论文作假行为影响恶劣的,学位授予单位应当对该学院(系)等学生培养部门予以通报批评,并可以给予该学院(系)负责人相应的处分。

第十一条 学位授予单位制度不健全、管理混乱,多次出现学位论文作假或者学位论文作假行为影响恶劣的,国务院学位委员会或者省、自治区、直辖市人民政府学位委员会可以暂停或者撤销其相应学科、专业授予学位的资格;国务院教育行政部门或者省、自治区、直辖市人民政府教育行政部门可以核减其招生计划;并由有关主管部门按照国家有关规定对负有直接管理责任的学位授予单位负责人进行问责。

第十二条 发现学位论文有作假嫌疑的,学位授予单位应当确定学术委员会或者其他负有相应职责的机构,必要时可以委托专家组成的专门机构,对其进行调查认定。

第十三条 对学位申请人员、指导教师及其他有关人员做出处理决定前,应当告知并听取当事人的陈述和申辩。

当事人对处理决定不服的,可以依法提出申诉、申请行政复议或者提起行政诉讼。

第十四条 社会中介组织、互联网站和个人,组织或者参与学位论文买卖、代写的,由有关主管机关依法查处。

学位论文作假行为违反有关法律法规规定的,依照有关法律法规的规定追究法律责任。

第十五条 学位授予单位应当依据本办法,制定、完善本单位的相关管理规定。

第十六条 本办法自2013年1月1日起施行。

附件

《学位论文作假行为处理办法》有关问题解答

1. 为什么要制定《学位论文作假行为处理办法》(以下简称《办法》)?

长期以来,教育部高度重视学术道德和学风建设,先后印发了《关于加强学术道德建设的若干意见》《关于进一步加强和改进师德建设的意见》《关于严肃处理高等学校学术不端行为的通知》《关于在学位授予工作中加强学术道德和学术规范建设的意见》等一系列文件,成立了学风建设管理机构。各高等学校根据法律法规和教育部有关规定,结合实际,不断加强学风规范的制度建设,加大了对学术不端行为的查处力度。但是,高校学生买卖、代写学位论文等作假行为仍然时有发生,严重败坏了学风,损害了我国学位制度,也造成了恶劣的社会影响。对这些论文作假行为,迫切需要制定相应的处理办法,加大处罚力度,从制度上进行遏制,以促进学风建设,保证高等教育事业科学发展。

2.《办法》是如何制定的?

2012 年 5 月,教育部启动《办法》研究制定工作。在《办法》制定过程中,多次召开有关专家和研究生培养单位负责人座谈会,听取意见。2012 年 7 月至 8 月,《办法》(征求意见稿)征求了省级教育行政部门和教育部直属高校的意见,并在中国政府法制信息网和教育部门户网站向社会公开征求了意见,共收到地方教育行政部门、高等学校、知名专家学者、新闻媒体、广大师生和热心网友反馈意见约 400 条。在对意见认真研究的基础上,对征求意见稿做了进一步修改完善,形成了《办法》最终稿,于 2012 年 11 月以教育部令形式发布。

3. 如何理解制定《办法》的重要意义?

《办法》的制定具有重要意义。一是有利于规范学位论文管理,维护我国学位制度的严肃性。《办法》通过明确规定学位申请人员、指导教师、学生培养单位、学位授予单位及相关人员的责任,使学位论文申请、审查、授予等行为更加规范,维护了我国学位制度的严肃性和公平性。二是有利于推动学术诚信建设。诚信是学术之基。学术作假行为损害了学术的根本,损害了学位授予单位的形象和整体学术环境的健康发展。《办法》通过全面规定处罚措施,加大打击作假行为力度,有利于推动形成良好学术氛围。三是有利于提升学位授予单位的科学研究水平。求真求实是科学精神的核心,急功近利、心浮气躁、弄虚作假注定与科学无缘。通过打击作假行为,有利于培养求真求实的科学精神,促进科学研究水平的提高。四是有利于提高人才培养质量。学位是对学位申请人员学术能力的权威确认,学术能力是高层次人才综合素质的基本反映。《办法》通过倡导学术诚信、营造良好学风、促进学术研究,为提高人才培养质量提供重要保障。

4.《办法》关于学位论文的适用范围是什么?

《办法》明确规定了适用范围,即向学位授予单位申请博士、硕士和学士学位所提交的博士学位论文、硕士学位论文和本科学生毕业论文。其中,博士和硕士的学位论文包括学术学位论文、专业学位论文以及同等学力人员申请博士、硕士学位的学位论文,本科学生毕业论文同时还包括毕业设计或其他毕业实践环节。

5.《办法》规定了哪些学位论文作假行为?

《办法》规定了以下5种学位论文作假行为情形:

(1)购买、出售学位论文或者组织学位论文买卖的;

(2)由他人代写、为他人代写学位论文或者组织学位论文代写的;

(3)剽窃他人作品和学术成果的;

(4)伪造数据的;

(5)有其他严重学位论文作假行为的。

各学位授予单位可根据实际情况和不同学科特点,对这5种作假行为进行细化。

6. 学位申请人员、导师和学位授予单位都有哪些职责?

学位申请人员:应当恪守学术道德和学术规范,在导师指导下独立完成学位论文。

指导教师:应当对学位申请人员进行学术道德和学术规范教育,对其学位论文研究和撰写过程予以指导,对学位论文是否由其独立完成进行审查。

学位授予单位:应当加强学术诚信建设,建立健全学位论文审查制度,明确责任,规范程序,审核学位论文的真实性和原创性。

7. 如何认定学位论文作假行为?

发现学位论文有作假嫌疑的,学位授予单位应当责成本单位学术委员会或学位评定委员会进行调查认定。必要时可以委托第三方专家组织或聘请专家组成专门机构,对学位论文作假行为进行调查认定。

学位授予单位也可根据本单位学风建设的实际情况,指定学风部门负责调查认定。

8. 对违规行为如何处理?

学位申请人员:出现学位论文购买、由他人代写、剽窃或伪造数据等作假行为的,未获得学位的,取消其学位申请资格;已获得学位的,撤销其学位,并注销学位证书。同时,从处理决定之日起3年内,各学位授予单位不得再接受其学位申请。

如果学位申请人员是在读学生,还可开除其学籍。

如果学位申请人员是在职人员,学位授予单位除给予其纪律处分外,还应当通报其所在单位。

指导教师：未履行学术道德和学术规范教育、论文指导和审查把关等职责，其指导的学位论文存在作假情形的，学位授予单位可以给予其警告、记过处分；情节严重的，可以降低岗位等级，直至开除或解除聘任合同。

学生培养部门：多次出现学位论文作假或者学位论文作假行为影响恶劣的，学位授予单位应当对该学院（系）等学生培养部门予以通报批评，并可以给予该学院（系）负责人相应处分。

学位授予单位：对制度不健全、管理混乱，多次出现学位论文作假或者学位论文作假行为影响恶劣的学位授予单位，国务院学位委员会或者省、自治区、直辖市人民政府学位委员会可以暂停或者撤销其相应学科、专业授予学位的资格；国务院教育行政部门或者省、自治区、直辖市人民政府教育行政部门可以核减其招生计划，并对负有直接管理责任的学位授予单位负责人进行问责。

此外，为他人代写学位论文、出售学位论文或者组织学位论文买卖、代写的人员，属于在读学生的，可以给予开除学籍处分；属于学位授予单位的教师或其他工作人员的，可以开除或解除聘任合同。

9. 被处理人员有何救济途径？

学位授予单位在作出处理决定前，应当告知并听取当事人的陈述和申辩。当事人对处理决定不服的，可以依法提出申诉、申请行政复议或者提起行政诉讼。

10. 如何落实《办法》？

各学位授予单位要认真贯彻落实《办法》。一是要在师生中广泛宣传《办法》，使各相关人员详细了解《办法》的各项规定。二是要完善相关配套制度，结合本单位情况，明确工作机构和实施细则。三是要严格执行《办法》各项规定，严肃处理发生的学位论文作假行为。

各省级教育行政部门要建立学位论文作假行为问责制度，加大学位论文作假行为处理督查力度，指导学位授予单位认真实施《办法》。

国家教育行政部门将建立学位论文作假行为处理备案制度，加强协调和指导，督促各单位落实《办法》，依法处理学位论文作假行为。

法硕教指委秘书处

关于开展全国法律硕士毕业生就业现状与能力评价项目的通知

(法指秘[2014]1号)

各法律硕士培养单位:

贯彻落实《教育部　国家发展改革委　财政部关于深化研究生教育改革的意见》(教研[2013]1号)关于改革评价监督机制工作精神,为全面了解我国法律硕士研究生的培养质量,促进法律硕士研究生教育培养模式改革,建立法律硕士研究生教育培养质量监督工作机制,全国法律专业学位研究生教育指导委员会委托麦可思数据(北京)有限公司开展全国法律硕士毕业生就业现状与能力评价项目(以下简称项目)。本项目将从毕业生就业状况的角度,设计一系列核心指标状态为主要内容的电子问卷系统,对法律硕士研究生工作进行专项评价,形成全部培养单位综合指标和专项指标排序的系列报告。项目的周期为2014年至2016年。调查对象为2008年起招生入学的全日制法律硕士(非法学)和2009年起招生入学的全日制法律硕士(法学)研究生,即2011届、2012届和2013届已有两年工作经历的全日制法律硕士毕业生。项目开展方法为调查问卷,需要各培养单位协助提供毕业生相关信息,以便进行电子问卷调查和综合分析评价。项目评价报告主要在教指委工作范围内使用。现就做好项目开展工作的有关事项通知如下:

一、请各培养单位按照《2011届法律硕士毕业生填报表》附件1)格式提供2011届所有法律硕士毕业生的姓名、学号、专业名称(方向)和联系电话、电子邮箱等信息,同时提供5门重要课程清单(课程性质不限)。

二、请各培养单位确定一名联系人,具体负责此项目的相关工作。本项目是教指委建设培养质量监督工作平台和建立质量保障制度的一项重要工作,请各培养单位高度重视,加强组织领导,明确职责任务,专人专办。要将毕业生信息收集工作纳入研究生管理或研究生会、校友会建设的工作内容,并积极向参加调查的毕业生说明教指委开展这项工作的目的、主要方式,以及调查承办方保密承诺,客观、真实地表达评价意见,做好配合调查工作。项目开展未尽事宜,请电询秘书处。

三、为保证同一时点启动调查,请各培养单位抓紧开展《2011 届法律硕士毕业生信息填报表》及课程清单收集整理工作。于 2014 年 1 月 20 日前将《2011 届法律硕士毕业生信息表》(加盖公章)、课程清单及《法律硕士毕业生就业状况与能力项目联系人情况》(见附件 2)报送至全国法律专业学位研究生教育指导委员会秘书处。全国法律专业学位研究生教育指导委员会秘书处联系人:王红,联系电话:010 - 65152930,传真机:010 - 65152980,秘书处电子邮箱:fsjzwmsc@126. com。

附件:1. 2011 届法律硕士毕业生信息填报表

2. 法律硕士毕业生就业现状与能力项目联系人情况

全国法律专业学位研究生教育指导委员会

2014 年 1 月 2 日

附件 1

2011 届法律硕士毕业生信息填报表

序号	学号	学生姓名	专业名称(方向)	E - mail	联系电话	课程

附件 2

法律硕士毕业生就业现状与能力项目联系人情况

姓名	院校	电话座机	手机	传真机	电子邮箱

六、综合改革试点工作

教育部

关于批准有关高等学校开展专业学位研究生教育综合改革试点工作的通知

（2010 年 9 月 15 日）

为贯彻落实《国家中长期教育改革和发展规划纲要（2010－2020 年）》，促进专业学位研究生教育更好地适应经济社会发展和满足人民群众的多样化需要，建立和完善具有中国特色的专业学位研究生教育制度，经单位申报、专家评审，我部决定批准北京大学等 64 所高等学校开展专业学位研究生教育综合改革试点工作（具体名单详见附件 1）。

请上述高校根据《关于实施专业学位研究生教育综合改革试点工作的指导意见》（见附件 2）精神，认真研究，加强领导，根据不同专业学位研究生教育发展规律以及国家或区域经济社会发展需要，制订试点工作具体实施方案，做好实施工作。实施方案请于 2010 年 11 月上旬报我部学位管理与研究生教育司（省属高校须经主管行政部门批准后上报）。

特此通知。

教育部

二〇一〇年九月十五日

附件1

开展专业学位研究生教育综合改革试点的高等学校及相关专业学位类别

序号	单位名称	专业学位类别(领域)
1	北京大学	法律硕士
		工商管理硕士
		公共卫生硕士
2	中国人民大学	法律硕士
		工商管理硕士
		公共管理硕士
3	清华大学	法律硕士
		工程硕士(核能与核技术工程)
		工商管理硕士
4	北京工业大学	工程硕士(机械工程)
		工程硕士(建筑与土木工程)
5	北京航空航天大学	工程硕士(电子与通信工程)
		工程硕士(航空工程)
		工商管理硕士
6	中国农业大学	工程硕士(食品工程)
		农业推广硕士
7	北京林业大学	风景园林硕士
8	北京师范大学	教育硕士
		公共管理硕士
		汉语国际教育硕士
9	首都师范大学	教育硕士
10	中央财经大学	法律硕士
		工商管理硕士
		会计硕士

续表

序号	单位名称	专业学位类别(领域)
11	北京体育大学	体育硕士
12	中央音乐学院	艺术硕士
13	中国政法大学	法律硕士
14	中国石油大学	工程硕士(地质工程)
		工程硕士(化学工程)
		工程硕士(石油与天然气工程)
15	天津师范大学	教育硕士
		汉语国际教育硕士
16	河北大学	法律硕士
17	内蒙古大学	工商管理硕士
18	沈阳师范大学	教育硕士
		法律硕士
19	沈阳工业大学	工程硕士(电气工程)
20	东北大学	工程硕士(控制工程)
		工商管理硕士
		公共管理硕士
21	吉林大学	法律硕士
		工程硕士(车辆工程)
		公共管理硕士
22	黑龙江大学	法律硕士
23	哈尔滨工业大学	工程硕士(环境工程)
		工程硕士(机械工程)
		工程硕士(控制工程)
24	复旦大学	工商管理硕士
		公共管理硕士
		公共卫生硕士
25	同济大学	工程硕士(车辆工程)
		工程硕士(建筑与土木工程)

续表

序号	单位名称	专业学位类别(领域)
26	上海交通大学	法律硕士
		工程硕士(机械工程)
		工商管理硕士
27	上海海洋大学	农业推广硕士
28	华东师范大学	工商管理硕士
		教育硕士
		汉语国际教育硕士
29	上海外国语大学	翻译硕士
30	南京大学	法律硕士
		会计硕士
		翻译硕士
31	南京工业大学	工程硕士(材料工程)
32	河海大学	工程硕士(水利工程)
33	江南大学	工程硕士(工业设计工程)
		工程硕士(轻工技术与工程)
		工程硕士(食品工程)
34	南京农业大学	兽医硕士
35	南京师范大学	法律硕士
		教育硕士
		艺术硕士
36	山东科技大学	工程硕士(测绘工程)
		工程硕士(矿业工程)
37	山东师范大学	教育硕士
38	浙江工业大学	工程硕士(机械工程)
39	安徽大学	法律硕士
40	中国科学技术大学	工程硕士(控制工程)
		工商管理硕士
41	福州大学	工程硕士(计算机技术)
		工商管理硕士

续表

序号	单位名称	专业学位类别(领域)
42	郑州大学	工程硕士(计算机技术)
		工商管理硕士
		公共管理硕士
43	武汉大学	法律硕士
		工程硕士(测绘工程)
		工商管理硕士
44	湖北大学	工商管理硕士
45	湘潭大学	法律硕士
46	中山大学	工商管理硕士
		公共管理硕士
		汉语国际教育硕士
47	华南师范大学	教育硕士
48	广州大学	教育硕士
		艺术硕士
49	海南大学	法律硕士
50	广西大学	农业推广硕士
51	重庆大学	工程硕士(控制工程)
		工商管理硕士
		建筑学硕士
52	西南交通大学	工程硕士(电气工程)
		工程硕士(建筑与土木工程)
		工程硕士(交通运输工程)
53	西南石油大学	工程硕士(石油与天然气工程)
54	西南大学	教育硕士
55	西南政法大学	法律硕士
56	贵州大学	法律硕士
57	云南大学	法律硕士
		工商管理硕士
58	西安理工大学	工程硕士(水利工程)

续表

序号	单位名称	专业学位类别(领域)
59	西安电子科技大学	工程硕士(电子与通信工程)
		工程硕士(集成电路工程)
60	西安建筑科技大学	工程硕士(建筑与土木工程)
		建筑学硕士
61	陕西师范大学	教育硕士
62	西北师范大学	教育硕士
63	新疆大学	工程硕士(计算机技术)
64	石河子大学	农业推广硕士

附件2

关于实施专业学位研究生教育综合改革试点工作的指导意见

为贯彻落实《国家中长期教育改革和发展规划纲要(2010－2020年)》,进一步推进研究生教育改革与发展,促进专业学位研究生教育更好地适应经济社会发展对高层次应用型人才的需要,并逐步建立健全具有中国特色专业学位研究生教育制度,教育部决定从2010年起,在部分高等学校开展专业学位研究生教育综合改革试点(以下简称综合改革试点)工作。为保证综合改革试点工作的顺利实施,现提出有关指导意见:

一、充分认识综合改革试点工作的重要意义

1. 开展综合改革试点工作是深入贯彻落实科学发展观和建设人力资源强国的需要,是落实《国家中长期人才发展规划纲要(2010－2020年)》《国家中长期教育改革和发展规划纲要(2010－2020年)》的重要举措,对于推动专业学位研究生教育科学发展,加快培养经济社会发展急需的高层次应用型人才有着重要意义。

2. 开展综合改革试点工作是改革和完善我国学位与研究生教育制度的需要,有利于推动高等学校转变观念,提高对专业学位研究生教育重要性的认识,促进研究生教育结构的优化调整,满足经济社会对人才类型多样化的需求。

3. 开展综合改革试点工作是推动新时期专业学位研究生教育改革发展的需要,有利于引导高校从国情出发,合理借鉴国际经验,积极探索专业学位研究生教育规律,逐步形成具有鲜明中国特色的专业学位研究生教育管理制度、培养模式和质量保障体系,增强专业学位研究生教育的发展活力,提高专业学位研究生教育质量。

二、综合改革试点工作的指导思想

综合改革试点工作的指导思想:转变教育理念,创新培养模式,改革管理体制,提高培养质量。

开展综合改革试点工作,要坚持以人为本,以质量为核心,以培养社会特定职业领域高层次应用型人才为目标,以高校为主体,依托企业和行业组织,转变教育理念,创新培养模式,改革管理体制,增强专业学位研究生的培养能力,提升专业学位研究生的实践能力和创新能力,提高专业学位研究生教育质量。

三、综合改革试点工作的主要任务

1. 认真研究、准确把握专业学位研究生教育规律,切实转变专业学位研究生教育发展方式,树立正确的专业学位研究生教育质量观。

2. 改革专业学位研究生选拔制度。在国家统一的招生制度框架下,积极探索有利于吸引具有较大培养潜力的优秀生源的考试办法。

3. 完善专业学位研究生培养方案。根据专业学位研究生培养规律,跟踪国民经济发展需求及专业技术领域发展前沿,强化课程设计和教学要求,夯实专业学位研究生应具备的基础理论和基本能力;加强案例教学和实践教学,提高专业学位研究生认识问题、分析问题和解决问题的能力;加强思想政治和职业道德教育,提升专业学位研究生的职业精神和职业素养。

4. 积极探索和创新培养模式。通过学校与企业、行业组织开展多种形式的合作办学模式,吸引企业和行业组织参与培养方案设计、专业课和实践课程教学、实习或实践基地建设和管理、学位论文或设计指导等,提高实践训练的针对性,强化专业学位研究生实践能力和创新能力的培养。

5. 改革专业学位研究生的考核与评价方法。在课程学习、实习实践和学位论文三个环节建立以提升职业能力为导向的考核体系和评价标准,保证学位授予质量。

6. 大力加强师资队伍建设。努力建设一支与专业学位研究生教育相适应的、专兼职相结合的高水平“双师型”教师队伍,努力探索团队培养、集体会诊、个别指导、师生讨论等多种“双向互动”的研究生指导形式,完善专业学位研究生教育师资考核评价机制。

7. 建立和完善奖助贷体系和就业服务体系。专业学位研究生收费按照《教育部 国家发展改革委 财政部关于进一步规范高校教育收费管理若干问题的通知》(教财〔2006〕2 号)执行。积极研究和建立符合专业学位研究生教育特点的奖助贷体系和就业指导服务体系。

8. 完善校内管理体制与机制。构建符合专业学位研究生教育发展规律的校内管理体制和机制,为专业学位研究生教育提供必要的组织保障和良好的政策环境,形成完备的质量保障体系。

四、试点单位开展综合改革试点工作的基本要求

1. 试点单位要把综合改革试点工作作为一项重要任务，充分认识试点工作的紧迫性和重要性，成立由校领导任组长，相关职能部门负责人、试点专业学位类别依托院(系)负责人参加的综合改革试点领导小组，加强顶层设计和组织协调，建立制度保证机制，充分配置办学资源，将专业学位研究生教育纳入人才培养工作的评价体系中，努力做好试点工作的具体实施。

2. 试点单位要制定综合改革试点具体实施方案，内容包括办学思想、培养目标、培养方案、师资队伍、教育管理体制、课程设计、实习实践基地建设、学位论文等各个环节的改革具体措施，明确提出在培养模式创新和管理体制改革方面要实现的重点目标和主要创新点。

3. 试点单位要依靠广大教师和学生，发挥行业组织或企业的积极性，认真实施试点方案，并及时总结经验，不断完善和深化改革，创造具有推广价值的好经验、好做法，进而发挥引领、示范带动的作用。

4. 试点单位要根据不同专业学位类别教育发展规律以及国家或区域经济社会发展的需要，大力加强国际交流，努力打造自身办学模式和办学特色。

五、综合改革试点工作的组织实施

1. 教育部学位管理与研究生教育司负责综合改革试点工作的管理和指导，协同部内有关司局在招生计划、录取方式、经费投入、实习实践基地建设等方面支持试点单位推进改革；同时，加强与国务院有关部门的协调，推动专业学位与职业资格证书的有机衔接，为专业学位研究生教育的发展提供良好的政策环境。

2. 有关地方教育行政部门要加强领导，根据本地区实际情况，研究制定相关政策和措施，吸引本地区企业和行业组织积极参与和支持综合改革试点工作，创造条件重点支持试点单位的改革工作。同时，鼓励和支持本地区其他专业学位研究生培养单位开展综合改革试点工作。

3. 有关专业学位教育指导委员会要根据文件精神，积极参与综合改革试点工作，充分发挥对试点工作的指导与咨询、质量监督与评价、与行业组织及学校相互沟通协调等职能。

4. 综合改革试点工作周期为 2010 年 9 月—2013 年 6 月。我部将适时组织有关专家对试点工作进行检查、评估和总结。

教育部学位管理与研究生教育司

关于委托开展专业学位研究生教育综合改革试点工作检查的函

（教研司[2011]7号）

有关专业学位研究生教育指导委员会：

根据《关于实施专业学位研究生教育综合改革试点工作的指导意见》（教研〔2010〕2号，见附件1）和全国专业学位研究生教育综合改革试点工作会议精神，经研究，决定委托有关专业学位研究生教育指导委员会，对有关高等学校专业学位研究生教育综合改革试点工作进行检查指导。现将有关事项通知如下：

一、检查指导内容

1. 根据试点工作有关文件精神，参照有关高等学校试点工作方案和进度安排表（见附件2），检查各校试点工作任务进度安排及执行情况。重点是各校已开展的主要工作，包括在管理机制、培养模式方面采取的主要措施、出台的政策文件以及实施的效果等。

2. 了解地方主管部门、有关行业部门在政策、经费以及双师型师资队伍建设、实习实践基地建设等方面的支持情况。

3. 总结、提炼试点专业学位类别在招生考试、课程设置、教学模式、双导师制、教师聘任与评价、实习实践基地建设、学生评价及学位论文等方面具有典型意义的做法和有益经验。

4. 了解、把握、分析有关高等学校在试点工作中存在的主要问题。

5. 对试点工作提出政策建议。

二、检查指导形式和时间安排

检查指导可采取会议研讨、专题座谈、实地考察等多种形式，时间安排在2011年5—10月。

三、其他事宜

1. 如实地考察，每个专家检查指导组以2~3人为宜。

2. 有关费用由你委自行承担,不得向被检查单位收取任何费用。

3. 检查指导结束后,请你委就各校试点工作开展情况、存在主要问题以及政策建议等形成总结报告,于2011年10月底前报送我司(地址:北京市西单大木仓胡同35号,邮编:100816,教育部学位管理与研究生教育司收),同时发送电子版至 zhurui@ moe. edu. cn。

4. 我司拟于2011年年底召开专业学位研究生教育综合改革试点工作中期交流研讨会,总结交流试点工作开展情况。

附件:1.《关于实施专业学位研究生教育综合改革试点工作的指导意见》

2. 专业学位研究生教育综合改革试点工作进度安排表(分单位,分专业学位类别,电子版)

教育部学位管理与研究生教育司

二〇一一年五月十日

教育部

关于做好专业学位研究生教育综合改革试点项目验收工作的通知

(教研司[2013]3号)

有关高等学校、专业学位研究生教育指导委员会:

现就专业学位研究生教育综合改革试点项目验收工作有关事宜通知如下:

一、验收工作要按照《教育部关于批准有关高等学校开展专业学位研究生教育综合改革试点工作的通知》(教研[2010]2号)精神及专业学位研究生教育指导委员会(以下简称教指委)中期检查的有关指导意见进行,有关主管部门、试点院校及相关教指委要高度重视,坚持标准,实事求是,认真组织好验收工作。

二、试点院校应从试点工作的主要任务、基本要求、组织实施和资金使用等方面进行全面检查,认真总结试点项目取得的基本成绩、成功经验和存在问题。在此基础上,总结分析试点项目对本校专业学位培养模式和管理体制改革以及对国家、区域经济建设和社会发展所起的作用,并对今后进一步推进专业学位培养模式改革、提高专业学位研究生教育质量提出建设性方案和意见。

三、验收程序和时间安排

1. 请各试点院校参照上述要求,按试点专业学位类别(领域)分别撰写试点工作总结报告,并于3月31日前将有关总结报告(文字版1份及电子版)报送我司,同时将电子版报送相关教指委。

2. 我司委托相关教指委组织专家对试点工作进行检查验收,具体验收方式由各教指委自定。如教指委组织实地检查验收,要按照有关规定厉行节约,切忌搞形式主义走过场,尽量不影响学校的正常教学。

请各教指委于5月31日前完成验收并向我司提交整体验收报告(文字版1份及电子版)。同时,按不超过试点类别(领域)30%的数量推荐优秀试点院校并附推荐意见。

四、成果宣传与推广

1. 我司组织优秀试点院校撰稿,在《学位与研究生教育》《中国研究生》杂志、中国学位与研究生教育信息网和我司简报上进行专题介绍。

2. 年召开的有关专业学位研究生教育工作会议上进行大会发言、交流。

3. 我司编辑出版《专业学位研究生教育综合改革试点项目成果汇编》,请各试点院校按试点专业学位类别(领域)分别撰写成果介绍,撰稿具体要求另文通知。

五、联系方式

通讯:100816 北京西单大木仓胡同37号

教育部学位管理与研究生教育司专业学位研究生教育处

联系人:陆敏,朱瑞

联系电话:010-66096528,66097847

邮箱:lumin@moe.edu.cn,zhurui@moe.edu.cn

教育部学位管理与研究生教育司

2013年3月5日

法硕教指委

关于法律专业学位研究生教育综合改革试点项目验收总结报告

（法指委[2013]2号）

按照《关于做好专业学位研究生教育综合改革试点项目验收工作的通知》（教研司[2013]3号）工作安排和要求，全国法律专业学位研究生教育指导委员会对19所培养单位承担的法律专业学位研究生教育综合改革试点项目开展情况进行了总结验收。有关情况总结报告如下。

一、试点项目验收的总体情况

教研司[2013]3号《通知》收到后，教指委秘书处将《通知》转发19所试点项目承担单位，要求各单位于3月31日前把有关总结报告报送教育部学位管理与研究生教育司，并抄送教指委。

2013年4月13日至14日，教指委组织召开总结汇报会，集中对试点项目工作进行验收检查。王利明、朱勇副主任委员主持了会议，指导委员会委员和特约专家组成评审专家组，听取各试点单位汇报，提出评价意见。特约专家邀请了国务院学位办、司法部国家司法考试司、最高人民法院政治部、最高人民检察院政治部及地方检察院等用人单位的负责同志担任。在验收汇报会议上，19所综合改革试点工作院校的负责人陈述汇报，并认真回答评审专家的提问。118所培养单位法学院或法硕中心负责同志列席会议，与试点项目汇报人、评审专家进行现场交流。

试点院校从试点工作的主要任务、基本要求、组织实施和资金使用四个方面进行汇报，认真总结试点项目取得的成绩、经验和存在问题，总结分析试点项目对本校专业学位培养模式和管理体制改革以及对国家、区域经济建设和社会发展起到的重要作用，对今后进一步推进专业学位培养模式改革、提高专业学位研究生教育质量提出建设性方案和意见。

教指委依据教研[2010]2号文件以及教研司[2013]3号文件的具体要求，制作《专业学位研究生教育综合改革试点项目验收工作评分表》和《专业学位研究生教育综合改革试点项目验收工作评价表》,请评审专家组在听取汇报答辩情况之后,对19所院校分别评分。此外,评审专家还从“试点项目对本校专业学位培养模式和管理体制改革以及对国家、区域经济建设和社会发展所起的作用”和“专家对于该校试点项目的专业学位培养模式改革、提高专业学位研究生教育质量方面的意见”两个方面分别作出书面评价和建议。

4月14日下午,指导委员会召开会议,根据汇报答辩情况,研究、讨论综合改革试点项目开展的总体评价、主要成果与经验和进一步改革完善的重要工作事项。经研究,决定推荐中国人民大学、中国政法大学、西南政法大学、清华大学、北京大学和武汉大学6所院校为综合改革试点项目优秀单位。

二、试点项目主要成果和经验

专业学位综合改革试点项目的实施,为法律硕士专业学位研究生教育的创新发展提供了新的平台。试点院校贯彻“转变教育理念,创新培养模式,改革管理体制,提高培养质量”工作要求,把握专业学位研究生教育培养规律,培育和树立正确的专业学位研究生教育质量观,切实转变专业学位研究生教育发展方式,取得了一系列具有开创性和示范性的教改成果。

(一)深入研究人才需求,创新培养目标新使命新定位

试点院校在法律专业学位研究生综合试点改革工作中,既能贯彻应用型、复合型法律人才的培养目标,又能结合各校优势,结合地区特色,通过制定综合性和职业为导向的人才培养目标,准确把握专业学位研究生培养规律,在法律硕士研究生培养目标和定位特色上取得一批创新成果,为社会主义法治国家建设培养了一批高层次、高质量的法律人才。例如,中国人民大学将“人文情怀、追求真理、崇尚法治、服务社会”作为人才培养目标,通过培养模式改革,走出了一条因材施教、分类培养的新路;北京大学将法律硕士办学思想确定为理论研究与实践应用相结合、基本理论与前沿问题兼顾、能力培养与职业品质并重,关注现实中国与全球化视野兼具的优秀高端法律人才;清华大学将培养目标界定为“厚强加高”法律知识储备,法律思维能力,法律职业道德,法律沟通能力和“顶天立地”(法治追求,国际视野,实务型,复合型),培养具有法治追求的领导者与实践者;吉林大学通过“职业为导向的项目式法律硕士教育模式”,培养认同社会主义法治理念和现代法治精神,恪守法律职业伦理,谙熟法律思维方式,养成法律职业能力,具有国际视野的精英型法律职业人才。

多数试点院校探索法律专业学位研究生人才培养的专业方向性,面向法律职业需求,以社会需要为导向,在既有培养模式的基础上进行改革。基于法律硕士(非法学)和法律硕士(法学)两类硕士培养目标和教育模式的不同,试点院校有针对性地确立不同方向的法律专业学位研究生培养方案:法律硕士(非法学)

的培养目标确定为培养复合型高级法律人才，应对市场需求，实现法学与其他学科的结合，即按照学科交叉结合为标准设立培养方向，如法商结合、法工结合、法管结合、法医结合、法与新闻传播结合等；法律硕士（法学）的培养模式为培养专门型法律人才，法律硕士（法学）的专业方向应以法律职业实务为本位进行分类。

试点院校在法律硕士（非法学）和法律硕士（法学）学生中设置多种培养方向，如律师实务方向、知识产权方向、涉外法务方向、金融法事方向等。此外，部分院校结合本校优势开设特色方向，例如吉林大学建立项目式课程体系，以加强人权与社会公益法务为特色。多数试点院校在职法律硕士中设置政务法务方向、商事法务方向和司法法务方向，加强了在职人员培养的针对性和有效性。

（二）创新特色培养模式，构建培养内容和方法的新体系

通过本次试点改革工作的检查，教指委认为，试点院校在法律专业学位研究生综合试点改革工作中，依据现有政策和试点项目规定，部分试点院校能利用招生、培养政策探索专业学位研究生的培养模式。部分试点院校探索创新培养模式，如中国政法大学的“4＋2”模式（在高考录取阶段招收本硕连贯制的法学本科生，即4年法学本科＋2年法律硕士），上海交通大学的“三三制法科班”（根据排名和报名择优选拔本科四年级学生提前进入硕士研究生阶段学习）。中国人民大学重视法本法硕的培养，利用苏州国际学院优势，针对长三角地区人才需求进行培养；中国政法大学探索跨学科分类培养模式，与政治公共管理学院、商学院、社会学院、民商经济法学院、证据科学研究院相合作，结合本科特色，允许学生在不同学院选修课程，提升复合型人才的培养力度；南京师范大学建立研究生实验室、司法鉴定中心，与周边高校进行实验教学资源共享。

评审专家认为，部分试点院校培养模式的创新，基本做法是延长法律人才培养周期，保证法律人才的厚实的理论基础和娴熟的应用能力，并使法律专业学位研究生培养方案能与本科阶段相衔接。这种培养模式的创新难点就是如何实现本科阶段和研究生阶段的衔接问题，除中国政法大学获得教育部的试点认可外，其他院校都利用推荐免试研究生的方式来解决，这也必然受到该年度推荐免试研究生规模、推荐标准、选拔方式等限制。因此，试点院校培养模式的创新，仍值得进一步深化。

此外，部分试点院校将本次试点项目与正在进行中的教育部、中央政法委员会《关于实施卓越法律人才教育培养计划的若干意见》（教高［2011］10号）建设的卓越法律人才教育培养基地、建设法学实践教学基地等相衔接。

（三）着眼提高培养质量，改革选拔制度

试点院校改革推荐免试研究生制度和入学考试复试制度，适度控制招生规

模,优化招生生源,以提高法律专业学位研究生培养质量。在法律专业学位研究生复试环节,在坚持公平原则和回避制度的基础上,普遍采取“外语笔试+专业笔试+外语口试+专业面试”的做法,注重全面考核考生的综合能力。

第一,试点院校都在逐步扩大推荐免试研究生占总招生人数的比例,不仅接受本校优秀本科生的推荐,并且接受一定比例的有推荐研究生资格的其他学校推荐的优秀本科生,直接采取面试方式进行录取。

第二,试点院校普遍重视研究生入学考试复试环节的改革。对于通过统考的学生,一方面,试点院校加大复试成绩占录取总成绩的比重,另一方面,试点院校采用区别化的复试规则重点考察其综合素质:对于非法学本科考生,笔试和面试重点考察考生的逻辑分析能力,注重考生背景和实际能力的评估,重点对复试生的发现问题能力、分析问题能力和表达能力进行测试而非法学知识;对于法学考生,面试和笔试着重考查考生运用法律专业知识分析问题、解决问题的能力。各院校加强复试的针对性、全面性和可靠性,从而提高录取学生的综合素质。

在复试环节中,部分试点院校采取有特色的做法,如中国政法大学笔试特别关注逻辑分析能力与写作能力,加大复试成绩权重,适当扩大差额比例,还创新复试形式,通过学生填写心理测试表关注学生心理健康;北京大学免试复试采取相当于美国法学院入学考试内容结构的逻辑、写作、理论分析等形式;西南政法大学复试加大复试中的工作业绩的权重,并加入心理普测。

第三,对于在职法律硕士考生,试点院校也进行有针对性的改革,在满足职业需求的同时,最大程度招收优质生源。例如,南京大学在职法律硕士招生宣传采用以点带面的方式,充分利用校友资源;沈阳师范大学针对边远地区和贫困落后地区的基层政法人员,开设了法律知识辅导班;武汉大学采用“提前面试”的拓新项目;云南大学对培养小语种专业人才的院系进行招生宣传,吸引具备小语种语言基础的考生等。

(四)反馈培养质量,完善考核评价体系

试点院校改革考核与评价方法,在课程学习、实习实践和学位论文三个环节建立以提升职业能力为导向的考核体系和评价标准,保证学位授予质量。在课程学习考核环节,多数院校采用多样化的课程考核方式,如采用案例分析、法律实务训练、专题讨论等多种方式进行成绩评定。部分院校还实施题库制考试模式,进行实训课考核及实习考核。。

试点院校也在实习实践环节进行改革,改变重课程考核轻实习考核的传统培养模式,把实习的效果和成果作为法律专业学位研究生教育质量评价的重要考核内容。例如,西南政法大学在实习基地单位试行法律硕士研究生实习实践考核评价办法,由学院与实习基地工作人员(法官、检察官、律师)共同组建实习综合考评小组,对学生在实习环节的表现进行量化打分。

试点院校对于法律专业学位研究生的论文的考核与评价,普遍以多元选择替代目前单一的学术论文方式,体现与法学硕士的区别。多数试点院校要求法律专业学位研究生的学位论文要尽量写实践性的论文,如案例分析、调研报告等等,不鼓励学生写学术型论文;建立学位论文指导双导师制,由双导师共同指导、负责;建立学位论文评价标准,规范学位论文评审过程;鼓励或者要求在职法律硕士撰写与其工作相关的学位论文;通过学术不端文献检测系统的辅助和严格论文管理程序(如严格管理开题、开题、预答辩、外审和答辩等环节),加强法律硕士研究生的论文质量管理和诚信教育。部分试点院校遴选优秀专业学位研究生学位论文,结集出版。

试点院校在加大匿名评审专业学位论文的比例、采用反学术不端系统进行论文打假的同时,也普遍反映,法律硕士专业学位论文在外部评审过程中,部分外审专家仍使用科学学位论文来评价专业学位论文,对没有采用学术型论文写作要求与规范的专业学位论文给予较低评价。个别试点院校(如南京师范大学)在专业学位论文的扉页上,设计专门提示条款,帮助外审专家正确评定专业学位论文。

部分试点院校为提升法律专业学位研究生的学位论文写作能力,开设论文写作课、法律方法与文献检索等课程,如中国政法大学;部分试点院校把实习和学位论文相结合,拟由实习单位给实习学生提出论文选题等,如河北大学;西南政法大学等院校推行撰写“案例分析报告”“实习报告”;清华大学对毕业论文不作硬性要求,可以多元化;湘潭大学受湖南省教育厅委托,拟定《湖南省法律硕士专业学位论文规范与评价标准》等。这些都是有益的尝试。

(五)努力打造、加强“双师型”教师队伍

试点院校努力建设一支与专业学位研究生教育相适应的、专兼职相结合的高水平“双师型”教师队伍,努力探索团队培养、集体会诊、个别指导、师生讨论等多种“双向互动”的研究生指导形式。部分院校还注意与教学导师队伍相配合的辅导员队伍和教学管理队伍的建设,如西南政法大学重视三支队伍(教学与导师队伍、辅导员队伍和教学管理队伍)的建设。

教育部针对专业学位硕士研究生的特点,要求建立健全校内外双导师制,以校内导师指导为主,校外导师参与实践过程、项目研究、课程与论文等多个环节的指导工作。试点院校都为法律专业学位研究生聘任校内导师和校外导师,落实共同培养机制。试点院校在校外导师的选聘和职责上有着不同的做法:部分试点院校在入学时,即指定校内导师,承担主要的法律硕士培养工作;多数试点院校由教学机构在学生实习之前指定校外导师,主要承担实习和实践的指导工作;部分试点院校将选聘校外导师的权利赋予法律专业学位研究生的校内导师,校内导师提名并由院校聘任校外导师,并且将选聘校外导师时间提前到入学时,校内导师和校外导师共同承担指导工作,如南京大学。

对于专业学位研究生教育师资考核评价机制,试点院校尝试创新。例如中国政法大学的双向评教制度,通过课堂问卷、定期的听课制度、教学督导和“十大最受欢迎授课教师”评选活动等建立起比较完善的评价体系;吉林大学面向全院教师征聘具有实务经验主讲教师、组织主讲教师开展常规性的教学研究活动并提供支持、应聘教师进行跟踪考评;上海交通大学完善法律硕士教学的评价体系,通过调查问卷的形式,对法律硕士课程任课教师进行评教,加大“教学方法”和“教学效果”的权重,将评教结果与教师的各项评奖评优、职称评定、年终考核挂钩,奖惩结合,以奖为主。

为了建立专职、专业的法律硕士教师队伍,部分试点院校在工作量计算、科研考核、职称评定等方面对专业学位教育或实践教学的教师作出倾斜性规定。例如,中央财经大学积极研究专业学位研究生教育教师的教学科研考核评价办法,尝试在学校职称评定委员会中专门设立专业学位教育职称评定分委员会,对从事专业学位教育和实践教学的教师进行区别化的职称评定。

(六)面向职业需求、完善培养方案

通过本次试点改革工作的检查,教指委认为,试点院校在法律专业学位研究生综合试点改革工作中,试点院校高度重视培养方案的完善,针对四类不同法律硕士制订差异化培养方案;同时每一类法律硕士都重视实践教学的课程设置改革,都注意面向职业需求,设置多样化的培养方向。

试点项目要求,可以根据培养规律,跟踪前沿:第一,制定差异化的培养方案,以适应不同类别法律专业学位研究生的培养;第二,强化课程设计和教学要求,夯实专业学位研究生应具备的理论基础和基本能力,通过课程设置改革,加强案例教学和实践教学,提高专业学位研究生认识问题、分析问题和解决问题的能力,加强思想政治和职业道德教育,提升专业学位研究生的职业精神和职业素养;第三,确立面向职业的培养方向,把握法律专业学位研究生教育规律。

试点院校根据要求制定综合改革试点的具体实施方案,包括办学思想、培养目标、培养方案、师资队伍、教育管理体制、课程设计、实习实践基地建设、学位论文等各个环节的具体改革措施。

多数试点院校明确提出在培养模式创新和管理体制改革方面要实现的重点目标和主要创新点,修订、完善四种类型法律专业学位研究生,包括法律硕士(非法学)、法律硕士(法学)、在职法律硕士、政法干警试点法律硕士培养方案,进一步优化以职业化教育为导向的课程体系设计,确定不同的培养目标和方案,制定差别化培养方案,加强实务课程的教学力度:法律硕士(非法学)突出法学基本理论与本科专业的衔接;法律硕士(法学)强化法律职业能力训练;在职法律硕士注重理论分析能力训练和法律职业素质的提高。例如,西南政法大学分类制定培养方案,并对各类研究生进行明晰定位:法律硕士(非法学)—强化法学基本理论与本科专业的衔接、法律硕士(法学)—强化法学实践能力的训练、在职法律硕士—强化法学理论前沿的学习、政法干警试点法律硕士班—强化检察业务或者法院业务;云南大学以地方需求为导向,以培养实务型、复合型并具有良好职业道德的法律人才为目标的综合创新模式;南京师范大学针对公安系统对法律人才的特殊需要,创建警务方向法律硕士的专门培养模式。

针对法律硕士(非法学)研究生的培养,试点院校确定了以知识传授与能力提升作为主要内容的培养指导原则,强调专业基础课程的重要性,课程设置、教学内容上突出专业知识的系统性;针对法律硕士(法学)研究生的培养,试点院校确定了以法学理论素养与法律实践能力提升为主要内容的培养指导原则,课程设置以专题为主,加大实践性课程比例,课堂教学以研讨方式为主;针对在职法律硕士专业学位研究生的培养,试点院校确定以理论水平的提升为重点,以理论素养与研究能力作为主要内容的培养指导原则。

试点院校中包含综合性、师范类,政法类、财经类四种类型的院校,在制定各校法律专业学位研究生培养方案时注重发挥各校的优势,将法律专业学位研究生教育综合试点改革和各校的突出性特点相结合。如中央财经大学在修订、完善三种类型法律专业学位研究生专业学位培养方案时,突出财经法律实务特色。

(七)着重实践能力,改革专业课程设置

试点院校对于课程建设方面都积累了不少经验,主要体现在:在夯实法学理论基础上注意扩展学生的知识面,给学生提供各层次、各学科、各类别的共享课程;课程建设中突出应用性的特点,着重提升学生对法律的分析与研究能力;将职业技能训练与职业伦理培养相结合,注重培养学生的职业认同感;试点院校都加大了实务类课程的比重,例如模拟法庭、法律诊所、法律写作、法庭论辩等课程;聘请实务部门的专家开设选修课。试点院校还针对不同类型的法律硕士来设计课程,针对法律硕士(法学)开设不同于本科阶段课程的专题性质课程。

试点院校在课程设置中,多采用实践性的教学方法,针对专业学位研究生,鼓励教师采取灵活多样的上课方式,如研讨式授课、模拟教学、情景教学、法律诊所教学、团队培养、集体会诊、个别指导、师生讨论等。试点学院鼓励教师采用理论与实际相结合的教学方式,为学生提供大量的实际案例。

试点院校对于法律硕士课程进行结构性的调整尝试,特别是选修课程中体现实务性,将选修课分为基础法律模块以及多种专业模块。例如上海交通大学缩减概说性或纯理论性的课程,以民、刑、诉讼法三者作为课程设置的核心,经济法和商法强调学科知识的交叉,基础理论课程强调学生人格的完善、对法律运行的总体把握和法律思维方式的训练。同时法律职业技能课程强调全面性、实用性,调动学生的参与积极性。此外,部分试点院校在课程设置上的有益经验还有:吉林大学建立法律职业所需要的通识性法律知识体系;清华大学大量增加选修课比例;中国政法大学增强政治理论课的现实性,将外语课改为专业外语,将职业道德与心理课相结合等;上海交通大学设置三大特色课程:日本经团联企业法务高端系列讲座、美国 GE 商务谈判实践、律师事务所模拟企业法务技能训练;云南大学增设法律与民族社会学、东南亚国家法律概论、地方立法实务专题、地缘政治与国际法中的中国、非传统安全法律问题专题等课程,以满足地方工作实际对法律专业学位研究生培养的需求。

部分试点院校在汇报中,重视建设适宜法律专业学位研究生教育特点的教材和案例库,部分院校结合实践性教学,单独或联合组织教材编写,如武汉大学、沈阳师范大学、上海交通大学已经初步完成了案例库建设,中国人民大学已经出版了面向法律硕士的专门教材。

(八)完善奖助学贷款和就业指导服务体系

关于法学专业研究生的奖助贷体系和就业指导服务体系,试点院校基本上都采用的是全校通用的奖助贷体系和就业指导服务体系,收费能按照教财[2006]2 号文件执行。试点院校都能积极筹措社会资金,建立奖助贷体系,提高奖助贷的比例,多举措奖优助困;组织就业培训,加强就业指导工作,进行就业资助。

部分试点院校作了较好的尝试,包括:第一,试点院校都在学校或者学院网站设立职业规划板块,如个性与求职、公务员考试的心态和备考技巧、求职与企业招聘流程介绍等;第二,开设职业生涯规划课程,引导学生转变就业观念,如清华大学;第三,开设司法考试辅导课及学习小组,将司法考试指导纳入就业和职业指导工作,如中央财经大学、中国政法大学等。

(九)结合行业地方、加强国际交流

通过本次试点改革工作的检查,教指委认为,试点院校在法律专业学位研究生综合试点改革工作中,一方面,能够在与所在地方开展合作,通过共建教学实践基地等形式,确保实习实践针对性,提高教学内容务实性;能够与行业开展合作,特别是通过“订单式培养”,培养行业急需专业人才;另一方面,试点院校坚持“走出去”与“引进来”相结合,重视专业学位研究生培养的国际化,形成若干成功经验。

试点院校依靠广大教师和学生,发挥行业组织或企业的积极性,认真实施试点方案，并及时总结经验，不断完善和深化改革，创造具有推广价值的好经验、好做法，进而发挥引领、示范的作用。试点院校与地方政府或者行业组织合作，已经建立数量众多、稳定长期的教学实践基地，积极探索获取实务部门的支持，以配合实习训练的多样化，但也存在实践基地建设管理较为松散、缺乏制度化约束等问题。部分试点院校力图保证学校和实践基地之间的联系和作用发挥。例如，贵州大学每年选派一批通过了国家司法考试的法律硕士研究生去司法厅法律援助中心、贵州省高级人民法院以及贵州省检察院担任法务助理工作。

部分试点院校结合生源情况，特别是针对在职法律硕士，通过合作协议等方式，与相关单位、行业进行“订单式培养”，如中国人民大学与最高人民检察院合作设立职务犯罪侦查方向；中国政法大学证据科学专业方向与吉林省高院系统和国家安全部进行合作，诉讼监督专业方向与北京市检察院系统合作；西南政法大学与中豪律师集团合作打造律师精英、与重庆市法检系统进行联合培养、与国资委政策法规局联合培养企业法务人才等。

试点单位根据不同专业学位类别教育发展规律以及国家或区域经济社会发展的需要，努力打造自身办学模式和办学特色，推动全方位的国际交流，特别是与国际一流学校的合作交流，坚持“走出去”与“引进来”相结合，利用交换生项目、双学位项目、暑期班项目等，一方面把学生送出去短期或者长期学习，获取海外学历；另一方面放开生源，招收国际和港澳台学生。例如，中国人民大学依托比较法教研室，推动学生培养的国际化，大力引进外籍教师，开展远程联合授课、圆桌研讨会等；中国政法大学利用“中欧法学院”的平台开展国际合作培养模式，并邀请国外的律师、教授为学生授课、举办讲座及系列论坛；北京大学利用国际资源优势，举办国际交流项目和开设外教课程；清华大学推出 L. L. M 项目英文教材与刊物、开设法律硕士国际班；中央财经大学开办中美欧学生国际交流项目，并且已经通过美国律师协会批准认证；还有试点院校直接与国外大学合作开设法律硕士，学生在国外学习半年，国内学分能得到国外大学的承认，学生同时获得国内和国外两个法律专业学位，如中央财经大学与马里兰大学的合作项目。

上海交通大学加强与多所世界一流大学法学院的双向交流和合作，每年大批学生（多数是法律硕士）去国外名校学习交流（特别是在威斯康星大学、杜克大学、康奈尔大学等攻读 L. L. M），并成功推出面向国外生源来华攻读学位、实行全英文教学的中国法 L. L. M 和 SJD 项目以及中国法暑期班、中国企业法务研修班等多个国际项目等。

（十）完善管理体制，重视试点改革

为推进法律专业学位研究生教育综合试点改革工作，试点院校建立或健全有关领导和管理机构，为专业学位研究生教育提供必要的组织保障和良好的政策环境,以提升试点改革工作成效。

试点单位充分认识试点工作的紧迫性和重要性,都把综合改革试点工作作为一项重要任务,成立由校领导任组长,相关职能部门负责人、试点专业学位类别依托院(系)负责人参加的综合改革试点领导小组,加强顶层设计和组织协调,建立制度保证机制,充分配置办学资源,将专业学位研究生教育纳入人才培养工作的评价体系中,努力做好试点工作的具体实施。多数院校在学校层面成立以分管校长牵头的法律硕士专业学位领导小组及法律硕士专业学位教学指导委员会,负责综合改革试点工作的目标设定和政策制定,协调处理改革试点工作中遇到的困难,统筹学校资源。试点院校依托法学院(系)设立以分管院长牵头的法律硕士教育中心,校研究生院(部、处)成立专门的法律硕士工作处(科)。中国政法大学和西南政法大学还成立了法律硕士学院,专门管理法律硕士的教育工作和承担综合试点改革工作。

例如,北京大学成立项目组,由法学院主管教育院长担任项目负责人,两位院长助理协助,另有七位教师和若干学生助理;中国人民大学实行"学校—法学院—工作委员会—专业教研室—教研室导师—教务秘书"六级管理体制;中国政法大学实行校院结合,建立四位一体的管理机制,建立试点改革领导小组,校长为组长,副校长为副组长,下设研究生院、专业学位委员会、法律硕士学院等。

为了确保法律专业学位研究生教育综合改革的顺利实施和法律硕士教育机构职能的有效发挥,围绕改革目标和实施策略,试点院校陆续制定、颁布与实施了各类制度性文件,如《法律硕士研究生入学考试方式及选拔标准》《法律硕士研究生导师队伍建设办法》《法律硕士专业学位研究生兼职指导教师聘任管理办法》《法律硕士专业学位研究生实习实践基地建设与管理办法》《法律硕士专业学位研究生奖(助)学金奖励办法》《法律硕士专业学位研究生专业实习管理办法》《法律硕士学位论文撰写标准和答辩细则》《法律硕士学位论文管理办法》等。

三、主要问题和深化改革的工作思路

法律专业学位研究生综合试点改革培养综合改革十分重要,对于形成共识、深化改革、提高质量都具有重要作用。通过为期 3 年的项目建设,法律硕士教育的办学定位和任务目标进一步明确,培养模式改革创新取得一批示范性的成果,培养质量进一步提高,社会反响和评价良好,在以法学博士、法学硕士和法律硕士构成的法科研究生教育培养体系中,法律硕士教育确立了办学地位,形成特色比较鲜明并充满创新活力的培养体系和工作制度。同时也应看到,不同法律院校法律硕士工作发展很不平衡;法律硕士实践教学和职业能力培养环节总体薄弱,实践基地建设参差不齐,存在规范不够、管理不完善等情况;法律硕士任务定位与法律职业部门专业化、职业化建设的规划与政策实施尚未形成制度对接,等等。这些问题有的属于进一步提高法律硕士培养质量的全局性问题,有的属于发展的体制性障碍,需要通过深化培养模式改革和体制机制改革,逐步加以解决。为此,教指委组织协调有关部门、单位和专家,着力在以下具有全局性、制度性的重点问题上推进工作。

(一)全面总结综合改革改革试点中培养模式改革的成果和经验,推进培养工作的规范化。国务院学位办即将颁布《法律硕士专业学位基本要求》(以下简称《基本要求》),《基本要求》规定研究生培养单位授予法律硕士专业学位的基本标准,是法律硕士培养工作具有根本性的规范性文件。教指委将以承担编写任务为契机,深化高层次的复合型、应用型法律人才培养规律的认识与应用,完成好《基本要求》研究、编写工作,做好指导性培养方案、论文规范等培养工作基本文件的更新与修订,加强培养工作和学位授予工作的标准化和规范化建设,保障培养质量,提升培养水平。

(二)健全职业能力和职业素质培养训练的内容和方法,推进实践教学制度化。实践必修环节是法律硕士培养的重要内容和特色部分,实践基地建设具有鲜明的学科特征,但总体上,很多培养单位相关工作上投入不足,力量薄弱,措施手段单一。教指委将组织力量开展法律硕士案例库建设与推广工作项目,会同教育部学位与研究生教育发展中心建设法律硕士专业学位案例库,着力加强法律硕士实践教学基本建设。同时,认真总结中国人民大学、海南大学以及华东政法大学实践培养基地建设的经验,研究、制定法律硕士专业学位实践基地建设指导性意见和管理办法,引导、推进、规范实践基地建设。

(三)深入组织开展法律硕士与法律职业准入制度衔接研究,将法律硕士建设成为新时期法律职业后备人才培养的主渠道。无论从法律职业队伍知识结构来看,还是从法律硕士培养规模来看,在相当长的一个时期内,法律硕士研究生都是职业队伍的稀缺人才,应当制订出台倾斜政策,畅通法律硕士毕业生进入法律职业的途径,加快职业队伍的专业化、职业化和正规化建设。法律硕士培养与司法考试制度衔接的关键问题,包括司法考试"怎么考"与法律硕士"怎么教"的关系问题、司法考试"考什么"与法律硕士"教什么"的关系问题、司法考试的报考门槛过宽过低与法律硕士的竞争优势弱化问题、司法考试通过率与法律硕士毕业生就业率关系问题、法律硕士教育与法律职业需求之间脱节的问题等,需要职业部门、国家司法考试主管部门和各培养单位深入研究,形成共识,优化方案,在理论、制度和实践上协同创新。目前,司法部、中国法学会和国务院学位办都从不同角度设立开展相关研究课题,推进、支持和跟踪相关课题研究是教指委近期重点工作。

(四)开展《全国法律硕士毕业生就业现状与能力评价项目》,建立法律硕士培养质量与水平评价机制。为了建立健全法律硕士研究生教育质量评估体系,教指委着手委托第三方机构开展全国法硕毕业生就业现状与能力评价跟踪调研。该项调研的目的在于及时了解全国法硕毕业生的就业现状,特别是就业质量和能力是否满足工作岗位的需要,并将结果反馈给培养单位,为各培养单位制定具有可操作性的、能够长期监测到改进效果的培养改革方案提高参考和服务。

2013 年 5 月 30 日

附件

法律专业学位研究生教育综合改革试点项目优秀试点院校推荐

院校推荐依据:

1. 根据《关于做好专业学位研究生教育综合改革试点项目验收工作的通知》(教研司[2013]3 号)要求,“按照不超过试点类别的 30% 的数量推荐优秀试点院校并附推荐意见”,即本次推荐 6 所优秀试点院校;

2. 根据教指委组织的试点项目验收检查的评分排名结果:验收检查排名前 6 名院校为中国人民大学、中国政法大学、西南政法大学、清华大学、北京大学、武汉大学;

3. 根据教指委评审专家评审会议意见和书面评价,推荐中国人民大学、中国政法大学、西南政法大学、清华大学、北京大学、武汉大学为专业学位研究生教育综合改革试点项目的优秀试点单位。

中国人民大学

中国人民大学在法律硕士教育改革方面一直处于国内领先地位,作为法硕教育创始单位,多年来在探索办学理念、培养模式及管理模式方面做出了突出贡献,取得了丰富的经验,对全国法硕教育举办具有显著的示范和引领作用。

中国人民大学法律硕士招生规模相当大,形成了初步的、系统的管理模式,对社会发展有一定的影响作用。该校的分类培养、因材施教的设计细密化,针对性较强,符合行业与专业的需要。在培养模式的理念培育上注重提升,观念明确,采取措施针对性强,效果明显,尤其在国际化、中国化等方面做得尤其突出,在综合改革思路和改革成效上很突出。

该校试点项目办学指导思想明确,注重培养模式和管理体制改革创新,突出亮点体现在:与实务部门合作,培养适应社会需要的专业突出的法硕人才,如职务犯罪侦查方向等;针对在职法硕在课程设置上突出四个方向等;注重案例教学,推动案例课程开发和教材编写,加强和完善双导师制度建设,取得良好成效。

中国政法大学

该校在试点法律硕士综合改革过程中,积极探索的跨学科培养模式、产学研一体化与双导师培养模式、本硕对接培养模式、国际合作培养模式、行业联合培养模式等多元化的创新培养模式,以及交流合作平台的建设都具有借鉴意义。

该校在落实综合试点项目方面力度很大。招生考试、培养模式、课程设置以及教学方式等方面改革力度比较大,对进一步完善专业学位培养模式和管理体制很有借鉴价值。

该校作为专门的政法院校,在培养法硕研究方向创新了不少经验,如开设专题讲座,加快案例库建设,实行双向评教制度等。该校培养的学生在从事实务工作中,对国家经济建设和社会发展发挥的作用较大。该校的订单培养方式较为新颖,能够做到法学理论与社会需求的有机结合,希望在这方面多做探索,为全国有法硕研究生培养资格的院校提供有益的借鉴,为国家培养法学人才做出贡献。

该校属法学专业型大学,近些年来向综合型大学转变,但仍以法学学科为主体,具有师资力量雄厚的优势。该校专门成立法律硕士学院,使改革试点工作有实体学院的依托,改革条件较好。订单培养模式和分方向培养,是该校法律硕士改革的亮点。

作为政法专业特色突出的高校,该校高度重视专业学位教育在本校高层次人才培养中的地位和作用,其经验和试点过程中提炼的问题值得全国有关高校借鉴和参考。

西南政法大学

西南政法大学在法律硕士项目上已积累了相当丰富的经验,形成了比较成熟的培养模式和管理制度,在这次改革中又针对以往存在的问题做了改进,对区域法学教育产生了积极的影响。西南政法大学在法硕项目改革中做了全面的探索,取得了比较好的成绩,其改革也有自己的特色:差生淘汰制、学生培养订单制、毕业论文规范化。实习基地优选等做法,对提高法硕教育质量有积极的意义。

该校在课程教学督导环节,订单培养方式的探索,考核方式的改革,管理体制的创新等方面做得较好,积极准备,比较认真。

首先,该校的综合试点改革创新点较多,如教学监控体系、多元化的双导师制、论文形式、评价体系、教学质量评估体系等具有创意。其次,该校的试点改革扎实而深入,从招生、培养、毕业全方位进行改革,“知识、素养、能力”三位一体的模式对全国具有借鉴价值。最后,该校对法硕教育投入较大,堪称典范。

该校将法律硕士培养工作放在研究生院的层面,由学校统一调动全校的教学资源来完成,这种安排符合该校的具体情况。与用人单位共同培养法律硕士的方法也值得借鉴。对课程考核方式的改革探索也有重要意义。

作为专科性特色突出的高校,该校对法硕专业学位教育改革作用大,影响大,对区域乃至全国经济社会发展具有重要的作用。该校法硕乃全国首批单位,拥有培养应用型人才的丰富经验,目前师资及法硕招生规模体量大,制度完善,并不断探索法律人才培养模式与管理体制的改革与创新,从专业学位改革试点工作所要求的办学理念、管理体制、人才培养模式三方面衡量,该项目的实施进一步加强和推进了法硕教育的发展。

清华大学

该校致力于培养"顶天立地"的法律人才目标展位切合国家对法律人才的综合要求,使培养的学生成为法治的实践者,又是法治的倡导者,突出法律硕士的复合型特点,对中国经济建设和社会发展有较大促进作用。

清华大学法律硕士项目开展工作时间虽然不是很长,但办学的特色还是比较明显。清华大学法学院法律硕士项目改革有特色:一是注重国际化人才的培养,双语课程和实务课程方面,有一定的创新,产生良好的效果;二是兼顾毕业生就业的重点就业和服务于基层,取得了不错的成果。突出了自己的特色,值得借鉴。

该校重视试点工作,形成具有特色的人才培养体系,如实务型人才、复合型人才、国际型人才。注重课程、教材开发建设,加强双导师制,注重对实务导师管理,加大经费投入力度,在教学模式上开展小班化教学、案例教学等,取得明显成效。

北京大学

该校认真抓好了试点项目,制定了改革试点的具体实施方案,探索了有效的改革办法。创新法本法硕推免制度,建立和完善双导师制度,加强学生的实习,实行课程体制改革,取得了良好的成效。

该校在培养环节和机制方面有创新,对专业学位体例的改革发挥了示范作用。特别是有关分类培养和课程体系方面的措施和改革思路具有重要影响。

该校试点项目对专业学位培养模式有一定的创新,培养的高层次、复合型、应用型的法律职业人才,在实践单位从事工作后,对国家建设和社会发展的促进作用得到进一步彰显。

该校在招生培养模式及管理体制方面均有创新,对其他学校具有重要的引领和促进作用。如推免招生、分方向培养、深度实践课开设很有特色。分方向培养模式对提高复合型人才培养质量具有重要作用。学校、学院非常重视专业硕士,多次召开研讨会值得提倡。

该校对综合改革培养目标的观念明确,认识到位,新措施也很得力。在国际化方向做得有声有色,在探索中国法硕培养模式上有可贵的探索。尤其在发挥龙头作用方面,具有很好的引领、示范作用。在利用法学教育优势资源上也很有心得。

武汉大学

武大在法硕项目培养模式和管理体制的改革方面做了积极的探索，根据法律职业的特点来培养法律人才，其在招生方面的改革，也有相当的新意。武大法硕项目在课程设置、实习锻炼以及双导师制度的落实方面都做了积极的努力，在结合法律实务开设方面有自己的特色，上述措施对提高法硕专业学位研究生教育质量有一定的积极意义。

该校开设了不同的实务性课程，落实双导师的工作和职责，与兼聘教师联合申报课题，案例教材的出版应当肯定。试点项目的目标清楚，以人才培养质量为中心，推动专业学位的国际性，其成果具有示范作用，成果突出。

在招生工作上进行了有益的探索，针对不同类型的法律硕士制定了不同的培养方案，并且能够注重提高教师自身的实践能力。在法律硕士学位论文方面所进行的改革也很有意义。

该校推行“招新”项目，在实践部门取得良好效果，实施双导师制，使法硕培养中增加实务内容，符合法硕培养的目标，在教材、师资、论文等方面也作了一些探索，取得良好成效。

武汉大学加大推免学生比例以提高生源质量，大力推进教学案例库建设，建设专业学位研究生示范实践基地，创建多种形式的专业论文评价标准，在法硕改革试点项目中达到了试验要求，积累了一定经验。

教育部

关于做好深化专业学位研究生教育综合改革试点工作的通知

（教研函[2015]2号）

全国法律专业学位研究生教育指导委员会：

根据我部对深化专业学位研究生教育综合改革工作的要求，经自愿申报、专家咨询，确认你单位开展深化专业学位研究生教育综合改革试点工作。现将有关事项通知如下：

一、专业学位研究生教育是研究生教育的重要组成部分，是高层次专门人才培养的重要方面。要深入研究，深化改革，按照专业学位研究生教育规律不断提高专业学位研究生培养质量。请你单位高度重视，加强顶层设计和组织协调，建立制度保证机制，合理配置资源，做好综合改革试点工作的具体实施。

二、你单位《深化专业学位研究生教育综合改革任务书》（见附件），将在“全国学位与研究生教育质量信息平台”上予以公布。请你单位按照《任务书》，落实各项改革措施，力争在专业学位研究生教育办学管理体制、培养模式、评价机制等方面实现新的更大突破。

三、综合改革试点工作周期为2015年10月—2020年9月，请你单位于每年9月向我部提交《深化专业学位研究生教育综合改革试点工作年度进展报告》。我部将按照你单位《任务书》和《年度进展报告》，适时组织专家进行检查、评估和总结，并对改革试点工作给予相应支持。

附件：深化专业学位研究生教育综合改革任务书

教育部

2015年10月16日

七、工作报告与重要文件

全国法律硕士专业学位教育指导委员会成立大会暨第一次会议及法律硕士专业学位试点工作研讨会纪要

（学位办[1998]17号）

为提高我国法律硕士专业学位教育水平，促进法律硕士专业学位工作健康发展，适应社会主义市场经济的发展、社会进步和依法治国方略的需要，国务院学位委员会、国家教委和司法部决定成立全国法律硕士专业学位教育指导委员会。成立大会暨第1次委员会会议于1998年1月6日至9日在北京召开。法律硕士专业学位试点工作研讨会同期召开。出席会议的有司法部部长、指导委员会主任委员肖扬，国务院学位委员会副主任委员、国家教委副主任周远清，国务院学位委员会办公室主任赵沁平、副主任顾海良以及教育指导委员会顾问王叔文、高铭暄教授和指导委员会全体委员。全国法律硕士专业学位试点院校及国务院学位办和司法部法学教育司的有关同志参加了会议。

会议的主要内容是成立全国法律硕士专业学位教育指导委员会。讨论指导委员会章程；研究制定1998年委员会工作要点；讨论明确指导委员会下设的各专门小组的职责、人员分工和1998年工作要点。同时，会议对试点工作进行了研讨，对1998年开展在职攻读法律硕士专业学位的招生考试工作进行了研究。

一、指导委员会成立大会由顾海良同志主持。周远清同志和肖扬同志先后在开幕式上讲话。周远清同志在对目前我国教育改革和发展状况进行了简要介绍后，着重阐述了我国高层次法律人才的培养和成立教育指导委员会的意义。

周远清同志指出，市场经济在一定意义上讲是法制经济，党的十五大提出了依法治国、建设社会主义法治国家的方略。教育工作要适应这一要求，转变观念，大力发展高层次的应用型法律人才教育。现在通行的研究生培养模式是以培养教学、科研人才为目标，应用型人才按这种模式培养，不能满足实际部门对高层次人才在知识结构、能力素质方面的要求，必须进行改革。专业学位是研究生教育改革的重要方向。高层次应用型法律人才培养的重心应该是硕士层次。这就要求我们注重质量，加强各方面的建设，在此基础上加快法律硕士的培养步伐,加快结构调整,适当扩大试点院校和培养规模,推进和不断完善在职攻读法律硕士专业学位的工作。

关于指导委员会的成立,周远清同志指出,委员会的成立有助于教育改革和适应国家法制建设的需要,有利于探索适合中国国情的法律应用型高层次人才培养的新途径,有利于我国法律硕士专业学位教育水平的不断提高。法律硕士专业学位教育指导委员会具有人员组成层次高,影响面大的特点,是一个十分好的现象,大家应抓住机遇,促进发展。最后,他强调,法律硕士专业学位教育刚刚起步,各方面还不太完善,还需要大家共同努力,加大发展力度,花大力气加强制度建设,保证质量,以质量求生存,以质量求发展,这是能否使此项工作顺利发展的关键,也是办好高等教育的关键。

肖扬同志在讲话中深刻阐述了加快培养高层次法律人才在依法治国、建设社会主义法治国家和加快政法队伍建设中约重要意义。他指出:法律职业具有专业性、职业性很强的特点,法律硕士专业学位教育也是以此特定职业为背景的,涉及政法各部门和经济、行政、社会管理部门,社会需求量很大。因此,法律硕士专业学位教育工作的开展,适应了社会的需要,受到了用人部门的欢迎,也得到了有关部门的关心和支持。法律硕士专业学位教育采用指导委员会的形式,把培养单位和各用人部门吸收进来,有利于充分调动各方面的积极性。司法部在试点之初,就予以了高度重视和积极的配合,并将获本专业学位与任职资格衔接起来,规定法律硕士专业学位获得者从事专职律师工作的,到律师事务所实习1年,经考核合格即可获律师资格。

肖扬同志就如何搞好法律硕士专业学位教育工作提出了以下希望:

1. 政法各部门要按照党的十五大提出的“加强执法和司法队伍建设”的要求,将法律硕士专业学位教育作为政法队伍建设的重要措施,纳入队伍建设总体规划中,充分重视,切实抓好。司法部更要按照干部队伍建设“九五”规划和“五八八教育培训工程”的要求,加快高层次应用型法律人才的培养。律师、公证员队伍要通过这一途径,力争实现大的突破,提高整体水平,造就一批符合建设社会主义法治国家要求的法律服务队伍。

2. 各政法部门的教育培训机构,要积极配合,大力协助指导委员会的工作,主动参与培养工作和管理工作,充分发挥自身的优势和职能作用,在促进合作办学、宣传、管理等方面加大力度。

3. 各试点院校,要继续发挥为政法部门和社会培养、输送高层次法律人才的主渠道作用,进一步解放思想,转变观念,深化改革,统筹规划,加强管理,保证质量,向管理要效益,以质量求发展。参加试点的司法部部属院校,要坚决克服“小而全”的弊端,按照有关要求统一组织和协调招生、培养和管理等项工作。

学校各有关部门要根据职责合理分工，各司其职，扬长避短，相互协作，发挥整体效能。司法部法学教育司要抽调精干人员，积极配合学位办做好工作，尤其是要根据指导委员会章程，抓紧制定有关的配套管理办法，逐步探索建立新型的法学教育宏观管理模式，使指导委员会秘书处和各专业小组的工作在高效、有序的机制上运转。各地司法厅（局）要发挥法学教育的职能作用，主动配合试点院校和政法各部门做好开展在职攻读法律硕士专业学位教育的各项有关工作。

在会议期间和闭幕式上，指导委员会副主任委员顾海良同志就法律硕士专业学位教育和指导委员会的工作作了说明。曾宪义副主任委员，怀效锋副主任委员、霍宪丹秘书长也就法律硕士专业学位设置和试办的意义以及如何做好工作谈了意见。

二、指导委员会第1次会议讨论并原则通过了指导委员会《章程》，讨论并确定了1998年的工作要点和委员会工作分工。

（一）指导委员会1998年工作要点主要是：

1. 制定1998年在职人员攻读法律硕士专业学位的推荐报名办法，做好有关组织、协调和指导工作；

2. 做好1998年在职人员攻读法律硕士专业学位的联考命题、考试组织和考务工作；

3. 完成现行攻读法律硕士专业学位研究生招生考试大纲和教程的修订工作；

4. 组织开展试点院校的院校长培训。拟于1998年晚些时候在中南政法学院举办一期培训班，对试点院校的有关人员进行培训；

5. 制定试点院校评估指标体系和评估程序、办法；

6. 研究、修订《法律硕士专业学位指导性培养方案》；

7. 制定法律硕士专业学位教育经费管理办法，并逐步建立起教育发展基金，完善接受捐资等基金管理办法；

8. 组织开展法律硕士专业学位教育专题研究。1998年拟就以下几个课题进行研究：①招生改革研究。确定法律硕士专业学位教育招生的改革思路及主要办法；②培养模式研究；③管理模式研究；④教学工作研究。

（二）指导委员会工作分工

决定在委员会内设置4个专门工作小组和一个工作部，并商定了各专门工作小组的组成人员、职责和近期工作：

1. 制度建设小组。其职责为：加强制度建设，近期主要研究制定与教学工作有关的最紧迫的管理办法。

2. 考试改革小组。其职责为：借鉴MBA以及国外同类考试的经验，改革考试办法,适应依法治国和建设社会主义法治国家对政法队伍素质的要求,组织好1998年在职攻读法律硕士专业学位的入学联合考试工作。

3. 大纲、教材建设小组。其职责为:尽快着手编写学位课程的教学大纲,逐步加强教材建设。

4. 评估小组。其职责为:制定评估指标体系;检查评定各试点院校的办学质量;1998年上半年主要搞好调研工作,推广试点院校的经验,下半年拿出评估指标体系框架。

5. 对外联络部。其职责为:对外宣传;组织对外交流;收集国外培养同类人才的经验、信息;筹集资金。

委员会责成专门小组和工作部门按照其职责立即开展工作,要求各试点院校和有关部门要大力支持和协助其工作。

会议决定,指导委员会下设秘书处。秘书处设在司法部法学教育司,为指导委员会的日常工作机构。秘书处工作由委员会秘书长负责,主要任务是落实完成委员会交办的工作,加强沟通和联系,协调组织有关工作,定期刊发指导委员会简报、信息等。同时,会议要求各试点院校和有关部门要配合秘书处做好工作,并指定一名至两名同志为联络员,负责与秘书处的日常联系。

三、法律硕士专业学位试点工作研讨会主要就法律硕士专业学位教育的试点工作进行了研讨。研讨会由副主任委员曾宪义、怀效锋分别主持。各院校分别向大会提交了书面材料,并作了大会发言。

经过研讨,与会者在适应需要、保证质量、加强管理、如好师资队伍和教材建设、深化改革、做好试点工作等方面达成了共识。

(一)各试点院校一定要明确法律硕士专业学位的指导思想。从1995年开始设置法律硕士专业学位并开展试点工作以来,该学位的发展迅速,社会反映很好。1997年,为进一步适应依法治国的需要又新增了试点单位,首次开展了在职攻读工作。同其他专业学位比,发展是快的。这是为满足社会对法律高层次专门人才的迫切需求。在试点过程中,各试点院校应很好地解决指导思想问题。在培养目标、培养模式、教学安排、教学思想等方面严格按照该学位的内在要求去做。要从专业学位的角度,从培养高层次的复合型、应用型专门人才的角度,从为满足法律部门和社会实际部门需要的角度来正确认识法律硕士专业学位的内涵、要求、意义。要用改革和发展的观点,提高认识,理顺思路,准确把握本质要求。会议强调指出,各院校领导一定要加强领导,形成全校办法律硕士专业学位的共识,而不是由哪个部门单独能承担的;加强研究,提高管理水平,保证试点工作的各项措施的落实。

(二)新增法律硕士专业学位试点单位从8所增加到13所,使试点单位在布局上更加合理，规模上又前进了一步。从今年开始，新增5所试点单位在没有正式招收法律硕士专业学位研究生的情况下，同原8所试点单位一起，同时开展在职攻读工作。第一，要认真学习、研究有关文件精神，领会精神实质，准确掌握本质要求；第二，要加强领导，组织力量，采取措施，在组织机构上予以落实和保证；第三，要加强基础性工作建设，按照该学位的特点，在教材、师资、办学体制、管理等方面加强建设，采取各种得力措施，保证教学工作的正常进行；第四，作为规范化教学的必要保证，各院校要结合自身特点，按照法律硕士专业学位的要求，把实施性培养方案制定好；第五，要加强管理，提高管理水平，保证培养质量。

（三）从今年开始，首先开展在职攻读法律硕士专业学位工作。各院校一定要准确理解开展在职攻读工作的指导思想、意义、内涵、培养目标和办学要求。各推荐单位要保证严格按照条件推荐合格人员；全国法律硕士专业学位教育指导委员会秘书处要做好13所院校入学联考的命题、考试、阅卷、考情分析等工作。参加入学联考、成绩合格录取为在职攻读的人员，不再参加全国在职人员以同等学力申请硕士学位的外语统考。1998年，暂不接受非英语专业人员的报名。各试点单位不得自行接受社会自由报名和非培养目标人员的报名。

（四）随着培养规模的不断扩大，法律硕士专业学位的发展要转向内涵发展为主的轨道上来，以质量求生存，以质量求发展。今后，要采取各种措施，加强检查评估工作，对于不能保证质量和评估不合格的单位，将予以限期整顿、停办和取消试点资格等措施。

第一届全国法律硕士专业学位教育指导委员会工作报告

曾宪义*

（2004 年 5 月）

第一届全国法律硕士专业学位教育指导委员会是国务院学位委员会、国家教育委员会（教育部）在原来全国法律硕士专业学位专家指导小组的基础上于 1998 年 1 月批准建立的。回顾 6 年来，在国务院学位委员会、教育部正确领导和政法部门的大力支持下，指导委员会在协调全国法律硕士专业学位教育活动，探索高层次的复合型实践型法律人才的培养目标、培养途径、培养模式和发展道路；在密切高等院校与政法实际部门联系，大力为新时期政法队伍知识化专业化建设服务；在推动规范和提高法律硕士专业学位培养质量；在组织开展国内交流活动，提升新时期中国法学教育的国际地位和影响力等多方面开展了大量工作，形成了指导委员会活动框架下的法律硕士专业学位培养制度，与政法部门干部教育和继续教育规划实施相协调的工作机制，各培养单位间沟通协作与国际交流的活动机制，卓有成效地促进了法律硕士专业学位地迅速发展，今天，法律硕士专业学位已经成为全国具有重大社会影响的专业学位。

在这里需要说明的是，本届指导委员会成立后不久，由于政府机构换届和相继的政府机构改革，人事变动很大。在不到一年的时间内绝大多数委员调离岗位。主任委员肖扬同志即从司法部长调任最高人民法院院长，三位副主任委员除第一副主任委员曾宪义教授外，其余两位副主任委员调任了新职，委员中有两位委员升任副部长，最高人民法院、最高人民检察院等政法部门的多位委员的工作调整或退休离岗，院校委员的多数也变动了工作。在这样异常特殊的条件下，仍然在岗的副主任委员和秘书处的同志做了力所能及的许多工作，从而支撑了指导委员会工作的有效运转。

---

* 曾宪义，第一、二届全国法律硕士专业学位教育指导委员会第一副主任委员。

一、主要工作概况

(一)分期分批扩大办学试点单位,逐步形成规模效应,较好的完成了创建试办阶段的任务。

法律硕士专业学位(JM)是我国专业学位系列中的一种,正式设置之前,在国务院学位办公室的领导和主持下,在司法部的支持和指导下,经历了一年多的反复论证,于1995年国务院学位委员会第13次会议全票通过设置法律硕士专业学位,决定8所高校为首批试点单位,同时成立了全国法律硕士专业学位专家指导小组,由曾宪义教授和沈白路同志(司法部律师司司长)任组长,秘书处设在中国人民大学法学院,赵秉志教授任秘书长。

1998年1月,国务院学位委员会、国家教育委员会决定成立"全国法律硕士专业学位教育指导委员会",司法部部长肖扬为指导委员会主任委员,曾宪义、顾海良、怀效锋为副主任委员,秘书处设在司法部教育司,霍宪丹副司长任秘书长,赵秉志教授任副秘书长。同时从1998年开始又面向法院、检察院、公安、司法等政法部门开始在职攻读JM教育。

从1995年到2003年,先后分5批设立了共39个试点单位;1995年首批试点单位8所院校;1997年12月增设了第2批试点单位5所院校;1998年12月增设了第3批试点单位9所院校;1999年增设了第4批试点单位6所院校;2003年增设了第5批试点单位11所院校。至此,可以说基本上囊括了中国高水平的政法院校。

随着试点院校的不断拓展,招生规模也从1996年全国首期招生245人,达到2003年全国报考人数37000人,招生2800多人,为之后全国报考人数第二大规模,考录总比第一。从1996年开始至2003年,累计招生29448人,其中获得学位的8848人。现有在校生共20600人,其中JM研究生9328人,JM在职攻读研究生11272人。

(二)以科学、公正选拔具有法律职业发展潜力的培养对象为目标,为建立符合法律硕士专业学位特色的招生制度和工作体系奠定了基础。

在国务院学位办、教育部高校学生司和司法部法规教育司的统筹领导及指导下,指导委员会具体承担了研究生和在职攻读两种招生工作体制的论证和有关建设工作。组织完成两种招生渠道三个版次的招生考试大纲和辅导教程编写;具体组织1998年至2000年在职攻读法律硕士专业学位研究生招生的命题和相关考务工作。分别于1996年和2001年组织有关专家开展招生改革专题研究,总结招生工作的基本经验,为招生改革不断深入提供理论准备。经过多年的实践,根据法律硕士专业学位的特点,以加强对从事法律职业工作相关能力和潜质的考查,科学、规范地提高联考的信度和效度为目标的招生考试思想和操作体系初步形成。

(三)积极探索法律硕士培养规律和工作特色,推动建立法律硕士培养制度。

法律硕士专业学位是以法律职业为背景,注重法律职业能力和职业素质培养的高层次学位,从论证和确立培养目标、改革培养方式、形成新的培养模式和体系,无不推动我国法学教育思想、教育内容和方法的深刻变革。法律硕士改革与发展的过程,也是国务院学位办推进研究生改革总体部署的具体实践的过程。6 年来,指导委员会认真贯彻落实国务院学位办的总体部署和工作任务,为推动建立法律硕士培养制度做了大量工作。主要抓了以下三方面的工作:

第一,修订《法律硕士专业学位研究生指导性培养方案》。指导委员会组成后,先后在武汉、上海召开会议,研讨论证培养方案的修订工作。通过总结试点工作实践,在广泛征求试点院校、专家、有关主管部门意见和借鉴国外同类教育成功经验的基础上,经过近一年的反复研究、论证,1999 年 9 月,《法律硕士专业学位研究生指导性培养方案》由国务院学位办和司法部法规教育司下发实施。修订后的培养方案进一步体现出法律硕士专业学位的特点,强调复合型、应用型知识结构和能力结构的培养标准,突出职业道德和职业能力教育,在培养对象、考试方式、课程设置、培养方式、学位论文等方面做出较大的调整并提出了新的要求。

第二,积极推进培养方式改革。为落实新颁培养方案,指导委员会委托对外经济贸易大学法学院于 1999 年 10 月举办"法律硕士专业学位案例教学法研讨会"。会议总结、研究与交流了法律硕士专业学位教学方法改革进展和有关问题,进一步深化了对专业学位的认识,推动了法学院法律硕士专业学位培养方式改革和培养模式的形成。此后几年中,培养方式模式的改革成为各培养单位认真研究实践的热点问题,中国人民大学法学院、北京大学法学院、清华大学法学院、中南财经政法大学等院校召开国际研讨会或实施校内改革,为形成法律硕士的培养特色进行了有益探索。

第三,组织编写法律硕士专业学位研究生教学用书。2001 年起,指导委员会在总结教学培养工作的基础上,以突出培养特色和培养方式改革、遵循专业学位研究生培养规律、兼具研究生和在职攻读多功能要求为基本精神,启动 13 门教学指导用书和教学参考用书的组编工作。全国法律硕士培养单位近百名中青年专家学者参加了指导教材的编写工作。本套教材是第一部系统化的研究生教材,编写体例上的创新和内容上所突出的实务理论研究最新水平已经引起了法学教育高度关注。首批 8 门必修课的编写工作已大都完成,法律出版社即将出版发行。另 5 门推荐选修课编写工作也近收尾。

（四）通力协作、加强指导，建立健全法律硕士专业学位的指导工作体制。

六年来的实践表明，按照法律硕士专业学位发展要求建立的指导委员会及其工作制度，适应法律硕士专业学位专业性、职业性强的特点，形成了法学教育指导部门、政法用人部门和试点单位发挥多方面的主创性和积极性，同心协力开创法律硕士专业学位工作的新局面。这种体制，比较适应法律职业和法学教育的互动关系，符合法律硕士专业学位的性质和办学要求，因而对推动和促进法律硕士专业学位的改革与发展起到了积极作用。中央政法委员会、最高人民法院、最高人民检察院、公安部、司法部等政法各部门将在职攻读法律硕士专业学位工作纳入“九五”“十五”干部教育培训规划，出台鼓励政策，积极促进了在职攻读工作的开展。指导委员会及其秘书处积极协调39所培养院校和政法部门，在推动各部门规划实施和保证招生培养质量方面为有关部门和学校提供了一个交流的平台。

2002年，国务院学位办深化在职攻读专业学位招生工作改革。在新的政策规定下，指导委员会在北京召开会议，协调中央政法各部门和培养单位学位招生负责同志，组织制订录取参考线，使新规定和办法得以顺利过渡和实施。在2003年在职攻读招生工作伊始，指导委员会积极协调中央政法各部门，研究了学位招生改革和政法队伍建设的新形势，组织下发了五部委招生文件，从政策上鼓励在职政法干部参加在职攻读学位的学习，并进一步规范了组织发动和计划安排工作，既保障了各部门队伍建设规划稳步实施，又使各培养单位不因政策变动而影响生源，在积极配合国务院学位办开展的在职攻读学位招生改革中，发挥了配合、支持和协调落实的建设性作用。

2000年至2003年，指导委员会积极组织培养单位参加司法部和国家外国专家局组织的“WTO高级法律实务培训项目”，共有近一百人次参加国内培训专题研修班，从中选拔出近三十人次参加美国和欧盟国家的高级专家培训团，取得了一批成果。

（五）加强研究、更新观念，努力开创工作新局面。

几年来，指导委员会积极配合国务院学位办对新增试点单位进行培训；1997年到1999年，两次召开试点院校会议，对培养方案进行研究、讨论，形成了一个既体现现阶段法学教育实际情况又全方位经济推进改革的法律硕士专业学位总结研讨会，明确了一段时期的工作目标和主要工作；2000年，为积极响应国务院学位办关于筹备召开全国专业学位工作会议意见精神，指导委员会组织了全国范围内的调研活动，调研活动涉及28个试点单位，政法各部门基层单位和法律硕士专业学位与在校的研究生和在职攻读学员，通过分别召开上海、武汉、重庆和北京四个片会，系统总结和研究了法律硕士专业学位的工作和基本问题，形成了指导法律硕士专业学位教育今后一个时期改革与发展的研究报告——《法律硕士专业学位改革发展报告》,经苏州会议讨论通过,提交给国务院学位委员会和全国专业学位工作会议。同年,为贯彻落实“全国专业学位工作会议”精神,秘书处汇编并由法律出版社出版《中国法律硕士专业学位教育的实践与探索》一书,系统总结了法律硕士专业学位发展和研究的最新成果。2002 年 4 月,指导委员会在浙江大学举办首期法律硕士论坛,全国法律硕士培养单位代表和申办新增单位法学院专家学者,以及参加海峡两岸法学论坛的台湾多所著名大学法学院代表共两百余人参加了论坛。

(六)开展了对外交流与合作。

6 年来,各试点单位积极开展多种形式的与境外和国外的交流与合作,如举办双边或多边的研讨会,实行人员交流和书刊、资料交流。在此期间,教育部和司法部都曾组团出国考察专业学位教育,从而促进相互的交流与借鉴。

二、有待研究和解决的若干问题

自 1995 年以来迄今,是法律硕士专业学位教育初创试办阶段。今后一个时期,将进入健全制度、优化结构、保证质量、稳步发展的重要阶段。6 年来,在指导委员会自身建设,工作的制度化、规范化建设,特别是对外学术交流与合作等诸多方面都存在不少疏漏、失误和不足,需要我们在今后工作中改进。

(一)进一步提高对法律硕士专业学位重要地位作用的认识。

实践说明,法律硕士的设置,体现了在全面推进“实行依法治国,建设社会主义法治国家”的治国方略。我国加入世界贸易组织和深化司法体制改革新形势下法学教育改革发展的基本方向,完善了我国高层次实践型法律人才和高素质复合型法律人才的培养制度。几年来,我国法律职业的整体知识结构得到优化,也为政法部门落实中央关于建设一支高素质政法干部队伍的要求提供了重要的实现途径和制度保障。与此同时,以教育观念更新为先导,促进了法学院(校)树立知识、能力和素质全面发展的人才教育观和全面质量观,激发了广大法学教育工作者开展法学教育理论研究和教育方法改革的巨大热情和创造力,形成了高等院校与用人部门积极协作的开放式办学机制。这些都说明,法律硕士专业学位在我国法学教育中具有重要地位,在高层次应用类法律人才的培养中发挥着主渠道作用。

(二)凸现法律硕士专业学位特色,不断提高培养质量。

当前,在部分管理人员和部分教师中,对法律硕士专业学位的性质、特点、基本规格和基本要求等方面的认识并不到位。在一些单位,法律硕士与法学硕士、第二学士学位、法学本科的根本区别和类型要求在培养过程中不突出,在一定程度上影响了培养质量和这个品牌的声誉。现在看来,能不能在招生、培养的全过程中,体现出专业学位的鲜明特色,这是专业学位的生命力所在,是专业学位生存、发展的基础和前提。

一是要加强人才培养规格的规范工作,在全面总结几年来培养工作的基础上,进一步修改、完善法律硕士专业学位培养方案。在注重统一人才培养规格的同时,培养方案应为各试点单位发挥优势和办出特色留下足够的空间。二是要抓紧教学用书的编写工作,在此基础上,组织开展教师的培训和交流研讨活动。三是进一步研究和探讨培养模式的改革,提倡多种方法综合运用,鼓励开展研究性学习、比较性学习和探索性学习;探讨实行导师组和责任导师相结合的指导模式,使整个培养过程的每一个环节都有导师的参与和指导。通过多方面努力,使法律硕士的培养活动更加符合专业学位的内在要求和培养规律,保证培养工作的特色更加鲜明、质量更有保障。

(三)建立正规化的管理制度,在教育资源的配置上做到法律硕士研究生与法学研究生同等地位、同等对待。

部分院校 JM 研究生、JM 在职攻读研究生反映入学后学校提供的学习条件包括住宿、图书馆及生活补贴、医疗甚至有些教师的教学态度,与同层次的法学研究生相差甚远,有的连称呼上也不同(在职攻读生称呼“学员”,而不称呼“研究生”),如此等等。JM 研究生和在职攻读 JM 研究生觉得是受歧视的“二等公民”,严重不满,情绪动荡,从而影响了学生学习积极性和法律硕士的教学质量和声誉,也往往成为一个稳定的因素。其原因,除了高校扩招后校舍资源紧张外,主要似乎学校有关部门和人员对法律硕士的重要性和特殊性认识不足。法律硕士与法学硕士学位都处于同一层次,同一规格,都是我国法学类研究生的重要组成部分,无论是法学研究生、法律硕士研究生还是 JM 在职攻读学员,都将或已经在我国法治建设中发挥了重要作用,不存在任何厚此薄彼的理由。无论是在教学管理上,教学过程中和后勤保障上,都要同等对待、同等待遇,凡是提供给法学研究生的各项条件和待遇,也要提供给相同渠道的法律硕士研究生。这方面制度是否健全、做得怎么样,建议作为法律硕士专业学位教育评估的一项重要指标予以保证。

教育部领导同志在“全国专业学位教育工作会议”的讲话中正确指出专业学位与学术型学位三个“同等”,即“同等重要”、“同等地位”、“同等对待”。希望各院校切实贯彻执行。

(四)以建立国家司法考试制度为契机,实现法律硕士与法律职业的有机衔接。

国家统一司法考试制度已经建立并付诸实施。统一司法考试制度为实现法律硕士专业学位教育与法律职业的有机衔接提供契机和连接点。通过统一的司法考试实现法律硕士专业学位教育与法律职业对接,这既是由法律硕士专业学位本身的特殊地位和性质所要求,也将保证具有良好的法律职业素养的专门人才通过考试遴选进入法律职业,有利于从整体上拓宽我国法律职业人员的知识领域,全面提高法律职业人员的综合素质,从而适应司法改革的要求,进一步推进国家法治建设。为此,必须处理好统一司法考试与法律硕士培养的关系,鉴于JM教育的培养目标和学位性质,法律硕士教育不仅要以是否取得专业学位为直接目标,而且,还要以通过统一司法考试为改革培养工作的主要内容和评价标准。美国的全国律师考试,只有全美律师协会认可的美国大学法学院毕业生(JD)才能参加。日本司法考试则规定80%从大学法学部"法科大学院"的毕业生(专业学位)中录取。我国的统一司法考试与我国的正规法学教育与我国的JM专业学位教育能否对接,其关系极大,影响深远。

(五)继续坚持政法实际部门参与培养的工作机制。

政法部门参与法律硕士培养,既是由这个学位的性质所决定,也是几年来法律硕士工作顺利发展的成功经验之一,应当继续坚持。几年的实践证明,以学位与教育行政部门为主导,法学教育行业主管部门充分发挥指导职能,政法实际部门积极参与培养的管理指导体制与培养制度,促进了各试点单位形成与实际部门积极协作的开放式培养机制。在一些地区,实行学校教师与实际部门专家的"双导师制"的模式值得参考。司法部作为指导委员会秘书处所在单位,几年来为发展我国法律硕士专业学位教育工作做了大量繁重的工作,发挥了重要作用,作出了宝贵贡献。

(六)充分发挥全国法律硕士专业学位教育指导委员会的作用,健全指导委员会工作制度和试点院校的专门管理机构。

强化指导委员会的作用和功能的核心,是强化法律职业部门对法律硕士专业学位教育的支持、引导和参与。几年来,法律职业部门通过指导委员会的渠道,促进了JM教育的发展和完善。针对目前存在的问题,还要进一步健全指导委员会的各项工作制度,保障有效运行。可考虑采取四项措施:第一,建立指导委员会的年会制度和主任委员会议制度;第二,设立JM教育论坛,对培养过程中遇到的突出问题定期组织专题研讨并结集出版"年刊";第三,定期出版专门刊物或内部通讯,推进工作情况交流,及时反映法律职业与JM教育的发展动态;第四,组织对外交流,建立与国外法学教育的交流与合作关系。

为从组织上保障法律硕士专业学位教育的健康发展,加强对法律硕士专业学位培养规律特殊性和培养要求的研究,各单位可考虑建立专门机构负责专业学位教育的培养、管理和研究工作。

（七）建立法律硕士专业学位教育质量评估机制，保障其规范、有序、健康的发展。

第一，要在调查研究基础上制订出完善的评估指标体系；第二，实行自查与专家评估相结合，以评促建。在本届指导委员会任期内，组织专家组开展全面实地评估。

（八）优化布局结构，适当增加试点单位，逐步扩大发展规模。

鉴于法学的学科特点、主要任务和法律职业的发展需要，今后在法科研究生教育的发展中，建议将发展的增量部分，集中用于法律硕士专业学位教育的发展，使其在法学类研究生教育总规模中占据主体地位。

按照法学教育高起点、高质量、高效益、可持续发展的方针，稳步扩大法律硕士专业学位教育规模。较长远的发展目标可定位在 5 万人左右。培养单位也要逐步适度增加。在新增试点院校时，在严格掌握统一的准入标准的前提下适当增加西部地区试点院校。

在法律硕士专业学位教育内部结构上，建议今后确立为 JM 研究生为主，适度发展在职攻读 JM。

（九）借鉴其他专业学位教育和国外同类教育的成功经验，适应社会发展和建设法治国家的需要，积极探索法律硕士专业学位教育的多种培养规格。

要进一步研究和借鉴外国特别是美国 JD 教育的成熟经验以及 MBA 等多个专业学位的成功经验，加强各专业学位之间的沟通与合作。建议择取若干所优秀的 JM 试点单位通过与国外同类院校合作的形式直接引进先进的法律人才培养模式；支持并鼓励各校从国家和本地区的实际需要出发，根据法律部门和其他行业、部门的特殊要求并结合自身优势培养出不同种类、特色鲜明、适应性强的高素质法律人才。

各位领导，各位委员，各位代表，几年来的探索和实践表明，设置法律硕士专业学位教育是改革开放以来法学教育的一项重大的制度创新，是司法制度改革的重要组成部分，也是在邓小平理论和“三个代表”重要思想指导下我国学位与研究生教育工作的重要改革和发展方向。这项集学位与研究生管理部门、政法部门和办学单位之合力的重大改革举措，已对我国法学教育和法治建设产生了积极而深刻的影响。综观世界各国，法学教育的改革与发展已成为衡量社会文明程度和法治建设进程的重要标志，我们有理由相信，健康发展的法律硕士专业学位教育，必将在 21 世纪建设社会主义法治国家的宏大工程中发挥重大的先导和推动作用，做出历史性的贡献。

第二届全国法律硕士专业学位教育指导委员会成立大会暨第一次工作会议及第二届法律硕士教育论坛纪要

（学位办[2004]84号）

为促进法律硕士专业学位教育工作健康发展，国务院学位委员会、教育部批准成立了第二届全国法律硕士专业学位教育指导委员会。2004年6月16日至17日，第二届全国法律硕士专业学位教育指导委员会成立大会暨第一次工作会议在京举行；第二届法律硕士教育论坛同期召开。司法部部长、第二届全国法律硕士专业学位教育指导委员会主任委员张福森同志和国务院学位委员会副主任委员、教育部副部长吴启迪同志出席了大会开幕式并作重要讲话。出席会议的还有最高人民检察院、教育部、公安部、司法部有关领导和新一届委员会委员、39所法律硕士培养单位法学院负责同志。

会议的主要内容是：全国法律硕士专业学位教育指导委员会换届；听取第一届全国法律硕士专业学位教育指导委员会工作报告；讨论确定第二届委员会工作要点和工作分工；讨论法律硕士培养事宜。

一、第二届指导委员会成立大会由张军同志主持。第一届指导委员会副主任委员曾宪义教授做总结报告；李军同志宣读了《国务院学位委员会、教育部关于全国法律硕士专业学位教育指导委员会换届的通知》；吴启迪同志和张福森同志先后作了重要讲话。

曾宪义教授在总结报告中全面回顾了上一届指导委员会主要工作概况。上一届委员会是国务院学位委员会、教育部、司法部于1998年批准成立的。6年多来，在国务院学位委员会正确领导和政法部门大力支持下，指导委员会较好地完成了创办试点阶段的各项任务。在推动分期分批扩大办学试点电位，逐步形成规模效应；以科学、公正选拔具有法律职业发展潜质的培养对象为目标，奠定符合法律硕士专业学位特色的招生制度和工作基础；积极探索法律硕士培养规律和工作特色，推动建立法律硕士培养制度；通力协作、加强指导，建立健全专业学位的指导工作体制；加强研究、更新观念，努力开创工作新局面以及开展对外交流与合作等多方面开展了大量工作,促进了法律硕士专业学位教育工作迅速发展。目前,法律硕士培养单位已达到39所;从1996年开始至2003年,累计招生29448人,其中获得学位者8848人。2003年在校生规模达20600人,其中政法部门在职攻读研究生11272人。法律硕士专业学位已成为全国具有重大社会影响的专业学位。

吴启迪同志代表国务院学位委员会、教育部向新一届委员会颁发了聘书,向上一届委员会全体成员颁发了纪念牌,并在讲话中对法律硕士专业学位教育工作在短时间内取得巨大成绩表示祝贺,对首届委员会各位委员表示衷心感谢和诚挚的祝福。她指出:要大力调整学位与研究生教育的类型结构,加快专业学位教育的发展。学位与研究生教育不仅要培养大批从事基础理论研究和高等学校教学工作的学术型人才,还要培养大批面向厂矿企业和有关行业、部门的应用型、复合型人才。

在深刻分析世界主要国家学位与研究生教育发展趋势和20世纪90年代以来我国专业学位教育工作发展成就之后,吴启迪同志强调,在促进科技成果转化为生产力的过程中,在提高管理和效益,在推进法制建设进程等方面,专业学位人才发挥着不可替代的、与学术型学位人才同等重要的作用;在促进全民学习、终身学习,构建学习型社会的进程中,专业学位教育具有不可或缺的、与学术型学位教育同等重要的地位,培养专业学位人才与培养学术性人才应该是高等学校同等重要的任务。

吴启迪同志要求,在加快专业学位教育发展的同时,要不断探索专业学位教育的规律,办出专业学位教育的特色,提高专业学位教育质量。

吴启迪同志指出,专业学位教育指导委员会在我国专业学位教育发展中具有重要的地位和作用。随着政府职能的转变,专业学位教育指导委员会的地位和作用将会更加突出。要充分发挥法律硕士专业学位教育指导委员会的作用,推动我国法律硕士专业学位快速发展。法律硕士专业学位教育指导委员会秘书处设在司法部,这是我国唯一一个设在政府主管部门的专业学位教育秘书处。这样的设置有利于加强行业主管部门和培养单位的联系、协调,有利于将国家司法政策和形势要求及时体现在人才培养过程中。希望秘书处更好地加强这种联系,特别是加强与法律硕士培养单位和法律硕士教育专家的联系,按照指导委员会的要求,推动法律硕士专业学位教育改革进一步深化,推动法律硕士专业学位教育更好发展。

张福森同志做了题为《认真做好全国法律硕士专业学位教育工作,努力造就合格法律人才》的讲话。他指出,要进一步提高对法律硕士专业学位工作重要性的认识。法律硕士专业学位以培养具有复合型知识结构的高级法律人才为目标,大量吸收非法律专业背景的人员参加,适应了新时期司法队伍和法律服务队伍建设对高层次法律人才发展的需求。随着具有多学科知识背景的法律硕士毕业生源源不断进入司法和法律服务队伍,司法和法律服务队伍的知识和能力结构在总体上得到较大的拓展,以法律专业知识为主、知识结构比较单一的队伍状况已得到明显改善。法律硕士专业学位教育工作是培养高素质法律人才的重要渠道,在实施依法治国方略中肩负着重大责任。我们一定要认清形势,进一步增强做好工作的责任感和使命感,扎扎实实做好法律硕士专业学位教育工作。

关于新一届法律硕士专业学位教育指导委员会的工作目标和任务,张福森同志指出,从总体上来讲,新一届指导委员会的工作目标和任务主要是:以邓小平理论和“三个代表”重要思想为指导,贯彻实施“依法治国”方略和“科教兴国”战略,创新培养模式、扩大培养规模、优化布局结构、完善指导机制、加强合作交流,推动法律硕士专业学位工作的不断发展。张福森同志要求把提高学员的职业道德素养作为培养法律硕士人才的首要价值标准,高度重视培养质量,加强法律硕士培养院校与实际部门之间的联系和沟通,不断发展和扩大法律硕士的培养规模,形成法律硕士培养单位的合理布局,注重借鉴国外发达国家专业学位教育的办学经验。

张福森同志强调要加强法律硕士专业学位教育指导委员会自身建设。他指出,新一届指导委员会要在充分认识新形势对法律人才队伍建设和法学教育提出的新要求,认真总结上一届指导委员会的成功经验和做法,研究新问题,提出新思路,努力做好各项基础工作,为全面建设小康社会,加强民主与法制建设,培养一支高素质的法律职业人才队伍做出新的贡献。他指出,指导委员会作为专业组织,要发挥各院校专家委员在指导工作中的作用,充分调动各方面主动性。要重视规章制度建设,在招生、培养、学位管理、评估等各环节都有章可循,逐步推进规范化培养,保证培养质量。

二、指导委员会第一次工作会议由曾宪义教授主持。李军同志就贯彻吴启迪同志、张福森同志讲话精神,坚持科学发展观、协调好专业学位教育规模发展与保证质量关系等若干问题发表了意见。杜国兴秘书长做了《关于新一届指导委员会及秘书处今后工作设想和思路的汇报》,会议经过讨论,原则通过了2004年度工作基本思路和主要安排。

(一)关于指导委员会工作安排

1. 创新培养模式,提高培养质量

(1)修订完善1999年颁发的指导性培养方案。组织专家,深入研究培养工作一些重大问题,提出科学有效的解决方案,最终形成对培养方案的修订意见。

(2)总结、推广培养工作中一些有特色的做法或制度;如双导师制,特别是如何充分发挥实际部门导师在指导开展法律实践研究方面的一些成熟做法，要认真总结研究。

（3）抓紧指导教学用书编写和出版工作。这项工作是上届委员会一项重点工程，从启动至今有三年时间了，要尽快抓紧定稿和出版工作。

（4）组织开展培养模式研究。密切追踪美国法学院教育最新发展以及日本法科大学院改革的动态，结合我国法学教育实际，以及几年来法律硕士专业学位教育在观念、培养方式、论文要求等方面的成功做法，对高层次复合型法律人才培养模式进行认真研究、讨论，及时形成理论成果指导实践。

（5）进一步加强师资培训工作。

2. 结合法律职业，积极开展理论研究

坚持职业化发展方向，是新时期政法和法律服务队伍建设的一个重要特点。这方面的理论成果和政策动向对开展法律硕士专业学位工作有很强的导向和影响作用。积极组织专家开展深入的研究，使法律硕士培养工作方向更加明确，改革更有针对性，并对政法各部门决策提供一定的理论支持，使培养与人才使用有机结合。

3. 指导性规章制度建设方面的工作

指导性规章制度建设重点在于规范培养过程中一些主要环节，提出一个工作和评价标准，保障培养质量。组织专家，在导师指导、论文、学生管理等方面研究制订指导性的规范意见，加强这方面的标准体系建设。

4. 加强毕业生就业宣传和辅导工作

当前高等教育总的就业形势很严峻，引起了国务院领导和全社会高度关注。法律硕士研究生的就业情况受大环境影响，可能也会遇到一些困难。要认真了解这方面的情况，加强社会宣传和引导，组织各院校交流辅导就业的一些好的做法，提高法律硕士研究生就业率。

5. 制订评估指标体系

组织专家着手制订法律硕士专业学位的评估指标体系。科学的评估指标体系和工作制度一定会极大地促进法律硕士培养工作，促进院校加强办学投入、改善办学条件、健全各项培养制度。

6. 继续组织在职人员攻读法律硕士专业学位工作

继续组织在职人员攻读法律硕士专业学位工作，各单位在招生录取过程中，要将政法部门推荐的考生作为重点，给予一定的政策支持。

7. 完善培养单位布局，扩大培养规模

根据国家统一部署，继续做好新增培养单位评审工作。

(二)关于指导委员会工作方式

指导委员会工作方式主要是:召开指导委员会年度工作会议;委托牵头委员专题研究有关问题,提出建设性意见;定期召开指导委员会主任会议,研究重要工作事项;日常工作委托秘书处负责办理。

指导委员会工作会议每年举行一次,同时套开法律硕士教育论坛。工作会议主要是向各位委员报告一年来的工作,研究确定和部署下一年度的工作要点。论坛则是重点研究、交流有关的议题,每年的议题根据工作情况提前确定。

对于涉及全局性、指导性的工作事项,经主任委员会议通过,委托有关委员牵头研究,提出工作建议和方案,秘书处协调组织和实施。上述拟开展的重要工作,经主任委员会议研究,决定采用委托牵头委员负责的方式进行。

法律职业理论研究工作:王少峰委员、魏建荣委员;

培养工作:王保树委员、孙笑侠委员、周叶中委员;

规章制度建设工作:朱勇副主任委员、陈明华委员;

培养方式改革与教材建设工作:韩大元委员、邵建东委员;

评估工作:霍存福委员、王继军委员

毕业生就业工作:付子堂委员、董文璞委员。

牵头委员应当邀请指导委员会其他委员参加有关研究工作,并制订工作计划和经费预算送秘书处。牵头委员的主要职责是:研究有关问题,提出具体的意见、建议和工作方案。牵头委员进行上述工作时,需要调研或召开座谈会的,秘书处给予一定的补助或协助具体组织。

经主任委员会议提议,国务院学位委员会办公室、教育部学位管理与研究生教育司同意,增聘姜晶同志为指导委员会副秘书长。

(三)关于指导委员会经费问题

为保证工作的顺利开展和促进事业的发展,必须有相应的经费支持。经主任委员会研究,参照其他专业学位的做法和情况,在多方面争取经费投入的同时,从2004年度起将各法律硕士专业学位培养单位会费标准提高到2万元,每年度9月底前交纳至司法部计财装备司专用账户。会费继续由司法部计财司按行政事业开支管理。

三、第二届法律硕士教育论坛(JM论坛)由北京大学副校长、第二届委员会副主任委员吴志攀教授主持,曾宪义教授致开幕辞。

本届论坛的主题是进一步明确法律硕士培养目标,完善专业学位培养体系,提高培养质量。北京大学、中国人民大学、中国政法大学、吉林大学、苏州大学、南京大学、郑州大学、西南政法大学、黑龙江大学、厦门大学、复旦大学、辽宁大学、中南财经政法大学、安徽大学、西南财经大学、南京师范大学、上海交通大学、山西财经大学等18所院校法学院代表提交了论文。论坛围绕法律硕士培养目标、法律硕士课程体系建设、法律硕士教学方法改革和法律硕士培养质量评估体系建设等专题,进行了广泛而深入的探讨。

全国法律硕士专业学位教育指导委员会秘书处

2004年4月6日

中国法律硕士专业学位教育的创办与发展

——关于法律硕士专业学位教育实施十年的工作报告

曾宪义*

（2006年12月28日）

我受全国法律硕士专业学位教育指导委员会的委托，就法律硕士专业学位教育实施十年来的工作情况向大会报告。

法律硕士专业学位教育于1995年经国务院学位委员会批准设置后，1996年正式实施、试办招生，迄今历经整整十个春秋。十年来，在教育部、国务院学位委员会正确领导和政法部门的大力支持下，专家指导小组和两届指导委员会及其秘书处在协调全国法律硕士专业学位教育活动，探索高层次的复合型实践型法律人才的培养目标、培养途径、培养模式和发展道路；在密切高等院校与政法实际部门联系，大力为新时期政法队伍知识化专业化建设服务；在推动规范和提高法律硕士专业学位培养质量；在组织开展国内外交流活动，提升新时期中国法学教育的国际地位和影响力等多方面开展了大量工作，形成了指导委员会活动框架下的法律硕士专业学位培养制度，与政法部门干部教育和继续教育规划实施相协调的工作机制，各培养单位间沟通协作与国际交流的活动机制，卓有成效地促进了法律硕士专业学位的迅速发展，今天，法律硕士专业学位已成为全国具有重大社会影响的专业学位，为我国法律实践部门培养和输送了以"时代先锋"宋鱼水法官为代表的大批复合型、实践型法律人才，产生了一批优秀法律硕士毕业论文，同时还涌现了一批优秀的教师和管理工作者。可以说，我们经过十年的努力工作已经成功地完成了我国法律硕士专业学位教育的试办任务。

工作报告共分为两大部分：

---

* 曾宪义，第一、二届全国法律硕士专业学位教育指导委员会第一副主任委员。

一、十年主要工作概况

(一)分期分批扩大办学试点单位,逐步形成规模效应,较好地完成了创建试办阶段的任务

法律硕士专业学位(以下简称 JM)是我国专业学位系列中的一种,它的创立是我国社会主义法治建设和高等法学教育发展的必然结果。改革开放以来,我国的高等法学教育和研究生教育持续健康发展,但是培养的数量和培养的模式、培养的种类都不足以满足我国法治建设的需要,急需培养出更多的、高质量的复合型实践型的高级法律人才。1994 年,在国务院学位委员会办公室的领导和主持下,在司法部的支持和指导下,召开了国务院学位委员会法学学科评议组(王叔文、高铭暄、曾宪义、沈宗灵、罗豪才、陈光中、王家福、冯大同、李双元)会议,还邀请了最高人民法院、最高人民检察院、公安部、司法部等国家政法部门的领导同志参加会议,经过一年的反复论证,最后形成共识,于 1995 年国务院学位委员会第 13 次会议全票通过设置法律硕士专业学位,并决定由中国人民大学等 8 所高校为首批试点单位,同时成立了全国法律硕士专业学位教育专家指导小组,由中国人民大学法学院院长曾宪义教授和司法部律师司司长沈白路担任组长,秘书处设在中国人民大学法学院,赵秉志(中国人民大学法学院副院长)任秘书长。1998 年 1 月,国务院学位委员会、国家教育委员会决定成立第一届"全国法律硕士专业学位教育指导委员会",司法部部长肖扬为主任委员,曾宪义、顾海良(国务院学位委员会办公室副主任)、怀效锋(司法部教育司司长)为副主任委员,秘书处由司法部和中国人民大学法学院共同组成,设在司法部教育司,霍宪丹(司法部教育司副司长)任秘书长,赵秉志任副秘书长。同时从 1998 年开始又面向法院、检察院、公安、司法等政法部门开展在职攻读法律硕士专业学位教育。2004 年组成了第二届"全国法律硕士专业学位教育指导委员会",最高人民法院肖扬院长为顾问,司法部张福森部长为主任委员,曾宪义、吴志攀(北京大学副校长)、朱勇(中国政法大学副校长)为副主任委,杜国兴(司法部司法考试司司长)任秘书长,韩大元(中国人民大学法学院常务副院长)、姜晶(司法部司法考试司教育处处长)任副秘书长。

从 1995 年到 2004 年,先后分 6 批设立了共 50 个试点单位:1995 年首批试点单位 8 所院校;1997 年 12 月增设了第 2 批试点单位 5 所院校;1998 年 12 月增设了第 3 批试点单位 9 所院校;1999 年 11 月增设了第 4 批试点单位 6 所院校;2003 年增设了第 5 批试点单位 11 所院校;2004 年增设了第 6 批试点单位 11 所院校。至此,可以说基本上囊括了中国高水平的政法院校。

随着试点院校的不断拓展,招生规模也从 1996 年全国首期招生 425 人,达到 2003 年全国报考人数 37000 人,招生 2700 多人,为 MBA 之后全国报考人数

第二大规模,考录总比第一。至 2004 年,已跃居全国各类专业学位研究生报考人数第一名。从 1996 年开始至 2006 年,累计招生近 50000 人、其中获得学位的 18102 人。现有在校生近 30000 人。

(二)积极探索、逐步形成了具有鲜明特色的法律硕士招生考试制度和培养制度

在国务院学位办、教育部学生司的统筹领导及指导下,指导委员会具体承担了全日制脱产研究生和在职攻读研究生两种招生工作体制的论证和有关建设工作。组织完成两种招生渠道六个版次的招生考试大纲和辅导教程编写;具体组织 1998 年至 2000 年在职攻读法律硕士专业学位研究生招生的命题和相关考务工作。分别于 1996 年和 2001 年组织有关专家开展招生改革专题研究,总结招生工作的基本经验,为招生改革不断深入提供理论准备。经过多年的实践,根据法律硕士专业学位的特点,以加强对从事法律职业工作相关能力和潜质的考查,科学、规范地提高联考的信度和效度为目标的招生考试思想和操作体系已经形成。

法律硕士专业学位是以法律职业为背景、注重法律职业能力和职业素质培养的高层次学位,从论证和确立培养目标、改革培养方式、形成新的培养模式和体系,无不推动我国法学教育思想、教育内容和方法的深刻变革。法律硕士改革与发展的过程,也是国务院学位办推进研究生改革总体部署的具体实践的过程,十年来,指导委员会认真贯彻落实国务院学位办的总体部署和工作任务,为推动建立法律硕士培养制度做了大量工作。主要抓了以下三方面的工作:

第一,先后两次修订组织全面系统地修订《法律硕士专业学位研究生指导性培养方案》。指导委员会组成后,1999 年 9 月和 2006 年 8 月组织修订《法律硕士专业学位研究生指导性培养方案》,修订后的培养方案以及 2006 年制定的《法律硕士学位论文规格标准》进一步体现出法律硕士专业学位的特点,强调复合型、应用型知识结构和能力结构的培养标准,突出职业道德和职业能力教育,在培养对象、考试方式、课程设置、培养方式、学位论文等方面做出较大的调整并提出了新的要求。

第二,积极推进培养方式改革。为落实新颁培养方案,指导委员会委托对外经济贸易大学法学院于 1999 年 10 月举办"法律硕士专业学位案例教学法研讨会"。会议总结、研究与交流了法律硕士专业学位教学方法改革进展和有关问题,进一步深化了对专业学位的认识,推动了法学院法律硕士专业学位培养方式改革和培养模式的形成。此后几年中,培养方式模式的改革成为各培养单位认真研究实践的热点问题,中国人民大学法学院、北京大学法学院、清华大学法学院、吉林大学法学院、中国政法大学、中南财经政法大学、西南政法大学、华东政

法学院、西北政法大学等院校都召开过多次国际研讨会或实施校内改革，为形成法律硕士的培养特色进行了有益探索。在这里还要提到，目前已有35所院校从美国耶鲁大学等著名大学法学院引进和开展了法律诊所式教育，增强了学生实践能力的培养，在这方面，还要进一步加强和改进工作。

第三，组织编写法律硕士专业学位研究生教学用书。2001年起，指导委员会在总结教学培养工作的基础上，以突出培养特色和培养方式改革、遵循专业学位研究生培养规律、兼具研究生和在职攻读多功能要求为基本精神，启动13门教学指导用书和教学参考用书的组编工作。全国法律硕士培养单位近百名中青年专家学者参加了指导教材的编写工作。本套教材是第一部系统化的研究生教材，编写体例上的创新和内容上所突出的实务理论研究最新水平已经引起了法学教育界高度关注。首批8门必修课的教材已经由法律出版社出版，另外5门推荐选修课教材的出版工作也在积极进行中。中国人民大学法学院最近正式出版了《法律硕士研究生用书》系列教材（已出版三十多册）。今后凡是由各学校正式出版的表明"法硕专用教材"，经指导委员会秘书处同意，都可以由"指导委员会秘书处推荐"。

（三）通力协作、加强指导，建立健全法律硕士专业学位的指导工作体制

十年来的实践表明，按照法律硕士专业学位发展要求建立的指导委员会及其工作制度，适应法律硕士专业学位专业性、职业性强的特点，形成了法学教育指导部门、政法用人部门和办学单位发挥多方面的主创性和积极性，同心协力开创法律硕士专业学位工作的新局面。这种体制，比较适应法律职业与法学教育的互动关系，符合法律硕士专业学位的性质和办学要求，因而对推动和促进法律硕士专业学位的改革与发展起到了积极作用。中央政法委员会、最高人民法院、最高人民检察院、公安部、司法部等政法各部门将在职攻读法律硕士专业学位工作纳入"九五""十五""十一五"干部教育培训规划，出台鼓励政策，积极促进了在职攻读工作的开展。指导委员会及其秘书处积极协调50所培养院校和政法部门，在推动各部门规划实施和保证招生培养质量方面为有关部门和学校提供了一个交流沟通的平台。

2002年，国务院学位办深化在职攻读专业学位招生工作改革。在新的政策规定下，指导委员会在北京召开会议，协调中央政法各部门和培养单位学位招生负责同志，组织制订录取参考线，使新规定和办法得以顺利过渡和实施。在2003年在职攻读招生工作伊始，指导委员积极协调中央政法各部门，研究了学位招生改革和政法队伍建设的新形势，组织下发了五部委招生文件，从政策上鼓励在职政法干部参加在职攻读学位的学习，并进一步规范了组织发动和计划安排工作，既保障了各部门队伍建设规划稳步实施，又使各培养单位不因政策变动

而影响生源,在积极配合国务院学位办开展的在职攻读学位招生改革中,发挥了配合、支持和协调落实的建设性作用。

(四)加强研究、更新观念,努力开创工作新局面

自创办法律硕士教育以来,与之相关的方案设计、实地调研、征求意见、研究论证或进行专门的课题研究活动从没有中断过。多年来指导委员会积极配合国务院学位办对新增办学单位进行培训,先后三次专门召开试点院校会议,系统总结和研究了法律硕士专业学位的工作和基本问题,形成了指导法律硕士专业学位教育今后一个时期改革与发展的研究报告——《法律硕士专业学位改革发展报告》,提交给了国务院学位委员会办公室和全国专业学位工作会议。

(五)积极开展对外交流与合作,借鉴国外法律人才培养先进经验,树立中国法律教育良好的国际形象

教育部曾经在1998年和2004年两次组织以曾宪义教授为团长的中国法学教育代表团先后访问美国和欧洲国家,广泛地交流了法学教育的经验。还先后举行了"中美著名法学院院长联席会议""中欧著名法学院院长联席会议""亚洲法学教育论坛",特别是2000年12月在人民大会堂大礼堂举行的"21世纪世界百所著名大学法学院院长论坛"等一系列国际法学盛会,在国内外产生了巨大影响。2000年至2003年,指导委员会积极组织培养单位参加司法部和国家外国专家局组织的《WTO高级法律实务培养项目》,共有100人次参加国内培训专题研修班,从中选拔出近30人次参加赴美国和欧盟国家的高级专家培训团,取得了一批成果。十年来,各试点单位也积极开展多种形式的与境外和国外的交流与合作,如举办双边或多边的研讨会,实行人员交流和书刊、资料交流。2002年4月,指导委员会在浙江大学举办首届法律硕士论坛暨海峡两岸法学教育论坛,来自全国法律硕士培养单位代表和申办新增单位法学院学者,以及台湾多所著名大学法学院代表共两百余人参加了论坛。2004年12月,指导委员会在海南大学举办中日韩三国法学教育研讨会,日韩两国的学者认真听取和研究了中国创办法律硕士专业学位教育的经验,为日韩两国举办类似的"法科大学院"教育提供了有益的借鉴。通过上述活动,有力地推动了中国的法学教育和法律硕士专业学位教育走向世界,树立了中国的法学教育和法律硕士专业学位教育良好的国际形象。

在这里提出,有一种现象值得注意,这就是我们学界的一些学者在对外交流活动中往往不实事求是的过度"谦虚",不仅在和欧美发达国家、就是和发展中国家、甚至是和我国的港澳台地区的交往中习惯性地称赞对方一切都好,我们一切都不如人家,这种谦卑没有反映事物的本来面目,而且误导了对方和新闻媒体,造成不良的影响。事实上,我们国家的社会主义建设事业,包括法制建设事

业取得了伟大成就,为世人所注目,我国的法学教育包括法律硕士专业学位教育所取得的成功,树立了中国法学教育包括法律硕士专业学位教育良好的国际形象,为国内外所称赞,,我们完全应该理直气壮地宣传和介绍我们各方面取得的成就,当然,我们还要继续扩大对外交流与合作,认真研究和学习国外法学教育的先进经验。

二、关于今后工作的思路和安排

自1995年迄今的十年是法律硕士专业学位教育的试办阶段,取得了显著的成绩和较为成熟的办学经验,形成了具有中国特色的培养复合型、实践性高级法律人才的教育体系。现在,将经过教育部、国务院学位委员会批准,结束试点工作,转入正式实施。今后我们的工作将强调健全制度、优化结构、保证质量、稳步发展,特别是把提高和保证法律硕士专业学位教育教学的质量作为我们工作的中心任务。具体要做好如下九个方面的工作。

(一)进一步提高对法律硕士专业学位重要地位作用的认识

实践说明,法律硕士的设置,体现了在全面推进"实行依法治国,建设社会主义法治国家"的治国方略、我国加入世界贸易组织和深化司法体制改革新形势下法学教育改革发展的基本方向,完善了我国高层次实践型法律人才和高素质复合型法律人才的培养制度。十年来,我国法律职业的整体知识结构得到优化,也为政法各部门落实中央关于建设一支高素质政法干部队伍的要求提供了重要的实现途径和制度保障。与此同时,以教育观念更新为先导,促进了法学院(校)树立知识、能力和素质全面发展的人才教育观和全面质量观,激发了广大法学教育工作者开展法学教育理论研究和教育方法改革的巨大热情和创造力,形成了高等院校与用人部门积极协作的开放式办学机制。这些都说明,法律硕士专业学位在我国法学教育中具有重要地位,在高层次应用类法律人才的培养中发挥着主渠道作用。

(二)凸显法律硕士专业学位特色,不断提高培养质量

当前,在部分管理人员和部分教师中,对法律硕士专业学位的性质、特点、基本规格和基本要求等方面认识并不到位。在一些单位,法律硕士与法学硕士、第二学士学位、法学本科的根本区别和类型要求在培养过程中不突出,在一定程度上影响了培养质量和这个品牌的声誉。现在看来,能不能在招生、培养的全过程中,体现出专业学位的鲜明特色,这是专业学位的生命力所在,是专业学位生存、发展的基础和前提。

今后,一是要加强人才培养规格的规范工作,坚决贯彻落实和严格执行经过国务院学位委员会办公室批准同意的新的《法律硕士专业学位培养方案》。二是要抓紧教学用书的编写工作,在此基础上,组织开展教师的培训和交流研讨活

动。三是进一步研究和探讨培养模式的改革,提倡多种方法综合运用,鼓励开展研究性学习、比较性学习和探索性学习;探讨实行导师组和责任导师相结合的指导模式,使整个培养过程的每一个环节都有导师的参与和指导。通过多方面努力,使法律硕士的培养活动更加符合专业学位的内在要求和培养规律,保证培养工作的特色更加鲜明、质量更有保障。

(三)建立正规化的管理制度,在教育资源的配置上做到法律硕士研究生与法学研究生同等地位、同等对待

部分院校JM研究生、JM在职攻读研究生反映入学后学校提供的学习条件包括住宿、图书馆、及生活补贴、医疗甚至有些教师的教学态度,与同层次的法学研究生相差甚远,有的连称呼上也不同(在职攻读生称呼"学员",而不称呼"研究生"),特别是在职攻读JM研究生只有学位证没有毕业证如此等等。JM研究生和在职攻读JM研究生觉得是受歧视的"二等公民",心有不满,情绪不稳,从而影响了学生学习积极性与法律硕士的教学质量和声誉,也往往成为一个不稳定的因素。其原因,除了高校扩招后校舍资源紧张外,主要是学校有关部门和人员对法律硕士的重要性和特殊性认识不足。法律硕士与法学硕士学位都处于同一层次,同一规格,都是我国法学类研究生的重要组成部分,无论是法学研究生、法律硕士研究生还是JM在职攻读学生,都将或已经在我国法治建设中发挥了重要作用,不存在任何厚此薄彼的理由。无论是在教学管理上、教学过程中和后勤保障上,都要同等对待、同等待遇,凡是提供给法学研究生的各项条件和待遇,也要提供法律硕士研究生。这方面制度是否健全、做得怎么样,今后将作为法律硕士专业学位教育评估的一项重要指标予以保证。

教育部领导同志在一次"全国专业学位教育工作会议"的讲话中特别指出专业学位与学术型学位三个"同等",即"同等重要""同等地位""同等对待"。希望各院校切实贯彻执行。

(四)以建立国家司法考试制度为契机,实现法律硕士与法律职业的有机衔接

国家统一司法考试制度已经建立并付诸实施。统一司法考试制度为实现法律硕士专业学位教育与法律职业的有机衔接提供了契机和连接点。通过统一的司法考试实现法律硕士专业学位教育与法律职业对接,这既是由法律硕士专业学位本身的特殊地位和性质所要求,也将保证具有良好的法律职业素养的专门人才通过考试遴选进入法律职业,有利于从整体上拓宽我国法律职业人员的知识领域,全面提高法律职业人员的综合素质,从而适应司法改革的要求,进一步推进国家法治建设,为此,必须处理好统一司法考试与法律硕士培养的关系。鉴于JM教育的培养目标和学位性质,法律硕士教育不仅要以是否取得专业学位

为直接目标，而且，还要以通过统一司法考试为改革培养工作的主要内容和评价标准。例如，美国的全国律师考试，只有全美律师协会认可的美国大学法学院毕业生（JD）才能参加。日本司法考试则规定 80% 从大学法学部“法科大学院”的毕业生（专业学位）中录取。由此，我们应该深刻地意识到：我国的统一司法考试和我国的正规法学教育与我国的 JM 专业学位教育能否对接，其关系极大，影响深远。

（五）继续坚持政法实际部门参与培养的工作机制

政法部门参与法律硕士培养，既是由这个学位的性质所决定，也是十年来法律硕士工作顺利发展的成功经验之一，应当继续坚持。十年的实践证明，以学位与教育行政部门为主导，法学教育行业主管部门充分发挥指导职能、政法实际部门积极参与培养的管理指导体制与培养制度，促进了各试点单位形成与实际部门积极协作的开放式培养机制。在一些地区，实行学校教师与实务部门专家的“双导师制”的模式值得参考。在这里要特别指出：司法部作为指导委员会秘书处所在单位，十年来为发展我国法律硕士专业学位教育工作做了大量繁重的工作，发挥了重要作用，做出了宝贵贡献。

（六）充分发挥全国法律硕士专业学位教育指导委员会的作用；健全指导委员会工作制度和试点院校的专门管理机构

强化指导委员会的作用和功能的核心，是强化法律职业部门对法律硕士专业学位教育的支持、引导和参与。几年来，法律职业部门通过指导委员会的渠道，促进了 JM 教育的发展和完善。今后要进一步健全指导委员会的各项工作制度，并保障其有效运行：第一，坚持并完善指导委员会的年会制度和主任委员会议制度；第二，继续办好 JM 教育论坛（已举办两届，本次会议期间将举办第三届），对培养过程中遇到的突出问题定期组织专题研讨并结集出版“年刊”；第三，继续定期出版专门刊物或内部通讯，推进工作情况交流。第四，要进一步办好 JM 教育网站，及时反映法律职业与 JM 教育的发展动态，扩大 JM 教育的社会影响。

为从组织上保障法律硕士专业学位教育的健康发展，要进一步加强对法律硕士专业学位培养规律特殊性和培养要求的研究，中国人民大学法学院在 1996 年就建立了法律硕士学位教育办公室和教研室，2004 年又建立了中国人民大学法律硕士专业学位教育工作委员会，中国政法大学设立了法律硕士专业学位教育学院，近几年来，许多单位也都纷纷设立法律硕士专业学位教育教学中心，希望其他单位也建立起专门机构负责专业学位教育的培养、管理和研究工作。

（七）积极建立法律硕士专业学位教育质量评估机制，启动试点评估工作

第一，2007 年上半年，要在调查研究基础上制定出完善的评估指标体系，已

委托吉林大学研究和提出符合法律硕士专业学位教育特色的评估指标体系的草案,要求在2007年3月底之前报指导委员会秘书处,4、5月安排组织讨论定稿并上报教育部、国务院学位办;

第二,实行自查与专家评估相结合,以评促建,争取2007年下半年开始进行试点评估工作。

(八)优化布局结构,适当增加试点单位,稳定发展规模

鉴于法学的学科特点、主要任务和法律职业的发展需要,今后在法科研究生教育的发展中,建议将发展的增量部分,集中用于法律硕士专业学位教育的发展,使其在法学类研究生教育总规模中占据主体地位。

今后新增办学单位主要用于缺点、少点的西部地区院校。在法律硕士专业学位教育内部结构上,建议今后确立为以JM研究生为主,适度发展在职攻读JM。

(九)进一步扩大对外交流与合作

指导委员会计划从2007年开始组织三批出国考察团,希望指导委员会委员和各办学单位积极参与。

各办学单位也要采取多种形式开展与境外和国外的学术交流与合作,宣传和介绍我国法律硕士专业学位教育的成功经验,并研究和借鉴外国相关教育的成熟经验。建议择取若干所优秀的JM办学单位通过与国外高水平的同类院校合作办学,培养熟悉和掌握国内外法律知识,具有国际竞争力的法律人才。

各位领导,各位委员,各位代表,几年来的探索与实践表明,设置法律硕士专业学位教育是改革开放以来法学教育的一项重大的制度创新,是司法制度改革的重要组成部分,也是在邓小平理论和"三个代表"重要思想指导下我国学位与研究生教育工作的重要改革和发展方向。这项集学位与研究生管理部门、政法部门和办学单位之合力的重大改革举措,已对我国法学教育和法治建设产生了积极而深刻的影响。综观世界各国,法学教育的改革与发展已成为衡量社会文明程度法治建设进程的重要标志,我们有理由相信,健康发展的法律硕士专业学位教育,必将在21世纪建设社会主义和谐社会的进程中发挥重要的推动作用,做出历史性的贡献。

全国法律硕士专业学位教育指导委员会工作总结报告

吴志攀*

2009年12月26日

各位委员、各位代表:

大家上午好!受全国法律硕士专业学位教育指导委员会第二届委员会的委托,下面我作指导委员会工作总结。

第二届委员会于2004年3月经国务院学位委员会、教育部批准成立,在组织、指导全国法律硕士培养单位进行法律硕士专业学位教育方面取得了突出成绩。秘书处总结了第二届委员会主要工作和基本经验,现将有关情况和建议报告如下。

一、第二届委员会的组成与工作方式

第二届委员会由政法院校(法学院)负责人、著名专家学者(17位)和中央政法委、最高人民法院、最高人民检察院、公安部、司法部所属队伍建设与教育培训、律师公证、司法考试等部门和单位负责人(7位)两部分人员组成,时任司法部部长张福森任主任委员,时任中国人民大学法学院院长曾宪义教授、北京大学党委常务副书记吴志攀教授、中国政法大学副校长朱勇教授任副主任委员,时任司法部国家司法考试司司长杜国兴任委员兼秘书长。

围绕充分发挥指导委员会在学位标准的制定、教学改革、师资培训、国际交流与合作,加强与行业的协调,组织和参与评估,开展咨询和研究等方面的专家组织作用,本届指导委员会通过指导委员会年度全体会议、主任委员秘书长联席会议、法律硕士教育论坛等工作方式,贯彻国务院学位委员会工作部署,注重法律职业队伍建设和法律硕士发展协调推进,促进法律硕士学位教育工作健康发展。同时,组成了法律职业理论研究工作、培养工作、规章制度建设工作、培养方

---

* 吴志攀,时任全国法律硕士专业学位教育指导委员会副主任委员。

式改革与教材建设工作、评估工作、毕业生就业工作6个工作组,确定了委员分工和各工作组的牵头委员。各位委员积极开展各项重点工作研究,制订提出具体的意见、建议和工作方案,起到了重要的组织作用。

司法部高度重视秘书处建设工作。主管司法考试和法学教育指导工作的赵大程副部长多次听取汇报,对进一步推进法律硕士教育工作发展、加强与政法各部门协作、改进秘书处工作机制做出指示。国家司法考试司会同中国人民大学法学院发挥各自的工作优势,统一意见、明确任务、沟通情况、组织部署、通力合作,较好地完成了各项职能工作和年度工作任务。

二、主要工作和基本经验

第二届委员会成立以来,以邓小平理论和“三个代表”重要思想为指导,紧密结合法律职业队伍建设实际,贯彻落实国务院学位委员会年度工作任务,努力创新培养模式、扩大培养规模、优化布局结构、完善指导机制、加强合作交流,推动法律硕士专业学位工作的不断发展。主要完成了以下七项工作。

(一)把握形势,提高认识,明确工作目标和任务

2004年6月16日,第二届全国法律硕士专业学位教育指导委员会成立大会暨第一次工作会议在京举行,新任指导委员会委员、39所培养单位法学院(校)负责同志出席了会议。司法部部长、第二届全国法律硕士专业学位教育指导委员会主任委员张福森同志和国务院学位委员会副主任委员、教育部副部长吴启迪同志出席了大会开幕式并作重要讲话。会议听取了曾宪义副主任委员关于第一届全国法律硕士专业学位教育指导委员会工作报告,认真学习吴启迪同志和张福森同志重要讲话精神,明确了第二届委员会工作目标、任务、指导思想、工作部署和工作要求,讨论确定了第二届委员会工作要点和工作分工。

第二届委员会第一次工作会议由曾宪义教授主持。国务院学位办副主任李军同志就贯彻吴启迪同志、张福森同志讲话精神,坚持以科学发展观为指导、协调好专业学位教育规模发展与保证质量关系等若干问题发表了意见。杜国兴秘书长做了《关于新一届指导委员会及秘书处今后工作设想和思路的汇报》。会议经过讨论,原则通过了2004年度工作基本思路和主要安排。

2006年12月28日,第二届委员会在京隆重召开《法律硕士专业学位设立十周年纪念大会》。国务院学位委员会和中央政法委员会、最高人民法院、最高人民检察院、公安部、司法部有关负责同志,第二届委员会张福森主任委员和各位委员、各培养单位专业学位管理负责同志、法学院负责同志出席了会议。曾宪义副主任委员做了《中国法律硕士专业学位教育的创办和发展》的主题报告。杜国兴秘书长宣读了对优秀法律硕士教学、优秀法律硕士教学管理、优秀论文获得者进行表彰的决定。

会议宣读了第二届委员会顾问、最高人民法院院长肖扬同志的贺信,司法部副部长赵大程同志和国务院学位委员会委员兼副秘书长、办公室主任杨玉良院士到会发表讲话。杨玉良主任在讲话中郑重宣布,法律硕士专业学位结束试点阶段转入正式实施,并就下大力气狠抓培养质量、全面提高培养水平发表了重要意见。赵大程副部长强调要进一步增强在构建和谐社会新形势下做好法律硕士教育工作的责任感、坚持以科学发展观统领法律硕士教育工作,积极推进法律硕士教育又好又快地发展。

会议全面总结了十年来的工作历程和基本经验,进一步明确了做好新形势、新阶段的法律硕士专业学位教育工作的指导思想和主要任务,是法律硕士专业学位工作承前启后、继往开来的重要会议。

(二)不断总结经验,积极探索培养规律

法律硕士教育论坛是各培养单位总结经验、研讨交流高层次复合型法律人才教学培养成果的场所,第二届委员会根据阶段性的工作重点举行了三届论坛,有力地推动了法律硕士培养工作和教学研究工作的开展。

第二届法律硕士教育论坛于2004年6月在京召开,39所培养单位参加了论坛活动。本届论坛由吴志攀副主任委员主持,曾宪义副主任委员致开幕辞。论坛的主题是进一步明确法律硕士培养目标,完善专业学位培养体系,提高培养质量。论坛围绕法律硕士培养目标、法律硕士课程体系建设、法律硕士教学方法改革和法律硕士质量评估体系建设等专题,进行了广泛而深入的探讨。

第三届法律硕士教育论坛于2006年12月在京举办,50所培养单位参加了论坛活动。本届论坛由朱勇副主任委员主持,曾宪义副主任委员做了总结发言。论坛的主题是全面总结法律硕士教育工作,改进培养模式,提高培养质量。论坛围绕法律硕士研究生培养方案的制订与实施、法律硕士论文指导规范等专题,重点就高层次复合型法律人才的培养过程和培养模式进行了深入研究和交流。

第四届法律硕士教育论坛于2008年1月在深圳举办,80所培养单位参加了论坛活动。本届论坛由曾宪义副主任委员主持,国务院学位办李军副主任出席了论坛并讲话。论坛的主题是加强法律硕士培养规范建设。论坛围绕法律硕士研究生培养方案、在职攻读法律硕士专业学位培养方案、法律硕士教育评估指标体系等专题进行了研讨和交流。

此外,第五届法律硕士论坛组织筹备工作已经展开。本届论坛以法律硕士教育发展与高素质政法队伍建设、全面提高法律硕士培养质量为主题,就政法队伍建设的形势和任务、深入开展社会主义法治理念教育与法律硕士培养工作、在职攻读法律硕士专业学位教育的经验、问题和对策、政法院校招录培养改革法律硕士研究生培养计划介绍以及法律硕士研究生实践教学的组织与实施、法律硕士研究生“双导师制”建设、法律硕士课程教学方法改革研究、法律硕士学生管理和就业服务等内容进行全面总结和交流。中国人民大学法学院承办具体组织工作。日前,第二届委员会已就论坛组织筹备工作向115所培养单位发出了通知。

(三)创新培养模式,健全法律硕士培养规范体系

贯彻以培养高层次的复合型、应用型法律人才为目标的全面质量观和发展观,组织制订法律硕士专业学位指导性培养方案,统一人才培养和学位授予的规格标准,是保证法律硕士培养质量的基础建设。第二届委员会先后在重庆、长沙、深圳和北京召开了四次工作会议,对孙笑侠委员主持草拟的《全日制法律硕士专业学位研究生指导性培养方案》《在职攻读法律硕士专业学位研究生指导性培养方案》、曾宪义、孙笑侠和韩大元委员主持起草的《全日制法律硕士专业学位研究生(法学)指导性培养方案》、吴汉东委员及曹新明教授主持草拟的《在职攻读法律硕士专业学位知识产权方向班研究生指导性培养方案》、霍存福委员及何志鹏副教授主持草拟的《法律硕士专业学位研究生培养质量合格评估方案》和王健教授主持起草的《法律硕士论文指导规范》进行了多次研究和修改,并在各培养单位范围内多次征求意见。上述6个教学指导性文件已报经国务院学位办批准实施,法律硕士各类培养工作和质量标准实现了有章可依。

总体上看,新颁培养方案适应了法律硕士培养单位和培养规模不断增加的新形势,集中反映了法律硕士教育改革基本经验和理论创新最新成果,根据法律硕士教育分类培养的原则,在培养目标,课程设置、培养方式、实践教学和学位论文等方面提出了新的要求,突出了职业道德和职业能力教育培养训练,体现出法律硕士专业学位强调复合型、应用型知识、能力和素质结构的鲜明特色。

(四)优化布局,扩大培养单位规模

根据国务院学位办统一部署,第二届委员会分别于2004年、2006年和2008年开展了新增单位评审工作。评审工作坚持积极发展、满足急需,坚持条件、保证规格,合理布局、优化结构,客观公正、认真严肃工作方针和原则,以《法律硕士新增单位评审实施细则》为工作依据,以秘书处初审、指导委员会全体会议评审和实地考察指导(或答辩评审)为必经工作程序,顺利完成了三批次的新增单位评审工作。法律硕士培养单位从2004年的39所,新增76所,达到2009年的115所。西部各省(区)所在高校(科研单位)法律硕士培养单位得到重点扶持,对于民族院校法律硕士设置工作给予了政策倾斜,同时发展了一批具有行业发展传统优势的院校。

(五)开展国际交流,加强法律硕士管理队伍建设

2004年12月,指导委员会参与组织了在海南大学举办中日韩三国法学教

育研讨会,日韩两国的学者认真听取和研究了中国创办法律硕士专业学位教育的经验,为日韩两国举办类似的"法科大学院"教育提供了有益的借鉴。通过上述活动,有力地推动了中国的法学教育和法律硕士专业学位教育走向世界,树立了中国的法学教育和法律硕士专业学位教育良好的国际形象。

鉴于法律硕士培养单位大都分布在全国性或者区域、行业具有重要地位的院校中,为发挥不同地区、不同类型院校培养优势,必须不断深化规律研究,创新工作机制和制度,加强管理队伍建设。第二届委员会将组织各培养单位法律硕士负责人出国培训考察工作,作为加强管理队伍建设的重要措施之一,先后于2007 年和 2008 年组织了三期高层次复合型法律人才培养赴美考察培训团。培训期间,与全美律师公会(ABA)律师资格与法律教育部及法学院评估专家组、所访问的法学院院长、教授等就共同面临的工作进行交流座谈,议题涉及中美国法律体系比较、比较法律教育、招生联考、法学院管理和课程制定、教学组织与实践性课程设置、学分制度、法学教师聘任、学术政策、法学院评估与排名、传媒、网站和公共宣传、职业规划与专业发展、就业指导、职业资格考试服务等问题,取得了良好的效果。这项工作得到了司法部外事与司法协助司、国家外专局培训司、中国国际人才交流协会等单位的大力帮助,约 60 个培养单位派出法学院负责同志以及政法部门教育培训负责同志参加了这项活动。

(六)密切协作,促进在职攻读工作服务队伍建设

在职攻读法律硕士专业学位教育工作是直接服务队伍建设、直接服务一线政法干警的工作,同时,也得到了中央政法各部门的大力支持和推动。政法各部门将这项工作纳入干部教育培训规划之中,作为加强干部队伍专业化建设,提高队伍知识水平的重要工作渠道。自 2004 年至 2009 年,每年度在职攻读法律硕士招生阶段,中央政法委员会、最高人民法院、最高人民检察院、公安部、司法部都联合发出招生通知,要求各地根据本系统"十一五"干部教育培训规划积极做好推荐报名工作。

在全面分析政法各部门队伍发展的新情况、新要求工作基础上,指导委员会组织专家在 2008 年修订了在职攻读法律硕士专业科目招生考试大纲,报经国务院学位办、教育部学位与研究生工作司和司法部国家司法考试司颁布。同时,组织修订再版了招生考试专业科目的指导教程。

2006 年起,为适应中央加强国家知识产权工作的重要决策和战略部署,经报国务院学位办同意,第二届委员会决定在在职攻读工作中增设知识产权方向班,中国人民大学、北京大学、中国政法大学、西南政法大学、中国社会科学院(法学所)、中南财经政法大学、华中科技大学和华南理工大学被确定为在职攻读法律硕士知识产权方向班办学实施单位,列入在职攻读年度计划招生。高层

次的知识产权法律职业人才是具备技术、管理、法学多方面复合型知识和能力结构的法律工作者,知识产权方向班作为列入国务院知识产权保护行动纲要的人才培养重点工作,是批量培养高层次知识产权法律职业人才有效途径,受到了国家和社会积极充分的肯定和欢迎。

(七)大力加强法律硕士理论研究工作

"中国法学教育研究成果奖"是目前唯一的国家级法学教育研究奖。2007年,全国法律硕士专业学位教育指导委员会作为组织发起单位之一,会同教育部高等学校法学学科教学指导委员会、中国法学会法学教育研究会、曾宪义法律教育与法律文化基金会开展了首届"中国法学教育研究成果奖"评奖活动。法律硕士理论研究成果分获了一等奖1项、二等奖1项,三等奖2项,对于积极鼓励和促进法律硕士理论研究工作发挥了重要作用。

2008年,为配合国务院学位办开展的专业学位总体设计研究工作,第二届委员会发出通知,开展了法律硕士教育调研工作。汇总各培养单位调研意见和建议,按时提交了指导委员会的调研报告。调研报告共分四个部分:一是当前法律硕士面临的主要问题及改进意见;二是确定法律硕士培养单位的方式;三是进一步发挥法律硕士专业学位教育指导委员会的作用;四是如何有效保障法律硕士人才培养质量。调研报告对我国法律硕士专业学位教育创办以来取得的多方面成绩给予了积极、肯定的评价,对法律硕士专业学位教育的现状做了比较系统的归纳和描述,对于目前实际工作中存在的问题进行了比较客观的观察和反映,提出了进一步改革和发展法律硕士教育工作的意见和建议。

总体上说,在国务院学位办正确领导下,在司法部等中央政法部门的支持和指导下,第二届委员会全体委员和秘书处共同努力,法律硕士教育的办学指导思想进一步明确,两类对象的全日制研究生教育和在攻读工作共同构成了完备的办学体系,制定完成了四项培养方案及论文、合格评估、新增单位评审等管理标准和规范,培养单位地区布局和行业布局基本完成,加强了管理队伍建设,法律硕士教育理论研究工作取得一批重要成果。同时也应看到,法律硕士教育与法律职业任职资格衔接工作在研究论证和制度构建多方面有待进一步推进、法律硕士研究生实践教学工作还是培养工作的薄弱环节,法律硕士实务研究成果和学位教育发展的重大成就宣传工作不够等制度建设重大问题以及改革发展中出现的新情况、新问题,需要进一步健全法律硕士教育管理和指导工作体制,进一步加强政策理论的研究,努力推进法律硕士教育工作更好更快的发展,为建设社会主义法治国家做出新的更大的贡献。

关于第二届全国法律专业学位研究生教育指导委员会工作报告和第三届指导委员会工作设想

丁　露*

（2011 年 3 月 18 日）

各位委员：

第三届全国法律专业学位研究生教育指导委员会（以下简称指导委员会）经国务院学位委员会、教育部和人力资源和社会保障部批准正式成立。现在，我向各位委员报告第二届指导委员会工作情况，提出第三届指导委员会的工作意见。

一、第二届指导委员会的主要工作

2004 年 3 月，经国务院学位委员会、教育部批准第二届指导委员会正式成立。第二届指导委员会以邓小平理论、“三个代表”重要思想和科学发展观为指导，在国务院学位委员会、教育部的领导下，在中央政法各部门的大力支持下，团结带领法律硕士专业学位各培养单位，紧紧围绕“十一五”期间我国社会经济发展的新形势和新任务，根据国家法治建设的实际需要，扩大培养规模、创新培养模式、优化布局结构、完善指导机制、加强合作交流，不断推动法律硕士专业学位教育改革发展，取得了显著成就。

（一）把握形势和机遇，法律硕士专业学位教育工作结束试点步入正式实施

2004 年 6 月 16 日，在第二届指导委员会成立大会和第一次工作会议上，时任第二届指导委员会主任委员、司法部部长张福森同志和国务院学位委员会副主任委员、教育部副部长吴启迪同志先后就法律硕士教育改革与发展等问题作了重要讲话。

2006 年 12 月 28 日，第二届指导委员会在北京隆重召开“法律硕士专业学位设立十周年纪念大会”，全面总结了法律硕士专业学位创设十年来的发展历

---

* 丁露，第二届全国法律专业学位研究生教育指导委员会秘书处秘书长。

程和基本经验,进一步明确了做好新形势下的法律硕士教育工作的指导思想和主要任务,为开创法律硕士专业学位教育工作的创新发展奠定了坚实基础。纪念会上,司法部副部长赵大程同志、国务院学位委员会委员兼副秘书长、国务院学位办公室主任杨玉良院士作了重要讲话,杨玉良主任郑重宣布,法律硕士专业学位教育结束试点,转入正式实施。

(二)调整工作思路,扩大培养平台和规模,提供培养条件和保障。

根据国务院学位办的统一部署,第二届指导委员会本着积极发展、满足急需、坚持条件、合理布局、优化结构、客观公正、严肃认真的方针和原则,分别于2004年、2006年、2008年开展了新增培养单位评审工作,培养单位由2004年39个增加到115个,其中,西部院校和民族院校得到了扶持,具有行业优势的院校得到了发展,基本形成了培养单位的全国性布局。与此相适应,人才培养规模逐步扩大,法律硕士专业学位教育越来越成为我国培养应用型高级法律人才和政法部门培养在职优秀人才的主渠道。

第二届指导委员会十分重视对新增培养单位进行政策培训和业务指导,先后于2006年6月、2010年7月两次组织新增培养单位进行培训。培训班邀请中央政法各部门领导讲人才需求,提意见建议;由经验丰富的培养单位专家就招生、培养方式、课程设置、教学方法、毕业论文指导与管理、导师队伍、就业、评估等问题专题讲授,促进了新增培养单位尽快达到人才培养要求。

(三)完善规章制度,初步建立起法律硕士专业学位研究生培养质量监测体系

第二届指导委员会以培养高层次的复合型、应用型法律人才为目标,将人才培养和学位授予标准统一规范,组织制订了《全日制法律硕士专业学位研究生指导性培养方案》《在职攻读法律硕士专业学位研究生指导性培养方案》《全日制法律硕士专业学位研究生(法学)指导性培养方案》《在职攻读法律硕士专业学位知识产权方向班研究生指导性培养方案》《法律硕士论文指导规范》和《法律硕士专业学位研究生培养质量合格评估方案》6个规范性文件,其中5个文件已由国务院学位办批准后实施。这些指导性文件适应了培养单位和培养规模不断增加新形势,总结概括了以往的实践经验和最新理论研究成果,为法律硕士专业学位教育沿着规范化、制度化轨道发展起到了重要的指导作用。

(四)服务政法队伍建设大局,积极组织开展在职攻读法律硕士专业学位教育工作

在职攻读法律硕士专业学位教育是直接服务政法队伍建设的工作,已成为政法部门干部教育培训规划的重要组成部分,是提高政法队伍专业水平的重要渠道,具有很强的针对性和实务性,得到了中央政法各部门的长期支持和充分肯

定。根据国务院学位办的统一部署，中央政法委员会、最高人民法院、最高人民检察院、公安部、司法部等中央政法五部委每年均联合发文，要求各地根据政法部门“十一五”干部教育培训规划，积极做好推荐和报考工作，为提高政法队伍的综合素质起到了重要的人才保障作用。

为落实中央关于加强国家知识产权工作的重要决策和战略部署，经国务院学位办同意，自2006年起在中国人民大学等8个培养单位开设了在职攻读法律硕士知识产权方向班，列入国务院知识产权保护行动纲要的人才培养重点工作。目前，在职攻读法律硕士知识产权方向班已成为培养知识产权法律专门人才的重要渠道。

为适应政法队伍建设和社会需求，指导委员会积极推进法律硕士招生改革。2008年，指导委员会组织专家对在职攻读法律硕士报考条件、考试科目等进行了改革，报经学位办批准实施。通过改革，改进了在职攻读招生制度，促进了在职攻读工作持续、健康发展。

（五）认真总结经验，探索和创新法律硕士专业学位研究生培养模式

法律硕士教育论坛，简称“JM”论坛，是指导委员会组织全国法律硕士培养单位研讨法律硕士专业学位研究生培养模式，总结交流管理工作经验的重要平台，在2004年、2006年、2008年、2009年四次举办“JM”论坛。论坛围绕法律硕士教育如何适应高素质政法队伍建设这一主题，积极探索创新法律硕士专业学位研究生培养模式，就教育教学、改革发展、制度建设、教学体系、质量评估、就业指导等问题进行了深入探讨，为建立健全具有中国特色的法律硕士专业学位研究生培养模式发挥了积极的促进作用。

2006年，为督促院校重视培养质量，激发导师和研究生的积极性，充分展示法律硕士研究生教育成果，指导委员会组织全国优秀法律硕士学位论文、优秀教学和管理工作者评选活动，有26名优秀教学工作者、35名优秀管理工作者和31篇优秀论文获奖。

（六）组织国际交流，提升法律硕士教学和教育管理队伍水平

法律硕士专业学位是根据我国实际借鉴发达国家法律人才培养模式设立的，为拓展法律硕士教育工作者的视野，提高创新能力，规范培养机制，指导委员会分三期组织60多所法学院（校）的负责人赴美考察培训。考察培训题目涉及中美法律体系比较、比较法律教育、招生联考、法学院管理与课程设置、教学组织与实践性课程设置、学分制度、法学教师聘任、学术政策、法学院评估、职业规划与专业发展、就业指导与职业资格考试服务等诸多领域，取得了良好效果。

2004年12月，指导委员会参与组织了由海南大学承办的中、日、韩三国法学教育国际研讨会，就我国法律硕士专业学位教育和日、韩两国的“法科大学

院”进行了交流,增进了我们对亚洲法律教育改革趋势的认识。

(七)注重调研调查研究,应用型法律人才培养的理论研究成果显著

第二届指导委员会组织有关专家针对招录制度、培养模式、实践教学、学位管理、评估体系、质量保障、“双师”制等实践问题进行调研,取得了显著的成果。2007 年,指导委员会会同教育部高校法学学科教学指导委员会、中国法学会法学教育研究会和曾宪义法律教育与法律文化基金会,联合开展了首届“中国法学教育研究成果奖”评选。其中,法律硕士教育的论著分获一等奖 1 项、二等奖 1 项,三等奖 2 项,展示了法律硕士专业学位教育的研究成果,推进了法律硕士专业学位教育的理论研究工作。

2008 年,秘书处按照国务院学位办开展我国专业学位总体设计研究工作的要求,完成了《法律硕士专业学位教育调研报告》,就法律硕士面临的主要问题、改进意见及发展趋势、人才培养质量保障等问题进行了实证分析,为 2010 年国务院学位委员会发布的我国“专业学位研究生教育发展总体方案”设计提供了决策依据。

(八)加强自身建设,不断健全和完善符合法律硕士教育特点的工作机制

为全面落实指导委员会的工作目标和各项任务,第二届指导委员会着眼于管理制度建设,不断完善工作机制,创新了年度工作会议与法律硕士教育论坛同时召开的会议形式;确立了重要事项由指导委员会主任会议研究决定的决策机制,加强了秘书处日常工作中的组织协调和交流沟通作用,调动了委员和专家的工作积极性,并加大了组织实施力度。

司法部高度重视指导委员会和指导委员会秘书处工作,多次听取法学教育指导工作汇报,对进一步推进法律硕士教育工作的发展、加强与政法各部门协作、改进秘书处工作机制做出指示。国家司法考试司会同中国人民大学法学院发挥各自工作优势,圆满完成了第二届指导委员会的各项工作任务。

第二届指导委员会在主任委员,特别是第一副主任委员曾宪义教授带领下,做了大量卓有成效的工作,付出了智慧和心血。这里,我谨代表秘书处向曾宪义教授,向我的导师表示最崇高的敬意!向第二届指导委员会的各位主任和委员表示最衷心的感谢!

二、第三届指导委员会的工作任务

第三届指导委员会要紧紧围绕国家法治建设大局,政法队伍建设实际,按照国务院学位委员会第 27 次会议通过的《硕士、博士专业学位研究生教育发展总体方案》,做好届期的各项工作。下面,我就第三届指导委员会的具体工作谈以下意见,供委员们讨论研究。

(一)在法律硕士专业学位研究生教育中推进社会主义法治理念教育

1. 要将社会主义法治理念课程列为各类法律专业学位研究生教育的必修课,并在法律硕士研究生的其他课程中融入社会主义法治理念的内容和精神,使社会主义法治理念"进课堂、进教材、进头脑"。

2. 组织院校编写相关教学指导用书,开展相应师资培训工作,召开相关经验交流会,提高教学水平和质量。

(二)进一步创新法律硕士专业学位研究生教育培养模式

1. 组织调研,开展新一轮《法律硕士专业学位研究生指导性培养方案》修订工作,包括"法律硕士(非法学)""法律硕士(法学)"、在职攻读法律硕士三个类型的培养方案。培养目标和课程设置,要充分反映法律实务工作对人才的知识与能力要求,特别要解决好法律硕士专业学位研究生缺乏专业方向,对拟从事工作岗位训练缺乏,对职业道德教育培养不够,对应用技能训练不足等突出问题,不断提高人才培养质量。

2. 依据新修订的培养方案组织编写必修课基本教学要求,保证人才培养的基本规格和质量水平。

3. 以应用知识与实务能力的提高为核心,推动建立院校与实务部门密切联系与合作的办学模式、联合培养机制,加强实践教学基地和相关教学平台建设,制订和出台适合法律硕士实践实训教学基地建设标准和规范,组织培养单位交流经验和观摩考察优秀实践教学基地。

(三)加强教学团队政策和业务培训工作

积极推动建立教师与政法工作者双向互动交流制度和机制,努力探索法律硕士专业学位研究生顶岗实习制度。主要是,鼓励院校专业教师到政法实际部门挂职;增加法律硕士研究生实训教学的比重,使每个学生在校期间参加不少于半年的实践或顶岗实习;聘请政策、理论水平高,实际经验丰富的政法工作者担任法律硕士专业学位研究生导师,将实务部门优势资源引入法律硕士培养的各个环节。

(四)为西部和基层政法机关培养高层次法律专门人才

认真总结法律专业学位研究生培养工作在政法干警招录培养体制改革试点中的经验和问题,提出对策和建议。要根据西部和基层政法队伍人才数量和质量不足的现状,在教学环节大力推动"教学练战一体化"培养模式,加强职业道德教育和社会主义法治理念教育;在学生就业指导环节,积极引导和教育法律硕士毕业生到西部去到基层去,为国家西部开发和发展培养优秀法律人才。

(五)积极推进在职攻读法律硕士专业学位研究生招生改革

根据国务院学位委员会《专业学位研究生教育发展总体方案》关于"将在职

攻读硕士专业学位纳入国家统一的硕士生招生计划”的要求,认真分析和总结在职攻读法律硕士专业学位培养工作的经验与成就,从政法队伍建设的特殊需要出发,特别是从西部和基层政法队伍数量和质量不足的实际情况出发,结合现有法律硕士培养单位办学条件,探索开展在职攻读法律专业学位研究生教育的新途径和新措施。

(六)加强制度建设,规范培养规格和标准

为促进院校加强投入,不断改进办学条件,健全培养制度和规范办学环节,维护办学水准,提高教育教学质量,建立对现有培养单位办学情况动态的、常规的监控机制,第二届指导委员会计划研究制订《法律硕士专业学位研究生教育办学基本标准》,使其成为评审新增单位的标准,作为对现有培养单位进行教学水平和教育质量监控的基本依据。

(七)加强法律硕士专业学位研究生教育工作的研究

要组织和开展法律专业学位研究生教育问题的应用对策研究和中外比较研究,特别是与当前经济、政治、社会发展以及经济全球化密切相关的现实问题,以及高层次应用型法律人才培养模式的研究。采取征集课题、择优立项开展研究和委托专家研究等形式,使研究成果直接为有关部门决策提供支持。

(八)积极开展法律硕士专业学位研究生教育国际交流与合作

通过组织出国考察、举办中外研讨会及培训会等形式,加强国际高端法律职业教育的交流与合作。本届指导委员会拟对日本、韩国“法科大学院”制度的实施情况,欧洲等国家的法律教育改革趋势组织考察。

(九)进一步改进和完善指导委员会和秘书处工作机制

指导委员会和指导委员会秘书处将在国务院学位委员会和学位办的领导下开展工作。要高度重视信息工作,建立秘书处与培养院校之间稳定的工作机制,做好法律硕士专业学位研究生教育的信息分析汇总和管理使用,建立法律专业学位研究生教育信息库。要充分发挥“全国法律专业学位研究生教育”网站的作用,为培养单位和社会提供工作信息交流平台。目前,在中国人民大学法学院的支持下,网站已经建立,希望各位委员关心和支持网站建设,使网站真正成为指导全国法律专业学位研究生教育工作的有效手段。

三、指导委员会的工作方式和经费管理

(一)第三届指导委员会的工作方式

指导委员会每年召开一次工作会议;组织筹备全国法律硕士教育年会;根据需要召开专项工作会议。按照职能建设和主要改革任务需要,指导委员会内设立工作组,承担方面性工作的研究、指导和重点工作开展。每个工作组由若干委员组成,指派一位委员牵头,可以聘请相关专家参加工作组工作;各工作组提出年度工作项目计划报告，秘书处汇总提交主任委员会议通过，工作组会同秘书处组织实施，指导委员会年度工作会议听取项目实施进展汇报。为推进知识产权方向高层次复合型人才培养工作，设立知识产权工作委员会。秘书处为指导委员会日常工作机构，司法部国家司法考试司会同中国人民大学法学院团结协作、各有侧重，共同做好秘书处日常工作。

指导委员会工作组的主要任务和牵头委员如下：

1. 规划与制度建设工作组。组织研究法律硕士专业学位宏观发展、理论研究、与职业资格衔接、学位授予标准等工作，开展专业学位研究生综合改革试点经验交流和总结工作等，推进转变法律硕士专业学位研究生教育发展方式，树立正确的教育质量观。

牵头人：韩大元委员

2. 招生与考试工作组。组织开展法律硕士研究生招生改革方案研究，推进建立吸引优秀生源的考试办法。

牵头人：周叶中委员

3. 培养方案研究与指导工作组。完善法律硕士专业学位研究生指导性培养方案，指导培养单位具体培养方案的制定与实施工作。

牵头人：孙笑侠委员

4. 评估体系建设与质量评价工作组。研究法律硕士研究生教育质量评估体系，推进考核与评价方法改革，建立以提升职业能力为导向的考核体系和评价标准。

牵头人：霍存福委员

5. 在职攻读工作组。会同中央政法部门完善在职攻读法律硕士专业学位研究生指导性培养方案，开展在职攻读招生改革和在职人员培养改革研究。

牵头人：潘剑锋委员

6. 西部地区工作组。结合西部少数民族地区法律职业人才需求状况，开展少数民族高层次法律人才培养工作研究，开展西部地区法律硕士研究生教育实践基地建设研究，指导西部地区法律硕士培养单位的培养工作。

牵头人：付子堂委员

7. 涉外人才与国际合作工作组。开展高层次国际事务法律人才培养工作研究，组织相关国家和地区高层次的复合型、应用型法律人才教育制度发展与改革动态研究，推进涉外法律人才合作培养工作。

牵头人：王军委员

8. 知识产权工作委员会。研究法律硕士研究生教育贯彻国家知识产权战略实施意见，完善在职攻读知识产权方向班培养方案，指导培养单位开展知识产权方向法律硕士专业学位研究生教育工作。

牵头人:吴汉东委员

(二)指导委员会财务状况及会费管理

为保证全国法律硕士专业学位教育指导委员会工作的顺利开展和促进事业的发展,第一届、第二届指导委员会都对会费交纳标准进行了具体规定。经第二届指导委员会第一次会议决定,每个培养单位每年交纳 2 万元会费,由司法部计财司按行政事业经费开支方式进行管理,会费的使用、审批程序均按司法部行政事业经费核拨规定运行,即由秘书处向计财司作出项目预算申请,计财司综合财务处进行初审,后提交分管副司长核准,最后由计财司司长批准。10 多年来,司法部计财司综合处的同志无偿地为指导委员会服务,没有发生任何违法违纪事件,确保了我们工作的顺利开展。目前,会费只收到 2006 年。

指导委员会工作经费是开展法律硕士工作指导、研究、评估和开展全会性活动的必要保障,应当多渠道、多形式筹集,培养单位每年度交纳会费,是对指导委员会开展工作的必要保障,要坚决遵守财经纪律规定开支。第三届委员会起,会费管理由中国人民大学承担,秘书处提出会费收取方案和使用办法,另行下发通知执行。

以上工作总结和计划安排,请委员们审议。

第六届法律硕士教育论坛
暨第三届全国法律专业学位研究生
教育指导委员会第二次工作会议纪要

全国法律专业学位研究生教育指导委员会(以下简称“教指委”)于2012年12月29日至30日在广州市举办了第六届法律硕士教育论坛暨第三届“教指委”第二次工作会议。论坛和会议的主要任务是:根据学习宣传、贯彻落实党的十八大精神以及全面推进依法治国、加强和创新社会管理创新和加强政法队伍建设的新任务和新要求,继续落实全面提高高等教育质量和实施卓越法律人才培养计划等重大工作任务和要求,认真学习政法人才中长期发展规划,推进在职攻读法律硕士教育工作改革与创新,确保在职法律硕士培养质量,提高法律专业学位服务政法工作的能力和水平,研究确定2013年第三届“教指委”及其秘书处主要工作事项。国务院学位办副主任孙也刚、王利明副主任委员、丁露秘书长、韩大元副秘书长、姜晶副秘书长出席论坛并讲话。第三届“教指委”全体委员及118所法律硕士培养单位有关负责同志共计170余人参加了论坛。本届论坛和会议由华南理工大学承办。

第六届法律硕士论坛的主题是:政法人才建设与在职攻读法律硕士专业学位。共设四个分专题:一是在职攻读法律硕士教育工作的新形势和新任务;二是在职攻读法律硕士培养模式改革;三是在职攻读法律硕士论文类型和标准;四是在职攻读法律硕士办学需求分析与改进招生管理方式。

12月29日上午举行了开幕式,王利明副主任委员主持了开幕式并致辞,华南理工大学副校长朱敏教授致欢迎辞。

孙也刚副主任代表国务院学位办对论坛的召开表示热烈祝贺,并对“教指委”及秘书处多年来对学位办工作的支持表示衷心感谢。他指出,从2009年起专业学位研究生教育进入快速发展时期。但是,其中也存在着地位边缘化、招生盈利化、培养学术化、管理边缘化等问题。下一步围绕深化改革,提高研究生教育质量工作的主线、着力点、原则和主要措施,专业学位研究生教育工作改革与发展要坚持“适应需求、积极发展、创新模式、规范管理”的方针。在经济全球化和创新驱动的时代背景下,要密切跟踪社会发展对高层次人才需求结构的变化,加强专业学位设置的整体研究,加大对专业学位政策支持力度。要以职业需求和要求为导向,创新专业学位培养模式。要规范管理,特别是在经费方面要严格管理,全面保证和提高专业学位人才培养的质量和水平。

丁露秘书长在讲话中向出席本次论坛的代表介绍了论坛的议程安排和二次工作会议主要议题。

"教指委"委员、最高人民法院政治部宣教部长董文濮主持了第一专题的报告和研讨。最高人民法院政治部宣传教育部教育培训规划处处长刘峥从对法律硕士的培养建议和法院系统人才规划的资源统计、人才问题研究、编制人才规划及人才队伍建设等几个方面谈了全国法院系统的人才培养问题,着重介绍了法院系统领导人才、审判人才、审判辅助人才和司法行政人员的分类专门培养,以及东中西地区的平衡发展方案。就法律硕士的培养提出了具体建议:一是教育方法应该更注重中国实际,二是注重司法技能的培养和司法伦理的教育,三是加强培养单位与实务部门的互动和交流。最高人民检察院政治部干部教育培训部部长王卫东主要介绍了最高检中长期人才发展规划"六大工程"中与本次论坛主题相关的高层次专门人才铸才工程、素质提升优才工程和急需紧缺人才引进工程。针对在职法律硕士培养工作,他提出两点意见:一是在职法律硕士的定位不清、培养目标不明确、培养过程单一;二是没有体现在职的特点和要求,缺少与司法实务部门的结合。他提出希望检察系统和高校能够互补互助,既可以提升检察工作人员的专业素质,优秀学历结构,又可以加强高校教育的技能教学,案例教学,将检察院和高校的资源和特点结合,促进检察系统人才培养计划的发展和落实。司法部律师公证司副巡视员丘征主要介绍了司法部在制定律师人才发展规划方面的一些主要思路:按照党和政府对律师工作的新要求、经济社会发展对律师工作的新需要、人民群众对律师工作的新期待,予以通盘考虑,做好顶层设计。

韩大元副秘书长详细报告了"教指委"工作费用交纳和使用情况。

29 日下午,"教指委"委员、北京大学法学院潘剑锋教授主持了第二专题"在职攻读法律硕士培养工作改革与创新"的发言和研讨。潘剑锋教授首先代表北京大学法学院作了题为《在职攻读法律硕士项目改革思路》的发言。他提出了两点建议:一是在法律硕士的课程设置方面应尽可能地考虑实务课程的比重,二是希望上级有关部门出台政策,敦促学校加大对法学院的经费支持力度。中国人民大学龙冀飞教授作了题为《在职法律硕士培养的若干改革与设想》的发言。他谈到人民大学下一步的工作设想:一是拟与西部高校联合办学,共同培养在职法律硕士;二是在扩大招生范围,要求必须脱产学习一年(西部地区)或每年脱产两个月进行小班制、全日制授课。强调专业课程加大案例分析的重要性。武汉大学康均心教授作了题为《在职法律硕士培养工作与创新》的发言。他指出目前法律硕士培养存在地位边缘化、教学同质化、培养学术化、学生认同感不高、教师重科研不重教学以及经费被挪用、投入和输出不成比例等问题,认为法律硕士培养应当注重特色的订单式培养。中国政法大学费安玲教授作了题为《在职法律硕士培养中的两大难题之破解探讨》的发言。她认为抑制在职法律硕士培养发展的瓶颈主要有两个方面:一是招生;二是培养。她建议出台相关文件,对招生工作加强指导,明确创收是招生带来的效果但不是目的;联考和单考应双轨并行,在单考方面给予学校更大的自主权。针对培养,她提出三种方式:分类培养、因材施教、订单式培养。西南政法大学研究生教育学院院长李燕作了题为《在职攻读法律硕士研究生培养工作改革与创新》的发言。她认为培养模式、课程体系设计和法律专业硕士培养的特色是应当给予重点关注的方面;提出要培养高层次、应用型的法律人才,就应当创新培养模式,保证培养质量。华南理工大学余军教授作了题为《在职法律硕士"法律方法系列课程"改革》的发言。他指出目前在职法律硕士的课程教育与全日制法律硕士趋同,教学方式还是处于被动的灌输型阶段,无法满足市场对人才要求。他认为在开设基础课程的同时,应当同时增设法律方法基础、法律逻辑学以及法律职业伦理课等课程,加强理论深度的课程。

在自由发言和提问阶段,主要集中在以下几个方面:一是案例库建设和案例教学,强调法律硕士培养需要大量的、真实的教学案例,但是目前对案例编写工作缺乏必要的激励措施;二是招生问题,在西部地区,需求量大,但是受制于招生指标,供需矛盾比较突出;三是法律硕士的单双证问题,其中在职法律硕士只有学位证书,对政法人才的培养不利;四是对于少数民族地区,在外语要求方面应予关注,建议在少数民族地区将外语考试改为少数民族语言考试。

潘剑锋教授对本专题研讨进行了总结,他指出经过十余年的发展,在职攻读法律硕士工作取得了一定的成绩,但是也随之暴露出了许多亟待解决的问题,希望相关部门在适当的时候统筹考虑出台相应的改革措施。

"教指委"委员、复旦大学法学院胡鸿高教授主持了"在职攻读法律硕士教育论文标准"专题的发言和研讨。西北政法大学王健教授作了题为《法律硕士学位论文评价标准问题探讨》的发言。他认为目前我国法律硕士学位论文存在学术性和应用型混淆的情况,应当根据不同情况来要求学生写课程论文或者学位论文。吉林大学吕欣教授作了题为《在职攻读法律硕士研究生教育论文标准》的发言。他指出在职攻读法律硕士研究生的论文应当是案例分析型的;希望在职法律硕士应当也享受同全日制法律硕士一样双证的待遇;建议对法律硕士进行分方向培养。重庆大学杨春平教授作了题为《论在职法律硕士学位论文标准》的发言。他认为法律硕士论文要提高质量,并认为目前我国学位论文的标准非常模糊,建议“教指委”应当设定一些条件以明晰论文标准的边界或成立专门小组制定统一的论文标准。

在自由研讨阶段,复旦大学胡鸿高教授提到了以下三个方面的意见:一是理性认识论文标准的价值,二是积极鼓励撰写案例分析性论文和调研性论文,三是科学构建专业学位论文标准。上海财经大学周杰普教授认为论文的标准需要贯彻整个论文的写作过程。华侨大学白晓东教授提出在职法律硕士论文的评价标准应适当提高实用方面的权重,提高案例的权重。评价指标的重点是看“三个能不能”,即论文的选题能不能从理论难题转向实践难题;能不能从文献综述走向对实务素材的采集;能不能从观点创新重点转向应用性方案的提出。海南大学邓和军教授指出,在职法律硕士论文要重视“在职”两个字。论文的标准应当是:有一定的理论深度,能够解决实践问题,满足工作单位的要求,符合法律硕士的实际。强调增加工作单位对在职法律硕士论文的指导意见:一是在职法律硕士的选题是不是来自工作实际、满足工作需求;二是论文中期考核、材料和数据的收集是否需要调研或召开座谈会,工作单位应出具意见;三是论文开题、中期和答辩,委员会中都应有实践部门的人员参加。

“教指委”委员、武汉大学研究生院常务副院长周叶中教授主持了“在职攻读法律硕士教育办学需求分析与招生管理改革”专题的发言和研讨。华东政法大学杨忠孝教授作了题《在职法硕招生改革的若干设想》的发言。他认为在职法律硕士招生目前存在的很多问题都是共性问题;法律硕士教育的培养过于零散;他还强调法律硕士的培养中应当注重法律伦理和法律方法的教学,在招生环节实行限额管理,优进劣退。最后他提出了四点建议:一是进一步发挥传统法硕教育单位在政法干警队伍建设中的主渠道作用;二是借鉴教育硕士、MPA 等的限额管理政策,在采取限额管理的同时对于有能力保证培养质量的院校给予更为灵活的限额管理标准;三是适度改革招生政策,结合卓越法律人才培养计划的实施,发挥在职法硕教育在高端人才与中西部基层法律人才培养中的重要作用;四是认真研究在职法律硕士同时取得学历证书和学位证书问题。中南财经政法大学杨宗辉教授作了题为《改革创新招生培养方式,大力培养中西部在职政法人才》的发言。他阐述了中西部欠发达地区法律人才奇缺的几大原因:历史原因、教育资源现状以及毕业生就业自主选择,认为在全国范围内中西部欠发达地区和东部发达地区的法律硕士培养问题不能“一刀切”,应当因地制宜制定不同标准并形成东西对口帮助的机制。最后,他还提出应当制定西部在职法律硕士人才中长期培养方案,针对中西部制定专门的政策,根据需求制定具体实施方案。西南民族大学王允武教授作了题为《扩大在职法硕招生院校范围的思考与建议》的发言。他提到了西部法律人才奇缺的严重问题,认为法律人才培养理念与乡土中国治理转型需求脱节、学生缺乏应有的乡土法律服务实践能力训练、学生地方性知识与技能积累不足、培养目标不适应基层司法机关需求等问题应当得到充分的重视。同时,他指出目前的在职法律硕士培养体系难以满足西部地区对高层次法律人才的需求,而授权西部(民族)院校开办在职法律硕士培养是非常紧迫的问题,并对其可行性进行了论证。

主题发言之后,周叶中教授进行了简要总结,对法律硕士招生提出了具体的意见和建议。他认为,在法律硕士招生体制的各个环节与层次中,入学考试方式的规格和改革,尤为重要;法律硕士入学考试应侧重对考生"习法潜力"的考核与评估,应对考生法律能力加以综合性检验;要拓宽招生的自主渠道,建立形式多样、监控有力、运行透明的录取选拔机制,在扩大和提高在职人员录取比例的同时,对优秀者可实行推荐免试的办法;录取在职人员要根据职业能力评估、申请报告、推荐报告、学业成绩、业务实绩、复试表现等各方面的综合指标,进行最终考核确实是否录取。

论坛筹备工作得到各法律硕士培养单位高度重视,共提交会议论文 50 篇。秘书处将论文汇编为《第六届法律硕士论坛论文集》,提交论坛供各参会单位研讨参考。

12 月 30 日上午,召开第三届"教指委"第二次工作会议。主要议题:一是研究讨论国务院学位办《关于加强专业学位研究生教育案例的教学和案例库建设工作的意见(征求意见稿)》,二是研究关于委托北京麦可思人力资源信息管理咨询有限公司开展《全国法硕毕业生就业现状与能力评价跟踪调研项目》,三是研究讨论制定《关于进一步加强在职攻读法律硕士培养工作的意见》,四是研究规范法律硕士学费收入使用,加强法律硕士经费投入有关工作。"教指委"委员丁露、韩大元、董文濮、潘剑锋、周叶中、王军、叶青、霍存福、王健、李力、林秀芹、胡鸿高、夏新华出席会议;教育部学位与研究生教育发展中心主任李军出席会议,并介绍了该中心计划在部分"教指委"开展相关工作的情况。姜晶副秘书长、最高检王卫东、中国政法大学费安玲教授以及秘书处王红、郝晓明、吕伟耀列席了会议。经研究,会议形成了以下议定事项:

一是同意与教育部学位与研究生教育发展中心合作,建设"教指委"法律硕士案例库,以及与之配套的示范课,规范法律硕士培养方案中实践必修课程,共享课程资源,并由秘书处制定工作方案组织实施。

二是研究制订《进一步加强在职攻读法律硕士专业学位培养工作的意见》,重点是改进招生组织和管理工作、推进订单式培养,规范学位论文的类型、标准和要求,加强管理,保证培养质量。

三是原则同意在全国法律硕士培养单位开展《法律硕士毕业生就业现状与能力评价项目工作方案》。评价指标要进一步突出法律硕士工作特点,修改完善工作请霍存福教授汇总研究。秘书处与委托单位商谈具体开展事宜,2013 年启动实施。

四是规范"教指委"工作经费。从 2013 年起,每年 8 月"教指委"印发交费通知,各培养单位于 9 月份内容按每单位每年 1 万元交纳工作经费,以确保"教指委"及秘书处工作的正常运转。工作经费仍由中国人民大学财务处代为管理。

五是明确提出法律硕士学费使用的意见。为保证法律硕士培养质量,进一步加大法律硕士办学经费的投入,经研究,各培养单位收取的各类法律硕士专业学位研究生学费,应按不低于学费总额 70% 拨付给法学院或校内法律硕士培养机构,专门用于法律硕士培养工作。此意见将列入法律硕士水平评估办学条件一级指标。

第七届法律硕士教育论坛暨第三届全国法律专业学位研究生教育指导委员会第三次工作会议纪要

2013年11月16日至17日全国法律专业学位研究生教育指导委员会在沈阳市举办了第七届法律硕士教育论坛暨第三届“教指委”第三次工作会议。会议的主要任务是:传达学习全国研究生教育暨国务院学位委员会第三十次会议精神,贯彻落实教育部专业学位研究生培养模式改革推进会精神和工作部署;通报法律硕士专业学位研究生教育综合改革试点工作情况和“教指委”2013年工作情况;介绍中国专业学位教学案例中心法律硕士案例分中心建设进展情况。第七届法律硕士论坛的主题是:以政法队伍建设需求为导向,以职业能力培养为重点,以案例库建设和案例教学推广、实践教学基地规范化建设为途径,建立具有中国特色的高层次的复合型应用型法律人才培养模式。共设三个分专题:一是法律硕士实践教学改革研究,二是法律硕士案例库建设和案例教学推广,三是法律硕士实践教学基地建设的规范化。

第三届“教指委”部分委员及118所法律硕士培养单位的有关负责同志共计180余人参加了论坛。11月16日上午举行了开幕式,司法部国家司法考试司副司长、全国法律专业学位研究生教育指导委员会副秘书长姜晶主持了开幕式;辽宁省教育厅张建华副厅长和沈阳师范大学校长林群教授出席并致辞;国务院学位办、教育部学位与研究生管理司专业学位处处长唐继卫出席论坛并讲话。

姜晶副秘书长主持开幕式指出,在认真学习贯彻十八届三中全会精神的新形势下,全国法律专业学位研究生教育指导委员会召开第三次工作会议和第七届法律硕士教育论坛。会议的主要任务是,以党的十八大和十八届三中全会精神为指导,贯彻落实全国研究生教育暨国务院学位委员会第三十次会议精神和教育部专业学位研究生培养模式改革推进会精神,推进建立中国特色的高层次的复合型应用型法律人才培养模式。他介绍,指导委员会高度重视论坛和会议筹备工作。主要领导审阅会议方案。王利明副主任委员、朱勇副主任委员和国家司法考试司贾丽群司长也对会议筹备工作提出了很好的意见。唐继卫处长代表国务院学位办对论坛的召开表示热烈祝贺,并对司法部、“教指委”及秘书处多年来对学位办工作的支持,以及取得的成果表示衷心感谢。他认为,《中共中央关于全面深化改革若干重大问题决议》中,关于教育与法治方面的决策为法律硕士专业学位研究生教育提供了一个更大的平台,也是历史赋予法律硕士教育工作者的一个重要的历史使命。他指出,提高专业学位研究生教育质量有两个着力点:一个是培养模式改革;另一个是可持续的质量保障体系的建设。我们希望通过一条主线、两个着力点的努力,能够促进专业学位研究生教育发展从根本上实现四个转变,即在发展模式、人才培养结构、培养方式及评价方式的转变。他希望各院校积极探索专业学位教育的培养方式,共同努力把专业学位教育、把法律硕士专业学位的培养工作、特别是教育质量提到一个新的高度,树立专业学位教育的品牌,提升社会对专业学位教育的认可度。

"教指委"委员、西南政法大学校长付子堂教授主持了第一专题的报告和研讨。中国人民大学法学院时延安做了《法律硕士实践教学改革与探索》的报告,他指出,案例教学在法律硕士培养的过程中起着极为重要的作用,也是为实践所证明行之有效的教学手段。基于此,建议国家教育部门,如建议教育指导委员会制定法律硕士案例教学的专门性文件,就案例教学及案例库建设的标准、规范、内容、研发资助、案例库的有偿使用、优秀案例教学教材的推广、激励以及组织、经费、专项基金、师资培训等事项做出有效安排,以提供制度保障。西南政法大学黄坚平教授以《法律硕士实践教学模式改革研究》为题,从四个方面作为法律硕士实践教学模式改革的路径:一是适当增加实践课比重,突出法律硕士培养特色;二是改善导师队伍结构,积极引入实务导师;三是进一步规范和完善传统的实践教学方式;四是拓宽丰富法律硕士实践教学的新形式。上海财经大学的周杰普教授作了题为《法律硕士实践教学改革探索》的报告,她从财经类大学的特点出发,阐述了上海财经大学积极探索实践教学的改革模式,并形成了以实践课程、民生服务热线、模拟法庭、双师制、法律职业见习夏令营等为手段的教学特色。海南大学邓和军老师的报告题目是《全日制法律硕士专业学位研究生实践能力培养体系的构建与实践——以海南大学为例》,他从海南大学自身实践出发,提出了关于全日制法律硕士专业学位研究生培养的思考:一是推进法律硕士培养与司法职业资格认证相衔接;二是调动社会资源参与法律硕士培养的积极性;三是巩固和增建校外实践教学基地,夯实实践教学平台,优化实践教学基地建设;四是探索分类实践教学体系;五是完善实践教学考核与评估机制。东北财经大学任伟老师发言的题目是《完善实践教学体系,培养实务型法律人才》,他通过东北财经大学法硕改革的具体措施,提出要根据不同课程特点,细化每门课程要求;要制定科学、合理的实践教学评价体系等建议。吉林大学蔡立东教授以《职业导向的项目式法律硕士专业学位研究生教育模式》为题,围绕"职业导向"

和“实践能力”两个关键词，阐述了吉林大学在法律硕士教育“以职业导向的项目式”教育模式的创新做法，如以人权和社会公益方向为特色建立了职业导向项目式的课程体系等。

在自由发言和提问阶段，主要集中在以下几个方面：一是法律硕士分方向的问题，一般院校的法律硕士方向都设置为民商、刑法、经济等社会需求量大的专业方向，法理、宪法、法史方向则受到冷落；二是特色课程的增加与学分设置的问题，如何对必修课、选修课等课程比例的分配；三是导师分配的原则问题，即平均分配还是完全遵循学生的选择。最后，付子堂教授对以上发言做了点评。

16 日下午，“教指委”委员、湖南师范大学法学院夏新华教授主持了第二专题“法律硕士案例库建设和案例教学推广”的发言和研讨。车浩教授首先代表北京大学法学院对北京大学法学院案例教学进行介绍。他指出，法科学生的整个学习过程以及成为职业法律人之后的执业生涯中，案例的解决始终伴随左右，法律人每天手头处理的都是大量的案例。

案例是法治的细胞。法律人只有在微观层面妥当解决每一个案例，才能最终建成法治的大厦。因此，北大法学院开设《案例研习》系列课程的目的，既非以法说案，也非以案说法。课程目的不在于某一部门法知识的讲授或重温，也不在于让学生了解实务中的经验。课程目的在于培养学生作为法律人可以用其一生的基本能力。运用理论解决实际问题、从繁复的材料中发现问题、根据立场进行论证说理的基本能力。

中国政法大学辛崇阳教授作了题为《浅析对法律硕士案例教学改革的“移植”—结合中国政法大学法律硕士培养实践分析》的发言。他从何为案例教学、对传统的例证式案例教学再思考、案例研讨课中的案例教学方法等几个方面介绍了中国政法大学在案例教学上的一些经验。来自山东政法学院研究生处的窦衍瑞老师做了题为《以案例教学推动职业能力提升》的发言，他指出以实践应用中的典型案例为素材，通过情景模拟、现场体验、角色扮演、交流讨论等手段，锻炼学生的实践动手能力和发现、分析、解决实际问题的能力。通过案例教学，可以有效缩短学习情景与工作情景的差距，将理论知识学习与实践应用能力培养有机结合，提高实践教学的效率和效果；可以推动教师转变教学观念，创新教学模式，密切学校与行业的沟通与合作。上海海事大学的曹艳春教授做了题为《法律硕士及教学研究》的汇报，从四个方面介绍了上海海事大学关于案例教学的经验：一是案例教学的必要性与作用；二是我国法律硕士案例教学中存在的问题；三是法律硕士案例库的建设；四是法律硕士案例教学推广。广东财经大学袁碧华教授做了题为《论案例教学法在法律硕士教学中的应用》的汇报，她从案例教学法在法律硕士教学中的必要性、案例教学法与其他教学方法的比较、案例教学法在法律硕士教学中的具体设计等三个方面详细介绍了广东财经大学在案例教学推广方面的经验。

在自由发言和提问阶段,主要集中在以下几个方面:一是法律硕士的培养方向,把法律硕士的培养方案做成一个职业培训;二是案例性教学或实践性教学,现在到底效果是怎么样? 有没有这方面的统计和研究;三是学校、法学院应该在那些方面来培养学生建设所应该具备的职业素质和能力,而并不是简单地表把法学院的教育等同于职业培训。

夏新华教授对本专题研讨进行了总结,他指出通过各个学校在案例库建设和案例教学推广上的经验是值得我们其他学校学习,在案例库建设过程中存在的问题也是大家在实践中共同存在的问题,值得大家思考。

"教指委"委员、北京大学法学院潘剑锋教授主持了"法律硕士实践教学基地建设规范化"专题的发言和研讨。华东政法大学杨忠孝教授作了题为《法律硕士专业学位实践基地建设的路径选择》的发言。他从建立法律硕士专业学位实践基地的意义、国内典型院校法律硕士专业学位实践基地建设经验、法律硕士专业学位实践基地建设存在的问题、法律硕士专业学位实践基地建设的路径选择、法律硕士专业学位实践基地建设改革对策研究五个方面对华东政法大学的经验进行介绍。南京师范大学李力教授作了题为《创设研究生工作站,提升社会实践工作效能》的发言。他指出过去一些年这种新的教育模式探索意义仅限于职业教育模式的形成化,随着中国法律人才培养计划的实施,这种探索对于法律人才培养和法律教育有着更重要的意义。无论是卓越法律人才培养计划的实施,还是 2011 协同创新计划的实施,其共同的特点都是强调从问题出发,提高理论研究者和法律学习者解决实际问题的能力,这样的共同点恰恰和我们培养法律硕士模式的探索有重合之处。中南财经政法大学郭维真老师作了题为《法律硕士实践教学基地规范化建设探索》的报告。他从三个方面做了介绍:一是法律硕士实践教学基地规范化建设的重要性和必要性;二是法律硕士实践教学基地建设的种类;三是校外综合实践教学基地规范化建设探索。沈阳师范大学单晓华教授做了题为《法律硕士实践基地的建设研究——主题性认识、经验总结及前景展望》的发言,她从三个方面介绍了沈阳师范大学法律硕士实践教学基地的经验:一是实践基地建设的概况;二是实践基地建设的基本情况;三是实践基地建设的展望。

在自由研讨阶段,主要集中在以下两个方面的问题:一是法硕现在的管理机构各个学校都不同,而法硕中心和研究生管理的口子怎么对接;二是一直在提能不能从实践性的角度考虑设立法律博士。

北京大学潘剑锋教授指出,法律硕士专业学位教育工作已经取得很大的成绩,对各院校的培养质量如何评价？指导委员会委托麦可思数据有限公司进行毕业生就业情况进行追踪调查是一种很好的评价方式,这种以第三方的评价机制将更客观地评估各院校法律硕士的培养质量。

麦可思数据北京研究院院长吴根博士从五个方面对《全国法律硕士毕业生就业现状与能力追踪调查项目》进行了介绍,一是对法律硕士的培养结果和过程进行多角度的评价,发现不同类型、不同批次、不同地区法律硕士培养的一些差异性特点;二是想了解法律硕士的职业、行业、用人单位、地区去向以及职场的现状的一些情况;三是想了解对法本法硕和非法本法硕的培养结果,过程以及环境,职场上有什么区别;四是了解法律硕士的报考理由以及生源方面的一些情况;五是希望这次结果能对教学、管理、论文等有一个促进作用。

本次论坛的筹备工作得到各法律硕士培养单位的高度重视,共提交会议论文 37 篇。秘书处将论文汇编为《第七届法律硕士论坛论文集》,提交论坛供各参会单位研讨参考。

11 月 17 日上午,召开了第三届“教指委”第三次工作会议。“教指委”委员韩大元、潘剑锋、付子堂、叶青、霍存福、李力、胡鸿高、夏新华、孙笑侠出席会议,韩大元副秘书长主持了会议;教育部学位与研究生教育司专业学位工作处唐继卫处长和质量监督与信息处张艳副处长出席会议。姜晶副秘书长和秘书处工作人员列席了会议。

会议的主要议题:一是听取姜晶副秘书长关于指导委员会 2013 年工作总结和 2014 年重点工作建议报告;二是听取孙笑侠委员关于《法律硕士专业学位基本要求》(征求意见稿)起草工作的说明;三是听取案例教学推广与案例库建设、法律专业学位与职业资格衔接、实践基地规范化建设三个工作课题研究进展情况的汇报;四是讨论《中国专业学位教学案例中心法律硕士案例分中心建设规划方案》及教学案例编写规范和入库评审规定(讨论稿)等,与会委员对上述各项议题进行了研讨,提出了具体修改意见。

会议形成以下意见:

1. 通过秘书处起草的指导委员会 2013 年工作总结和 2014 年重点工作建议。

2. 向各位未到会的委员和行业专家印发《法律硕士专业学位基本要求》(征求意见稿),进一步修改完善后报国务院学位办。

3. 通过《中国专业学位教学案例中心法律硕士分中心建设规划》和案例库建设的推广相关工作安排,计划用 3 年的时间建设完成高质量的法律硕士专业学位教育案例库,实现优质教学资源共享,全面推进案例教学工作。

4. 同意实施全国法律硕士毕业生就业状况与能力调研项目,2014 年 6 月要形成第一期调查报告,第八届法律硕士教育论坛时向大会报告调研结果。

5. 2014 年内要完成上述三个工作课题的研究,形成研究报告或发展建议报告。

6. 2014 年举办第八届法律硕士论坛,推动法律硕士专业学位研究生教育领域的国际交流。

11 月 17 日上午论坛总结阶段,秘书处将第三次工作会议以上议定事项向全体会议代表做了通报。

全国法律专业学位研究生教育指导委员会工作会议暨第八届法律硕士教育论坛会议纪要

2015年1月31日至2月1日,全国法律专业学位研究生教育指导委员会工作会议暨第八届法律硕士教育论坛在海口召开。这次会议是经第三届全国法律硕士专业学位研究生教育指导委员会部分副主任委员、委员出席会议,186所法律硕士培养单位的负责同志参加会议。会上,海南大学党委书记刘康德教授致欢迎辞,教育部研究生司司长、国务院学位委员会办公室副主任李军同志、司法部国家司法考试司司长贾丽群同志分别作了讲话,北京大学、中国政法大学等14个培养单位的代表作了大会交流发言。全国法律专业学位研究生教育指导委员会王利明副主任委员、付子堂委员分别主持了31日上午大会第一阶段和第二阶段的会议,王健、李力、夏新华、林秀芹委员分别主持了大会交流发言的四个分专题,副秘书长韩大元教授作了《全国法律专业学位研究生教育指导委员会2014年工作总结暨2015年工作要点》的报告、主持了"法硕沙龙"并对会议进行了总结。

在一天半的时间里,与会代表围绕"法治人才队伍建设与法律硕士教育发展"主题,分别就"法律硕士教育教学与法律职业准入制度""法律硕士案例教学""法律硕士双导师队伍建设""法律硕士实践教学与法治人才职业能力培养"等问题进行了深入研讨。会议采用大会发言、特邀发言、论文交流、现场问答等多种形式,并专门开设了"法硕沙龙",邀请法学专家、法律实务部门的同志、学生代表和与会代表现场互动,取得了较好的效果。

一、关于法律硕士教育教学与法律职业准入制度

经过近二十年发展,我国法律硕士教育取得很大成绩,截至2014年年底全国共有186家法律硕士专业学位授权单位。党的十八届四中全会对建设社会主义法治国家作出全面部署,法律硕士教育面临良好的机遇,也将面对严峻的挑战。如何适应新的形势和任务的要求,进一步推进法律硕士教育教学改革,不断提高法律硕士培养质量,是法律硕士教育面临的重要课题,也是这次论坛的重要议题。教育部研究生司司长、国务院学位委员会副主任李军同志在讲话中指出,当前,法律硕士教育需要思考几个问题:第一,关于深化教育模式改革问题。1995年法律硕士专业学位设立时,将其定位为具有特定法律职业背景的专业性学位,主要培养立法、司法、行政执法、法律服务和法律监督以及经济管理、社会管理等方面需要的高层次法律专业人才和管理人才。二十年来法律硕士教育取得了很大成就,但同时也要看到,目前的情况与法律硕士专业学位设置的初衷相比还存在一些不尽理想的方面,需要进一步改革法律硕士的培养模式,不断提高法律硕士培养的质量和水平。第二,关于强化教师队伍建设问题。如何把学生培养成忠于党、忠于国家、忠于人民、忠于法律的法律专门人才,拥有创新能力和全面能力的社会人,教师发挥着至关重要的作用。中国传统文化强调,老师要传道授业解疑,其中传道最为重要。注重理想信念和道德情操的教育,是加强法律硕士导师队伍建设的关键。第三,关于推进法律硕士教育与法律职业资格衔接的问题。法律硕士教育具有很强的法律职业背景和从业指向性,要求培养的人才能够胜任政法系统和法律服务部门中级以上专业与管理职务的任职要求。实现这一培养目标,除了教育系统自身努力之外,还要求法律硕士教育与司法职业密切联系,得到行业的支持,实现教育教学改革的系统性、整体性、协同性。

司法部国家司法考试司司长贾丽群同志指出,当前,我国研究生教育处于重要战略机遇期,研究生教育综合改革全面启动,法律硕士教育面临良好机遇,也肩负重要使命。党的十八届四中全会关于加强法治工作队伍建设的重要部署,对法律硕士教育提出了新的更高的要求。各培养单位一定要充分认识新形势下加快发展法律硕士教育的重要意义,进一步增强责任感使命感,做好法律硕士教育教学各项工作,努力培养更多适应社会需求的高素质法治人才。要认真总结回顾二十年来法律硕士教育的成功经验,廓清培养目标,创新培养模式,完善管理制度,推进法律硕士教育健康发展。要紧紧围绕培养高层次法治工作专门人才,坚持正确政治方向,强化实践教学,加强导师队伍建设,加强评估监督工作,重视培养目标与教学能力的关系,重视理论教学与实践教学的关系,重视教学方式与能力训练的关系,重视教育质量与教学评估的关系,推动法律硕士教育与司法考试互相促进,进一步提高法律硕士教育培养工作的质量和水平。

在"法硕论坛"交流中,第一届全国法律专业学位研究生教育指导委员会秘书长、司法部司法鉴定管理局原局长霍宪丹同志作为特邀嘉宾系统介绍了法律硕士学位设置的背景和发展历程,指出目前法律硕士教育存在脱节与错位的问题,包括与法律职业的需要脱节、以局部代替整体等,并针对这些问题提出了解决问题的思路,即实现职业素养教育、司法考试、职业技能训练一体化。最高人民法院政治部刘峥同志认为,当前,各培养单位在法律硕士教育中要处理好几个关系:理论与实践的关系、理论教学和案例教学的关系、学生要求和社会需求的关系,具体到教学过程中,就是要紧密联系司法职业实际,进一步加强对法律硕士的法律基本技能、法治思维能力和法律操作能力的培养。在大会交流发言中,教育部专项课题《法律硕士专业学位研究生培养与司法考试制度衔接机制》的承担者、西南政法大学研究生部主任李燕教授认为,司法考试制度是法律硕士教育与法律职业之间的桥梁和纽带,是构建法律职业共同体的有效路径。要在应该改革司法考试制度的同时,创新法律硕士培养模式,强化职业技能训练,实现法律硕士培养与法律职业资格考试有效衔接。中央财经大学法律硕士教育中心主任李轩认为,要抓住新一轮司法体制改革的有利契机,通过健全法律职业准入制度、完善司法职业准入机制、建立统一司法研修制度、建立健全从资深律师中选拔法官和检察官制度等措施,积极推进"法律职业共同体"建设,逐步改变当前不利于司法公正的复杂司法生态。海南大学法学院副院长童伟华教授等以法律硕士综合试点改革为视角,提出了法律硕士教育培养机制的改革与创新的思路和举措。

二、关于法律硕士案例教学

案例教学是法律硕士教学的重要手段,近年来,越来越受到各培养单位的高度重视。教育部专项课题《案例库建设和案例教学推广》承担者、中国人民大学法学院副院长时延安教授认为,目前我国法律硕士案例教学虽然取得了很大的成绩,但存问题也很多,如与法律实践差距大,非诉讼类案例较少;从事案例教学教师中具备丰富实践经验的师资较少,在案例教学管理体制上缺乏配套措施等。建议各培养单位在案例教学中,要突出问题导向,借鉴 MBA 等专业学位案例教学的成功经验,注重选用真实案例,注重提高学生诸如法律文书写作等实践操作能力。北京大学法学院邓峰教授以《合同法实务课程的探索》为例,详细介绍了北京大学强化法律实务课程教学改革的做法:一是自成体系的课程设计,由来自实务部门专家组成的导师队伍,按照律师事务所和公司的法务工作方式组织的授课方式,严格实行小班授课,注重平时成绩和小组评分的考核考试方式;二是在相对成熟的时候编撰教科书,并注重加强就业指导。沈阳师范大学法律硕士教育中心的方芳教授,结合编写行政诉讼法律实务案例的实际,较为全面地介绍了该校探索以"证据"为导向的法律硕士教学案例编写和案例教学模式的经验。湖南师范大学黄捷教授、辽宁大学赵丙贵教授、西南政法大学李燕教授、中央财经大学艾茜教授 4 位优秀法律硕士教学案例编写者,分别就"豆豆街拆迁案""采矿合同诈骗案""宏远公司诉东业地产申请实现担保物权案""某公司对外投资合同纠纷案案例"四个优秀教学案例的研究背景、资料获取、构思过程、基本内容、编写方法等向大会作了详细介绍,效果良好,引起与会者的广泛关注。

三、关于法律硕士“双导师”队伍建设

在法律硕士培养中,专业课程教师和实践指导教师,专职导师和兼职导师,均发挥着不可替代的重要作用。加强双导师队伍建设,是提高法律硕士教育质量的关键。多年来,一些培养单位积极推进“双师型”队伍建设,成效明显。北京大学法学院党委书记潘剑锋认为,兼职导师应当全面参与教学、培养、实习、就业等法律硕士教育培养的各个方面,并详细介绍了北京大学法学院兼职导师全面参与《合同法实务》《司法实务与前沿》《普通法精要》及《专利代理实务》等典型课程的具体做法:一是从课程计划到实际教学由校内老师和校外兼职导师共同设计、开展;二是教学相长,促进了理论与实践良性互动,引发教师和学生对专业实务领域问题的纵深研究与探讨;三是将理论拉回到实践、“接地气”,课程因其鲜活而具体的内容与形式格外吸引学生的同时,也引领学生在中国现实环境下思考着依法治国的可行道路;四是直接或间接为学生创造了较多的奖助、实习、就业机会。中国政法大学的代表认为,“双导师制”是国家针对专业学位研究生教育提出的一种行之有效的研究生培养方式,校内专业导师与校外职业导师在学生培养过程中应相互配合,共同参与人才培养全过程。通过这种方式,学生们能够在掌握理论知识的同时进一步借助校外导师的指导,在课程学习、论文写作、实习就业等方面全方位得到提高,进而更好地适应未来职业岗位的要求。“双导师制”的实施,促成了课程体系改革,提升了学生实务能力,对学生学业和就业提供了积极帮助。中国人民大学法学院副院长龙翼飞教授介绍了中国人民大学职务犯罪侦查法律硕士培养模式的做法和经验,中国人民大学法学院于2010年与最高人民检察院签订《联合培养职务犯罪侦查方向硕士研究生合作备忘录》,开创了以“学科+职业”为导向、司法实务部门和法学教育领域对话交流的崭新途径,充分发挥校内外导师队伍的积极作用,取得良好效果。厦门大学法学院副院长林秀芹教授认为,兼职导师在法律硕士培养中发挥着不可替代的重要作用:一是将法律用“活”,将现实案例引进课堂;二是可以帮助提供大量的实习与就业机会;三是有助于学生良好职业道德的树立;四是促进学生提高实务操作能力,为学生体验并形成初步的法律职业实务能力提供重要支撑。她同时认为,当前我国法律硕士“双导师制”仍然存在一些问题:一是实务部门导师的本职工作任务很重,指导学生的时间难以保证;二是校内外导师之间、导师与学生之间的互动不够;三是“兼职导师”的投入缺少制度保障,专项经费以及激励机制等方面还需进一步完善。建议法律硕士教育开拓多渠道的导师推荐模式、更灵活的兼职导师工作机制,以及有教师助理参与的“三合一”教学模式等。

四、法律硕士实践教学与法治人才职业能力培养

重视实践教学是专业学位研究生教育的重要特征,加强法律实践教学对于促进法律硕士提高职业能力、培养职业伦理、增强职业道德具有重要作用。中国社会科学院法学研究所冀祥德教授认为,法学理论教育和法学实践教育是法学教育的两块基石,从我国法学教育的实际情况来看,确实存在重理论教学、轻实践教学的现象。因此,重视法律实践教学一直是近些年我国法学教育改革的"牛鼻子"。诊所法律教育与我国法治建设时代需求相一致,与卓越人才培养计划的目标相契合,同时具有对其他法律实践教学法的兼容性和自身的逻辑展开性、国际交流的开放性,可以为我国法学教育改革和世界法学教育创新提供有益的借鉴,在我国法律硕士教育中具有重要价值,值得学习推广。教育部专项课题《专业实践基地建设与规范化管理办法》承担者、华东政法大学研究生教育院院长杨忠孝教授在报告中指出,加强基地建设是专业学位研究生实践能力培养的基本要求和重要保证,是推动转变教育理念、深化培养模式改革的有力措施。专业实践基地建设包括八大要素,即主体要素、组织要素、制度要素、管理要素、财物要素、内容要素、纪律要素和激励要素。要加强对专业实践基地的建设和管理,做到按需设立、合理布局,精心设计、突出特色,优势互补、协同创新,讲求实效、打造精品,宏观指导、评估促进。全国法律专业学位教指委委员、西南政法大学校长付子堂教授在"法硕沙龙"交流时提出,法律硕士培养单位要强化与实务部门合作,建立联合培养机制,实现"五个共同",即共同制定培养目标、共同设计课程体系、共同开发优质教材、共同组织教学团队、共同建设实践基地。西南政法大学李燕、黄坚平在交流论文中提出,要推进实践教学改革,构建法律硕士教育内部质量保障体系:按照分类培养要求改进实践课程设计及教学方法,加强实务导师团队建设,多渠道建设实践教学资源,形成实践教学质量评价标准,加强实践环节的质量监控。上海交通大学杨力教授以《"三三制"中国法学教育改革的一种可行模式》为题,系统介绍了该校探索"三三制"法科特班的经验和做法,即在法学本科教育第三学年结束后,根据学生前三学年的成绩排名以及学生自愿报名情况,通过免试推荐和综合素质测试,精选少数适才适性者,从本科第四学年开始提前进入"法本法硕"研究生阶段的学习,实现"本硕贯通"。"三三制"培养模式关键是抓好六个环节:通过科学遴选程序保证优质生源,按照高层次和国际化标准调整课程设置,改良传统的教学方法和过程,配备优秀的适才名师任教、指导,编写或选用体系化的职业教育教材,将学生重点推荐到高层次的法律职业机构实习和就业。海南大学法学院副院长童伟华教授介绍,针对目前法律硕士培养中的问题和不足,海南大学采取多种形式,包括整合包括高校和实务部门在内的优质教学资源,强化法律职业教育;确保论文质量,构建有专业硕士特色的学位论文标准;加强实习实践基地建设,与公、检、法、政府等部门构建"基地共建、人才共育、资源共用、成果共享"的互惠式办学机制等,为创新我国法律硕士教育人才培养机制作出了有益探索。河北经贸大学王利军教授认为,提高法律硕士实践教学质量要从以下方面入手:提高实践教学比重,突出法硕培养特色;加强师资队伍建设,全面实行双导师制;丰富教学内容,开展形式多样的实践活动;“合力育人”,多方联合培养的实践教学活动。

会议还完成了以下事项:通报了中国专业学位教学案例中心法律硕士分中心案例库项目建设情况并表彰优秀案例作者;全国法律专业学位研究生教育指导委员会秘书处秘书、中国政法大学袁钢副教授解读了法律硕士专业学位授权点专项评估指标体系;中国人民大学时延安教授、华东政法大学杨忠孝教授、西南政法大学李燕教授分别汇报了《案例库建设和案例教学推广》《专业实践基地建设与规范化管理办法》《法律硕士专业学位研究生培养与司法考试制度衔接机制》等全国法律专业学位研究生教育指导委员会承担的教育部专项课题研究情况;全国法律专业学位研究生教育指导委员会委员、副秘书长韩大元教授向大会作了全国法律专业学位研究生教育指导委员会2014年度工作报告、财务报告和2015年工作要点;与会的全国法律专业学位研究生教育指导委员会委员就全国法律硕士毕业生就业状况与能力调研项目情况进行了讨论,提出了修改意见和下一步工作要求。

与会代表们普遍认为,本次会议虽然时间短,但内容丰富、研讨深入、收获较大。

全国法律专业学位研究生教育指导委员会工作会议暨第九届法律硕士教育论坛会议纪要

2016年1月9日，全国法律专业学位研究生教育指导委员会会议暨第九届法律硕士教育论坛在京召开。

9日上午会议进行了分专题讨论。来自北京大学、中国人民大学等培养单位的24位代表和特邀代表、最高人民法院刘峥同志在分专题讨论中作主题发言，多位代表进行了现场交流互动，指导委员会委员潘剑锋、夏新华、周叶中、林秀芹、孙笑侠、王健、霍存福、王军分别主持了分专题研讨。

9日下午的大会分两个阶段进行。会议第一阶段，举行法律专业学位研究生教育设立二十周年纪念活动，播放“全国法律专业学位研究生教育二十周年”纪念特辑视频短片。会议由司法部国家司法考试司司长贾丽群主持。司法部赵大程副部长、教育部杜占元副部长作了讲话；优秀毕业生代表、北京市朝阳区人民法院奥运村人民法庭副庭长刘黎发言；最高人民法院政治部副主任董文濮、最高人民检察院政治部干部教育培训部部长王卫东致辞；全国法律专业学位研究生教育指导委员会副主任委员王利明对评选过程作了说明并宣读表扬决定，与会领导同志为获奖代表颁奖。会议第二阶段，由全国法律专业学位研究生教育指导委员会副秘书长、中央政法委政法研究所副所长殷明胜主持，获奖代表、华东政法大学研究生院院长杨忠孝作了发言，国务院学位办黄宝印副主任作了“话说法硕二十年”感言，指导委员会副主任委员王利明教授作了主题发言，指导委员会委员孙笑侠、潘剑锋、霍存福作专题发言，指导委员会副秘书长、中国人民大学法学院院长韩大元总结2015年度工作、介绍2016年度工作思路，司法部国家司法考试司副巡视员王红作2015年度财务报告。

一、赵大程同志讲话精神

赵大程同志的重要讲话，深入分析了法律硕士教育面临的形势和任务，对深化法律硕士教育综合改革、提高法律硕士人才培养质量提出了明确要求。赵大程指出，法律专业学位是以培养高层次复合型、应用型法律人才为目标的专业学位，承担着法律职业部门在职人员高层次教育的任务。二十年来，我国法律硕士教育全面发展，为社会主义法治建设培养了一批人才，在加强社会主义法治工作队伍建设、全面依法治国中发挥了积极作用。我们要结合新形势、新任务,总结经验,弥补不足,继续推进这项教育工作。

赵大程强调,立足服务“四个全面”战略布局,进一步加强法律硕士教育工作,充分认识新形势下进一步加强法律硕士教育的重要性和紧迫性,增强做好法律硕士教育工作的使命感和责任感。首先,要积极适应经济社会发展对法律硕士教育的新要求,紧紧围绕党和人民事业的发展需求,进一步明确发展目标和功能定位,充分发挥培养复合型、实践型法律人才的作用,为经济社会发展提供更多法律人才。其次,要积极适应社会主义法治体系建设对法律硕士教育的新要求,按照党的十八届四中全会精神和“三个提高”“四个忠于”“五个过硬”的要求,充分发挥培养高层次专业法律人才的独特优势,为立法、行政执法、司法、法律服务等工作提供更多人才支持。最后,要积极适应我国教育事业发展对法律硕士教育的新要求。认真总结这些年的工作,特别是抓住薄弱环节,坚持问题导向、改革方向,切实落实研究生教育改革的任务要求,从招生、选拔、培养、评价等方面,进一步深化改革,不断扩大高层次应用型法治人才培养规模,提高人才培养质量,为深化法科研究生教育改革,完善中国特色社会主义法学教育体系作出积极贡献。

赵大程强调,围绕提高法律硕士培养质量,全面深化法律硕士教育综合改革。认真贯彻落实党中央、国务院的决策部署,认真贯彻落实国务院学位委员会第32次会议精神,按照《关于深化研究生教育改革的意见》,全面深化法律硕士教育综合改革,推动法律硕士教育事业实现新发展。一是要坚持正确政治方向,全面贯彻党的教育方针,认真学习马列主义、毛泽东思想、邓小平理论、“三个代表”重要思想、科学发展观和习近平总书记系列重要讲话精神,努力培养造就熟悉和坚持中国特色社会主义法治体系的高层次法律人才。二是要强化质量意识,正确处理规模与质量的关系,采取多种措施,突出特色优势,不断提高培养质量和水平;坚持人才培养基本标准,严格落实全国统一的指导性培养方案,在学制、基础课程、师资配备、毕业论文评审等方面执行统一标准;把好招生关,注重考察学生的专业素养、职业潜质和职业道德水准;切实提高学生职业能力,着力提高学生运用法律解决实际问题的能力;加强实践基地建设,推动建立培养院校与法律实务部门的合作办学模式或联合培养机制。三是要强化导师队伍建设,加强法律硕士专业课程教师的教育培训,确保高效法律讲坛掌握在马克思主义法学教育工作者手中;充分发挥导师作为教育第一责任人的职责,提高专业课程导师和实践环节导师的教学指导能力。四是要强化监督管理。教指委要健全完善法律硕士教育评估标准、评估程序和评估办法,做好专项合格评估工作;培养单位要建立健全自我评估制度和内部监督体系,不断提高质量保障水平。五是要强化法律硕士教育与法律职业资格制度衔接机制建设。深入研究法律硕士教育与法律职业资格考试制度的衔接机制，拓宽高层次应用型法律人才进入法律职业队伍的渠道。

赵大程强调，着眼于科学指导、精准指导，全面提高指导委员会履职能力。全国法律专业学位研究生教育指导委员会要适应新形势任务的要求，增强服务意识，加强自身建设，认真履行职责，提高指导水平。要进一步加强规划和工作机制建设，及时跟踪法律硕士教育发展态势，研究新问题，应对新挑战，修改完善法律硕士教育发展规划、培养方案、评估体系等，指导培养单位抓好落实；切实落实好年度工作会、专项工作会和全国法律硕士论坛等制度，形成指导委员会、秘书处、工作小组职能明确、有序运转的长效机制。要进一步加强调查研究和分类指导。深入培养单位，广泛听取意见，了解实际情况，指导培养单位及时发现和解决存在问题。针对不同地区和类型培养单位的不同情况，加强分类指导和监督。要进一步加强教材建设和师资培训。按照党的十八届四中全会要求，与有关部门共同组织编写法律硕士教育核心教材，为提高培养质量提供保障。通过举办示范培训、专业培训等形式，不断提高法律硕士师资队伍整体水平。要进一步加强信息工作和交流合作。建好“全国法律专业学位研究生教育”网站，加强相关信息的报告、汇总和管理使用工作。加强国际交流合作，学习借鉴世界各国在培养法律专业队伍方面的有益经验。要进一步加强秘书处建设。司法部国家司法考试司要和中国人民大学法学院相互配合、相互支持，建立其有序有效的日常工作制度，为指导委员会履行职责、开展工作提供服务。

二、杜占元同志讲话精神

教育部副部长杜占元的重要讲话，对创新法律硕士培养机制提出部署要求。杜占元指出，二十年来，各法律硕士培养单位在法律硕士教学条件、教学组织、招生考试、师资配备等各方面进行了积极探索，共培养法律硕士研究生 12.6 万人，为立法、执法、司法等法律实践领域输送了大批高层次复合型人才，为建设社会主义法治国家做出了重要贡献。

杜占元强调，深刻领会五中全会精神，准确把握“十三五”形势，推动研究生教育发展再上新台阶。深入学习贯彻党的十八届五中全会精神以及中央经济工作会议精神，按照延东同志的要求，落实各项改革举措，把学位与研究生教育质量提高到新的水平。

杜占元强调，深化专业学位研究生教育综合改革，提高培养质量，已成为研究生教育改革发展的重要突破口。第一，专业学位研究生教育改革发展成绩显著。一是以临床医学为代表的培养模式改革取得突破。二是专业学位研究生教育的质量得到了稳步提升。三是完善了专业学位授权体系，逐步形成应用型人才培养与学术型人才培养并重的局面。四是探索建立了多部门参与的联合培养体系。第二,专业学位研究生教育地位日益凸显,提高质量的紧迫性更加突出。第三,深化专业学位研究生教育综合改革,已成为研究生教育改革发展的重要突破口。希望通过试点单位的深化改革,探索产生具有普遍性的、核心的、成功的经验,并推广上升为国家政策机制,从而带动整个专业学位研究生教育的改革发展,把研究生专业学位培养质量提高到新的水平。

杜占元强调,深化法律硕士专业学位综合改革,创新培养机制,服务依法治国战略。要按照十八届五中全会的要求,进一步深化综合改革,创新培养机制,推动法律硕士专业学位研究生教育再上新台阶。一是进一步明确法律硕士培养定位。法律硕士专业学位,从设立之初,就定位为有特定法律职业背景的学位,主要培养面向立法、司法、行政执法、法律服务于法律监督,以及经济管理、行政管理等方面的高层次应用型法律人才,在培养目标上具有强调实务的特点,在教学、招生等方面,与法学学术学位有着很大的不同。我们要按照党的十八届四中全会关于推进法治专门队伍正规化、专业化、职业化的要求,牢牢把握这一定位,注重法律实践,为建设社会主义法治国家培养高层次复合型人才。二是深化法律硕士培养模式改革。要坚持一流的理念,以服务需求为导向,以联合培养为保障,持续推进培养模式改革。法律职业,本身就具有专业性、职业性的特点,法律硕士专业学位也是以此特定职业为背景而设立的。法律硕士专业学位教育,要继续依靠政法部门,进一步明确需求导向,改革课程体系,加强实践教学,加大联合培养力度。希望中央政法部门,适时出台相关政策,为法律硕士研究生提供实习实践岗位,支持培养单位开放办学,共同构筑法律硕士联合培养基地,推进人才培养模式改革。三是努力推进与职业资格衔接。要深入研究法律硕士培养和国家统一法律职业资格制度的衔接机制,拓宽高层次应用型法律人才进入法律职业队伍的渠道。一方面,根据国家统一法律职业资格考试的内容要求,科学设计培养方案,使法律专业学位研究生的培养,更加契合未来法律实务部门的岗位需求。另一方面,根据法律职业人员统一职前培训制度的内容和要求,建立法律硕士专业学位研究生培养的实习实训制度,把法律硕士的实习实训,同国家助理律师制度、助理法官制度、助理检察官制度衔接起来,为法律硕士研究生走上法律职业岗位建立通道。四是进一步加强部门协同。就法律硕士改革发展的重大问题,建立部门协商机制,如预测人才需求、确定培养规模、共建培养平台、建立评价机制等,进一步加大协同力度,把综合改革推向深入。

三、总结二十年法律专业学位研究生教育发展历程

会议表扬法律硕士优秀论文、优秀教师、优秀管理工作者,为表扬先进、进一步提高人才培养水平,在各培养单位推荐和专家严格评审的基础上,会议表扬了

42篇法律专业学位研究生优秀学位论文、55名法律专业学位研究生教育优秀教师、55名法律专业学位研究生教育优秀管理工作者。会议回顾法律硕士教育制度二十年发展成果，指导委员会秘书处组织编写了《全国法律专业学位研究生教育二十年文献汇编（1995－2015）》《全国法律专业学位研究生教育二十周年纪念特刊（1996－2016）》，制作了《全国法律专业学位研究生教育二十周年纪念特辑》视频短片，形成了《全国法律硕士专业学位研究生教育发展报告1995－2015》征求意见稿。与会嘉宾和代表从多个方面，全面总结回顾我国法律专业学位研究生教育取得的巨大成绩。赵大程副部长、杜占元副部长在重要讲话中，对二十年来我国法律专业学位研究生教育改革发展成绩给予高度评价。最高人民法院政治部董文濮在致辞中指出，目前在各级法院工作的法律硕士研究生已达到1.2万余人，其中9600余人担任法官，3600余人已走上各级领导岗位；他们不仅是审判执行工作的“主力军”，而且在理论研究、司法改革、法官管理等各项工作中都做出了突出成绩，法律硕士已经成为全国法院人才队伍、特别是高层次人才队伍的重要“源头”，在法院队伍正规化、职业化建设中发挥着不可替代的作用。最高人民检察院政治部王卫东在致辞中指出，二十年来法律硕士教育伴随着我国法治建设的成长进步，为检察系统输送了一大批高层次专门人才，促进了检察队伍的学历提升和素质优化，对推动检察工作发展和检察队伍建设发挥了积极作用。国务院学位办副主任黄宝印以“话说法硕二十年”简要回顾了法律硕士教育制度发展历程，并就法律硕士教育在新的形势下如何抓住机遇推进发展提出三条建议：一是各院校对法律硕士都应有准确的定位；二是牢牢把握建设法律职业队伍和法律硕士教育特殊性两个方向；三是大力推进以职业需求为导向的法律硕士培养制度、评估制度、质量保障制度。中国人民大学副校长王利明教授指出，自1995年召开的国务院学位委员会第13次会议决定设置并开始试办法律专业硕士学位教育以来，法律专业学位研究生教育，无论从规模和质量都取得了飞跃式发展，尤其在过去十年里，法律专业学位研究生教育已经成为法学研究生教育的主力，呈现三个明显特点，即定位明确、目标清晰、方向明确，突出特色、形成优势、补足短板，不断改革、不断完善、不断创新。他同时指出，法律专业研究生教育要积极适应全面依法治国的新形势，在办学理念、教学流程和培养实效上继续提升，推动法律专业学位研究生教育与法治建设需求有效衔接。重点要推动以下改革：一是重视和关注课程体系的改革，设置与司法职业相关的课程，增加实务课程以及专门化的课程。二是突出面向职业需要，加强招生、培养和就业等工作，形成法律专业学位研究生教育与法律职业队伍建设相互衔接、良性互动的工作格局，使法律专业学位教育成为法律职业人才培养和输送的重要渠道。三是提升法律专业学位研究生的社会认可度，加大对法律专业硕士人才培养的宣传,形成法律硕士培养的品牌效应。四是努力提高法律硕士教育国际化水平,不断深化与海外高水平法学院校的交流与合作,探索形成灵活多样、优势互补的国际化法律人才培养机制。五是把握法律服务市场变化趋势,进一步明确法律专业学位研究生教育定位,努力解决我国法律教育存在的供给不平衡问题,确保实践型法律专业人才的有效供给。

四、研讨法律专业学位研究生教育改革发展问题

论坛围绕"法治人才培养机制创新与法律专业学位研究生教育发展"主题,分"院校与行业联合开展法律专业学位研究生教育""法律专业学位研究生招生改革""加强法律专业学位研究生职业伦理教育""法律专业学位研究生教育与质量保障体系"4 个专题作了深入研讨,交流思想,凝聚共识。

第一,"院校与行业联合开展法律专业学位研究生教育"如何促进院校与行业合作、加强实践教学,是当前制约法律硕士教育发展的重要课题,也是提高法律硕士培养质量的重要途径。华南师范大学邓丹云全面介绍了该校推进执业律师参与法律硕士培养情况,并从课程开发、教材编写、订单式培养等方面提出了进一步增强执业律师参与法律硕士培养效果的思路和举措。北京大学国际法学院院长 Philip J. McConnaughay、副院长 Colleen B. Toomey 介绍了学院引进国际化优秀师资,创造性第开设中国法律硕士(J. M.)和美国法 J. D. 双学位项目的情况。山东大学威海法学院刘金在介绍该校强化法律硕士实践教学的基础上,提出了要进一步明确法律硕士教育定位,同时从深化院校与行业联合培养、推进法律硕士招生改革、加强职业伦理教育、健全质量保障体系等方面推进教育教学改革。中南财经政法大学邓晓静认为,应该实施分类培养模式,根据法律硕士教育的学生构成,分别针对法本法硕、非法本法硕、西部政法干警班等不同类别学生的培养需要,确定因材施教、按需培养的分类培养模式,特别是要加强实务教学的比例和要求。湖南大学代表认为,要进一步加大实务教学环节力度,并介绍了该校加大实务教学比例,推行实践教学方面的"学徒制"培养模式的做法,包括与法院、检察院、律师事务所建立常规性的联合实践培养基地,对培养基地实行合同化管理,加强兼职实务指导老师管理等。中央司法警官学院代表介绍了该校落实联合培养、强化实践教学的探索与创新,包括以落实和推进联合培养为抓手,注重培养研究生实务思维、实践经验以及运用理论解决实际问题的能力,同十余家单位开展了形式多样的实质性、常态化合作,摸索出产学研协同创新、互利共赢,以提升学生实务能力为核心的实践教学模式。

第二,"法律专业学位研究生招生改革"推进招生制度改革是近年来法律硕士教育中的热点话题。中国人民大学法学院冯玉军认为,推进招生制度改革要立足我国法学教育实际,着重优化法律硕士招生比例,完善法律硕士的学制与课程、就业与实践等方面相关机制，充分整合校内外与院内外教学资源，将专业硕士的培养与法律职业资质塑造相结合，提升法律硕士的招生质量和应用型法律人才培养水平。武汉大学代表介绍了该校从 2012 年开始针对法律硕士招生进行了“拓新”项目试点工作，探索形成了“提前面试预录取，增加面试在招生过程中所占比重”的全新招生模式的情况，并介绍了试点项目改革的背景和效果。西南政法大学曾妍提交的论文，介绍了该校从招生结构、复试规则、分流方式等方面对招生制度进行改革的做法，提出借鉴美国和日本成功经验，建立法律专业学位研究生分类考试制度。中国政法大学代表认为，非法本法硕在联考入学时应侧重于考察法律专业知识，而在复试时应侧重于考察学生的逻辑分析、推理能力，并介绍了中国政法大学在法律硕士招生复试过程中的一些具体做法。

第三，“加强法律专业学位研究生职业伦理教育”法律职业伦理教育是我国法律硕士教育的薄弱环节。会议特邀代表、最高人民法院政治部刘峥认为，导致法律职业伦理缺失主要有三个成因：一是社会大环境在司法领域的自然延伸；二是我国法学教育存在着“重理论轻实务、重知识轻方法、重法条轻道德”的倾向，司法职业者缺乏系统的职业伦理教育；三是司法职业者缺乏自我约束的意识，部分法律职业人员缺乏起码的职业良知和职业操守，缺乏抵制干扰和坚守底线的能力和方法。法律职业伦理训练于法律职业伦理行为之间有很大关联。针对这些情况，刘峥提出三条建议：一是要加强法律职业伦理教育，引导法律职业工作者正确理解和认识裁判案件和司法执业的道德底线，通过法律职业伦理的构建与提升，在法律职业群体内部形成较为强大的群体良知；二是要营造良好氛围，赢得社会认同，通过现代传媒对于司法裁判的正面宣扬，展示司法良知，培养司法信仰，维护司法权威，有意识地营造司法公信力，以良好的外部评价标准，影响司法职业伦理的演化生成；三是加强职业保障，树立职业尊荣，按照正规化专业化职业化的要求，建立和完善法律职业工作者的职业保障体系和运行机制，全面落实法律赋予他们的职业权力和职业地位，保护他们的人身安全和合法利益，增强他们职业的尊荣感和责任感，维护国家法律尊严和司法权威。吉林大学法学院徐岱认为，全面依法治国在法治立项信念、职业认同感、法治理念与法治信仰、法律职业人格等方面对高端法治人才提出了更高要求，要养成缜密的法律理性思维能力，将自己作为法律职业人员的个人色彩、主观倾向纳入、体现在对法律、法学的学科域界和学术纪律的规范之中，以对法学和法律的理性运用和理性表达服膺为个性伸张的前提。重庆大学代表认为，目前我国法律专业学位研究生的法律职业伦理教育主要存在三个问题，首先是法学教育定位的偏移和法律职业伦理地位的不确定，其次是法律职业伦理理论研究的缺失，最后是法律职业伦理课程设计的缺陷。建议从政府、市场以及学术权威三个角度去完善法律职业伦理教育,即发挥政府宏观的主导作用,强化职业市场的需求引导作用和实践塑造作用,优化学术权威的教育引导作用,通过政府、市场、学术权威三个方面协调合作,为法律职业伦理教育提供良好的环境。南京航空航天大学李栗燕认为,我国在职业伦理道德教育方面存在着指导性文件强制力不足、各培养单位相关课程设置有失偏颇、法律硕士教育评估机制不完善等问题,教育主管部门作为宏观统筹者要建立健全相关职业伦理教育的评价考试机制;各培养单位应当创造机会让学生在参与社会公共生活中增强职业伦理体验,转变生硬的理论教学方式,创新授课方式方法,完善法律职业伦理道德教育的师资配置,提高职业伦理教育效果。

第四,“法律专业学位研究生教育与质量保障体系”。北京大学法学院副院长郭雳介绍了北京大学近年来围绕加强培养质量保障,在师资队伍建设、生源质量控制、教学实践、国际化培养、职业发展支持等方面推出的一系列改革举措,比如在全国率先实行推荐免试制度、优化法律硕士(非法学)专业招生考核内容等。华东政法大学杨忠孝、戴国立认为,我国的法律硕士职业人才培养成绩和问题并存,法律硕士教育的现实在很多时候与职业化、素养化的展业学位教育理念有较大的距离,法律硕士教育的具体内容与方式与法律职业之间缺乏实质联系,当下法律硕士教育培养人才的质量尚不能很好第满足用人单位需求,建议构建多层次的法律职业人才培养体系,根据行业特色开展有针对性的培养,根据自身的院校特色准确定位法律硕士教育培养目标的主要人才培养规格和服务职业范围,并形成院校特色。他们提出,根据政产学研在培养法律职业人才的成熟度,可将其归纳为创造需求型、全面适应型、一般适应型、部分适应型、随机偶发型五种类型。随机偶发式的合作方式可以保持其多样性的要求,满足个性化培养人才的需要,但应加强总结与规范。一般适应型、部分适应型具有规范性与特色性,可以是多数培养单位可以采取的合作模式。创造需求型与全面适应型的合作培养方式,通常需要进行较为长期的探索,在理论准备、方案设计、组织架构、实施路径、外部保障等方面全面落实,一旦成功,也可以为其他类型的专业学位教育提供借鉴。海南大学法学院叶英萍、童伟华认为,法律硕士学位论文应当以法律实务为研究对象,着眼于解决法律实践问题、突出实用性,应有不同于法学硕士论文的特色及相应评价机制,评价主体方面应当由实务专家和学者共同完成,评价标准方面应以应用价值为主要参照。

第五,关于法律专业学位研究生教育其他命题。在会议发言中,与会代表还围绕加强教学评估、师资队伍建设、提出培养质量等法律硕士教育中的重要命题进行了深入讨论。教指委委员、北京大学潘剑锋在专题发言中认为,目前在职法律硕士培养中存在三个问题,即市场萎缩、质量下降、制度变化,并认为市场萎缩即招生规模的缩减是在职法律硕士质量下降的重要成因。教指委委员、复旦大学法学院院长孙笑侠在主题发言中就提高法律硕士培养质量阐述了自己的观点。他认为,作为未来法律人才培养主要渠道的法律硕士专业学位教育,当前需要从三个方面进一步提高教育质量:一是实施分类培养,按照司法诉讼人才与行业法务人才两大类型区别培养;二是加强法律职业伦理道德培养,按照德才兼备要求,通过法学学者和实务界共同努力,参考国外经验,完成我国法律人才职业伦理教育的补课工作;三是加强法律职业技能培养,着重加强法律文献检索、法律文书写作、法律思维方法三个方面的技能训练,努力培养符合国家、社会和行业需要的合格法律人才。教指委委员、沈阳师范大学霍存福教授介绍了对36所培养单位法律硕士专业学位评估工作,包括评估方案和评估指标体系、评估过程和结果,并对进一步健全完善评估指标体系、加强教学评估工作提出了建议。中南财经政法大学邓晓静就加强师资队伍建设提出了建议,在教师的选拔与评价方面,应当为法律硕士授课教师和指导教师构建独立的任职资格衡量标准;在课程设置方面,应扩大学生选课的自主权,扩大法律技能课程和法律职业课程的开设种类与范围,同时要明确授课教师和指导教师岗位责任制,关键是建立健全规范的校外导师评价标准。

五、听取指导委员会秘书处工作报告

司法部国家司法考试司副巡视员王红代表"教指委"秘书处做了2015年度财务报告,就"教指委"2015年工作经费收支情况作了详细说明。"教指委"副秘书长、中国人民大学法学院院长韩大元教授从法律硕士学位授权点专项评估工作、教学案例库建设、毕业生就业现状与能力评价项目、理论研究等方面对"教指委"2015年工作进行了全面总结,并对会议作了小结,对2016年的工作作出基本安排:一是深化综合改革;二是加强案例库建设;三是深化招生考试改革;四是推进教材建设。

法硕教指委秘书处

全国法律硕士专业学位教育指导委员会 2005年工作总结和2006年工作要点

（法指秘[2006]1号）

国务院学位委员会办公室：

2005年，全国法律硕士专业学位教育指导委员会秘书处以科学发展观为指导，深入贯彻第二届指导委员会成立大会精神，按照国务院学位委员会办公室工作部署，以规范和提高法律硕士培养质量为主题，更好地发挥秘书处沟通、协调政法部门与培养单位的桥梁作用，推动法律硕士工作健康发展。现将有关工作总结及2006年工作要点报告如下：

（一）组织完成法律硕士规范性文件修订与起草工作

把法律硕士培养工作规范化建设作为保障和提高培养质量的基础建设，摆在突出的工作位置。在总结法律硕士发展基本经验和课题研究成果的基础上，组织指导委员会委员和专家，完成《法律硕士专业学位教育指导性培养方案（修订稿）》《法律硕士专业学位教育工作规程》《法律硕士专业学位评估方案》《法律硕士专业学位论文规范指导意见》等主要规范性文件的修订与起草工作。2005年8月，指导委员会召开第二次工作会议，对上述文件草案进行了研讨。按照会议研究意见，秘书处将尽早安排专题会议或通过其他形式广泛征求培养单位意见，于2006年3月前召开指导委员会会议讨论通过并颁布实施。

（二）继续协调政法各部门，做好2005年度在职攻读法律硕士专业学位招生报名组织工作和录取指导工作

在中央高度重视政法队伍建设的新形势下，坚持在职攻读法律硕士专业学位工作为政法队伍建设服务为主方向，协调中央政法委员会、最高人民法院、最高人民检察院、公安部、司法部等中央政法各部门政治部，根据国务院学位办在职攻读专业学位招生工作部署，会签下发了政法5家的联合招生通知，进一步健全了在职攻读法律硕士招生报名工作的组织工作制度。同时，指导各院校特别是新增培养单位面向基层和行业系统，做好生源组织工作。虽然2005年招生培

养单位增多和培养规模能力增大，在政法各级部门支持和组织下，报名人数继续增长到9千多人，在职攻读工作得以持续、健康发展。

（三）研究拟订2006年工作要点，做好法律硕士专业学位试点培养十周年系列活动的组织和安排

2006年是法律硕士专业学位设立并首期试点招生十周年。为全面总结法律硕士试点培养工作情况和基本经验，宣传其为促进中国法学教育完善结构和深化改革所取得的突出成绩和深远意义，秘书处拟订了《关于第三届法律硕士论坛和举办法律硕士专业学位十周年系列总结研讨活动安排》，决定将于2006年10月前后举办以法律硕士教育试办十周年为主题的系列活动，包括召开纪念大会和第3届法硕论坛、组织开展法律硕士改革与发展课题研究活动、评选全国精品课程和优秀法硕毕业论文、举办法硕培养专题学术交流、研究论证建法律硕士网站（频道）等。上述安排将提交3月底前召开的指导委员会会议研究和部署。

（四）充分发挥组织、协调、沟通职能作用，进一步健全秘书处工作制度

本届秘书处工作人员由司法部国家司法考试司与中国人民大学法学院共同组成。在国务院学位办指导、支持和秘书长领导下，工作制度和机制进一步健全。建立了副主任委员与秘书长联席会议工作制度、指导委员会委员专项工作牵头组织工作制度和重要工作事项向副主任委员、主任委员、国务院学位办报告程序，更加注重发挥委员、专家作用并加大了协调组织力度。组织安排以及协调、研究工作以贯彻落实第二届委员会成立大会张福森同志、吴启迪同志讲话精神和国务院学位办工作部署为主线，将年度工作与长远发展任务有机衔接，思路清晰、目标明确、重点突出，注重建立健全培养质量保障的基础性制度建设，形成了务实稳健的工作作风和谐有序的工作氛围，为今后一个时期全面落实本届指导委员会工作目标和任务，推进法律硕士健康发展提供了坚实高校的组织保障。

综上，法硕秘书处在2005年度工作中，以推进法律硕士培养工作规范化建设，切实保障培养质量为重点，切实加强在职攻读法律硕士招生报名工作协调和组织，研究了2006年法硕试办十周年系列总结交流活动的工作方案，对其中部分重大活动筹备工作进行了先期安排，进一步健全了秘书处组织与工作制度，为2006年起一段时期内全面促进和指导法律硕士各项工作健康发展发挥了更加重要的作用。

（五）2006年工作要点

秘书处2006年工作基本思路是，以科学发展观为指导，全面分析“十一五”期间我国经济社会发展和法治建设对高层次的复合型实践型法律人才迫切需求的新形势、新任务，以法硕试办十周年为契机，以完善培养质量规范化建设为重

点,加强总结与理论研究,健全工作制度和工作机制,为今后一个时期建设有中国特色法律硕士教育制度奠定坚实的制度基础和组织基础。

1. 组织召开全国法律硕士专业学位教育指导委员会工作会议,讨论通过《法律硕士专业学位培养方案(修订版)》《法律硕士专业学位教育评估指标体系(草案)》《法律硕士专业学位教育工作规程(草案)》和《法律硕士学位论文规范指导意见(草案)》,按规定程序分别报批,颁布实施。

2. 筹备召开法律硕士专业学位教育试办十周年纪念大会暨第三届法律硕士论坛;准备活动包括研究筹建"中国法律硕士网站"、组织开展中国法律硕士专业学位教育专题研究项目,开展法硕精品课程评选和全国优秀法律硕士学位论文评选,鼓励并指导相关培养单位开展专题研讨交流活动等工作。

3. 做好2005年在职攻读法律硕士招生录取的指导协调工作。根据国务院学位办关于2005年在职攻读专业学位招生录取工作安排,秘书处将加强各培养单位录取工作指导力度,基于积极服务于政法各部门队伍建设规划任务以及对政法部门业务骨干和基层一线干警倾斜的基本思路,拟于近期研究提出全国最低录取指导分数线和有关录取指导意见。会同中央政法各部门,继续做好在职攻读法律硕士专业学位2006年招生组织工作。就2006年法律硕士在职攻读招生规定向国务院学位办提交调整建议。经主管部门同意,组织修订2006年在职攻读法律硕士专业学位招生专业课考试大纲和考试复习指导教程。

4. 经国务院学位委员会办公室安排,组织新增单位评审及其他工作。

全国法律硕士专业学位教育指导委员会秘书处

2006年1月13日

法硕教指委

全国法律硕士专业学位教育指导委员会 2006年工作总结和2007年工作要点

（法指委[2007]2号）

国务院学位委员会办公室：

2006年，全国法律硕士专业学位教育指导委员会认真贯彻落实科学发展观，努力把握法律硕士专业学位教育发展的新趋势、新任务，加强培养质量规范化建设，健全工作机制，比较好地完成了年度工作任务。现将2006年工作总结如下：

（一）召开法律硕士专业学位实施十周年纪念大会暨第三届法律硕士教育论坛，法律硕士专业学位由试点转入正式实施

2006年12月，指导委员会在京召开"法律硕士专业学位实施十周年大会暨第三届法律硕士教育论坛"。中央政法委员会、最高人民法院、最高人民检察院、公安部、司法部等部门领导、国务院学位委员会办公室杨玉良主任、指导委员会张福森主任委员等领导同志，以及指导委员会副主任委员、委员，各培养单位法律硕士负责同志共120多人参加了会议。会议宣读了最高人民法院院长、指导委员会顾问肖扬首席大法官特地发来的贺信。曾宪义副主任委员代表指导委员会做了《中国法律硕士专业学位教育创办与发展》的十年工作总结报告；学位办杨主任讲话并宣布"法律硕士专业学位结束试点，转入正式实施"，司法部赵大程副部长讲话。会议表彰了法律硕士优秀教学奖和优秀教学管理奖获奖人员，表彰了评选出来的34篇优秀法律硕士学位论文作者和指导教师。会议之后，各培养单位以"改进培养模式，提高培养质量"为主题，围绕新颁培养方案的实施开展探讨。这次会议标志着法律硕士专业学位自此成为国家学位与教育主管部门批准正式实施的一项法学教育制度。

（二）完成制订《法律硕士专业学位研究生指导性培养方案》和《法律硕士专业学位论文指导规范》等指导性文件

这次完成的指导性培养方案修订工作，是指导委员会自2005年起组织开展

的一项重要活动,经过了2005年7月和2006年4月两次指导委员会工作会议讨论,并下发各培养单位广泛征求了意见。新颁培养方案主要特点是:

——将法律硕士专业学位教育区分为研究生教育与在职攻读学位两个培养途径,设立同一规格和质量目标下培养要求和侧重各具特点的两种培养模式,分别制订培养方案。

——在培养目标上,明确研究生教育是为法律职业部门培养具有社会主义法治理念、德才兼备、高层次的复合型、实务型法律人才。同时,继续强调在职攻读学位工作为政法和法律服务队伍建设服务的传统、功能和作用。

——明确了研究生教育以课程教学、实践必修环节、职业能力与职业伦理和学位论文四位一体的新型培养模式,总学分要求从45学分提高到70学分,学制不少于3年。

——制定了法律硕士专业学位论文规范。取得法律硕士专业学位必修撰写学位论文,新颁培养方案及《法律硕士专业学位论文指导规范》具体规定了学位论文相关要求和技术规范事项。

(三)完成了知识产权高层次人才培养调研工作

根据胡锦涛总书记关于开展加快建设高素质的知识产权人才队伍调研工作的重要指示精神,指导委员会向50所培养单位下发了调研提纲,了解各培养单位知识产权高层次人才培养现状和发展的政策需求,32所培养单位认真准备并提交了调研意见,中南财经政法大学组织专家在暑假期间,承担了各培养单位调研材料分析汇总工作。为充分发挥法律硕士专业学位培养复合型法律实务人才的特殊优势,经指导委员会研究、协调并报国务院学位办同意,在2006年在职攻读法律硕士专业学位招生中,中国人民大学、北京大学、中南财经政法大学、华中科技大学和中国社会科学院研究生院等培养单位试办了法律硕士专业学位知识产权方向班,得到社会热烈响应。

(四)组织开展在职攻读招生考试科目改革;协调中央政法各部门做好2006年度在职攻读招生报名组织工作

按照在职攻读法律硕士专业学位工作为政法队伍建设服务的要求,指导委员会一是积极论证并请示国务院学位办,将在职攻读招生报名条件中的工龄要求,从5年改为3年,拓宽了生源范围;二是组织进行了在职攻读招生科目改革工作。在国务院学位办领导下,组织制订2006年在职攻读招生考试专业科目考试大纲,并改革考试科目和结构;三是继续协调中央政法委员会、最高人民法院、最高人民检察院、公安部、司法部等中央政法各部门,根据国务院学位办在职攻读专业学位招生工作部署,会签下发了政法5家的联合招生通知,同时,指导各院校特别是新增培养单位面向基层和行业系统,做好生源组织工作。虽然2006

年招生培养单位增多和培养规模能力增大，在政法各级部门支持和组织下，报名人数继续增长，在职攻读工作得以持续、健康发展。

（五）完成2006年法律硕士新增培养单位专家初评工作

按照学位办通知要求，指导委员会开展2006年新增单位专家评审工作。在秘书处整理46所申报院校情况基础上，指导委员会修订、通过了《2006年法律硕士新增单位评审细则》，并召开第一次评审会议，投票决定了进入指导委员会实地考察范围的院校。当前，按照指导委员会提出的“加强指导、重在建设、以查促建、公正严肃”实地考察工作的指导思想，有关院校比较新颁培养方案的要求，提高认识，充分准备，加强建设，健全制度，积极做好迎评工作。

（六）加强秘书处和各培养单位法律硕士负责人思想建设、组织建设和业务建设

到目前，法律硕士培养单位已达到50家，大都分布在全国性或者区域、行业具有重要地位的院校中，发挥各自优势，确保法律硕士培养质量，必须不断深入地研究高层次的复合型实践型法律人才培养规律，不断健全工作机制和制度。2006年，指导委员会为适应工作要求，组织各培养单位法律硕士负责人进行工作交流和出国培训。首期赴美培训团已与2007年1月完成培训任务，培训期间，与全美律师公会（ABA）法学院评估专家组、所访问的法学院院长、教授等就共同面临的工作如招生联考、教学组织与实践性课程设置、就业指导、职业资格考试服务等进行了深入的研讨，得到一定收获。按照2006年4月指导委员会三次会议决定，今年仍侧重不同专题组织两次培训活动。

2007年指导委员会工作要坚持以邓小平理论和“三个代表”重要思想为指导，坚持以科学发展观统领法律硕士各项指导工作，坚持加强社会主义法治理念教育，健全培养质量目标体系建设，推进新颁培养方案实施和检查，加强工作交流和理论研究，促进法律硕士专业学位工作更好更快发展。主要做好以下工作：

1. 完成《法律硕士专业学位十年改革与发展报告》汇纂工作和法律硕士工作网站建设。

2. 继续修改完善“法律硕士专业学位培养质量评估指标体系”，争取年内启动第一批培养单位评估工作。

3. 加强新颁研究生指导性培养方案实施工作的指导和检查。按照教育部高等学校法学学科教学指导委员会的决定，各院校法学核心课程要新增“环境与资源法”、劳动与社会保障法”。同时，继续组织完成法律硕士专门教材的编写出版工作。此外，凡是各学校统一组织编写并正式出版的标明“法律硕士研究生专用教材”，经指导委员会秘书处同意，都可以作为“全国法律硕士专业学位教育指导委员秘书处推荐”。

4. 委托有关培养单位举办实践必修环节课程建设研讨会,推荐实践性课程和职业能力与职业伦理培养工作的建设。

5. 开展新增培养单位管理人员培训工作。

6. 论证“在职攻读法律硕士专业学位教育指导性培养方案”和“法律硕士专业学位知识产权方向班指导性培养方案”。

7. 继续组织各培养单位法律硕士管理人员赴外培训工作,加强管理队伍业务建设,组织开展相关理论研究活动。

8. 继续做好 2007 年在职攻读法律硕士学位招生组织和录取指导工作。

9. 4 月底前完成 2006 年法律硕士新增单位实地考察工作,向国务院学位办提交新增单位评审报告。

10. 完成其他国务院学位办委托办理工作。

全国法律硕士专业学位教育指导委员会

2007 年 4 月 6 日

法硕教指委

全国法律硕士专业学位教育指导委员会 2007 年工作总结和 2008 年工作要点

一、2007 年工作总结

2007 年，全国法律硕士专业学位教育指导委员会以科学发展观为指导，认真贯彻国务院学位办年度工作部署和指示，努力把握法律硕士专业学位教育发展的新趋势、新任务，进一步重视和加强培养质量规范化建设、业务培训和指导工作，健全工作机制，比较好地完成了年度工作任务。现将 2007 年的主要工作做一简要回顾。

（一）圆满完成第七次新增法律硕士培养单位评审工作，新增 30 个法律硕士培养单位，法律硕士教育的布局和规模得到进一步完善和发展

新增法律硕士研究生培养单位，是促进法律硕士专业学位教育发展的一项重要措施，对于扩大法律硕士专业学位教育规模、调整法律学术型与应用型研究生培养类型和结构、适应和满足社会发展对应用性法律高级专门人才需要有重要意义。指导委员会高度重视新增单位评审工作，认真按照国务院学位办关于新增专业学位授权单位的总体部署和有关要求，严格授权审核的标准、条件和评审工作程序，从 2006 年后半年组织部署和初评，到 2007 年上半年组织有关专家对通过初评的高校进行实地考察，最终通过中国海洋大学、等 30 所高校为新增推荐单位，经国务院学位办审批同意，并于当年开始招生。

这一次的评审，申报单位数量多，共五十多个申报单位，评审方式又增加了专家对申报单位的实地考察环节。秘书处在组织这项工作中，根据需要修订了评审标准，制订了周密的工作提纲和考察计划，确定了考察的回避原则，有力保障了评审工作的顺利进行，圆满完成了第七次新增法律硕士培养单位的审核工作。目前全国法律硕士培养单位总数已达 80 家。解决了新疆、青海、广西布点空白问题，使法律硕士专业点的布局结构进一步完善。

（二）开展新增法律硕士培养单位管理工作人员培训工作，加强对培养单位的业务指导工作

随着新增培养单位数量的增加，为了及时跟进和加强对新增培养单位的业

务指导,保障法律硕士教育工作的质量,指导委员会于6月在北京组织了对新增单位法律硕士教育管理工作人员的专门业务培训会。就法律硕士的招生、培养、课程设置、导师队伍建设、毕业论文指导、就业以及评估等具体操作层面的问题,以及政法各部门队伍的现状、队伍建设需求等工作,聘请有关专家和政法部门官员进行专题讲授和报告,杜国兴秘书长介绍了法律硕士专业学位教育概况,韩大元副秘书长介绍了中国人民大学法律硕士教育的办学经验,孙笑侠委员、霍存福委员分别介绍了法律硕士培养方案和评估方案,王健做了关于举办法律硕士教育要点的报告,教育部学研中心考试李辛处长介绍了在职法律硕士招生考务方面的工作特点和要求,中央政法委、最高人民法院、最高人民检察院、公安部、中华全国律师协会的委员围绕队伍建设目标任务做了专题报告。为了配合做好这项工作,秘书处特别委托西北政法大学法律硕士教育中心编辑了培训业务材料《法律硕士教育指南》,满足了法律硕士培养单位的实际需要,取得了很好的培训效果。

(三)进一步完善法律硕士教育规章制度,组织起草在职攻读法律硕士教育指导规范性文件,并进一步修订法律硕士评估实施方案

2006年,指导委员会通过并由国务院学位办转发了《法律硕士专业学位研究生指导性培养方案》和《法律硕士专业学位论文指导规范》两个重要文件。为了进一步完善法律硕士教育培养机制,有针对性地规范在职攻读法律硕士培养工作,实现法律硕士全日制研究生与在职攻读法律硕士研究生分轨培养,指导委员会委托孙笑侠委员牵头起草《在职攻读法律硕士研究生指导性培养方案》,吴汉东委员牵头起草《在职法律硕士专业学位知识产权方向班指导性培养方案》,霍存福委员牵头进一步修改完善《法律硕士评估指标体系和实施方案》。这三个规范都已列入本次会议的议题,这次会议就要审议和通过这个三个规范性指导文件。

(四)协调中央政法各部门,顺利完成了2006年在职攻读法律硕士研究生的录取工作,并开展2007年在职法律硕士研究生报考组织工作

2006年是在职法律硕士招生政策做出较大调整后实施录取的第一年,考生的报考年限条件由5年改为3年,专业课考试由两门合并为一门业务综合,并相应修订了考试大纲和考试指南。这项工作于2007年3月顺利结束。为落实国务院学位办2007年在职攻读专业学位工作部署,秘书处积极协调中央政法委员会、最高人民法院、最高人民检察院、公安部、司法部等中央政法各部门,会签下发了政法5家的联合招生通知。这是自1998年首期在职攻读工作招生以来第十个年头,也是连续十年五家联合发出的招生通知。此外,为帮助广大在职攻读在职考生复习应考,指导委员会根据新颁大纲组织专家修订出版了第七版复习

指南。

在2006年的录取和2007年的招生工作中，秘书处与各招生单位之间密切联系，涉及政策性较强的工作事项主动国务院学位办，积极发挥了信息沟通和必要的指导作用，引导各培养单位在招生工作中严格自律，处理好规模和质量之间的关系。

（五）为不断加强法律硕士教育管理队伍建设，积极深入地开展法律教育的对外交流，继续组织有关法律硕士管理人员赴美国培训和考察工作

为加强法律硕士国际交流，借鉴美国法学院教育高层次复合型法律人才的培养经验，指导委员会组织、国家外国专家局立项、中国国际人才交流协会实施的中国法律硕士教育赴美培训团圆满完成了两期赴美学习培训和考察任务。姜晶副秘书长、中央政法委魏建荣委员分别担任了第一、二期培训团团长，每期团各有侧重的专题设计。各期培训团在20天的时间里考察了美国多座城市和法学院，以及美国参议院、司法部、佐治亚州高级法院、律师协会、大型律师事务所等机构，就当前美国法律教育的总体情况、法学院招生制度、以实践为导向的应用型法律人才培养模式、法律训练与司法考试、法学院毕业生就业工作、法学院评估工作等方面做了深入细致的了解，使我们了解到美国法律教育发展的最新动态信息。由于取得了良好效果和经验，秘书处按原计划着手组织了第三批访问团的出国培训工作，拟于2008年上半年成行。访美考察团活动的组织和实施，为法律硕士培养单位的办学提供了极其难得的学习机会，开阔了管理者或办学者的眼界，对改进法律硕士教育有着很大的、潜在的积极意义，同时，又扩大了我国法学院在美国的影响，为开展中美之间法律教育的交流与合作创造了良好条件。

（六）与教育部高等学校法学学科教学指导委员会、中国法学会法学教育研究会和曾宪义法学教育与法律文化基金会共同组织和举办了第一届“中国法学教育研究成果奖”的评选工作

“中国法学教育研究成果奖”是为繁荣法学教育的研究，推动社会主义法治国家建设，由教育部高等学校法学学科教学指导委员会、中国法学会法学教育研究会、全国法律硕士专业学位教育指导委员会、曾宪义法学教育与法律文化基金会共同设立的全国性法学教育研究奖项。指导委员会参与这项活动也充分体现了作为法律硕士教育的行业指导组织，高度重视法律教育理论的研究和实践探索。经过评选，最终共评选出19项获奖作品，其中一等奖3项，二等奖6项，三等奖10项。在获奖作品中，王健的《中国近代的法律教育》、霍存福和何志鹏的《法学专业教育质量评估的制度构想》、霍宪丹和孙笑侠主持的《中国法律硕士教育研究》获得一等奖；冯玉军《中国法律硕士培养模式的改革》等获二等奖；朱

力宇的《怎样指导法律专业硕士论文的写作》、刘恒《中国法律硕士培养模式的思考》等获得三等奖,充分展示了近年来法律硕士教育研究的重要成果。12 月初,在南京召开的教育部高等学校法学学科教学指导委员会、中国法学会法学教育研究会 2007 年工作年会上举行了隆重的颁奖仪式。

(七)组织编辑和出版首届全国优秀法律硕士论文工作

评选全国优秀法律硕士学位论文是在 2006 年年底指导委员会召开法律硕士专业学位教育十周年大会时做出的一项决定,旨在鼓励各培养单位重视学位论文质量,激发指导教师和研究生的积极性,从而保障法律硕士学位质量。经过指导委员会组成评审专家组的认真评选,首期评选活动共评选出 31 篇优秀法律硕士学位论文。为了展示法律硕士学位教育的成就,特别是有效发挥优秀论文对于今后法律硕士研究生撰写学位论文当中的示范、引导和鼓励作用,解决法律硕士研究生在写作论文中的一些实际问题,如选题难、写作缺乏指导等,指导委员会决定将这批优秀论文集结出版,秘书处委托西北政法大学承担有关组织和编辑工作。

二、2008 年工作的指导思想和工作要点

指导委员会 2008 年工作指导思想是,高举建设中国特色社会主义伟大旗帜,以科学发展观统领法律硕士各项建设、改革和发展工作,全面落实建设高等教育强国的发展目标和战略部署,全面落实中央政法工作会议关于深入开展社会主义法治理念教育、扩大在职教育、提高政法队伍执法能力的会议精神和工作部署,总结经验,加强法律硕士教育的规范化、制度化和信息化建设,加强以培养质量为核心目标的工作机制建设,努力提高法律硕士专业学位教育工作水平。

(一)开展第一批培养单位评估工作

开展法律硕士教育评估工作是保障法律硕士研究生培养质量的一项工作机制,指导委员会对此高度重视,从第二届指导委员会成立后,就安排部署和委托专家调研和起草评估方案,在历年的工作年会上多次认真细致地加以修订和讨论。与此同时,我们也注意到其他的一些专业学位,例如工程硕士、教育硕士、MPA 等在开展评估工作中摸索出的一些比较好的经验和做法,这对于我们开展法律硕士教育的评估也都有启发。

在指导委员会委员专家的努力下,评估指标体系的设计工作基本完成。这项评估要能够体现出法律硕士专业学位教育的特色,通过对第一批院校的评估,总结经验,充分发挥其示范作用,促进各培养单位自觉重视培养质量,健全培养质量保障机制。

(二)积极开展法律硕士教育工作的总结和研究

第二届指导委员会于 2004 年经国务院学位委员会、教育部批准成立,在推进法律硕士教育发展上做了大量工作,法律硕士工作进入了全面发展的新阶段。科学总结有中国特色的高层次复合型、实践型法律人才培养制度,对于今后一个时期促进法学教育优化结构、深化改革、提高质量和效益具有重要意义。对2007年已安排布置未完成的工作,特别是组织专门班子调研撰写"法律硕士改革发展报告"的工作,2008年内要完成。2008年第五届法律硕士论坛的主题,着重于总结第二届委员会期间法律硕士工作的新发展、新经验,以党的十七大精神为指导,全面落实中央政法工作会议重大工作部署,开展教育培养研究成果的组织和交流,开展高层次复合型法律人才培养比较研究,深化对高层次复合型法律新型人才培养规律的认识,提高培养工作水平。

(三)汇总评价各院校培养方案

《法律硕士研究生指导性培养方案》已经国务院学位办下发,《在职攻读研究指导性培养方案》及《在职攻读知识产权方向班指导性培养方案》经本次指导委员会会议讨论后,提交国务院学位办下发执行。按照学位办通知要求,各培养单位应将本单位制定的培养方案报送秘书处备案。为加强培养工作的指导和交流,指导委员会拟于年内组织专门会议,对各单位培养方案进行审核,并出具审核评价意见。

(四)组织开展财经类院校法律硕士培养工作研讨会

财经类院校的法律硕士培养单位在办学条件和特色建设上具有一定的特点。为发挥这些院校经济、财税、管理和外经贸等学科优势,在保证法律硕士培养基本要求前提下专项培养特定类型的复合型、实践型法律人才,鼓励形成特色培养的工作局面,指导委员会拟组织专题研讨会对财经类院校培养工作开展研讨。

(五)组织开展在职攻读知识产权方向班培养工作研讨会

开展在职攻读知识产权方向班工作是纳入"国务院保护知识产权行动计划"的工作项目,受到社会的广泛关注。全面总结两年来知识产权方向班招生培养工作,对于规范培养标准,扩大培养规模具有重要作用。指导委员会拟组织专题研讨会对在职攻读知识产权方向班招生培养工作开展总结和研讨。

(六)开展第二届法律硕士优秀教学奖、优秀管理奖和优秀论文评奖工作

2006年首次开展了全国优秀法律硕士教学、管理奖及学位论文的评选活动,效果很好。根据各院校意见,指导委员会拟于2008年开展第二届评奖活动,将组织专家完善评审范围、条件和程序等评审规范,并在今年适当时间启动评审工作。

(七)做好2008年在职攻读法律硕士招生等国务院学位办统一部署的其他工作

法硕教指委

全国法律硕士专业学位教育指导委员会 2008年工作总结和2009年工作要点

（2009年3月2日）

一、2008年工作总结

2008年，全国法律硕士专业学位教育指导委员会贯彻落实国务院学位委员会办公室各项工作部署，努力把握法律硕士教育发展的新趋势、新任务，加强培养工作制度建设工作，积极开展协调服务，顺利完成各项任务安排。主要做了以下四项工作：

（一）完成《在职攻读法律硕士专业学位研究生指导性培养方案》《在职攻读法律硕士专业学位知识产权方向班研究生指导性培养方案》和《法律硕士专业学位研究生培养质量合格评估方案》三个文件起草工作，报送国务院学位办审批

总结各培养院校在职攻读法律硕士教育与培养的经验，全国法律硕士专业学位教育指导委员会的决定，法律硕士专业学位研究生与在职攻读法律硕士教育分别制定指导性培养方案，实行分轨培养。在广泛意见的基础上，指导委员会对浙江大学法学院孙笑侠教授主持草拟的《在职攻读法律硕士专业学位研究生指导性培养方案》、中南财经政法大学吴汉东、曹新明教授主持草拟的《在职攻读法律硕士专业学位知识产权方向班研究生指导性培养方案》、吉林大学法学院霍存福教授、何志鹏副教授主持草拟的《法律硕士专业学位研究生培养质量合格评估方案》进行了多次研究和修改，三个方案文件于2009年1月报国务院学位办审批。这三个文件出台后，连同2006年出台的《全日制法律硕士专业学位研究生指导性培养方案》《法律硕士论文指导规范》等文件，培养工作的指导性文件起草工作全部完成。

（二）按照国务院学位办专业学位总体设计研究工作部署，认真完成法律硕士培养单位调研工作，提交了指导委员会调研报告

配合国务院学位办开展的专业学位总体设计研究工作，指导委员会发出通知，开展了法律硕士教育调研工作。汇总各培养单位调研意见和建议，按时提交

了指导委员会的调研报告。调研报告共分四个部分:一是当前法律硕士面临的主要问题及改进意见;二是确定法律硕士培养单位的方式;三是进一步发挥法律硕士专业学位教育指导委员会的作用;四是如何有效保障法律硕士人才培养质量。调研报告对我国法律硕士专业学位教育创办以来取得的多方面成绩给予了积极、肯定的评价,对法律硕士专业学位教育的现状做了比较系统的归纳和描述,对于目前实际工作中存在的问题进行了比较客观的观察和反映,提出了进一步改革和发展法律硕士教育工作的意见和建议。

(三)紧密联系政法各部门队伍建设规划要求,发挥政法部门对在职攻读招生工作的政策引导和支持作用,为培养法律职业部门急需人才构筑实现平台,顺利完成2008年在职攻读招生宣传发动工作

在全面分析政法各部门队伍发展的新情况、新要求工作基础上,指导委员会组织专家修订了2008年在职攻读法律硕士专业科目招生考试大纲,报经国务院学位办、教育部学位与研究生工作司和司法部国家司法考试司颁布。同时,组织修订再版了招生考试专业科目的指导教程。

6月,中央政法委员会办公室、最高人民法院政治部、最高人民检察院政治部、公安部政治部和司法部办公厅根据国务院学位办有关文件,联合印发了《关于2008年在政法系统开展在职攻读法律硕士专业学位推荐报名工作的通知》,要求各政法部门根据本系统“十一五”干部教育培训规划积极做好推荐报名工作。根据通知要求,继续委托中国人民大学、北京大学、中国政法大学、西南政法大学、中国社会科学院(法学所)、中南财经政法大学、华中科技大学和华南理工大学举办在职攻读法律硕士知识产权方向班。特别指出的是,高层次的知识产权法律职业人才是具备技术、管理、法学多方面复合型知识和能力结构的法律工作者,知识产权方向班作为列入国务院知识产权保护行动纲要的人才培养重点工作,是批量培养高层次知识产权法律职业人才有效途径,受到了国家和社会积极充分的肯定和欢迎。

(四)积极开展对外交流与合作,顺利完成法律硕士培养单位赴美培训工作项目

根据指导委员会决定,分期分批组织法律硕士培养单位的负责同志赴美国开展高层次复合型法律人才培养的考察、交流和培训。在秘书处组织协调下,这项工作得到了司法部外事与司法协助司、国家外专局培训司、中国国际人才交流协会等单位的大力帮助,先后组织三批政府培训团,约60个单位派出法学院负责同志以及政法部门教育培训负责同志参加了这项活动。

按照预定计划,第三期赴美法律硕士培训团一行19人于2008年4月19日至5月9日完成培训交流任务。在美期间,先后听取了伊利诺斯大学法学院十

几位教授就美国法律体系、法学教师聘任、比较法律教育、学生招生、上榜资助、学校排名、律师资格考试、法学院管理和课程制定、传媒、网站和公共宣传、学术政策、学分、职业规划与专业发展等问题所作的讲座,并就复合型法律人才培养工作进行了议题广泛的交流与探讨。参观考察了伊利诺斯基层法院、高等法院、联邦基层法院、美国司法部、哥伦比亚大学法学院、纽约大学法学院、华盛顿大学法学院、马歇尔法学院、全美律师公会等单位,取得了很大收获和良好的效果。

二、2009 年指导委员会的工作要点

总体思路:深入学习实践科学发展观,贯彻落实国务院学位办年度工作要点,深刻把握政法和其他法律职业队伍建设新形势、新任务和新要求,进一步完善工作机制,全面提高培养质量,努力服务于法律硕士学位与研究生教育工作又好又快发展。重点做好以下工作:

1. 积极协助开展法律教育学位体系的研究工作。这是一项为主管部门今后一个时期改革与发展法学教育提供决策依据的研究工作,意义非常重大而深远。指导委员会将积极发挥专家组织的功能作用,在学位办领导下,做好协助、协调和相关课题组织研究工作。

2. 召开第五届法律硕士教育论坛。国务院学位办批转在职攻读指导性培养方案后,以总结在职攻读工作,贯彻在职培养方案为专题召开第五届在职攻读法律硕士教育论坛。

3. 组织筹备第三届全国法律硕士专业学位教育指导委员会成立大会。协助主管部门开展第三届指导委员会筹建工作。做好成立大会筹备工作。

4. 开展法律硕士学位与研究生教育质量保障与监督工作制度建设。建立动态培养质量指导检查与周期性评估相结合的质量监控工作制度。

5. 总结交流在职攻读知识产权方向班培养工作。会同主管和用人部门加强培养工作的指导,扩大招生规模,以方向班培养单位为基础研究开展国家知识产权人才培养基地建设工作。

6. 完成法律硕士新增单位评审工作。组织进行新增培养单位培训,指导新增单位培养与管理工作规范化建设。

法硕教指委

全国法律硕士专业学位教育指导委员会 2009年工作总结和2010年工作要点

（2010年3月10日）

一、全国法律硕士专业学位教育指导委员会2009年工作总结

2009年全国法律硕士专业学位教育指导委员会在国务院学位委员会办公室的正确领导下，在司法部等中央政法部门的大力支持和指导下，进一步加大改革力度，做好各项相关工作。

（一）适应国家社会经济总体发展需要，创新培养模式，健全法律硕士培养规范体系

2009年年初，面对严峻的国际国内经济形势，适应经济社会发展对专业学位教育提出的新情况、新问题，国家教育主管部门适时地调整了研究生培养方向，提出大力发展专业硕士教育规模的意见。指导委员会在完成《在职攻读法律硕士专业学位研究生指导性培养方案》和《在职攻读法律硕士专业学位知识产权方向班研究生指导性培养方案》起草工作之后，积极落实教育部的有关政策要求。一是向部分法学院征询意见，对设立“法本法硕”专业进行认真调研，就“法本法硕”专业的设立、学制、培养方式、培养经费等问题向国务院学位委员会办公室及时提出了具体的意见和建议。二是尽快组织有关专家以培养高层次的复合型、应用型法律人才为目标的全面质量观和发展观，指导研究制订《全日制法律硕士专业学位研究生（法学）指导性培养方案》，为相关法学院“法本法硕”专业教学工作的顺利开展提供了前提。

（二）优化布局，适应社会发展需要，扩大培养规模

根据国务院学位办统一部署，2009年指导委员会开展了新增单位评审工作。评审工作坚持积极发展、满足急需，坚持条件、保证规格，合理布局、优化结构、客观公正、认真严肃的工作方针和原则，以《法律硕士新增培养单位评审实施细则》为工作依据，以秘书处初审、指导委员会全体会议评审和答辩评审为必经工作程序，顺利完成了第八批新增单位评审工作，使法律硕士培养单位由80

所增加到115所。本次评审工作,重点扶持了西部各省(区)所在高校(科研单位),对民族院校法律硕士专业学位的设置工作给予了政策倾斜。

(三)密切协作,促进在职攻读工作,积极为政法队伍建设服务

在职攻读法律硕士专业学位教育工作是直接服务政法队伍建设、直接服务一线政法干警的工作,同时,也得到了中央政法各部门的大力支持和推动。政法各部门将这项工作均纳入干部教育培训规划之中,作为加强干部队伍专业化建设,提高队伍知识水平的重要工作渠道。2009年在职攻读法律硕士招生阶段,中央政法委员会、最高人民法院、最高人民检察院、公安部、司法部继续联合签署文件,要求各地根据本系统“十一五”干部教育培训规划积极做好推荐报名工作,为提高政法干警的专业文化素质提供优质服务。

(四)发挥优势,为中央落实加强国家知识产权工作的决策和战略部署培养后备人才

为适应中央加强国家知识产权工作的重要决策和战略部署,经报国务院学位办同意,2009年在在职攻读工作中继续加强知识产权方向班培养工作中,指导委员会对中国人民大学、北京大学、中国政法大学、西南政法大学、中国社会科学院(法学所)、中南财经政法大学、华中科技大学和华南理工大学开展在职攻读法律硕士研究生知识产权方向班的工作给予政策支持,列入在职攻读年度计划招生。高层次的知识产权法律职业人才是具备技术、管理、法学多方面复合型知识和能力结构的法律工作者,知识产权方向班作为列入国务院知识产权保护行动纲要的人才培养重点工作,是批量培养高层次知识产权法律职业人才有效途径,受到了有关部门的积极充分的肯定和欢迎。

(五)充分发挥“JM论坛”的影响力,推动法律硕士教育教学质量的提高

为进一步促进法律硕士专业学位教育教学工作,根据全国法律硕士专业学位教育指导委员会2009年工作安排,2009年12月下旬在北京召开了全国法律硕士专业学位教育指导委员会2009年年会暨第五届法律硕士教育论坛。参加会议的有全国法律硕士专业学位教育指导委员会委员;各培养单位法学院负责人或分管法律硕士专业学位培养工作的同志;国务院学位办公室和中央政法各部门的有关同志等220余参加了会议和论坛。

会议以邓小平理论、“三个代表”重要思想和科学发展观为指导,坚持在法律硕士教育培养工作中深入开展社会主义法治理念教育,坚持为政法队伍和法律职业队伍建设服务,总结经验、分析形势,明确发展的重点和任务。

会议由全国法律硕士专业学位教育指导委员会副主任委员、中国政法大学副校长朱勇教授主持。全国法律硕士专业学位教育指导委员会副主任委员吴志攀教授在年会上通报了第二届指导委员会工作基本情况,就今后一个时期法律

硕士专业学位教育工作的基本工作思路、工作规划和重点听取意见和建议；司法部国家司法考试司丁露司长就深入践行社会主义法治理念，推动法律硕士专业学位工作又好又快发展讲话；国务院学位委员会办公室黄宝印处长介绍了我国专业硕士发展的现状及需求，就贯彻落实国务院学位委员会、教育部关于专业学位改革与发展总体思路和工作部署发表意见；全国法律硕士专业学位教育指导委员会委员、副秘书长、中国人民大学法学院长韩大元教授通报国务院学位委员会《中国法学学位体系和人才培养改革研究》课题的进展情况，并做总结讲话，部署了相关工作。

在"JM论坛"第一个专题"法律硕士教育发展与高素质政法队伍建设"中，中央政法委员会、最高人民法院、最高人民检察院、公安部、司法部等部门的同志作了政法队伍建设专题讲座，对法律人才培养院校的培养工作提出了一些积极的富有建设性的意见和建议；在第二个专题—"全面提高法律硕士培养质量"中，中国人民大学、北京大学、吉林大学、武汉大学、中国政法大学、西南政法大学、华东政法大学、对外经济贸易大学作为富有培养经验的第一批法律硕士专业学位教育培养单位作了经验介绍。

本次会议暨论坛，讲求实效性，取得了良好的效果。会议中的讲座和经验介绍，不仅交流了政法部门对人才的需求情况，也交流了培养经验及培养工作中面临的共性问题和困惑，对培养经验不足特别是新增培养单位具有重要的借鉴意义，得到了一致好评，许多法学院的管理人员和院领导建议多举办一些这样的活动，以推动法律硕士专业学位教育培养工作的发展。

全国法律硕士专业学位教育指导委员会在过去的一年里各项工作中取得了一些进展。但是，我们的工作尚需要进一步深入和完善，特别是一些与制度层面相关的工作还需要各方面共同努力。应该看到，法律硕士教育与法律职业任职资格衔接工作在研究论证和制度构建等多方面还有待进一步推进、法律硕士研究生实践教学工作还是培养工作的薄弱环节，法律硕士实务研究成果和学位教育发展的重大成就宣传工作还不充分等制度建设重大问题以及改革发展中出现的新情况、新问题，需要进一步健全法律硕士教育管理和指导工作体制，进一步加强政策理论的研究，努力推进法律硕士教育工作更好更快的发展，为建设社会主义法治国家做出新的更大的贡献。

二、全国法律硕士专业学位教育指导委员会2010年工作计划

1.开展新颁法律硕士专业学位研究生指导性培养方案实施工作的指导和检查。加强"环境与资源法"、劳动与社会保障法"等涉及国家经济发展和民生的重要法律学科，以及知识产权方向班在法律硕士专业学位教育培养工作中的力度。

2. 根据“法律硕士专业学位培养质量评估指标体系”,争取在2010年启动对第一批培养单位(8所院校)的评估工作,推动法律硕士专业学位教育工作向规范化、重质量方向发展。

3. 委托有关培养单位举办实践必修环节课程建设研讨会,推进实践性课程和职业能力与职业伦理培养工作的建设。

4. 继续做好2010年在职攻读法律硕士专业学位招生组织和录取指导工作。

5. 积极创造条件,尽快建立全国法律硕士专业学位教育相关网站,为法律硕士专业学位教育资源共享、信息传递等工作创造快捷、现代化条件。

6. 结合2009年法律硕士专业学位教育招收法学本科毕业生的问题,积极开展教学内容、教学方式和毕业生就业等问题的研究工作。

7. 根据国务院学位办要求,协助做好指导委员会的换届工作。

8. 开展新增法律硕士培养单位教育培训工作。

9. 协调各方积极推进法律硕士教育与法律职业任职资格衔接工作的研究和制度构建工作。

10. 做好专业学位领域的国际学术交流与合作。

法硕教指委

全国法律硕士专业学位教育指导委员会 2010年工作总结和2011年工作要点

（2011年1月）

一、法律硕士教学指导委员会2011年基本工作情况

1. 协调五部委联合印发《关于2010年在政法系统开展在职攻读法律硕士专业学位推荐报名工作的通知》，继续在政法系统开展高层次专门人才的培养工作和继续教育工作。

2. 积极参与法学学位教育体制改革研究工作。

3. 举办了35所新增法律硕士培养单位培训班。通过专家讲座和培养单位的经验介绍，使新增培养单位具体了解法律硕士专业学位教育的培养目标、培养方向，详细解读全日制和在职攻读法律硕士专业学位研究生培养方案以及在职攻读法律硕士专业学位知识产权方向班研究生培养方案。

4. 根据国家知识产权行动计划的总体要求，加强对法律硕士专业学位教育知识产权方向班的教育指导工作。2010年11月由全国法律硕士专业学位教育指导委员会秘书处主办，中南财经政法大学法律硕士教育中心承办的法律硕士专业学位教育知识产权方向班培养工作研讨会在武汉举行。参加会议的有中南财经政法大学、中国政法大学、西南政法大学华中科技大学、华南理工大学、暨南大学负责法律硕士专业学位教知识产权方向班培养工作的负责人。会议对法律硕士专业学位教知识产权方向班招生与生源基本结构、培养方案存在的问题以及培养设想与建议进行了认真的研讨，为落实知识产权专业人才培养工作提出改革发展意见和建议。

5. 根据教育部和国务院学位委员会的要求组织部分法学院校对“法本法硕”培养工作情况进行调研，并形成。调研报告。2010年11月在武汉召开了有22所院校参加的法律硕士专业学位教育法本法硕培养工作研讨会。研讨会听取了中南财经政法大学法律硕士教育中心课题组关于《法律硕士专业（法学）培养现状与培养模式研究》的调研报告，在此基础上围绕法本法硕培养方案交流了各院校的培养情况及特色,重点讨论了法本法硕的培养问题及发展方向,并在以下问题达成共识:一是招生政策与目的的全面理解;二是培养方案的具体设置与实施;三是培养特色的构想与建立;四是面临的问题与解决思路。对以上问题的深入研讨,对培养院校今后开展此类教育形式的改革提供了有益的借鉴。

二、法律硕士教学指导委员会 2011 年工作要点

1. 结合新颁指导性培养方案,进一步完善"法律硕士专业学位培养质量评估指标体系",争取开展法律硕士教育评估工作;

2. 加强对实践必修环节教育教学的指导,推进实践性课程和职业能力与法律职业伦理培养工作的建设;

3. 继续做好 2011 年在职攻读法律硕士专业学位招生组织和录取指导工作;

4. 积极创造条件,建立全国法律硕士专业学位教育相关网站,为法律硕士专业学位教育资源共享、信息传递等工作创造条件;

5. 根据国务院学位办的工作安排,开展法律硕士专业学位研究生综合改革试点单位交流、研讨活动,及时总结综合改革试点经验;

6. 筹备好新一届全国法律硕士专业学位教育指导委员会换届工作会议和第五届法律硕士论坛。

法硕教指委

全国法律硕士专业学位教育指导委员会 2011 年工作总结和 2012 年工作要点

（2012 年 3 月 1 日）

一、2011 年工作的基本情况

2011 年是法律硕士研究生教育实现新发展的规划与开局之年。3 月，国务院学位委员会、教育部、人力资源和社会保障部成立第三届全国法律硕士专业学位研究生教育指导委员会，顺利召开新一届委员会成立大会和第一次工作会议。会议研究部署了在新的历史起点上全面推进法律硕士教育改革与发展工作，法律硕士工作进入新的发展时期。围绕卓有成效地做好年度重点工作，在国务院学位办正确领导、中央政法各部门大力支持、各培养单位共同努力下，司法部考试司会同中国人民大学法学院团结协作，完成了指导委员会确定的各项工作任务。主要有：

1. 完成第二届全国法律硕士专业学位研究生教育指导委员会总结工作。秘书处起草并经二届委员会副主任委员审阅同意，向国务院学位办提交了《第二届全国法律硕士专业学位教育指导委员会总结报告》。

2. 积极筹备第三届全国法律硕士专业学位研究生教育指导委员成立大会并顺利完成换届工作。经国务院学位办同意，向各法律硕士培养单位转发第三届全国委员会成立大会暨第一次工作会议《会议纪要》和领导讲话、报告。

3. 完成指导委员会年度计划调研工作。根据秘书长报告分工和《会议纪要》，指导委员会分设 8 个组，进行专题化的研究，规划与制度建设工作组、西部地区工作组、培养方案研究与指导工作组、评估体系建设与质量评价工作组、招生考试方式工作组、知识产权工作组、涉外人才与国际合作工作组和在职攻读工作组的牵头委员分别提交了 2011 ~ 2012 年年度工作计划和工作方案。

4. 参与协调推进法律硕士研究生综合改革试点工作。中国人民大学法学院、安徽大学法学院、吉林大学法学院于 5 月主办召开法律硕士研究生综合改革试点工作研讨会；中国政法大学法硕学院、河北大学法学院于 7 月联合召开对口交流会;受国务院学位办委托,指导委员会于9月举办法律硕士综合改革试点工作阶段总结汇报会,对各个试点单位的改革情况进行检查,对每一个单位的试点工作提出建议,并确立了试点单位的总体工作目标。起草完成《法律专业学位研究生教育综合改革试点工作2011年检查评估工作总结报告》上报学位办。

5. 积极推动政法系统在职攻读2011年度招生报名工作。秘书处协调中央政法各部门会签《关于2011年在政法系统开展在职攻读法律硕士专业学位推荐报名工作的通知》。组织修订了考试大纲和辅导教程。2012年1月,汇总中央政法各单位和院校意见和建议,提出部分院校调增录取计划的意见和建议。

6. 进一步加强秘书处工作建设。指导委员会已完成"全国法律专业学位研究生教育指导委员会"工作网站,即将开通,已完成网站域名报备、页面与栏目设计、基本信息收集等工作。经费渠道平稳交接至中国人民大学法学院,2011年各培养单位按照新渠道交纳会费。

7. 积极组织、参与了法硕教育的国际交流,提升法硕教育的国际性。

8. 与中国法学教育研究会、教育部法学学科指导委员会、中国人民大学法学院等单位共同合作,组织并颁发了第二届"中国法学教育优秀成果奖"颁奖活动,表彰一批优秀成果,扩大法学教育的社会影响。

二、2012年的工作思路和安排

根据第三届委员会成立大会暨第一次工作会议部署,2012年工作总体思路是,贯彻落实国务院学位委员会、教育部专业学位教育工作方针、政策和重要工作部署,紧密结合政法队伍建设和法学教育改革工作实际,认真总结和推广综合改革试点工作经验,深入推进社会主义法治理念和政法工作重大理论观点、重大工作原则教育,进一步创新指导委员会工作内容和机制,提高高层次的复合型、应用型法律人才培养质量,增强法律专业教育服务国家法治建设的能力和水平。主要工作安排是:

1. 制定法律专业学位研究生教育深入开展社会主义法治理念教育实施意见,召开相关教学工作交流会。积极参与新一轮中央司法体制与工作机制改革方案研究建议工作,推进法律硕士专业学位教育与法律职业用人制度建立制度化的有效衔接。

2. 积极落实教育部"卓越法律人才培养计划",重点探讨复合型人才培养理念、机制,研究全面落实"计划"过程中的问题与难点。

3. 加强西部地区法律硕士培养指导工作。建立西部地区法律专业学位培养单位联络机制,开展西部少数民族地区法律职业人才培养调研工作,指导制订西部少数民族地区法律硕士研究生教育实践基地建设指导方案,召开西部少数民族地区高层次法律职业人才培养研讨会,以推动西部地区的法制建设。

4. 开展招生与考试方式研究，拟订吸引优质生源的政策建议。通过选取分地区、分类型培养单位开展调研，广泛听取法学院院长、法律硕士指导教师、法律硕士研究生以及法律职业部门和人员关于招生考试改革的意见和建议，包括入学考试、考试科目、毕业论文等方式的改革，形成专题报告，拟订考试改革方案和吸引优质生源的政策措施建议。

5. 跟踪和总结设置职业培养方向、实施差异化培养方案、形成特色培养和分类培养的综合改革试点经验。建立各培养单位法律硕士培养方案送备制度。制定年度百篇法律硕士优秀学位论文评选工作方案并实施。

6. 在开展国内外专业学位培养质量评估工作对比研究基础上，依托社会专业机构开展法律硕士研究生就业能力与就业质量分析，建立以提升职业能力为导向的考核体系和评价标准，构建法律硕士培养质量评价工作平台。

7. 根据进一步落实国家知识产权战略纲要的任务和要求，总结法律硕士知识产权方向班工作经验，开展现代企业知识产权高级专门人才状况与知识产权方向法律硕士培养模式研究，提出改进和完善知识产权方向法律硕士培养的对策性建议，并探讨其他专业领域设方向班的可行性。

8. 开展在职攻读法律硕士培养方案实施工作调研，召开"在职攻读法律硕士指导性培养方案实施与完善研讨会"，发布调研报告，提出完善指导性培养方案意见和建议。开展在职攻读招生直接申请制和增大面试权重专题研究，拟定改革方案并指导试点实施。

9. 全面了解高层次涉外法律人才需求和在法律硕士教育领域开展国际合作工作情况，会同涉外用人部门和单位，深入研讨高层次涉外法律职业人才成长和培养规律，明确重点方向领域，提出指导性培养方案和实施意见，设立开展国际合作信息平台，拓宽培养的途径，扩大培养规模，提高法律硕士教育国际化水平。

指导委员会内设的 8 个工作组及牵头委员承担上述方面性工作的研究、指导和重点工作开展，秘书处提供组织实施保障。根据工作进展情况，2012 年将召开第三届委员会第二次会议暨第七届法律硕士论坛，听取各工作组工作进展汇报，研讨法律硕士改革发展的重大议题。

法硕教指委

全国法律硕士专业学位教育指导委员会 2012年工作总结和2013年工作要点

（2013年1月10日）

一、全国法律专业学位研究生教育指导委员会2012年工作总结

2012年全国法律专业学位研究生教育指导委员会在国务院学位委员会办公室的正确领导下，在司法部等中央政法部门的大力支持和指导下，进一步加大改革力度，做好各项相关工作。

1. 建立并开通全国法律专业学位研究生教育指导委员会工作网站，提高指导工作效率。根据第三届全国法律专业学位研究生教育指导委员会工作计划，2012年3月建设并开通全国法律专业学位研究生教育指导委员会工作网站。为做好网站的运转工作，召开了全国法律专业学位研究生教育指导委员会工作网站通讯员培训会议，会议部署了全国法律专业学位研究生教育指导委员会工作网站建设的任务；明确了各法学院（系）、工作小组成员、通讯员、后台工作人员和秘书处在网站建设及运行工作中的任务和职责；培训了通讯员上传下达信息的方式、方法等技术。

2. 通过法律硕士培养渠道，为全国政法系统开展高层次法律专门人才培养工作和继续教育工作创造更好的平台。根据国务院学位办公室的统一部署，结合政法系统“十二五”干部教育培训规划要求，秘书处积极协调中央政法五部门联合印发了《关于2012年在政法系统开展在职攻读法律硕士专业学位推荐报名工作的通知》，积极组织全国政法系统干部高层次继续教育工作。

3. 积极推动法律硕士专业学位研究生毕业生社会需求与培养质量评估工作，提高法律硕士专业学位研究生培养质量。为提高法律专业学位研究生培养质量，指导委员会评估小组起草了《法律硕士专业学位研究生培养质量合格评估方案》，在此基础上，委托麦可思咨询公司启动《全国法律硕士毕业生就业现状与能力评价跟踪调研项目方案》工作，目前报告提纲已形成，待全体委员会委员会议通过后即可开展相关工作。

4. 根据政法队伍建设需要，开展法律专业学位研究生培养研讨工作。12 月下旬举办第六届法律硕士论坛，主要议题是：根据贯彻学习党的十八大精神和总体战略部署的新形势、新任务，落实全面提高高等教育质量和实施卓越法律人才培养计划等重大工作任务和要求，认真学习政法人才中长期发展规划，推进在职攻读法律硕士研究生教育工作改革与创新，确保在职法律硕士研究生教育培养质量，提高法律硕士研究生教育工作服务政法工作的能力和水平。

5. 召开 2012 年全国法律专业学位研究生教育指导委员会年会。总结 2012 年工作情况，一是研究确定委托麦可思咨询公司（第三方）对法律硕士毕业生需求和培养质量进行追踪调查的总体设想；二是研讨探讨在法律专业学位研究生教育工作中如何具体落实卓越法律人才培养计划；三是研究探索法律硕士招生考试和管理改革意见；四是通报法律硕士工作经费使用情况。

二、2013 年工作安排

1. 委托并协助麦可思人力资源信息管理咨询有限公司完成《全国法律硕士毕业生就业现状与能力评价跟踪调研项目》。

2. 完成《法律硕士与法律职业资格衔接比较》课题的研究工作。

3. 协助教育部完成 19 所综合试点改革院校的评审和总结工作。

4. 推进法律硕士专业学位研究生招生考试改革工作，力争出台考试改革方案。

5. 结合新颁指导性培养方案，进一步完善“法律硕士专业学位培养质量评估指标体系”，争取开展法律硕士教育评估工作。

6. 进一步完善在职攻读法律硕士专业学位论文标准，提高在职攻读法律硕士专业学位教育质量。

法硕教指委

全国法律硕士专业学位教育指导委员会 2013年工作总结和2014年工作要点

（2014年2月28日）

2013年，全国法律专业学位研究生教育指导委员会在国务院学位委员会办公室正确领导下，在中央政法各部门指导和支持下，周密组织，集思广益，认真完成国务院学位办委托工作，稳步推进重点项目，各项工作进展顺利。

（一）完成法律硕士研究生综合改革试点总结验收工作

专业学位研究生综合改革试点工作是教育部设立的国家级综合教育改革项目，于2010年9月至2013年9月培养周期内实施。法律硕士专业学位有19所培养单位列为试点单位开展综合改革试点工作。2013年1月，教育部学位与研究生教育司下发《关于做好专业学位研究生教育综合改革试点项目验收工作的通知》（教研司[2013]3号），委托各专业学位教指委开展本类别综合改革试点单位的总结工作。

教指委决定集中开展法律硕士研究生综合改革试点项目工作验收检查。一是成立了评审专家组。教指委委员会同特约专家组成评审专家组，特约专家邀请了国务院学位办、司法部国家司法考试司、最高人民法院政治部、最高人民检察院政治部及地方检察院等用人单位的负责同志担任。二是召开了评审总结会。2013年4月13日至14日组织召开总结汇报会，王利明、朱勇副主任委员分别主持了会议。19所综合改革试点工作院校的负责人陈述汇报，回答评审专家的提问。试点院校从试点工作的主要任务、基本要求、组织实施和资金使用等四个方面进行汇报，总结试点项目取得的成绩、经验和存在的问题，总结分析试点项目对本校专业学位培养模式和管理体制改革以及对国家、区域经济建设和社会发展起到的重要作用，对今后进一步推进专业学位培养模式改革、提高专业学位研究生教育质量提出建设性方案和意见。118所培养单位法学院或法硕中心负责同志列席会议，与试点项目汇报人、评审专家进行现场交流。三是认真开展评审总结。依据教育部教研[2010]2号文件以及教研司[2013]3号文件要求，制作《专业学位研究生教育综合改革试点项目验收工作评分表》和《专业学位研究生教育综合改革试点项目验收工作评价表》,请评审专家组在听取汇报答辩情况之后,对19所院校分别评分。此外,评审专家还从“试点项目对本校专业学位培养模式和管理体制改革以及对国家、区域经济建设和社会发展所起的作用”和“专家对于该校试点项目的专业学位培养模式改革、提高专业学位研究生教育质量方面的意见”两个方面分别作出书面评价和建议。14日下午,教指委召开会议,根据汇报答辩情况,研究、讨论综合改革试点项目开展的总体评价、主要成果与经验和进一步改革完善的重要工作事项。汇总会议意见,秘书处起草《法律硕士专业学位研究生综合改革试点验收总结报告》报送教育部。四是进一步推广宣传综合改革试点成绩和经验。11月中旬召开的第七届法律硕士教育论坛上,将教指委与各试点单位总结汇编成册,发各培养单位学习参考。安排专门专题,听取中国人民大学等6家优秀试点单位重点讲解试点工作的成绩经验和进一步改革的思路措施。

(二)完成《法律硕士专业学位基本要求》编写工作

落实国务院学位办关于委托全国专业学位研究生教学指导委员会编写《博士、硕士学位基本要求(专业学位)》的通知(学位办[2013]7号),组织开展《法律硕士专业学位基本要求》起草工作。指导委员会认识到,《法律硕士专业学位基本要求》以教指委名义制订,国务院学位委员会发布,是培养单位制定法律硕士授予标准的基本依据,是教育主管部门开展质量检查和评估的参考依据,为开展专业学位人才培养与职业资格要求对接奠定基础,具有有指导性、针对性和基础性。复旦大学、上海财经大学、上海交通大学、中国政法大学等高校的法学院院长和专家参加了起草工作,中国人民大学、吉林大学、浙江大学、苏州大学、厦门大学、华南理工大学、中南财经政法大学法学院、法硕学院(中心)和西南、华东、西北政法大学研究生管理部门负责同志参加了起草讨论。吸收各方意见和建议,孙笑侠委员牵头补充修改,韩大元、姜晶两位副秘书长也多次组织编审调整和修改工作。征求意见稿提交指导委员会全体会议进行了讨论和完善。经副主任委员审定,提交国务院学位办。

(三)完成《中国专业学位教学案例中心法律硕士分中心建设规划》及案例库建设与案例教学推广相关工作

教育部学位与研究生发展中心向财政部申请了“中国专业学位教学案例中心”建设立项,通过统一规划、集中建设,用三年左右时间,建成我国类别最全、规模最大、得到广泛认可的国家级专业学位教学案例库。通过提供案例应用服务,有效支撑相关专业学位课程案例教学,推动专业学位案例教学的普及和提高。按照统筹规划,分步实施;整合资源,共建共享;公益为主,成本分担的原则,首批依托工商管理、公共管理、教育、临床医学、会计和法律等教指委,在统一的电子工作平台和网络服务平台上,建设各专业学位的教学案例分中心。发展中心于今年的5月和10月召开了两次会议,就开展建设的工作与相关专业学位教指委秘书处协调。根据统一建设的安排和要求,秘书处制定《中国专业学位教学案例中心法律硕士分中心建设规划》,并着手案例库的建设实施工作。

(四)联合开展2013年在职攻读法律硕士招生组织工作

秘书处于4月协调中央政法委办公室和政法各部门政治部,联合下发关于继续开展职攻读法律硕士招生组织工作的通知,安排部署了80个培养单位面向政法干警在职攻读法律硕士招生宣传和组织工作。

(五)完成开展《全国法律硕士毕业生就业状况与能力调研项目》准备工作

社会第三方专业机构开展教育质量评价工作,是开展教育质量评估的一种重要方式。2012年教指委第二次会议同意了秘书处提交的委托麦克思数据公司开展全国法律硕士毕业生就业状况与能力调研项目。霍存福委员和秘书处与公司就调研大纲内容、项目成果和委托合同内容多次进行了研究和调整,论坛会议上公司的专家向各培养单位介绍了项目实施的主要内容。这个项目是从毕业生就业状况的角度,通过一系列核心指标状态对各培养单位法律硕士研究生工作进行专项评价,形成全部培养单位综合指标和专项指标排序的系列报告。项目的周期为2014年至2016年。调查对象为2008年起招生入学的全日制法律硕士(非法学)和2009年起招生入学的全日制法律硕士(法学),也就是2011届、2012届和2013届三届全部全日制法律硕士毕业生,具有两年职业稳定期的毕业生是调研典型对象。需要各培养单位协助提供毕业生电子邮箱等联系方式,公司开进行电子问卷和综合分析。项目评价报告主要在教指委工作范围内使用,是否向社会公布,将做进一步结论科学性评价和可行性研究后决定。2013年12月,秘书处与麦克思数据公司签定委托合同,并向各培养单位下发协助开展项目调查的通知。

(六)召开指导委员会第三次会议和第七届法律硕士论坛

11月16日至17日,指导委员会在沈阳召开第三次工作会议和第七届法律硕士教育论坛。会议的主要任务是,以党的十八大和十八届三中全会精神为指导,贯彻落实全国研究生教育暨国务院学位委员会第三十次会议精神和教育部专业学位研究生培养模式改革推进会精神,以政法队伍建设需求为导向,以职业能力培养为重点,加强案例库建设和案例教学推广工作,加强实践教学基地规范化建设,推进建立中国特色的高层次的复合型应用型法律人才培养模式。

参加会议和论坛的有指导委员会委员、全国118所法律硕士培养单位法律硕士工作负责同志。论坛会期一天半,指导委员会工作会议半天。论坛和会议邀请到国务院学位办唐继卫处长传达专业学位教育改革与发展一系列重要会议精神和工作部署，论坛按照法律硕士实践教学改革研究、法律硕士案例库建设与案例教学推广、法律硕士实践教学基地规范化建设等议题开展研讨、交流。韩大元委员主持通报中国专业学位教学案例中心法律硕士分中心建设工作，麦克斯数据公司研究院院长吴垠博士介绍《全国法律硕士毕业生就业状况与能力评价项目》主要内容。指导委员会工作会议审议《法律硕士专业学位基本要求》，并听取《法律专业学位研究生培养与司法考试制度衔接机制研究》等三个工作项目研究进展的报告，讨论、确定明年指导委员工作要点。全体会议安排了六所综合改革试点优秀院校介绍本单位综合改革主要成果和经验。秘书处向大会报告了指导委员会2013年工作总结和2014年工作考虑。

各培养单位为开好本届论坛做了认真准备。共收到论文37篇，其中法律硕士实践教学改革研究专题14篇，法律硕士案例库建设和案例教学推广6篇，法律硕士实践教学基地建设的规范化7篇，综合类10篇。

（七）开展国务院学位办工作项目申报和研究工作

根据国务院学位办《2013年专业学位研究生教育指导委员会建设项目》部署，为促进法律专业研究生培养模式改革，从而提高法律专业研究生的培养质量和培养能力，经向教指委委员征集申报，《法律专业学位研究生培养与司法考试制度衔接机制研究》、《法律案例库建设和案例教学推广》和《专业学位实践基地建设指导性意见和规范性管理办法》三项课题经教育部学位管理与研究生教育司评审，批准立项。付子堂委员、韩大元委员和杨忠孝教授分担任课题首席专家。首席专家结合法律专业学位研究生工作特点，按照项目目标和项目研究有计划开展相应课题研究，科学分解研究任务，合理安排经费使用，努力整合学校资源，形成研究合力，课题研究任务进展顺利。目前，秘书处发文中国人民大学，将研究经费分拨各首席专家所在单位。

《法律专业学位研究生培养与司法考试制度衔接机制研究》进展情况。一是购买、借阅了专著53部，学术期刊论文569篇，各类汇编资料12部，为课题研究提供了充足的文献资料。二是召开了开题论证会，聘请了3位司法部、教育部专家、3所政法院校研究生院负责人、5位重庆市法律实务部门专家进行课题的进一步论证和研究计划的修正，到场的还有在读的法律硕士研究生，也对课题研究的内容提出了具体的意见和建议。三是前后进行了4次调研活动，一次是到重庆市高级人民法院，一次是到重庆市人民检察院，一次是到重庆市中豪律师事务所，一次是在本校内，共发放调查问卷1000份，回收有效问卷962份，搜集了检察院、律师事务所人员学历结构及司法考试通过状况、在校法律硕士研究生司法考试通过率的具体数据，为课题的实证研究提供了素材和依据。四是召开了中期研究论证会,聘请了学校的3位教授和3位实务部门政治处负责人及在读的5位博士研究生、10位法律硕士在读研究生对课题的前期研究成果和后续研究的重点及思路提出了宝贵意见,为课题的顺利完成打下了坚实的基础。五是按照项目研究计划,完成了前期调研任务,已完成部分内容的文字撰写工作,项目完整报告目前仍处于写作修改阶段。

《法律案例库建设和案例教学推广》进展情况。教指委决定将“案例库建设与案例教学推广”工作项目与中国专业学位教学案例中心法律硕士分中心建设合并,建立了专门的工作班子,研究推动项目开展。已完成《中国专业学位教学案例中心法律硕士分中心建设规划》、案例建设与教学推广工作计划方案、三个示范性案例及教学手册和《案例编写要求》等基本文件,与发展中心签订了第一期的建设合同。下一步,将组织召开第一期案例编写培训,各培养单位选派案例教学任课教师参加培训,开展教学案例的编写、征集和入库评审工作。各培养单位根据本单位教学实际以及研究特长,按照教指委制定并发布的具体标准,提供一个以上(包括一个)教学案例。教指委将组织专家纳入专业学位教学案例中心电子工作平台进行评审,选出50个案例入库,并根据情况给予奖励。对于虽未入选,但仍具有较大教学价值的,将建议提交单位及撰写人继续修改完善,经专家再次评定后,可入选案例库。2014年年底,教指委将选定3个实践教学水平较高的会员单位作为试点,以其入库案例为教学素材,编写教学大纲及授课内容。2015年春季学期,由这些试点单位先行开设案例教学课程;6月底,由试点单位分别提供2个教学视频(每一视频为3课时),教指委将组织专家从中选出作为指导性教学视频,在全国内推广,作为其他会员单位开展教学的参考样本。2015年12月,教指委将向所有会员单位征集案例教学视频,并组织专家评选优秀教学视频,同时向全国进行经验介绍。

《专业学位实践基地建设指导性意见和规范性管理办法》研究进展情况。一是开展法律专业学位实践基地基本情况的调研。对法院、检察院、律师事务所、行政部门、公司企业、社会组织等不同类型的法律硕士专业学位实践基地进行调研,总结不同类型机构实践基地的特点、建设经验。二是征集专业学位实践基地优秀经验征集。对不同培养单位、不同类型机构的实践基地优秀经验征集整理。三是系统整理课题负责人所在单位专业学位实践基地建设的基本经验。四是起草“法律专业学位研究生实践基地建设指导性意见”。课题开展工作需要说明的情况主要有,一是多数培养单位都注意到专业学位实践基地建设的重要性,也在聘请校外导师、开展实践教学、开展实践基地建设上有一些举措,收到了一定的成效,但由于各校情况并不相同,专业学位实践基地的建设条件不尽相同,实际效果差异较大。二是除上海等地外,多数地方对于专业实践基地建设缺乏专门的经费支持。需要培养单位给予重视,对于法硕实践基地建设给予专门的经费安排。与此相联系的是,有些培养单位对于进入实践基地的学生缺乏有效的管理与指导措施,影响了专业实践训练的效果。

2014 年指导委员会工作的主要思路是,以党的十八大和十八届三中全会精神为指导,进一步贯彻落实全国研究生教育工作暨国务院学位委员会第三十次会议精神,贯彻落实教育部专业学位培养模式改革推进会精神,规范实施《法律硕士专业学位基本要求》,深化课程教学改革,强化专业实践教学改革,调动学生的积极性和能动性。增强教师的主导作用,认真总结联合培养工作经验,全面提高法律硕士研究生人才培养质量。

根据指导委员会第三次会议议定意见和国务院学位办工作要求,2014 年重点工作是:

1.《法律硕士专业学位基本要求(征求意见稿)》印发各培养单位,进一步修改完善后于6 月底前报国务院学位办。

2. 实施《中国专业学位教学案例中心法律硕士分中心建设规划》和案例库建设的推广相关工作安排,计划用3 年的时间建设完成高质量的法律硕士专业学位教育案例库,实现优质教学资源共享,全面推进案例教学工作。

3. 实施全国法律硕士毕业生就业状况与能力调研项目,2014 年6 月份要形成第一期调查报告,第八届法律硕士教育论坛时向大会报告调研结果。

4. 完成上述三个工作课题的研究,形成研究报告或发展建议报告。

5. 以规范实施《法律硕士专业学位基本要求》,深化培养模式改革,推进联合培养新体系建设为专题,举办第八届法律硕士论坛。

6. 推动法律硕士专业学位领域的国际交流。

法硕教指委

全国法律硕士专业学位教育指导委员会 2014年工作总结和2015年工作要点

（2015年1月31日）

2014年，全国法律专业学位研究生教育指导委员会在国务院学位委员会办公室正确领导下，在中央政法各部门指导和支持下，周密组织，集思广益，认真完成国务院学位办委托工作，稳步推进重点工作，各项工作进展顺利。

（一）完成新增法律硕士专业学位授权点发布工作

根据国务院学位委员会《关于下达2014年审核增列的硕士专业学位授权点及撤销的硕士学位授权点名单的通知》（学位〔2014〕14号），2014年审核增列的68所院校硕士专业学位授权点已经国务院学位委员会批准。全国法律专业学位研究生教育指导委员会已经在网站上予以公布，目前法律专业学位研究生培养单位已经达到186所。

（二）完成新增法律硕士培养单位培训的工作

为加强对新增单位政策和业务方面的指导，研究探讨新增单位在实际办学中可能遇到的实际问题和困难，使新增单位尽快适应法律硕士专业学位研究生教育的发展需要，确保教育教学水平和培养质量，全国法律专业学位研究生教育指导委员会拟定于12月19－21日在深圳举办新增法律硕士培养单位政策和业务培训班。培训对象包括2010年、2012新增3所院校以及2014年新增的68所院校法学院负责同志及全国法律专业学位研究生教育指导委员会网站通信员。

本次会议培训内容为中国研究生教育改革与专业学位研究生教育的发展、关于开展法律硕士教育的目的和意义及发展概要、关于《法律硕士专业学位指导性培养方案》和《法律硕士专业学位基本要求》解读和理解、关于法律硕士研究生教育的组织管理体制、关于法律硕士研究生实践教学及实践基地建设、法律硕士研究生学位申请和论文指导、关于法律硕士专业学位专项合格评估指标体系、关于全国法律专业学位研究生教育指导委员会网站运行机制及通信员的具体职责。

（三）完成专业学位学生培养质量评估指标体系制定工作

教指委2014年两次工作会议均重点研究、讨论教育部学位与研究生教育发展中心关于2014年专业学位水平评估指标体系制定有关问题。工作会议邀请教育部学位与研究生教育发展中心有关负责同志参加，该项评估指标体系名称已由“专业学位水平评估指标体系”修订为“专业学位学生培养质量评估指标体系”，但是整体评估定位没有发生变化，仍是选优评估，而非合格评估（专项评估）。与会专家就指标体系各项内容、评估方法等分别提出建设性的修订意见。

（四）完成《法律专业硕士学位授权点专项评估工作方案》编写工作

为落实根据《关于开展2014年学位授权点专项评估工作的通知》（学位［2014］17号）文件精神和要求，根据国务院学位委员会和教育部的委托，法律专业硕士学位授权点的评估工作由全国法律专业学位研究生教育指导委员会组织实施，由教指委委员或相关专家组成评议专家开展相关工作。专项评估主要是检查学位授权点研究生培养体系的完备性，包括师资队伍（队伍结构、导师水平）、人才培养（招生选拔、培养方案、课程教学、学术训练或实践教学、学位授予）和质量保证（制度建设、过程管理、学风教育）等。教指委委员西北政法大学王健教授受指导委员会委托起草了评估方案（含评估对象、评估范围、评估程序和评估方式），教指委委员沈阳师范大学霍存福教授、中国政法大学袁钢副教授受委托制定了《法律硕士专业学位专项评估指标体系》。韩大元、姜晶两位副秘书长也多次组织编审调整和修改工作。征求意见稿提交教指委全体会议进行了讨论，各位委员提出了很好的意见，并按期完成提交国务院学位办。国务院学位委员会办公室已经于2014年12月5日正式发布了《关于转发学位授权点专项评估工作方案的通知》，对2009～2011年获得授权的36个法律硕士专业学位授权点进行专项评估，评估工作由教指委组织实施。各参评单位于2015年3月底前完成自评总结报告，教指委在6月底对参评单位进行通信评议和会议评审，对各参评单位授权点进行表决，对确有必要进行实地考察的授权点进行实地考察，全部评估材料于2015年11月报送国务院学位办。本次评估是法律硕士专业学位授权点的首次评估，各参评单位要高度重视，认真组织开展自我评估，确保评估工作取得实效。

（五）组织进行中国专业学位教学案例中心法律硕士分中心案例库项目建设工作

根据教指委研讨、审定2013年在沈阳举行教指委会议后修订的《中国专业学位教学案例中心法律硕士案例分中心建设规划方案》及编写规范和入库评审规定，根据教指委工作安排，开展中国专业学位教学案例中心法律硕士分中心案例库项目建设，规范适用于实践必修环节的教学案例编写和储备工作。2014年

6月21－22日教指委举办了法律硕士教学案例库建设培训,通报案例库建设规划和年度工作计划,明确案例编写工作目的、要求、组织实施、入库标准、入库申报和评审程序等工作。2014年7月、11月教指委秘书处分别印发了《关于征集法学专业学位研究生教学案例的通知指秘》(法指秘[2014]9号)和《关于加快申报参选教学案例工作的通知》(法指秘[2014]10号)。截至2014年年底,教指委秘书处共收到来自40多个培养单位递送的案例80余个。

2015年1月,教指委秘书处在北京召开《法律硕士专业学位子案例库入选案例》(以下简称《入选案例》)专家评审会。按照制定的入选案例评审标准,组织专家按照案例类别(民事诉讼实务类,刑事诉讼实务类,行政诉讼实务类,非诉讼法律实务类)分组进行评审,在认真审阅《入选案例》及相关评审材料的基础上,经过专家评审、专家合议、匿名打分、提出修改意见等程序,确定推荐第一批入库案例30个。

中国专业学位教学案例中心法律硕士分中心案例库项目建设,对于规范、适用于实践必修环节的教学案例编写和储备工作,进一步提升法律硕士研究生的实践能力具有十分重要的意义。法硕教指委将按照中国专业学位教学案例中心的工作安排和要求,继续开展法律硕士分中心案例库的征集、评审和推荐入库工作,希望各法律硕士培养院校的一线教师积极参与此项工作。

(六)联合开展2014年在职攻读法律硕士招生组织工作

秘书处于6月协调中央政法委办公室和政法各部门政治部,联合下发关于继续开展职攻读法律硕士招生组织工作的通知,安排部署了80个培养单位面向政法干警在职攻读法律硕士招生宣传和组织工作。

(七)开展《全国法律硕士毕业生就业状况与能力调研项目》工作

社会第三方专业机构开展教育质量评价工作,是开展教育质量评估的一种重要方式。秘书处已经与麦克思数据公司签定委托合同,并向各培养单位下发协助开展项目调查的通知。

(八)继续开展国务院学位办工作项目研究工作

根据国务院学位办《2013年专业学位研究生教育指导委员会建设项目》部署,经教育部学位管理与研究生教育司评审批准立项的《法律专业学位研究生培养与司法考试制度衔接机制研究》《法律案例库建设和案例教学推广》和《专业学位实践基地建设指导性意见和规范性管理办法》三项课题。三个课题负责人分别向教指委汇报课题有关进展情况,并于9月底完成中期进展情况的汇报,提交国务院学位办

(九)召开指导委员会2014年两次工作会议

根据国务院学位委员会2014年专业学位研究生教育指导委员会秘书长第

一次工作会议关于专业学位水平评估指标体系精神，教指委2014年4月4日召开2014年第一次工作会议。第一个工作会议研讨、审定沈阳会议后修订的《中国专业学位教学案例中心法律硕士案例分中心建设规划方案》及编写规范和入库评审规定；听取教指委承担的案例教学推广与案例库建设、法律专业学位与职业资格衔接、实践基地规范化建设等三个工作课题中期进展情况的汇报；研究、讨论教育部学位与研究生教育发展中心关于2014年专业学位水平评估指标体系；研究、商定今年秘书长会议提出的2014年至2015将对2009～2011年新增法律硕士培养单位进行合格评估的有关问题；研究确定第八届法律硕士教育论坛主题。为深入贯彻党的十八届四中全会精神，推动法律专业学位研究生教育工作，研究确定相关工作，教指委于11月2日召开2014年第二次工作会议。第二次工作会议研究、讨论并确定对2009～2011年法律硕士专业学位授权点的合格评估指标体系；研究、确定2014年法律硕士教育论坛主题及分专题；研究、修改法律专业学位教学基本要求；根据十八届四中全会精神研究修改教育部学位与研究生教育发展中心法律专业硕士评估指标。

（十）研讨法律专业博士方案

教指委就是否设立法律专业博士以及法律专业博士方案专门展开研讨，教指委建议应当在审慎调研基础后，制定切实可行的实施方案，深入研究。2015年指导委员会工作的主要思路是，以党的十八大和十八届三中和四中全会精神为指导，进一步贯彻落实全国研究生教育工作暨国务院学位委员会第三十次会议精神，贯彻落实教育部专业学位培养模式改革推进会精神，规范实施《法律硕士专业学位基本要求》，深化课程教学改革，强化专业实践教学改革，调动学生的积极性和能动性。

根据教指委2014年第三次会议议定意见和国务院学位办工作要求，2015年重点工作是：(1)配合教育部学位与研究生教育发展中心制定“专业学位学生培养质量评估指标体系”，并做好相关组织实施工作。(2)实施《中国专业学位教学案例中心法律硕士分中心建设规划》和案例库建设的推广相关工作安排，计划用3年的时间建设完成高质量的法律硕士专业学位教育案例库，实现优质教学资源共享，全面推进案例教学工作。(3)组织进行法律硕士专业学位授权点专项评估工作，对参评的36个授权单位法律硕士培养体系的完备性进行全面评估。(4)做好2014专业学位研究生培养模式改革项目的设立和研究工作并形成研究报告或发展建议报告。(5)深化培养模式改革，加强专业学位研究生联合培养基地建设。(6)推动法律硕士专业学位领域的国际交流。(7)继续组织实施全国法律硕士毕业生就业状况与能力调研项目。

法硕教指委

全国法律硕士专业学位教育指导委员会 2015年工作总结和2016年工作要点

（2016年3月14日）

一、指导委员会2015年工作总结

2015年，全国法律硕士专业学位教育指导委员会在国务院学位委员会、教育部的正确领导下，在司法部等中央政法各部门的大力支持下，深入学习贯彻党的十八大和十八届三中、四中、五中全会精神，学习贯彻习近平总书记系列重要讲话精神，认真履行职责，扎实做好各项工作，于7月中旬、10月下旬两次召开指导委员会工作会议研究部署相关工作，推进法律硕士教育改革发展，各项工作进展顺利。重点开展了六项工作：

一是完成法律硕士学位授权点专项评估。按照国务院学位委员会《关于开展2014年学位授权点专项评估工作的通知》（学位[2014]17号）要求，切实履行职责，认真做好“专项评估工作方案”制定、通讯评审、专家会评、实地考察等各环节工作，完成对2009～2011年获得授权的36个法律专业硕士学位授权点专项评估工作，向国务院学位委员会办公室提交了评估工作总结报告，提出了工作建议。

二是组织开展教学案例库建设。召开法律硕士教学案例评审工作会议，对第一批征集到的77个教学案例进行评审，确定首批入库案例50个并对其中30个教学案例进行表彰。召开“法律硕士教学案例编写及推广研讨会”，研讨法律硕士教学案例编写工作；下发通知，部署第二批入库教学案例征集和编写工作，筹备召开第九届法律硕士教育论坛暨全国法律专业学位研究生教育二十周年会议。

三是总结法律专业学位研究生教育制度二十周年发展成果。编写了《全国法律专业学位研究生教育20年文献汇编（1995～2015）》《全国法律专业学位研究生教育20周年纪念特刊（1996～2016）》，制作了《全国法律专业学位研究生教育二十周年纪念特辑》视频短片，形成了《全国法律硕士专业学位研究生教育发展报告(1995~2015)》征求意见稿,表扬了一批法律硕士优秀论文、优秀教师、优秀管理工作者。

四是继续开展全国法律硕士专业毕业生就业现状与能力评价项目。总结2011届法律硕士毕业生调查项目开展情况,印发《关于协助做好2012届法律硕士毕业生就业现状与能力评价项目有关事项的通知》,汇总各法律硕士培养单位2012届毕业生相关信息,启动2012届毕业生调查项目。

五是加强理论研究工作。积极推进"法律专业学位研究生培养模式改革"课题项目,设立了《法律硕士教学培养改革研究》《法律硕士培养双导师制度的构建与完善》《法律硕士(法学)研究生培养模式问题研究》《以法律职业为导向的培养模式改革先行先试研究》四个专项课题,组织北京大学、中国政法大学、西北政法大学、上海交通大学4个法律硕士培养单位分别进行研究,顺利完成课题结项。向国务院学位委员会成功申报"深化法律硕士专业学位研究生教育综合改革"课题项目,项目研究周期为5年,计划从健全完善法律硕士招生考试制度、积极探索建立法律专业学位研究生教育与法律职业资格衔接机制的思路和举措、积极推进法律专业学位研究生培养流程改革、建立"4+2"、"4+3"培养模式、进一步强化法律硕士专业学位教育师资队伍建设、建立法律硕士人才培养质量评价监督机制5个方面,对全面深化法律硕士专业学位教育制度改革进行系统研究。

六是认真做好在政法系统开展在职攻读法律硕士专业学位相关工作。2015年共有78所院校承担培养工作任务。

二、指导委员会2016年度工作要点

2016年度,指导委员会将深入学习贯彻党的十八大和十八届三中、四中、五中、六中全会精神,学习贯彻习近平总书记系列重要讲话精神,认真贯彻落实司法部赵大程副部长和教育部杜占元副部长在全国法律专业学位研究生教育指导委员会会议暨第九届法律硕士教育论坛上的重要讲话和会议精神,按照国务院学位委员会、教育部、司法部要求,认真做好各项工作,推进法律硕士教育改革发展。重点做好以下八项工作:

一是组织开展"深化法律硕士专业学位研究生教育综合改革"项目研究。按照国务院学位办要求,制定项目研究规划,明确项目内容、经费使用、任务分工等事项,部署相关培养单位开展研究工作。

二是配合做好法律专业学位研究生招生考试改革相关工作。开展深入调研,研究提出法律专业学位研究生招生考试改革方案,就改革招生考试的时间、方式和内容等,向国务院学位办提出改革建议。同时,按照国务院学位办要求,配合做好招生考试改革相关工作。

三是推进法律硕士教学案例库建设。按照《中国专业学位教学案例中心法律硕士分中心建设规划》和案例库建设推广相关工作安排,完成第二批法律硕士教学案例征集、评选、入库工作,重点推进非诉讼法律实务教学案例编写工作,建设完成法律硕士专业学位教育案例库,全面推进案例教学。

四是加强法律硕士培养质量监督管理。总结2015年开展法律硕士培养单位专项评估工作的经验和做法,健全完善法律专业学位研究生教育评估指标体系,明确质量评估的标准、程序和办法,推动培养单位健全完善和落实质量保障各项制度。

五是加强教材建设和师资培训。按照党的十八届四中全会关于"组织编写和全面采用国家统一的法律类专业核心教材"的要求,加强教材建设和使用情况调研,研究提出编写法律硕士教育教材的意见和规划,与有关部门组织编写法律硕士教育核心教材。加强师资培训,举办法律硕士教育质量评估工作专题培训班,引导培养单位明确评估工作的程序和指标体系,大力提高教育教学质量。

六是开展毕业生就业现状与能力评价项目调查。继续组织实施全国法律硕士毕业生就业状况与能力调研项目,完成2012届法律硕士毕业生就业状况的分析报告,组织专家对调查报告进行评估和验收;启动2013届法律硕士毕业生就业状况与能力调研项目。

七是加强工作指导。加强调研,赴部分法律硕士培养单位进行实地调研,了解法律硕士教育基本情况和面临挑战,进一步明确法律硕士教育改革发展的思路和举措,及时发展和解决问题。指导院校坚持人才培养基本标准,严格落实全国统一的法律硕士指导性培养方案,积极创新法治人才培养模式。

八是加强信息工作和交流合作。进一步加强网站建设,加强信息报送和宣传推广工作,打造更加高效的信息交流平台。鼓励和促进各培养单位加强法律硕士教育国际交流与合作,提升法律硕士教育的国际性。

法硕教指委

全国法律硕士专业学位教育指导委员会 2016年工作总结和2017年工作要点

（2017年2月20日）

一、指导委员会2016年工作总结

2016年，全国法律硕士专业学位教育指导委员会（以下简称“教指委”）在国务院学位委员会、教育部的领导下，在司法部等中央政法各部门的指导关心下，深入学习贯彻党的十八大和十八届三中、四中、五中、六中全会精神，学习贯彻习近平总书记系列重要讲话精神，认真履行职责，扎实工作，推进法律硕士教育改革发展，各项工作进展顺利。重点开展和完成了以下工作：

（一）召开全国法律专业学位研究生教育指导委员会议暨第九届法律硕士教育论坛

2016年1月，在北京召开全国法律专业学位研究生教育指导委员会会议暨第九届法律硕士教育论坛，举行法律专业学位研究生教育设立20周年纪念活动，编写了《全国法律专业学位研究生教育20周年文献汇编（1996～2015）》《全国法律专业学位研究生教育20周年纪念特刊（1996～2016）》，制作了《全国法律专业学位研究生教育20周年纪念特辑》视频短片，形成了《全国法律硕士专业学位研究生教育发展报告（1995～2015）》。会上为获得法律专业学位研究生优秀学位论文、法律专业学位研究生教育优秀教师、优秀管理工作者的人员颁奖。全国法律专业学位研究生教育指导委员会副主任委员、司法部党组成员、副部长赵大程，教育部党组党员、副部长杜占元出席会议并讲话。

赵大程同志在讲话中，深入分析了法律硕士教育面临的形势和任务，并从立足服务“四个全面”战略布局、充分认识新形势下进一步加强法律硕士教育的重要性和紧迫性，围绕提高法律硕士培养质量、全面深化法律硕士教育综合改革，着眼于科学指导、精准指导、全面提高指导委员会履职能力等三个方面，对深化法律硕士教育综合改革、提高法律硕士人才培养质量提出了明确要求。

杜占元同志在讲话中，充分肯定了法律硕士教育二十年来取得的重要成绩，深入分析了专业学位教育和法律硕士教育面临的机遇和挑战,并从进一步明确法律硕士培养定位、深化法律硕士培养模式改革、努力推进与职业资格衔接、进一步加强部门协同等方面,对创新法律硕士培养机制提出部署要求。

论坛围绕“法治人才培养机制创新与法律专业学位研究生教育发展”主题,分“院校与行业联合开展法律专业学位研究生教育”“法律专业学位研究生招生改革”“加强法律专业学位研究生职业伦理教育”“法律专业学位研究生教育与质量保障体系”4 个专题作了深入研讨,24 位代表在分专题讨论中作了交流发言。会议表扬并奖励了法律专业学位研究生优秀学位论文、优秀教师和优秀管理工作者,听取并通过了全国法律专业学位研究生教育指导委员会 2015 年度工作报告、财务报告和 2016 年度工作要点。国务院学位办、中央政法委员会、最高人民法院、最高人民检察院、公安部、教育部和司法部等有关部门负责同志出席会议。

(二)积极推进“深化法律专业学位研究生教育综合改革”

组织中国人民大学、中国政法大学、西南政法大学、上海交通大学、华东政法大学、沈阳师范大学、复旦大学等院校牵头承担“深化综合改革”相关研究任务,重点围绕健全完善法律硕士招生考试制度,积极探索建立法律专业学位研究生教育与法律职业资格衔接机制的思路和举措,积极推进法律专业学位研究生培养流程改革、建立“4 +2”、“4 +3”培养模式,进一步强化法律硕士专业学位教育师资队伍建设,建立法律硕士人才培养质量评价监督机制 5 个方面,对全面深化法律硕士专业学位教育制度改革进行系统研究。

着力推进法律硕士招生制度改革。在广泛研究论证基础上,起草完成法律硕士招生制度改革方案,形成了《全国法律专业学位研究生入学统一考试(初试)改革方案(送审稿)》,经“教指委”会议多次研究并同意后,于 2017 年 1 月中旬正式报教育部。

着力推进衔接机制研究。2017 年 1 月在重庆召开“我国法律专业学位研究生培养与法律职业资格衔接机制论证会”,围绕“我国法律专业学位研究生培养与法律职业资格衔接机制”问题,组织“教指委”委员和专家学者进行研究讨论。

(三)积极发挥“教指委”职能作用,进一步加强对法律硕士教育的工作指导

一是加强基本规章制度建设。第一,按照国务院学位委员会办公室《关于委托国务院学位委员会学科评议组和全国专业学位教育指导委员会编写〈博士硕士学位授权点申请基本条件〉的通知》(学位办[2016]8 号)要求,组织编写《法律硕士专业学位授权点申请基本条件》,经“教指委”会议多次研究并同意后,于 10 月底报送国务院学位办。第二,组织修订《法律硕士专业学位研究生指导性培养方案》(包括法学专业毕业学生、非法学专业毕业学生),并在上海召

开专家论证会议进行讨论。

二是深入总结法律硕士教育工作。全面总结近年来我国法律硕士教育的主要成绩和基本经验，完成《“十二五”时期法律专业学位研究生教育发展报告》《第三届全国法律专业学位研究生教育指导委员会工作总结》，并报国务院学位办。

三是认真做好专项评估。完成2009年到2010年获得授权的36所法律专业学位授权点专项评估工作，并将结果报国务院学位办；下发通知，对学习贯彻专业学位授权点评估有关文件精神，进一步提高法律专业学位研究生教育质量提出明确要求。

四是继续推进案例库建设。2016年6月，召开第二批法律硕士教学案例评审工作，对征集到的118个案例进行评审，确定第二批入库案例40个；启动第三批教学案例征集和评选工作，推动法律硕士教学案例库建设取得明显成效。

五是加强教育培训工作。举办“法律硕士实践教学专题培训班”，围绕强化实践教学主题，对来自全国185所法律硕士培养单位约210人进行了培训。

六是继续做好法律硕士毕业生就业状况调查工作。向相关培养单位反馈2011届、2012届毕业生就业状况调查结果，并启动2013届毕业生就业状况调查项目。

七是完成“教指委”换届工作。召开第四届“教指委”第一次工作会议，全面总结第三届“教指委”工作，研究第四届“教指委”的工作计划，为与会委员颁发聘书。

二、指导委员会2017年度工作要点

2017年度，“教指委”要深入学习贯彻党的十八大和十八届三中、四中、五中、六中全会精神，学习贯彻习近平总书记系列重要讲话精神，学习贯彻全国高校思想政治工作会议精神，落实全国法律专业学位研究生教育指导委员会会议精神，按照国务院学位委员会、教育部、司法部要求，认真做好各项工作，推进法律硕士教育改革发展。重点做好以下几项工作：

1. 立足法律硕士培养定位，不断提高法律硕士人才培养质量。认真贯彻落实全国思想政治工作会议精神，认真学习贯彻习近平总书记重要讲话精神，始终坚持正确政治方向，全面加强法律硕士思想政治教育，教育引导法律硕士打牢忠于党、忠于祖国、忠于人民、忠于法律的思想基础，坚定不移做党和人民的忠诚卫士。认真学习贯彻中央和教育部有关文件精神，从立足服务“四个全面”战略布局、充分认识新形势下进一步加强法律硕士教育的重要性和紧迫性，进一步明确法律硕士培养定位，积极推进法律硕士培养模式改革，全面提高法律硕士人才培养质量和水平。

2. 围绕健全完善法律硕士教育制度,深入推进“深化法律专业学位研究生教育综合改革”。加强工作指导,指导有关院校和专家深入开展研究,重点推进法律硕士招生考试制度、法律硕士教育与法律职业资格衔接机制、法律硕士培养模式、法律硕士培养质量评价监督机制等重要改革,确保各项改革如期完成任务,不断健全完善法律硕士教育制度。

3. 着眼于科学指导精准指导,认真履行指导委员会工作职责。一是加强法律硕士案例库建设。完成第二批评选案例入库工作,做好第三批教学案例征集和评选工作,积极推进教学案例应用。二是法律硕士教育专题培训班。对近年新增法律硕士培养单位进行师资培训,引导培养单位采取措施,切实提高教育教学质量。三是完善法律硕士教育相关制度文件。完成《法律硕士专业学位研究生指导性培养方案》修订完善工作,为各培养单位做好法律硕士培养工作提供基本遵循。做好《法律硕士专业学位授权点申请基本条件》贯彻实施相关工作,做好全国法律专业学位研究生入学统一考试(初试)制度改革相关准备工作。四是加强理论探索。开展专题研究,对“法本法硕”教育培养情况进行专题调研,总结经验,提出进一步提高培养培养质量的对策建议,有针对性的指导培养单位做好法律硕士培养工作。五是继续组织实施全国法律硕士毕业生就业状况与能力调查项目,做好2013届毕业生就业状况调查工作,完成项目总结工作。六是加强教材建设。推进法律硕士相关教材编写工作,加强教材建设和使用情况调研,研究提出编写法律硕士教育教材规划,与有关部门组织编写法律硕士教育相关教材。

法硕教指委

关于下达2013年专业学位研究生教育指导委员会建设项目委托研究项目的通知

（法指秘[2013]7号）

中国人民大学、西南政法大学、华东政法大学：

全国法律专业学位研究生教育指导委员会《2013年专业学位研究生教育指导委员会建设项目》已经教育部学位管理与研究生教育司评审，批准立项。

为围绕法学实践的需要，在全国范围推动实践教学，积极促进法律专业研究生教育的改革，从而提供法律专业研究生的培养质量和培养能力，保证研究生项目的顺利实施，提供经费使用效益，按照全国法律专业学位研究生教育指导委员会工作计划和安排，决定正式依托相关学校和首席专家开展建设项目的课题研究。

依托学校和首席专家要结合法律专业学位研究生工作特点，认真组织课题研究，按照项目目标和项目研究有计划开展相应课题研究，科学分解研究任务，合理安排经费使用，努力整合学校资源，形成研究合力，共同完成好课题研究任务。

依托学校和首席专家要根据项目经费使用要求核销相关课题经费，形成高质量的项目研究成果并推动研究成果的应用，在2013年年底前完成课题结题和验收工作。

附：2013年全国法律专业学位研究生教育指导委员会建设项目委托研究项目一览表

全国法律专业学位研究生教育指导委员会

2013年6月25日

课题名称	依托单位	首席专家	项目经费
我国法律专业学位研究生培养与司法考试制度衔接机制研究	西南政法大学	付子堂	20 万元
法律案例库建设和案例教学推广	中国人民大学	韩大元	15 万元
专业学位实践基地建设指导性意见和规范性管理办法	华东政法大学	杨忠孝	15 万元

全国法律专业学位研究生教育指导委员会
工作网站培训材料

根据第三届全国法律硕士专业学位研究生教育指导委员会秘书长工作报告以及《全国专业学位研究生教育指导委员会总章程（征求意见稿）》的总体部署，在教指委主任委员、副主任委员和委员会具体指导和支持下，以“传工作信息，架服务桥梁”为宗旨，以“公开、效率、服务”为核心，教指委秘书处已经建设“全国法律硕士专业学位研究生教育指导委员会网站”（域名为 www. china - jm. org），作为教指委的网络工作平台，通过发布教指委相关文件和通知，以提高教指委的工作效率。

一、网站主要栏目

1. 教指委：包括“教指委简介”“教指委章程”“秘书处”“教指委组成”等内容。

2. 法硕文件：分成“两部文件”（教育部、司法部文件）和“内部文件”（教指委内部文件）的频道。

3. 院校信息：根据法律硕士的不同批次设置下级频道，并介绍现有开设法律硕士专业学位院校基本信息，包含历史沿革、办学特色、招生情况、培养情况和工作网站。

4. 招生信息：下设“招生简章”和“调剂信息”频道，分别公布各院校法律硕士招生信息以及法律硕士招生的调剂信息。

5. 教学培养：下设“法硕培养”（法硕培养的介绍）“案例教学”（征集案例教学和编写要求）“培养方案”（各校培养方案的介绍）和“教学材料”（介绍教材教案等材料）四个频道。

6. 学术交流：下设“院际交流”（国内交流信息）“国际交流”（国际交流信息）“学术探讨”（推荐学术文章）三个频道。

7. 法硕评估：下设“评估文件”“评估机构”“评估信息”等频道，公布和交流法律硕士综合试点改革等工作的检查、评估等信息。

8. 工作简报：定期制作并发布教指委工作简报。

9. 友情链接：链接到教育部、国务院学位委员会等法律专业研究生教育的主管机关。

10. 院校链接:链接到开办法律专业学位的院校的主页。

11. 内网功能:网站首页设立“登录内网”入口,授予各校通讯员权限,各校通讯员可以上传、下载资料,发表评论等互动功能。

12. 通知公告

13. 首页新闻(图片新闻)

二、网站资料上传

各培养院校需要报送的信息通过网站内网上传以下信息:

1. 院校信息:各院校法律专业学位研究生教育基本信息,包括学校、学院的简介,负责法律专业学位研究生培养的院(系)、中心等网站或者专设工作网站(如有,一定提供),原则上不超过2000字左右。

2. 招生信息:各校“招生简章”和最新的“调剂信息”。

3. 教学培养:各院校现行的培养方案(含各类别法律硕士)培养方案和“教学材料”(介绍各院校已经采用或者编纂的可供分享的教材教案等材料)。

4. 学术交流:提供最新的“院际交流”(各校的国内交流信息)“国际交流”(各校的国际交流信息)“学术探讨”(各校推荐关于研究生培养等方面的学术文章)。

三、网站通讯员

为做好网站的信息更新,拟建立法律硕士专职管理人员组成的通讯员队伍,请各培养单位推荐一名法硕专职管理人员担任网站通讯员,并填报《网站通讯员基本信息》,并发送至jmwebsite@163.com(该邮箱为备用信息传送方式,主要传送方式为内网传送)。

通讯员应具备日常网络即时通讯工具、网站信息发布、常用文字编辑、简单图片处理、文件扫描等技术能力,能保持在工作时间即时登录网络的环境。通讯员也应较为了解本院校法律专业学位研究生培养的情况,热心、细心从事网站信息通讯员的工作。

全国法硕教指委QQ工作群号为110318496,请各校通讯员说明身份申请加入工作群,并按照“学校简称+姓名”自行修改群名片。非紧急咨询事项,可以在QQ工作群中进行咨询。

网站设立了工作内网(首页设立“登录内网”入口),授予各校通讯员登陆内网权限(如不明,可联系QQ工作群中的秘书处工作人员),各校通讯员将拟发布的信息上传内网,并实现上传资料,发表评论等互动功能,请使用IE浏览器登陆内网。登陆内往之后,请通讯员认真阅读内网公告区中关于发布信息的注意事项。:主要用于传递网站管理和教指委等有关通知。

如各校遇通讯员发生变动,请及时发送将新通讯员的基本信息发送至 jm-website@ 163. com,并请做好续任通讯员培训和内网用户名和密码的转接工作做好工作。

八、有 关 资 料

第一届全国法律专业学位研究生教育指导委员会委员名单（1998 年）

顾　问：

王叔文　全国人大常委会法律委员会副主任委员、中国法学会副会长、国务院学位委员会委员

高铭暄　中国法学会副会长

主任委员：

肖　扬　司法部部长

副主任委员：

曾宪义　中国人民大学法学院院长、教授

顾海良　国务院学位委员会办公室副主任、教育部研究生工作办公室副主任

怀效锋　司法部法学教育司司长

委　员：

张鸣起　中央政法委员会办公室主任

刘继军　最高人民法院教育厅副厅长

苑玉民　最高人民检察院教育局局长

段正坤　司法部律师司司长

霍宪丹　司法部法学教育司副司长

沈白路　中国法律服务（香港）有限公司副董事长

杨金国　中华全国律师协会秘书长

朱启超　北京大学法律系副主任、教授

赵秉志　中国人民大学法学院副院长、教授

赵相林　中国政法大学副校长、教授

沈四宝　对外经济贸易大学法学院院长、教授

郑成良　吉林大学法学院院长、教授

曹建明　华东政法学院院长、教授

余劲松　武汉大学法学院院长、教授

徐静村　西南政法大学副校长、教授

秘书长：

霍宪丹(兼)

副秘书长：

赵秉志(兼)

李　军　国务院学位委员会办公室

第二届全国法律专业学位研究生教育指导委员会委员名单(2004年)

顾　　　问:肖　扬
主 任 委 员:张福森(司法部部长)
副主任委员:曾宪义(中国人民大学　教授)
　　　　　　吴志攀(北京大学　教授)
　　　　　　朱　勇(中国政法大学　教授)

委员(按姓氏笔画排列):
王少峰(最高人民检察院政治部干教部　部长)
王保树(清华大学　教授)
王继军(山西大学　教授)
付子堂(西南政法大学　教授)
孙笑侠(浙江大学　教授)
孙建国(公安部人事训练局　副局长)
沈四宝(对外经济贸易大学　教授)
何勤华(华东政法学院　教授)
杜国兴(司法部国家司法考试司　司长)
邱兴隆(湘潭大学　教授)
邵建东(南京大学　教授)
吴汉东(中南财经政法大学　教授)
陈明华(西北政法学院　教授)
周叶中(武汉大学　教授)
胡鸿高(复旦大学　教授)
贾午光(中华全国律师协会　秘书长)
韩大元(中国人民大学　教授)
董文濮(最高人民法院政治部宣教部　部长)
霍存福(吉林大学　教授)
魏建荣(中央政法委员会办公室　副主任)

秘书长：

杜国兴(兼)

副秘书长：

韩大元(兼)、姜晶

第三届全国法律专业学位研究生
教育指导委员会委员名单(2011 年)

主任委员:

吴爱英	司法部	部长

副主任委员:

赵大程	司法部	副部长
王利明	中国人民大学	副校长
朱　勇	中国政法大学	副校长

委员(按姓氏笔画排列):

丁　露	司法部国家司法考试司	司长
王　军	对外经济贸易大学	教授
王　健	西北政法大学	教授
王少峰	最高人民检察院政治部	副主任
王亚东	公安部人事训练局	副局长
付子堂	西南政法大学	教授
叶　青	华东政法大学	教授
孙笑侠	浙江大学	教授
吴汉东	中南财经政法大学	校长
李　力	南京师范大学	教授
杜　春	司法部律师公证工作指导司	司长
杨克勤	中央司改办	副主任
周叶中	武汉大学	教授
林秀芹	厦门大学	教授
胡鸿高	复旦大学	教授
夏新华	湘潭大学	教授
董文濮	最高人民法院政治部宣传部	部长
韩大元	中国人民大学	教授
潘剑峰	北京大学	教授

黎　宏	清华大学	教授
霍存福	吉林大学	教授

秘书长：

丁　露(兼)

副秘书长：

韩大元(兼)

姜　晶	司法部国家司法考试司	副司长
殷明胜	中央司改办	处长

第四届全国法律专业学位研究生教育指导委员会委员名单（2017 年）

主任委员：

张　军	司法部	部长

副主任委员：

赵大程	司法部	副部长
王利明	中国人民大学	副校长
马怀德	中国政法大学	副校长

委员（按姓氏笔画排列）：

王　健	西北政法大学	教授
王卫东	最高人民检察院政治部干部教育培训部	部长
叶金强	南京大学	教授
石静霞	对外经济贸易大学	教授
孙长永	西南政法大学	教授
孙笑侠	复旦大学	教授
朱新力	浙江大学	教授
冷传莉	贵州大学	教授
张建伟	清华大学	教授
李　力	南京师范大学	教授
李利军	中央政法委法治建设室	副主任
杨宗辉	中南财经政法大学	教授
汪习根	武汉大学	教授
陈延超	公安部人事训练局	副巡视员
周院生	司法部律师公证工作指导司	司长
林秀芹	厦门大学	教授
林燕萍	华东政法大学	教授
姜　晶	中央司法警官学院	党委书记

夏新华	湘潭大学	教授
徐　岱	吉林大学	教授
贾丽群	司法部国家司法考试司	司长
董文濮	最高人民法院政治部	副主任
韩大元	中国人民大学	教授
潘剑峰	北京大学	教授

秘书长：

贾丽群(兼)

副秘书长：

韩大元(兼)

王　红	司法部国家司法考试司	副巡视员

法硕教指委

关于评选法律硕士专业学位教育优秀教学工作者、优秀教学管理工作者、优秀论文的决定

（法指委[2006]3号）

各有关单位：

根据全国法律硕士专业学位教育指导委员会秘书处《关于筹备召开法律硕士专业学位设立十周年大会暨法律硕士教育论坛的通知》要求，在各单位推荐的基础上，指导委员会组织专家对各单位推荐的优秀教学工作者、优秀教学管理工作者和优秀论文进行了认真的评审，共评选出26名优秀教学工作者、35名优秀教学管理工作者和31篇优秀论文。希望获奖同志今后在各自的工作岗位上，继续关心支持法律硕士专业学位教育工作，发扬成绩，再接再厉，为我国的法学教育事业和民主法制建设作出新的更大的贡献！

附件一：优秀教学工作者

二：优秀教学管理工作者

三：优秀论文

全国法律硕士专业学位教育指导委员会

二〇〇六年十二月二十八日

附件

一、优秀教学工作者

1. 朱力宇　中国人民大学法学院
2. 楼建波　北京大学法学院
3. 管晓峰　中国政法大学
4. 李韧夫　吉林大学法学院
5. 莫洪宪　武汉大学法学院

6. 周祖成　西南政法大学行政法学院
7. 杨忠孝　华东政法学院
8. 张　淳　南京大学法学院
9. 朱福惠　厦门大学法学院
10. 张德淼　中南财经政法大学法学院
11. 汪世荣　西北政法大学
12. 郭　建　复旦大学法学院
13. 阮方民　浙江大学法学院
14. 周永坤　苏州大学法学院
15. 李明发　安徽大学法学院
16. 刘德法　郑州大学法学院
17. 钱福臣　黑龙江大学法学院
18. 夏新华　湘潭大学法学院
19. 李兆杰　清华大学法学院
20. 俞树毅　兰州大学法学院
21. 陈志波　云南大学法学院
22. 郭　洁　辽宁大学法学院
23. 孙宪忠　中国社会科学院法学所法学系
24. 耿　勇　河南大学法学院
25. 黄伟明　烟台大学法学院
26. 周　伟　上海交通大学法学院

二、优秀教学管理工作者

1. 姜　晶　法律硕士指导委员会秘书处
2. 王　红　法律硕士指导委员会秘书处
3. 郝晓明　法律硕士指导委员会秘书处(中国人民大学法学院)
4. 付子堂　西南政法大学
5. 孙笑侠　浙江大学法学院
6. 刘茂林　中南财经政法大学法学院
7. 葛洪义　华南理工大学法学院
8. 李有根　南京大学法学院
9. 江　莹　南京大学研究生招生办
10. 何志鹏　吉林大学法学院
11. 乔玉君　北京大学法学院
12. 王　民　中国政法大学
13. 周海涛　对外经济贸易大学研究生招生办

14. 张俊峰　吉林大学法学院
15. 温世扬　武汉大学法学院
16. 李功建　西南政法大学学位办
17. 邹　荣　华东政法学院
18. 石红梅　南京大学法学院
19. 夏　勇　中南财经政法大学
20. 王　健　西北政法大学
21. 孙晓屏　复旦大学法学院
22. 李有星　浙江大学法律硕士教育中心
23. 肖金明　山东大学法学院
24. 张丽星　四川大学法学院
25. 郑　宇　郑州大学法学院
26. 董玉庭　黑龙江大学
27. 王亚新　清华大学法学院
28. 张荣强　南开大学
29. 王继军　山西大学
30. 康建胜　兰州大学法学院
31. 邢志仁　辽宁大学
32. 冀祥德　中国社会科学院法学所法学系
33. 金福海　烟台大学法学院
34. 吕　及　南京师范大学
35. 陈伟峰　江西财经大学

三、优秀论文

中国人民大学推荐：

李冰青，《对民间文学艺术作品的法律规制研究的反思》，指导教师刘春田；

李秀梅，《北京市"禁放"法规的法社会学与法经济学分析》，指导教师冯玉军；

北京大学推荐：

戴新燕，《企业借贷禁止的法律分析》，指导教师彭冰；

阮耀明，《税务法庭：求解我国税收司法困境的一种进路》，指导教师张守文；

中国政法大学推荐：

刘建中，《农民宅基地权利研究》，指导教师赵红梅；

万小君，《民事公益诉讼主体研究》，指导教师王秋兰；

对外经济贸易大学推荐：

芮立新，《工伤补偿制度研究》，指导教师王军；

康　明，《临时仲裁及其在我国的现状和发展》，指导教师沈四宝；

吉林大学推荐:
朱书用,《论纳税人权利保护之完善》,指导教师李韧夫;
李广军,《论我国民事诉讼制度中的新的证据规则》,指导教师韦经建;
武汉大学推荐:
张继林,《造成财产损失的道路交通肇事行为之刑法评价》,指导教师康均心;
西南政法大学推荐:
吴献金,《诚实信用原则源流变》,指导教师谭启平;
张书清,《论我国民间融资法律制度的完善》,指导教师岳彩申;
华东政法学院推荐:
应建廷,《单位被告参与刑事诉讼方式研究》,指导教师孙剑明;
谢永健,《论注册会计师对第三人的民事责任》,指导教师杨忠孝;
南京大学推荐:
邹　宏,《有限公司司法解散的裁判思路》,指导教师蒋大兴;
厦门大学推荐:
张意文,《略论负担行政行为说明理由的价值传承与技术构建》,指导教师朱福惠;
中南财经政法大学推荐:
李　刚,《网络虚拟财产的刑法保护》,指导教师齐文远;
西北政法大学推荐:
毛　海,《关于我国检警关系的反思与重构》,指导教师王振河;
刘仲屹,《破坏电力设备罪研究》,指导教师喻贵英;
复旦大学推荐:
宋永华,《论犯罪主观方面的认定——比较与重构》,指导教师陈浩然;
浙江大学推荐:
周　兴,《社团规章的行政法法源性论说》,指导教师孙笑侠;
山东大学推荐:
王　彬,《国家与社会范式下的调解研究》,指导教师谢晖;
四川大学推荐:
杨　伟,《职业化进程中的法官断层问题研究——四川乐山12法院调查研究》,指导教师周伟;
苏州大学推荐:
葛　文:《司法裁判与社会变迁的互动》,指导教师周永坤;
黑龙江大学推荐:
严　诚:《国有资产经营管理法律问题的体系化研究》,指导教师董惠江;
湘潭大学推荐:

李胜刚,《我国民事诉讼费用制度的透视与改革——以贫困地区基层法院为分析视角》,指导教师廖永安;

清华大学推荐:

张　龙,《脑死亡立法研究》,指导教师申卫星;

高来龙,《排污权交易法律制度研究——以火电厂二氧化硫排污交易为例》,指导教师王明远;

兰州大学推荐:

钟　俊,《法官职业化的重要障碍及其对策研究》,指导教师刘艺工;

辽宁大学推荐:

黄德龙,《计算机软件法律保护研究》,指导教师杜甲华。

法硕教指委

关于表彰法律专业学位研究生优秀学位论文作者、优秀教师和优秀管理工作者的决定(2016年)

各有关单位:

法律专业学位研究生教育是我国专业学位研究生教育的重要组成部分,也是培养法治专门人才的重要平台。多年来,在这一领域涌现出一大批热心法律专业学位研究生教育的优秀教师和优秀管理工作者,推出了一批高质量的法律硕士学位论文。为表扬先进,根据全国法律专业学位研究生教育指导委员会(以下简称"教指委")秘书处《关于召开全国法律专业学位研究生教育指导委员会会议暨第九届法律硕士教育论坛的预备通知》(法指秘[2015]21号)要求,在各培养单位推荐的基础上,"教指委"组织部分委员和专家对各单位推荐的优秀学位论文、优秀教师和优秀管理工作者进行了认真的评审,共评选出42篇优秀学位论文(其中一等奖18篇、二等奖24篇),55名优秀教师和55名优秀管理工作者,决定分别授予这些同志法律专业学位研究生优秀学位论文奖、法律专业学位研究生教育优秀教师奖和法律专业学位研究生教育优秀管理工作者奖。希望获奖同志在今后的工作岗位上,发扬成绩,再接再厉,继续做好法律专业学位研究生教育工作;希望广大法律专业学位研究生教育工作者以上述获奖同志为榜样,立足岗位,努力工作,共同为我国的法学教育事业和社会主义法治国家建设作出新的更大的贡献!

附件:一、法律专业学位研究生优秀学位论文名单;

二、法律专业学位研究生教育优秀教师名单;

三、法律专业学位研究生教育优秀管理工作者名单。

全国法律硕士专业学位教育指导委员会

2016年1月9日

附件

一、法律专业学位研究生优秀学位论文名单

一等奖:

1. 作者:欧阳瑭珂

题目:《中国企业境外间接上市中的合同控制模式研究——法律和财务的双重视角》

推荐学校:北京大学

指导教师:刘燕

2. 作者:周忠强

题目:《高淳地区风俗习惯在法院处理民事纠纷中的适用》

推荐学校:东南大学

指导教师:戴庆康

3. 作者:陈君

题目:《检察机关提起环境行政公益诉讼研究》

推荐学校:福州大学

指导教师:祝昌霖

4. 作者:谈旺玉

题目:《三亚市"外嫁女"征地补偿纠纷司法解决的调研报告》

推荐学校:海南大学

指导教师:刘云亮

5. 作者:陆艳霞

题目:《专利中数值和数值范围的等同侵权判断研究——基于中美审判实践分析》

推荐学校:华南理工大学

指导教师:孟祥娟

6. 作者:黄艺如

题目:《农村婚约财产返还纠纷的法社会学分析——以豫南 H 县法院相关司法判决为例(2009~2014)》

推荐学校:华中科技大学

指导教师:郭义贵

7. 作者:傅禹铭

题目:《信托业兑付危机下信托受托人尽职标准的法律分析》

推荐学校:清华大学
指导教师:施天涛
8. 作者:陈鹏祥
题目:《海峡两岸行政协作之法理探析——以出入境检验检疫协作机制为视角》
推荐学校:厦门大学
指导教师:周刚志
9. 作者:冀缨琳
题目:《关于刑罚执行变更的调研报告——以山东省监狱系统为样本》
推荐学校:山东政法学院
指导教师:张传伟
10. 作者:施国强
题目:《零售商买方垄断行为及其法律规制》
推荐学校:上海交通大学
指导教师:王先林
11. 作者:刘文斌
题目:《刑事诉讼法中"等"字的研究》
推荐学校:四川省社会科学院
指导教师:韩旭
12. 作者:谢源澔
题目:《地方政府"大部门体制"改革法律问题研究——以食品安全监管体制改革为例》
推荐学校:武汉大学
指导教师:祝捷
13. 作者:肖惠娜
题目:《乡村秩序:村社自治与政府治理——以漳州市朝阳镇"庙会宴客禁令"的个案分析为进路》
推荐学校:西南财经大学
指导教师:唐清利、王伦刚
14. 作者:黄兰松
题目:《行政许可条款设置技术评估研究》
推荐学校:烟台大学
指导教师:汤唯
15. 作者:卢正丽
题目:《二手房买卖合同中反"跳单"条款的效力研究》
推荐学校:中国人民大学

指导教师:杜焕芳
16. 作者:刘世伟
题目:《论为亲友非法牟利罪》
推荐学校:中国人民公安大学
指导教师:杨金彪
17. 作者:孙涛
题目:《对宁夏农民犯罪问题的犯罪学研究》
推荐学校:中国政法大学
指导教师:张建荣
18. 作者:徐文文
题目:《吴英集资诈骗案法理研究》
推荐学校:北京师范大学
指导教师:赵秉志

二等奖:

1. 作者:李小笑
题目:《论农村宅基地使用权的流转》
推荐学校:北方工业大学
指导教师:尹好鹏
2. 作者:冷嫦娥
题目:《拒不支付劳动报酬罪司法认定问题研究》
推荐学校:东北财经大学
指导教师:韩玲
3. 作者:曾野
题目:《“服务贸易总协定”》(GATS)下的市场准入与国民待遇义务的关系研究——以“中国电子支付服务案”为例
推荐学校:对外经济贸易大学
指导教师:龚红柳
4. 作者:雷成平
题目:《对死亡赔偿金分配纠纷案之法理分析》
推荐学校:甘肃政法学院
指导教师:杨平
5. 作者:何永东
题目:《论我国实行网络实名制的困境与出路》
推荐学校:广西民族大学
指导教师:齐爱民

6. 作者:李佳
题目:《个人住房买卖税法遵从问题研究——以上海、北京二手房交易市场为调查对象》
推荐学校:华东政法大学
指导教师:陈少英
7. 作者:杨硕
题目:《公司司法解散制度实证研究》
推荐学校:吉林财经大学
指导教师:杨春梅
8. 作者:金品
题目:《商业外观保护问题研究》
推荐学校:南开大学
指导教师:张玲
9. 作者:郑舒欣
题目:《网上司法拍卖的法律调整》
推荐学校:宁波大学
指导教师:刘满达
10. 作者:赵飞
题目:《论未决羁押者的劳动权》
推荐学校:山东大学
指导教师:周长军
11. 作者:马翔
题目:《人民法院案例指导制度研究》
推荐学校:山东科技大学
指导教师:孙法柏
12. 作者:马召燕
题目:《我国专利侵权损害赔偿的确定问题研究》
推荐学校:上海大学
指导教师:张玉蓉
13. 作者:马铁鹏
题目:《论公共事务中行政谎言的法律规制》
推荐学校:深圳大学
指导教师:黄亚英
14. 作者:王贞仪
题目:《论治安处罚汇中诽谤的认定——基于言论自由的视角》

推荐学校:苏州大学
指导教师:上官丕亮
15. 作者:谢定平
题目:《交通肇事犯罪自首问题研究》
推荐学校:天津财经大学
指导教师:陈灿平
16. 作者:王文龙
题目:《论非法吸收公众存款罪——以河南某某集团公司非法吸收公众存款为例》
推荐学校:西南科技大学
指导教师:廖斌
17. 作者:陈益凤
题目:《借名购房纠纷案件的法律适用研究》
推荐学校:浙江大学
指导教师:陈信勇
18. 作者:米丹
题目:《专利权资产价值评估风险防控研究——基于R&D成果转化的法律视角》
推荐学校:西北大学
指导教师:郑辉
19. 作者:胡大雁
题目:《金融产品交易中冷静期实践的法律思考》
推荐学校:西南政法大学
指导教师:卢代富
20. 作者:郑璇
题目:《冒充专利行为的犯罪化研究》
推荐学校:中国海洋大学
指导教师:于阜民
21. 作者:陈晗
题目:《地下空间建设用地使用权法律问题研究》
推荐学校:中央财经大学
指导教师:陈华彬
22. 作者:徐炜
题目:《大清律例惩贪肃贿研究》
推荐学校:重庆大学

指导教师:张晓蓓

23. 作者:王锴

题目:《观察期条款在复效保险合同纠纷中的适用——基于邹巧云一案的研究》

推荐学校:南京大学

指导教师:岳卫

24. 作者:武洪丞

题目:《农村小额信贷中政府责任研究》

推荐学校:中共中央党校

指导教师:王伟

二、法律专业学位研究生教育优秀教师名单

1. 冯玉军　中国人民大学法学院
2. 葛云松　北京大学法学院
3. 费安玲　中国政法大学
4. 冯　辉　对外经济贸易大学法学院
5. 何志鹏　吉林大学法学院
6. 柳正权　武汉大学法学院
7. 石经海　西南政法大学
8. 贾希凌　华东政法大学
9. 张　淳　南京大学法学院
10. 张建伟　清华大学法学院
11. 周孝怀　海南大学法学院
12. 孟庆瑜　河北大学法学院
13. 牟　军　云南大学法学院
14. 陈华彬　中央财经大学法学院
15. 包　俊　南京师范大学法学院
16. 张　娟　安徽大学法学院
17. 李俊明　上海交通大学凯源法学院
18. 胡军辉　湘潭大学法学院
19. 杨　彬　沈阳师范大学法学院
20. 侯　健　复旦大学法学院
21. 吴旭莉　厦门大学法学院
22. 张德淼　中南财经政法大学
23. 宋志军　西北政法大学

24. 郭　洁　辽宁大学法学院
25. 史浩明　苏州大学王健法学院
26. 黄　捷　湖南师范大学法学院
27. 曹伊清　同济大学法学院
28. 刘丹冰　西北大学法学院
29. 刘加良　山东大学法学院
30. 汤　唯　烟台大学法学院
31. 刘　良　中国刑警学院
32. 侯　茜　重庆大学法学院
33. 王利军　河北经贸大学法学院
34. 石现明　云南财经大学法学院
35. 葛伟军　上海财经大学法学院
36. 张保华　北京交通大学法学院
37. 刘艳红　东南大学法学院
38. 曾月英　深圳大学法学院
39. 郑瑞琨　北京科技大学法学院
40. 郭明龙　天津师范大学法学院
41. 黄　辉　福州大学法学院
42. 孙光焰　中南民族大学法学院
43. 王红霞　中南大学法学院
44. 黄　娜　中国人民公安大学法学院
45. 郭站红　宁波大学法学院
46. 李立景　广西民族大学法学院
47. 侯　巍　华南师范大学法学院
48. 刘文静　暨南大学法学院
49. 刘　华　华中师范大学法学院
50. 曹　莹　解放军西安政治学院
51. 邹　杨　东北财经大学法学院
52. 王照东　新疆大学法学院
53. 胡家强　中国海洋大学法学院
54. 周世中　广西师范大学法学院
55. 颜三忠　江西师范大学法学院

三、法律专业学位研究生教育优秀管理工作者名单

1. 钟小红　中国人民大学法学院
2. 乔玉军　北京大学法学院
3. 王　浩　武汉大学法学院
4. 王立国　吉林大学法学院
5. 韩文生　中国政法大学
6. 李　燕　西南政法大学
7. 刘　颖　清华大学法学院
8. 尹　飞　中央财经大学法学院
9. 刘亚芳　南京大学法学院
10. 吕　及　南京师范大学法学院
11. 单晓华　沈阳师范大学法学院
12. 骆　云　上海交通大学凯源法学院
13. 柯阳友　河北大学法学院
14. 陈　静　海南大学法学院
15. 张 冰　安徽大学法学院
16. 杨忠孝　华东政法大学
17. 王　健　西北政法大学
18. 王　琳　复旦大学法学院
19. 康小宁　厦门大学法学院
20. 郭　静　烟台大学法学院
21. 张菊华　同济大学法学院
22. 熊跃敏　北京师范大学法学院
23. 胡育新　苏州大学王健法学院
24. 罗旭红　深圳大学法学院
25. 任　伟　东北财经大学法学院
26. 夏新华　湖南师范大学法学院
27. 杨宗辉　中南财经政法大学
28. 周杰普　上海财经大学法学院
29. 杜启顺　河南大学法学院
30. 李玉华 中国人民公安大学法学院
31. 高富国　甘肃政法学院
32. 范卫红　重庆大学法学院

33. 康贞花　延边大学法学院
34. 杨晓燕　西南财经大学法学院
35. 杨晶晶　北方工业大学法学院
36. 杨金顺　天津师范大学法学院
37. 秘明杰　山东科技大学法学院
38. 杜　楠　山东政法学院
39. 杜　菊　中央司法警官学院法学院
40. 陈家宏　西南交通大学法学院
41. 陈　博　北京交通大学法学院
42. 胡　婷　华南理工大学法学院
43. 邓欣欣　广东财经大学法学院
44. 胡鹏翔　暨南大学法学院
45. 任　杰　山东大学法学院
46. 董国珍　东南大学法学院
47. 王旭卫　江西财经大学法学院
48. 哈丽达·祖尔丁　新疆大学法学院
49. 熊雅丽　中南民族大学法学院
50. 曾雪梅　西南科技大学法学院
51. 江晓双　上海大学法学院
52. 李德进　广西师范大学法学院
53. 吴雪玲　华南师范大学法学院
54. 佴　澎　云南财经大学法学院
55. 何晓琳　四川省社会科学院研究生学院

全国法律硕士培养单位名单

自1996年我国开办和实施法律硕士教育以来，截至2014年，国务院学位委员会办公室共组织了11次授权审批工作，设置法律硕士授权点共计186个。此后教育部实施学位授权改革，对学位授权点进行动态调整和评估工作，学位授权点开始并作加法、减法，法律硕士点数量逐年增加。

2015年全国首次开展专业学位专项合格评估，撤销1个法律硕士点；2015年动态调整新增2个；2016年动态调整新增法律硕士点14个。截至2016年9月统计，全国共有法律硕士学位授权点201个。

1996年第一批(8所)

北京大学

中国人民大学

中国政法大学

对外经济贸易大学

吉林大学

武汉大学

华东政法学院

西南政法大学

1997年第二批(5所)

厦门大学

南京大学

中山大学

中南财经政法大学

西北政法大学

1998年第三批(9所)

复旦大学

浙江大学

黑龙江大学

湘潭大学

四川大学

安徽大学
苏州大学
山东大学
郑州大学

1999 年第四批(6 所)

清华大学
辽宁大学
南开大学
山西大学
兰州大学
云南大学

2003 年第五批(11 所)

中国人民公安大学
中国社会科学院研究生院
河南大学
烟台大学
上海交通大学
南京师范大学
江西财经大学
湖南大学
海南大学
西南财经大学
贵州大学

2004 年第六批(11 所)

中央财经大学
河北大学
内蒙古大学
大连海事大学
东北财经大学
上海财经大学
福州大学
华中科技大学
华中师范大学
湖南师范大学

解放军西安政治学院

2007 年第七批(30 所)

中国海洋大学
华侨大学
中央民族大学
天津师范大学
东南大学
暨南大学
中南大学
青海民族大学
青岛大学
西北大学
新疆大学
广东财经大学
重庆大学
北京师范大学
沈阳师范大学
上海大学
河北经贸大学
浙江工商大学
南昌大学
华南理工大学
同济大学
安徽财经大学
广西师范大学
北方工业大学
中国刑事警察学院
宁波大学
中南民族大学
江西师范大学
西安交通大学
深圳大学

2009 年第八批(35 所)

北京交通大学

北京航空航天大学
北京理工大学
北京科技大学
北京工商大学
首都经济贸易大学
天津财经大学
山西财经大学
东北师范大学
延边大学
吉林财经大学
华东理工大学
上海海事大学
上海师范大学
上海对外贸易大学
中国科学技术大学
山东科技大学
中国地质大学
武汉理工大学
华南师范大学
广西大学
广西民族大学
西南交通大学
西南科技大学
西南民族大学
贵州民族学院
云南财经大学
云南民族大学
西北民族大学
扬州大学
甘肃政法学院
中国青年政治学院
广东外语外贸大学
中共中央党校
四川省社会科学院

2010 年第九批(1 所)

河海大学(已于 2016 年撤销授权点)

2011 年服务国家特殊需求人才培养项目(2 所)

中央司法警官学院

山东政法学院

2014 年第十一批(68 所)

本次新增专业学位授权审核方式改由各省级学位委员会和自主设置高校自行评审,国务院学位委员会审批,为历年新增法律硕士点最多的一次。

北京联合大学

天津工业大学

天津商业大学

华北理工大学

河北师范大学

石家庄铁道大学

燕山大学

太原科技大学

内蒙古科技大学

大连海洋大学

辽宁师范大学

渤海大学

吉林师范大学

哈尔滨理工大学

东北农业大学

哈尔滨师范大学

哈尔滨商业大学

上海政法学院

江苏师范大学

浙江理工大学

安徽师范大学

福建师范大学

东华理工大学

江西理工大学

青岛科技大学

山东师范大学

山东财经大学
河南师范大学
河南财经政法大学
长江大学
长沙理工大学
湖南商学院
广州大学
桂林电子科技大学
广西师范学院
西南石油大学
西南医科大学
四川师范大学
西华师范大学
昆明理工大学
云南师范大学
西藏民族学院
兰州理工大学
西北师范大学
石河子大学
南京航空航天大学
南京理工大学
中国人民武装警察部队学院
中国农业大学
中国传媒大学
国际关系学院
天津大学
东北大学
东北林业大学
华东师范大学
上海外国语大学
中国矿业大学
江南大学
南京农业大学
合肥工业大学

西南大学
中国民航大学
外交学院
河北科技大学
江苏大学
浙江工业大学
南华大学
重庆工商大学

2015 年第十二批高校自主设置新增法律硕士点(2 所)

安徽工业大学
汕头大学

2016 年第十三批高校自主设置新增法律硕士点(14 所)

我国于 2014 年开始进行学位授权学科专业动态调整工作,即“主动撤销博士、硕士学位授权学科和专业学位授权类别,或撤销现有学位授权点并增列相同层次的其他学位授权点的动态调整试点工作”。根据《关于开展博士、硕士学位授权学科和专业学位授权类别动态调整试点工作的意见》(学位[2014]1 号,2014 年 1 月 8 日)和《博士、硕士学位授权学科和专业学位授权类别动态调整办法(试行)》(学位[2014]2 号),动态调整每年按规定程序进行一次,调整新增的学位授权点,批准三年后进行复核,博士点由国务院学位委员会学科评议组或专业学位教指委进行;硕士点由省级学位委员会组织进行,复核未通过的,整改一年,一年后仍未通过的,撤销授权。

2016 年 9 月 23 日,学位办发布了《关于下达 2016 年动态调整撤销和增列的学位授权点名单的通知》(学位[2016]23 号),此次动态调整中新设法律硕士点 14 个,名单如下:

1. 辽宁科技大学
2. 长春理工大学
3. 长春工业大学
4. 淮北师范大学
5. 福建农林大学
6. 河南工业大学
7. 信阳师范学院
8. 武汉工程大学
9. 吉首大学
10. 湖南科技大学

11. 中共湖南省委党校
12. 四川理工学院
13. 西华大学
14. 贵州财经大学

全国在职法律硕士招录情况一览表(2006～2014 年)

说明:

(1)2006 年 13 所高校自定招生规模而无最高限额;2007 年最高自定限额为 300;2008 年、2009 年最高自定限额为 200;2010 年以来规定最高限额均为 100。

(2)2006 年全国在职法硕单位为 50 个;2007 年后增为现在的 80 个。

(3)本表资料来源:国务院学位办、教育部学位与研究生教育发展中心历年发布的当年工作文件。

年份	全国平均成绩			实考人数	招录计划(名额)	实际录取(人数)
	外语	专业综合	总成绩平均分			
2006	49	132	180	11711	限额为 4470 人,13 个单位无限额	6570
2007	46	132	177	19386	9830	7618
2008	48	127	174	17466	8165	6864
2009	50.2	133.6	182.6	14296	8890	7972
2010	47	137.5	183.5	13758	5430	6009
2011	52.17	133.73	182.6	14502	5330	6106
2012	47.43	121.46	167.19	16758	6410	6979
2013	47.11	125.23	170.48	17325	6275	6704
2014	49.6	130.42	178.82	17764	6300	
总计				125641	61100	54822

全国法律专业学位研究生教育案例库
第一批入选案例名单

序号	学校	案例名称	案例类型	案例负责老师
1	湖南师范大学	凤凰山庄27户业主诉长沙市政府收回土地使用权决定无效案	行政诉讼实务	黄捷
2	海南大学	雷某诉HN大学博士生招生拟不录取案	行政诉讼实务	周孝怀
3	上海财经大学	中华环保联合会诉贵州省贵阳市修文县环境保护局环境信息公开案——《政府信息公开条例》的适用及行政公益诉讼的有关问题	行政诉讼实务	曾坚
4	沈阳师范大学	前进富通混凝土有限公司不服SY市人力资源与社会保障局工伤认定决定案	行政诉讼实务	方芳
5	厦门大学	江阴市川江酒业有限公司不服无锡市江阴质量技术监督局要求办理生产许可证案	行政诉讼实务	陈鹏
6	中南财经政法大学	张国清诉××市住房保障和房屋管理局案	行政诉讼实务	李修琼
7	辽宁大学	韩刚合同诈骗案	刑事诉讼实务	赵丙贵、候德福、张云鹏
8	中国人民大学	宏佑电子厂涉嫌保险诈骗案	刑事诉讼实务	时延安
9	对外经济贸易大学	陈诗祖、张成刚涉嫌绑架、敲诈勒索案	刑事诉讼实务	陈学权
10	河北经贸大学	张辉、张高平强奸杀人案	刑事诉讼实务	蔡军花
11	西南政法大学	汪某刚行贿、共同受贿案	刑事诉讼实务	陈伟
12	中国刑事警察学院	念某投放危险物质案	刑事诉讼实务	刘铭
13	中国人民大学	应志敏、陆毅走私废物、走私普通货物案	刑事诉讼实务	李立众
14	吉林大学	何可楠、马跃敲诈勒索案——刑事诉讼中法律职业者活动与敲诈勒索罪的认定	刑事诉讼实务	王志远

续表

序号	学校	案例名称	案例类型	案例负责老师
15	中央财经大学	章国锡受贿案	刑事诉讼实务	李伟
16	西南政法大学	宏远公司诉东亚地产申请实现担保物权案	民事诉讼实务	李燕
17	广东财经大学	奇虎科技诉腾讯科技等滥用市场支配地位案	民事诉讼实务	钟立国
18	云南大学	李春风诉成都新蜀九香餐饮有限公司商业特许经营合同案	民事诉讼实务	蔡涛、王鑫、冯德龙
19	华中师范大学	腾讯科技(深圳)有限公司等与上海虹连网络科技有限公司等著作权及不正当竞争纠纷案	民事诉讼实务	刘华
20	华南理工大学	王斌与广州五金塑料有限公司劳动争议申请再审案	民事诉讼实务	黄旭东
21	湖南师范大学	泰州市环保联合会诉江苏常隆农化有限公司等六公司环境污染损害赔偿案	民事诉讼实务	王彬辉
22	东北师范大学	深圳市蒲公堂信息咨询服务有限公司与深圳市南山区投资管理公司、深圳市科汇通投资控股有限公司	民事诉讼实务	王小林
23	暨南大学	好又多管理咨询服务(上海)有限公司诉张家港好又多连锁超市有限公司等侵害商标权及不正当竞争纠纷案	民事诉讼实务	陈胜蓝
24	北京师范大学	腾讯等诉奇虎等互联网不正当竞争的纠纷案	民事诉讼实务	韩赤风
25	厦门大学	厦门农村商业银行股份有限公司马垅支行诉陈衍禾等金融借款合同纠纷案	民事诉讼实务	吴旭莉
26	大连海事大学	大连宝洋水产有限公司诉环世物流(美国)有限公司、深圳航荣物流有限公司大连分公司海上货物运输合同纠纷案	民事诉讼实务	蒋跃川
27	黑龙江大学	中威船案	民事诉讼实务	王晓玲
28	中央财经大学	某某投资公司对外投资“对赌协议”的草拟和审查案例	非诉讼法律业务	艾茜
29	上海交通大学	长投公司、绿城公司股权转让仲裁案	非诉讼法律业务	杨力
30	沈阳师范大学	特变电工沈阳变压器集团有限公司并购上海中发超高压电器有限公司案	非诉讼法律业务	周琳、杨骥
31	南京师范大学	束秀红诉仪征市人力资源和社会保障局劳动和社会保障工伤认定行政确认案	行政诉讼实务	刘俊
32	河北经贸大学	药家鑫故意杀人案——刑法中的激情犯罪及网络舆论的刑事认定分	刑事诉讼实务	张亚军

续表

序号	学校	案例名称	案例类型	案例负责老师
33	沈阳师范大学	赵某某失火案	刑事诉讼实务	佟金玲
34	武汉理工大学	武汉“大学生陈旭劫持女医生”案	刑事诉讼实务	唐子艳
35	西南科技大学	陈魏、张思等组织卖淫案	刑事诉讼实务	蒋志如
36	中国刑事警察学	王海妨害公务案	刑事诉讼实务	王明辉 胡聪沛
37	广东财经大学	飞扬一人有限责任公司恶意解散损害债权人利益案	民事诉讼实务	袁碧华 李尤洪
38	沈阳师范大学	徐彩凤与张翠萍房屋所有权确认纠纷案	民事诉讼实务	李晴
39	河北经贸大学	张英、王福杰诉王栋杰房屋所有权确认纠纷案——借名买房中的相关法律关系及房屋所有权的界定	民事诉讼实务	田韶华
40	南京师范大学	顾永福与王志寿、王华香房屋买卖合同纠纷案	民事诉讼实务	包俊
41	云南大学	两个案例比较：麦某诉GZ市创恒房地产开发有限公司等借款、房屋买卖及让与担保的混合合同纠纷案——虚伪表示、意思表示解释、混合合同、让与担保、流质契约和债务更新的讨论	民事诉讼实务	李庭鹏
42	西南交通大学	鱼塘养殖户诉物流公司环境污染损害案	民事诉讼实务	邓君韬
43	华中师范大学	博士捐精死亡索赔案	民事诉讼实务	石先钰
44	湖南师范大学	长沙市坠下水道女孩死亡行政救助案例	非诉讼法律业务	吕宁
45	西南政法大学	中国诉美国四种产品（标准钢管、矩形钢管、复合编织袋、非公路用轮胎）反倾销与反补贴	非诉讼法律业务	陈咏梅
46	中国人民大学	三一重工海外投资分析	非诉讼法律业务	胡天龙
47	沈阳师范大学	龙达化工厂、吴江大学技术服务合同纠纷案	民事诉讼实务	张猛、王旭伟
48	西南政法大学	黄××与××××股份有限公司打印字迹时间鉴定案	民事诉讼实务	贾治辉、王俊
49	广东财经大学	北京锐邦涌和科贸有限公司与强生（上海）医疗器材有限公司等纵向垄断协议纠纷案	民事诉讼实务	谢根成
50	辽宁大学	刘某诉A海洋与渔业局行政诉讼案	行政诉讼实务	郭洁

全国法律专业学位研究生教育案例库
第二批入选案例名单

序号	作者姓名	案例名称	所属类别	作者单位
1	钟立国	美国诉中国影响电子支付服务若干措施案——中国涉 WTO 服务贸易争端中“电子支付服务”的认定与争议措施的合规性审查	非诉讼法律业务	广东财经大学法学院 教授
2	张　辉	工大软件公司从主板到新三板的资本运营	非诉讼法律业务	哈尔滨商业大学法学院　副教授
3	贾希凌	信托公司房地产集合资金信托计划案例	非诉讼法律业务	华东政法大学
4	吴啟铮	上市公司的合并:南车北车合并案	非诉讼法律业务	上海师范大学法政学院法律系　讲师
5	艾　茜、陈　飞	某某股份有限责任公司并购某某有限责任公司法律尽职调查报告的编写	非诉讼法律业务	中央财经大学
6	杜　颖	某某公司注册商标许可使用合同的草拟和审查案例	非诉讼法律业务	中央财经大学法学院 教授
7	戴激涛	钟华诉北京市工商行政管理局通州分局不作为案	行政诉讼实务	广东财经大学法学院 副教授
8	李大庆	新疆瑞成房地产开发有限公司税务争议案	行政诉讼实务	河北经贸大学法学院 讲师
9	何翠凤	黄才诉北宁经济技术开发区管理委员会房屋行政强制拆除纠纷案	行政诉讼实务	山东财经大学法学院 教授
10	黄先雄	冠生园公司不服某工商行政管理分局行政处罚决定案	行政诉讼实务	中南大学法学院 教授
11	刘　权	城东公司与定安县政府土地纠纷案——正当程序原则与确认违法判决的适用	行政诉讼实务	中央财经大学法学院 讲师

续表

序号	作者姓名	案例名称	所属类别	作者单位
12	李莘、张正多	浙江复星商业发展有限公司与上海长烨投资管理咨询有限公司等当事人股权转让纠纷案	民事诉讼实务	对外经济贸易大学法学院　副教授(李莘) 北京市汇融律师事务所 律师(张正多)
13	林　敏	迅捷通信连锁有限公司与蜀都实业有限责任公司房屋买卖合同纠纷案	民事诉讼实务	对外经济贸易大学法学院　助理教授
14	袁碧华	加多宝诉王老吉侵犯包装装潢权益案——商标许可中后发商誉知识产权归属的认定	民事诉讼实务	广东财经大学法学院 教授
15	柯阳友	李顺通与杨明俊、张文祥民间借贷、抵押合同纠纷案	民事诉讼实务	河北大学政法学院 教授
16	王利军	奇虎360诉腾讯QQ垄断案	民事诉讼实务	河北经贸大学法学院 教授
17	吴一鸣、李仁杰	新版神太阳能有限公司、新版神合同能源管理有限公司人格否认案	民事诉讼实务	华东政法大学副教授(吴一鸣) 华东政法大学2014级民商法学硕士研究生(李仁杰)
18	邓海峰	安州市环保联合会、江北省绿色环境协会与安州市龙翔化工有限公司环境污染责任纠纷案	民事诉讼实务	清华大学法学院 副教授
19	黄健雄	吕金矿诉杨跃煌买卖合同纠纷案——盗赃物能否适用善意取得	民事诉讼实务	厦门大学法学院 教授
20	肖　强、陈志新	胡某与中国移动通信集团天津有限公司及武清分公司、中国联合网络通信有限公司天津市分公司及武清分公司电信服务合同纠纷案	民事诉讼实务	天津工业大学人文与法学院　教授(肖强) 天津工业大学人文与法学院　讲师(陈志新)
21	唐　芬	李某某、盛强物流公司诉太平洋保险公司、光辉汽修厂等维修合同案	民事诉讼实务	西华师范大学法学院 副教授

续表

序号	作者姓名	案例名称	所属类别	作者单位
22	周建军、饶　红、杜枚娟、车云霞	远宁公司诉联合保险公司保险合同纠纷案	民事诉讼实务	西华师范大学法学院院长　副教授(周建军) 顺庆区人民法院民三庭庭长(饶红) 西华师范大学法学院助教(杜枚娟) 西华师范大学法学院讲师(车云霞)
23	万　江	锐邦涌和诉强生公司纵向垄断协议案	民事诉讼实务	西南政法大学经济法学院　副教授
24	朱光琪	华为诉美国IDC公司滥用市场支配地位案	民事诉讼实务	浙江理工大学法政学院法律系 讲师
25	孙　强	周俊华抢劫机动车交通肇事保险赔偿纠纷案——盗抢机动车肇事的交强险承保公司赔偿责任	民事诉讼实务	中国政法大学
26	易　玲	湖南方盛制药股份有限公司与怀化正好制药有限公司知识产权纠纷案	民事诉讼实务	中南大学法学院 副教授
27	段晓红	李某诉明珠集团有限公司房屋买卖合同纠纷案	民事诉讼实务	中南民族大学法学院 教授
28	缪因知	陈发树诉云南红塔股权转让纠纷案——国有股转让审批要求对合同效力的影响	民事诉讼实务	中央财经大学法学院 副教授
29	沈　健	环保科技公司与大拇指公司股东出资纠纷案	民事诉讼实务	中央财经大学法学院院长助理　讲师
30	李　坤	叶海兵非法持有毒品案	刑事诉讼实务	北方工业大学文法学院法律系　讲师
31	王联合	吕某QQ号码盗窃案	刑事诉讼实务	广东财经大学法学院 教授
32	程兰兰	孙某某故意伤害致交警茆某某死亡案	刑事诉讼实务	海师范大学哲学与法政学院 副教授
33	王欣元	李旭利利用未公开信息交易案	刑事诉讼实务	华东政法大学刑法学博士
34	王斌林	曾跃生故意杀人案——犯罪主观恶意性认定、司法调解与精神病医学鉴定意见证明力的认定	刑事诉讼实务	南华大学文法学院 副教授

续表

序号	作者姓名	案例名称	所属类别	作者单位
35	胡廷松	念斌投放危险物质罪——刑事诉讼的基本原则、审判程序、证据制度和法律文书的说理	刑事诉讼实务	上海师范大学法政学院
36	白　冬、陈灿平、于　滨、胡　鑫	从许霆案看盗窃罪司法适用中的有关难点问题	刑事诉讼实务	天津财经大学法学院教授(陈灿平) 天津财经大学法学院教授(白冬) 天津市北辰区助理检察官、天津财经大学法律硕士(于滨) 天津市第二中级人民法院助理审判员、天津财经大学法律硕士(胡鑫)
37	刘　刚	赵金萍、井鹏等共同强奸案	刑事诉讼实务	中南大学法学院副教授
38	李　伟	马乐利用未公开信息交易案	刑事诉讼实务	中央财经大学

全国法律专业学位研究生教育案例库
第三批入选案例名单

序号	作者姓名	案例名称	所属类别	作者单位
1	孔繁华	湖南省简氏食品实业有限公司诉广州市海珠区食品药品监督管理局行政处罚纠纷案	行政诉讼实务	华南师范大学
2	曾　坚	二十四家烟花爆竹生产企业状告安徽省政府——信赖保护原则的司法解读	行政诉讼实务	上海财经大学
3	章剑生	刘云务诉山西省太原市公安局交通警察支队晋源一大队道路交通管理行政强制案	行政诉讼实务	浙江大学
4	郑　宁	杨小彬诉国家食品药品监督管理总局不予受理决定案	行政诉讼实务	中国传媒大学
5	刘　权	城东公司与定安县政府土地纠纷案——正当程序原则的司法适用	行政诉讼实务	中央财经大学
6	李爱荣	创博公司不服商标评审委员会“微信”商标异议复审裁定案	行政诉讼实务	广东财经大学
7	易顶强	杨某等与Y物业管理有限公司、长沙市人力资源与社会保障局工伤确认纠纷案	行政诉讼实务	长沙理工大学
8	严永和	“Michael Jordan”商标纠纷案研究——商标非诉及诉讼过程中代理律师的职责与商标法上姓名权的认定与保护	行政诉讼实务	中南民族大学
9	李　睿	张某、夏某等利用未公开信息交易案	刑事诉讼实务	上海财经大学
10	赵维加	念某投放危险物质案	刑事诉讼实务	上海财经大学
11	张绍谦、张　弛	曹东旺故意伤害案	刑事诉讼实务	上海交通大学
12	吴啟铮	陈满涉嫌故意杀人、放火案	刑事诉讼实务	上海师范大学
13	赵天水	刘某等非法占有网络虚拟财产案——网络虚拟财产法律性质的认定	刑事诉讼实务	天津财经大学
14	商浩文	快播公司传播淫秽物品牟利案	刑事诉讼实务	中央财经大学

续表

序号	作者姓名	案例名称	所属类别	作者单位
15	曹志勋	沈新南等与刘金法等胚胎继承纠纷案	民事诉讼实务	北京大学
16	孟　珍	武侯国土局与招商房地产公司债权人代位权纠纷案	民事诉讼实务	南京理工大学
17	徐　昀、王森炎、储伟曼、郭彦娥	"狼牙山五壮士"系列案——网络环境下名誉侵权的认定	民事诉讼实务	燕山大学
18	焦海涛	粤超公司诉广东省足协、珠超公司垄断案	民事诉讼实务	安徽大学
19	崔金珍、孟爱华	北京庆丰包子铺诉山东庆丰餐饮公司侵害商标权与不正当竞争案	民事诉讼实务	崔：天津财经大学 孟：北京德和衡律师事务所合伙人
20	沈　健	南海救助局与阿昌格罗斯投资公司海难救助合同纠纷案	民事诉讼实务	中央财经大学
21	葛伟军	浙江圣大建设集团有限公司诉浙江玻璃股份有限公司动产浮动抵押权纠纷案	民事诉讼实务	上海财经大学
22	李　丹	泰州市环保联合会诉江苏常隆农化等六家公司环境污染公益诉讼案	民事诉讼实务	广东财经大学
23	李晓郛	WTO 美国诉中国取向电工钢反倾销和反补贴案	民事诉讼实务	上海财经大学
24	周　平	陈某主张代孕子女监护权案	民事诉讼实务	中南民族大学
25	谢根成、黄莹莹	"新百伦"商标权不正当竞争纠纷案	民事诉讼实务	广东财经大学
26	李晓新	HF 投资诉甘肃 SH 案	民事诉讼实务	安徽大学
27	王　跃	潘××与×××开发有限公司书证鉴定意见质证案	民事诉讼实务	西南政法大学
28	张春艳、张　波	杭州大头儿子文化公司与央视动画公司著作权侵权纠纷案—— 知识产权停止侵害救济例外的适用	民事诉讼实务	张春艳：江苏师范大学 张　波：江苏师范大学
29	金海军	杨季康诉中贸圣佳拍卖公司等侵犯著作权案	民事诉讼实务	中国人民大学

续表

序号	作者姓名	案例名称	所属类别	作者单位
30	陈明涛	乐视网(天津)信息技术有限公司诉北京百度网讯科技有限公司侵害作品信息网络传播权纠纷案	民事诉讼实务	北京交通大学
31	黄旭东	广州市人民检察院诉张玉山、邝达尧民事公益诉讼案	民事诉讼实务	华南理工大学
32	刘哲玮	钱某诉A公司确认“退出机制条款”无效案	民事诉讼实务	北京大学
33	梁慧瑜	山西西山煤电股份有限公司、山西孝义新禹煤焦有限公司与天津丰宇正泰金属材料贸易有限公司票据损害赔偿纠纷案	民事诉讼实务	山西大学
34	胡小红	路易威登马利蒂与董党伟、安徽白马商业经营管理有限公司、合肥盛装物业管理有限公司侵害商标权纠纷案	民事诉讼实务	安徽大学
35	梅术文	于某转发微博侵犯著作权案	民事诉讼实务	南京理工大学
36	吴广海	“落地式电风扇”专利无效宣告请求案	非诉讼法律业务	南京理工大学
37	王　沛	B国公司诉我国某公司违约案——关于国际货物买卖合同的成立条件	非诉讼法律业务	河北经贸大学
38	张永忠	《广东省医疗机构药品交易暂行办法》公平竞争审查案	非诉讼法律业务	华南师范大学
39	吴永辉、王惠敏、胡斯斯、陈伟莲	中化国际(新加坡)有限公司与德国蒂森克虏伯冶金产品有限责任公司国际货物买卖合同纠纷案	非诉讼法律业务	华侨大学
40	刘焱白	陈伟宏投资深圳富成汇通股权投资基金(有限合伙)案——以有限合伙企业治理为视角	非诉讼法律业务	广东财经大学
41	王昆江	C集团股份有限公司与A省B市政府PPP项目合作合同审查案	非诉讼法律业务	河北大学
42	胡　枫	国际法院关于科索沃单方面宣布独立的国际法咨询意见案	非诉讼法律业务	山东政法学院
43	周　琳	XY银行股份有限公司沈阳分行对黄海华声铸造厂金融借款之债权尽职调查案	非诉讼法律业务	沈阳师范大学
44	杨永红	荷兰诉俄罗斯北极日出号案——联合国海洋法公约下专属经济区内沿海国的执法权	非诉讼法律业务	西南政法大学
45	胡敏飞	文欣雅苑小区地下车库纠纷谈判	非诉讼法律业务	浙江工商大学
46	刘东亮	杭州优优皮具有限公司广告违法行政处罚案	非诉讼法律业务	浙江工商大学

续表

序号	作者姓名	案例名称	所属类别	作者单位
47	熊丙万、丁　琳	交通运输部的网约车业监管立法	非诉讼法律业务	中国人民大学
48	刘　强	“核重新编程因子”发明专利无效案——人胚胎干细胞伦理道德的判断	非诉讼法律业务	中南大学
49	易　玲	宁波市北仑区综合行政执法局与徐宁非诉执行案	非诉讼法律业务	中南大学
50	艾　茜、陈　飞	某某中外合资经营企业注册设立案例	非诉讼法律业务	中央财经大学

图书在版编目(CIP)数据

全国法律专业学位研究生教育文献汇编 : 1995—2017 / 全国法律专业学位研究生教育指导委员会编. -- 北京 : 法律出版社, 2017
ISBN 978 - 7 - 5197 - 1783 - 4

Ⅰ. ①全… Ⅱ. ①全… Ⅲ. ①法律－研究生教育－文献－汇编－中国－1995 - 2017 Ⅳ. ①D9 - 4

中国版本图书馆 CIP 数据核字(2017)第 305669 号

全国法律专业学位研究生教育文献汇编(1995—2017)
QUANGUO FALÜ ZHUANYE XUEWEI YANJIUSHENG JIAOYU WENXIAN HUIBIAN(1995—2017)

全国法律专业学位研究生教育指导委员会 编

责任编辑 丁小宣 吕安青
装帧设计 乔智炜
LOGO 创意 丁小宣

编辑统筹 法律教育出版分社

出版 法律出版社
总发行 中国法律图书有限公司
经销 新华书店
印刷 永清县金鑫印刷有限公司
责任印制 沙 磊

开本 710 毫米×1000 毫米 1/16
印张 30.25
字数 546 千
版本 2017 年 12 月第 1 版
印次 2017 年 12 月第 1 次印刷

法律出版社/北京市丰台区莲花池西里 7 号(100073)
网址/www. lawpress. com. cn
投稿邮箱/info@ lawpress. com. cn
举报维权邮箱/jbwq@ lawpress. com. cn
销售热线/010 - 63939792
咨询电话/010 - 63939796

中国法律图书有限公司/北京市丰台区莲花池西里 7 号(100073)
全国各地中法图分、子公司销售电话:
统一销售客服/400 - 660 - 6393
第一法律书店/010 - 63939781/9782
西安分公司/029 - 85330678
重庆分公司/023 - 67453036
上海分公司/021 - 62071639/1636
深圳分公司/0755 - 83072995

书号:ISBN 978 - 7 - 5197 - 1783 - 4
定价:96.00 元